我国出生性别比偏高因素研究及其治理建议

黄润龙 ◎著

WOGUO CHUSHENG
XINGBIEBI PIANGAO YINSU
YANJIU JIQI ZHILI JIANYI

人 民 出 版 社

图书在版编目(CIP)数据

我国出生性别比偏高因素研究及其治理建议/黄润龙 著.

—北京：人民出版社,2012.5

ISBN 978 - 7 - 01 - 010998 - 5

Ⅰ.①我…　Ⅱ.①黄…　Ⅲ.①人口性别构成-研究-中国

Ⅳ.①C924.24

中国版本图书馆 CIP 数据核字(2012)第 141234 号

我国出生性别比偏高因素研究及其治理建议

黄润龙　著

责任编辑：张兆刚

出版发行：人民出版社

地　　址：北京朝阳门内大街 166 号

邮　　编：100706

邮购电话：(010)65250042　65289539

印　　刷：环球印刷(北京)有限公司

经　　销：新华书店

版　　次：2012 年 5 月第 1 版
　　　　　2012 年 5 月北京第 1 次印刷

开　　本：710 毫米×1000 毫米　1/16

印　　张：26.25

字　　数：400 千字

书　　号：ISBN 978 - 7 - 01 - 010998 - 5

定　　价：58.00 元

目 录

表目录

图目录

序 言
探求人口协调发展的科学道路

近年来,我国人口的性别失衡问题引起了各界越来越多的关注。根据 2009 年国家统计局公布数据,我国出生性别比为 119.45,比 2008 年下降了 1.1 个百分点,但依然在高位运行,也是高危运行。我国出生性别比长期居高不下,后果十分严重,治理刻不容缓。科学发展的前提是科学决策,科学决策的前提则是科学调研。找准原因才能对症下药。在这个意义上,"出生性别比偏高影响因素研究"课题成果的问世可谓适逢其时。

本课题集合运用了社会学、人口学与统计学等多种方法,从历史和国际的大视野出发,着眼于县市的中观层面,在拥有丰富的中外文献和数据资料基础上,通过纵向分析和比较分析,图文并茂地描述了我国出生人口性别比的现状、特征、差异、原因,以及和社会经济文化的关系,并提出相应对策。以我之见,择其要者,如下几点值得重视。

其一,出生性别比存在"大数定律"和"小数定律"。历史经验和国际经验都证明,出生人口在万人以上的国家和地区,性别比指标稳定、变动范围小;出生人口越少,性别比偏差越大,而且这种偏差以偏高为主。年出生人口为数千的"小人口",出生性别比有明显的随机波动特点。为此,作者提出了"以 0—4 岁人口性别比代替 0 岁组人口性别比"的建议,值得重视。0—4 岁人口性别比未包括从出生到调查时点男女死亡人数,可以近似代表出生人口性别比。或者,我们可以用几年的积累数来计算出生性别比。

其二,男女不平等以及重男轻女的性别偏好是我国出生人口性别比失调偏高的根本原因,胎儿性别的技术性选择是直接原因。很多研究都证明了这一点。事实上,在东方文化圈,受儒家文化影响的国家和地区都出现过出生性别比失调现象。本书绪论指出:只需 10%—20% 的人们看好男孩且千方百计予以实施,那么出生性别比失调将不可避免。为此,本研究提出了"意愿生育性别比",很有意义。

其三,影响我国出生性别比失调的因素无论是宏观、中观和微观,或者历史和现实,或者经济、社会和文化,都非常复杂,因此出生性别比问题需要综合治理,是个社会系统工程。本研究认为,出生率下降可能导致出生性别比升高,生育政策间接地影响了出生人口性别比。原因的分析往往是深层面、结构性的分析,常人看到的是"冰山一角",专家发现的是冰山全貌特别是海平面以下的冰山暗角。作者长于统计分析,但在定性分析上也颇有心得。本研究概括指出,出生性别比失调偏高的直接原因有三:失实的统计数据、失控的 B 超人流、受歧被弃的女婴;间接原因有四:经济发展不平衡、管理制度不合理、性别发展不平衡、生育率下降过快。这种分层的做法清晰地展示了出生性别比失调的社会机制,给我们重要的启迪。

学术研究贵在求真。这一点,本研究有出色表现。本项目直言不讳地指出,实际调查资料的效度和信度是很大的一个问题,就是官方出版的统计数据本身准确性也是有争议的。其次,统计指标的代表性又是值得进一步探讨的问题。应了一句老话:尽信数不如无数。错误的数据可能将我们引向歧路,所以定量分析的欠缺需要定性分析来补救。

多年前,先贤谈到翻译的最高境界时曾经用"信、达、雅"三字来描述。以此借镜,学术成果的高下之分是否可以用"信、新、行"考量? 信即可信,新即创新,行即可行。以此衡定,本项课题应该说达到了较高水准。给人印象深刻的是令人信服的大视阈、深层次的分析,理论与实际联系,历史与现实比照,国内与国外对话,纵横捭阖,汇百家说,成一家言。作者认为,在出生性别比偏高问题上,我国计划生育政策间接影响较大,进而建议增加人们对于生育时间、生育间隔、两个子女之内的数量选择权。这一判断具有重要的政策含义,不仅是真知灼见,而且是学术良知。作者的如下建议也具有重要的政策含义:"我们研究认为,除了 10 年一次的人口普查资料外,出生性别比资料不宜采用国家统计局的资料,因为其抽样比例太低,样本偏差严重,难以符合完全的随机要求。监测出生性别比最适宜的资料应该是卫生系统统计的出生性别比。"这一建议对出生性别比数据的采集和甄别具有强烈的指导性,也印证了基层经实践检验行之有效的采信卫生部门公布数据的做法。作者有关完善和充实《出生医学证明》登记内容的建议亦有深远意义,对于完善我国人口信息登记制度有重要参考价值。

关爱女孩就是关注我们民族的未来。近年来,各地付出了极大努力,收效却差强人意。治本之策到底在哪里? 我也谈点浅见。概要说,我国需要"四味药"来综合施治:

一是要尽快完善人口生育政策。仅仅从维护人口生态安全的战略需求出发,我国也需要尽早确立性别平等、城乡统一、平衡发展的普开两胎生育政策,以性别平等来引领生育计划、约束生育行为,通过扩展生育选择空间来释放公民紧张的生育心理、满足基本的生育愿望。

二是借鉴国外,严格立法,禁止非医学需要的性别鉴定和性别选择。现在基层面临的很大挑战是打击"两非"缺乏法律依据,无法可依导致威慑不够、打击不力。

三是重新定位治理出生性别比问题的责任部门和执行部门。卫生部门比人口计生委更有资格和能力来控制"两非"行为。

四是提高综合治理的"制度执行力",特别是权益保障制度、B 超管理制度和考核评估制度。多年来,我深入基层调研的一个体会是,各级政府的汇报材料写得不错,制度安排也可圈可点,但制度绩效却始终如雾里看花、不好评判。提高"制度执行力",真抓实干,才能使好的制度安排摆脱"壁上清挂"的窘境,真正发挥出促进性别平等、优化人口结构的有效作用。例如,政府需要监测出生性别比和出生人口规模的变化并将其纳入责任部门工作考核评估的范畴,让各级领导对人口问题的关注点转向人口平衡、协调、持续发展的战略思考和制度促进。

路漫漫其修远兮,吾将上下而求索。写下这篇短文,与学界朋友同勉,一起为我国出生人口性别比恢复自然平衡的美好理想而奋斗!

穆光宗

北京大学人口所教授、国家人口计生委

"关爱女孩行动"专家组成员

2010 年 4 月 10 日

前　言

在 B 超和人工流产开展以前,出生人口性别比仅受生物学因素的影响;而医学科学的进步,使胎儿性别鉴定和选择性人工流产越来越便捷、越来越安全,从而人工选择性别的人增多了。随着社会抚养成本的上升,出生人口数量减少,部分家庭开始追求子女的经济效益和社会效益。受传统重男轻女的生育观念影响,希望生育男孩的多于希望生育女孩,尤其在贫困落后的乡村地区,实行是"一孩半"——若第一胎是女孩可生育第二孩的生育政策,部分已有女孩的家庭千方百计地想生男孩,于是社会上出现出生人口性别比偏高。出生性别比影响因素也变得十分复杂,涉及传统生育文化、生育政策、人们思想观念、地区经济发展状态、妇女社会地位等问题。

自 20 世纪 80 年代以来,我国研究出生人口性别比偏高的论文陆续不断,但大多停留在宏观省市自治区水平上。本项目通过 2005—2010 年 5 年的研究,力图在地(市)和县(市、区)的层次上,摸清我国出生人口性别比的分布特点和规律,研究出生人口性别比的具体相关因素,为制定政策提供咨询。

本书研究发现,出生性别比升高是多种社会经济文化因素共同作用的结果。本书采用大量实证、定性和定量相结合的分析方法,重点分析全国 345 个地(市)及 2869 个县(市、区)妇女社会因素、经济发展因素和传统文化因素对 0 岁组和 0—4 岁人口性别比的影响机制,探讨了出生性别比与社会经济文化之间的多元相互关系。本书使用单变量的相关分析和多变量回归分析等技术手段,从生育管理、妇女社会地位、传统文化和经济发展水平等多角度入手,选择确实有代表性的指标作为自变量,定性定量地研究这些因素对出生性别比偏高的影响。

本书研究认为,其一,出生性别比偏高的影响因素是妇女地位,尊重妇女的发展权、真正做到"男女平等"十分重要。其二,放开生育政策,适当提高生育率,改变"一孩半"生育政策,增加人们对于生育的选择空间,可以有效地降低出生性别比,但难于将其控制在正常范围之内。其三,出生性别比偏高的综合治理是个系统工程,需要全社会共同的努力。例如,提高社会养老保障程度,免除人们养老的后顾之忧,对于出生性别比治理也有相当影响。其四,出生性别比偏高的管理因素是监管不力,应该调整出生登记统计主管单位,改革婴儿资料统计的口径,提高信息化水平,弄清出生性别比偏高事实真相。我国目前的出生婴儿统计收集系统要有全面的调整,新生婴儿资料应该由出生地进行统计,而非"婴儿常住地"或"婴儿父母常住地"进行统计;婴儿资料的统计不能单纯地依靠统计局每年一次 1‰的抽样调查,也不应完全按照公安户政处的新生婴儿户籍登记,而是应该较多使用最原始的卫生部门颁发的"出生医学证明"。为此,应该提高母婴保健服务质量,降低相关费用,提高孕妇住院分娩率,提高"出生医学证明"信息化传递和综合汇总水平。

出生性别比升高将造成一系列社会问题,比如冲击社会道德规范、破坏家庭正常关系、影响社会稳定等,将对构建和谐社会造成负面影响。出生性别比偏高严重剥夺了女婴的生存权利,还将造成未来男性择偶婚姻拥挤。

本书视野开阔、框架清晰、数据翔实、分析系统、论证充分。十分感谢北京大学人口所博士生导师穆光宗教授欣然提笔为本书作序。中国人民大学人口与发展中心博士生导师顾宝昌教授评审认为,该项研究将对政府部门有效地应对出生性别比失常的问题产生重要的作用。南京大学社会学系博士生导师陈友华教授评审认为,本项目对治理中国出生性别比偏高问题具有重大的参考价值。笔者十分感谢他们的指导和鼓励!

黄润龙

2011 年 10 月于南师大随园

绪　　论

出生婴儿性别比又名出生人口性别比(简称出生性别比,下文同)是指某时期(通常为一年)每 100 个活产女婴所对应相应时期的活产男婴人数。由于人的性别几乎终身不变,出生人口性别比将影响整个国家或地区的青年、中年、老年人口性别比,最终影响到人们的婚姻状态和社会稳定与和谐。所以,出生性别比是人类性别平衡,构建和谐家庭与和谐社会的重要指标之一。人口学认为,在没有人为干扰因素影响的自然生育状态下,人类的出生性别比完全由生物学因素所决定的。出生时一般男婴略多于女婴,由于男性死亡率较高,到了婚配年龄才能达到男性、女性基本平衡,社会才能稳定、和谐、发展。

然而,人类是生活在现实社会之中,人们对幸福生活的向往,容易转换为对子女的期望。在孩子抚养能力有限的环境下,人们可能会减少生育子女数量,从而对生育子女的性别产生选择的要求。由于社会性别不平等,妇女社会地位较低,加上现代发达的科学技术水平,子女性别受社会、经济与文化等因素的影响极大,于是出生性别比不再单纯是生物学规律的反映了。

第一节　出生人口性别比的基本概念

一、出生性别比定义

在人口学中,出生婴儿性别比(Sex Ratio at Birth,SRB)定义为[1]:

---

[1]　翟振武等:《常用人口统计公式手册》,中国人口出版社 1993 年版,第 15—18 页。

出生婴儿性别比＝某时期出生活产男婴数/同期出生活产女婴数×100

其表示出生时每100个活产女婴对应有多少个活产男婴。其中,某时期可以是1个月、1个季度、1个年度,但一般是指1个年度。出生婴儿性别比也常被称为出生人口性别比、出生性别比。这种计算方法必须有严格的男女婴儿出生登记资料才能计算。美国国家健康统计中心的国家生命统计报告(National Vital Statistics Reports),以及国外出生人口登记资料完备的发达国家和地区大都用该方法进行直接统计。我国出生性别比是由各级统计部门提供的。我国出生婴儿是在其父母亲户籍所在地的公安户政部门进行登记,登记需要医院开出的"出生医学证明"和婴儿父母亲户籍证明等。而西部部分地区在家庭中生育的妇女比例高,出生医学证明资料缺失较多。2000年全国孕妇住院分娩率仅为72.9%①,在我国西部的西藏、贵州、青海和云南妇女住院分娩率分别仅为20.1%、25.8%、38.0%和48.9%。无论国家人口和计划生育委员会还是卫生部,2000年以前没有公布历年全国新生男女婴儿人数资料,我国出生人口性别比数据是由抽样调查资料估计并推算出来的。

由于资料收集困难,人们常用时点普查资料取代登记资料,出生性别比为:

出生性别比＝某时点不足1岁的男婴人数/该时点不足1岁的女婴人数×100

其表示出生数量足够大时,调查时点每100个不满周岁的女婴对应有多少男婴。这实际上是一种间接估计方法,其分子分母都不包括出生时到调查时点婴儿的死亡人数,如果婴儿死亡率极低或死亡婴儿的性别差异不大,第1、2种定义差异很小。第2种定义准确地讲应该是0岁组人口性别比。

第1种定义使用登记资料,计算的是时期性别比;第2种定义使用的是普查或抽样调查资料,计算的是时点性别比。时期性别比与时点性别比是有差异的,时期性别比是严格的出生人口性别比,而时点性别比是零

---

① 国务院妇女儿童工作委员会:《中国妇女发展纲要(1995—2000)》终期监测评估报告。

岁组人口性别比,平均是 0.5 岁人口性别比。由于我国缺乏严格的出生男、女婴人数统计资料,人口学界经常用第 2 种定义。

本书试图采用第 2 种定义计算并讨论出生人口性别比的变化特征及其原因。我国幅员辽阔、面积大、情况复杂。如新疆南泉区(国标码 650107)2000 年生育了 62 人,出生人口性别比低达 63.2;同期福建鼓浪屿区(350202)妇女该年度生育了 116 人、出生性别比高达 123.1。2000 年出生人口在 499 人以下的有 83 个县市,占全国县市区数量的 2.9%。各国情况分析发现,年出生人口为数千的"小人口",出生性别比确实出现明显的随机波动特点[①],如汤加共和国、中国澳门、伯利兹也曾出现过出生人口性别比为 119.7、113.8 和 112.5。人口小的国家和地区出生人口性别比的异常是双向的,偏差有正有负,虽以高于正常值的略多见。段纪宪研究了 1972—1980 年世界 84 个国家和地区 490 个样本 1.47 亿出生婴儿后发现[②],出生婴儿在 100—499 人,出生性别比为 100—109 的比例为 28.2%,偏高、偏低的比例为 41.1%、30.8%;出生婴儿在 500—999 人,出生性别比正常(100—109)的比例为 44.8%,偏高、偏低的比例为 32.5%、22.8%;而出生婴儿在 1000—9999 人,出生性别比为 100—109 的比例为 76.1%,偏高、偏低的比例为 13%、11%;出生婴儿在 10000 人以上,出生性别比为 100—109 的比例为 97.6%,偏高、偏低的比例为 1.5%、0.9%。即出生人口在万人以上的国家和地区,性别比指标稳定、变动范围小;出生人口越少,性别比偏差越大,而且这种偏差以偏高为主。我国各县市人口总数、出生人口数量的差异很大,在出生人口少的地区出生婴儿性别比差异往往比较大,这种差异并不是完全由于其社会经济状态所造成,而是由于出生数量太少造成的随机误差,这样就对出生人口性别比分布造成一定的歪曲和失真。为改变这种情况,本书提出第三种,以 0—4 岁人口性别比代替 0 岁组人口性别比。这样 2000 年各县市出生人口小于 730 人的县(市、区)由 172 个减少到 5 个,占整个研究对象(2869 个)的比例由 6.00% 减少到 0.17%,这样就避免了由于样本量过少导致

---

① 刘爽:《世界各国的人口出生性别比及其启示》,《人口学刊》2005 年第 6 期。
② 段纪宪:《1972—1980 年世界各国出生婴儿性别比例分析》,《人口研究》1986 年第 4 期。

性别比的计算误差①。

0—4 岁人口性别比＝某调查时点 0—4 岁男性人口数／该时点 0—4 岁女性人口数×100

该指标表示某调查时点每 100 个 0—4 岁女童对应有多少个相应年龄的男童。该公式的分子、分母未包括从出生到调查时点男女死亡人数。因此，可以用 0—4 岁人口性别比近似地代表出生人口性别比。

二、出生性别比的正常值域

出生人口性别比的正常值域一直是个有争议的问题。1662 年 John Graunt 在其所著的《关于死亡表的自然和政治观察》一文中，根据当时资料得到伦敦的婴儿出生性别比为 107.69②。1955 年 10 月，联合国出版的《用于总体估计的基本数据质量鉴定方法》（手册 Ⅱ）（Methods of Appraisal of Quality of Basic Data for Population Estimates, Manual Ⅱ）认为，"出生性别比偏向于男孩。一般来说，每出生 100 个女婴，其男婴出生数置于 102—107 之间"。此分析明确认为出生性别比的通常值域为 102—107 之间。1976 年 Henry S. Shryock 等在《人口统计方法与材料》一书中指出，多数国家出生性别比为 104—107。1981 年 Robert Gardner 在《人口统计方法技术》一书中指出，出生性别比为 105—107。1982 年 Shirley Foster Hartley 在《人口比较》一书中认为，正常出生性别比为 103—106。总之，众说不一，但是出生性别比值域在 102—107 之间，涵盖了全球多数人口的出生性别比，囊括了绝大多数国家和地区，因而成为对调查与登记数据进行质量评估的重要参考以及出生性别比是否"正常"的判别标准。③ 本书定义出生人口性别比正常在 103—107 之间，即每 100 个女婴出生对应有 103—107 个男婴面世。

---

① 如果出生人口中男女婴各占 50%，将误差 d 控制在 0.05 范围内，总体指标在 95% 可信区间内，样本量应该为 $n \geqslant p \times (1-p) \times 1.962/d2 = 0.95 \times 0.5 \times 3.84/0.05\text{^}2 = 730$，即出生性别比误差控制在 5% 以下，调查样本至少应该在 730 以上。

② 徐毅：《出生性别比的研究现状》，《人口动态》1992 年第 4 期。

③ 马瀛通、冯立天、陈友华等：《中国出生人口性别比研究》，于学军、解振明主编：《中国人口发展评论：回顾与展望》，人民出版社 2000 年版，第 169—171 页。

三、出生性别比指标的特点

出生性别比作为一种统计指标或人口学的变量,与 0 岁组性别比、与 0—4 岁人口性别比有何差异? 其本身有何特点? 如果用 0 岁组性别比或者 0—4 岁人口性别比取代出生性别比进行研究,其间有多大误差?

（一）0 岁组人口性别比较出生性别比高 0.3 个百分点

出生性别比是指年内出生男婴累计与女婴累计人数之比,0 岁组人口性别比是指某一时刻 0 岁组存活人口人数与 0 岁组存活人口人数之比,后者实际上是平均年龄为 0.5 岁男女婴儿人数之比。如果男婴死亡率高于女婴死亡率,0 岁组人口性别比则要略低于出生时婴儿性别比,差异大致为 0.3 个百分点。[①] 每年新生婴儿累计数是每天累计登记的时期数,而 0 岁组存活婴儿人数是一次性的普查人数。由于普查人数比较容易获得、准确度也高,人们常用普查数来替代登记数,也常用 0 岁组人口性别比来代替出生性别比。其实,0 岁组人口性别比实际上不仅受出生性别比的影响,而且受 0—1 岁婴儿死亡率的高低与婴儿死亡率性别差异等因素影响。这说明 0 岁组人口性别比可以替代出生性别比,差异一般在千分之一的数量级。实际情况略大一些,2000 年全国出生性别比为 116.86,0 岁人口性别比为 117.79,0 岁人口性别比较出生性别比高 0.93 个基本单位;2005 年全国出生性别比为 118.58,0 岁人口性别比为 118.88,0 岁人口性别比较出生人口性别比高 0.30 个基本单位。这说明 0 岁组人口性别比完全可以替代出生性别比。

（二）我国 0—4 岁人口性别比要高于出生人口性别比

出生人口性别比仅能说明某年的情况,若要考虑连续多年情况,常用 0—4 岁人口的性别比来近似替代出生性别比。0—4 岁组幼儿性别比不仅受出生性别比的影响,而且受 0—4 岁幼儿死亡率和死亡率的性别差异影响。0—4 岁组幼儿平均年龄为 2.5 岁(由于婴儿死亡率高于 4、5 岁幼儿死亡率),0—4 岁组幼儿性别比相当于 2.5 岁人口性别比,以第五次人

---

① 假定中国年出生人口为 2200 万人,出生婴儿性别比为 110,则男女婴儿分别为 1152.4 万人、1047.6 万人,假定男女婴儿死亡率分别为 30‰、25‰,则 0.5 岁男女婴儿人数分别为 1135.1 万人、1034.5 万人,0 岁人口性别比为 109.7,比出生婴儿性别比低 0.3。但中国实际男婴死亡率低于女婴,若分别是 25‰、30‰,则 0.5 岁男女婴儿人数分别为 1138.0 万人、1031.9 万人,则 0 岁人口性别比为 110.3,比出生婴儿性别比高 0.3。

口普查数据为例,比出生性别比高 0.5 个百分点,这仅是根据我国近年人口普查资料后的推测。① 0—4 岁组性别比的变化与死亡率的性别差异密切相关,当男孩死亡率高于女孩死亡率则 0—4 岁组人口性别比低于出生性别比,否则高于出生性别比。如果死亡率性别差异大,则性别比偏低(偏高)的幅度大。实际情况是这样的,2000 年全国出生人口性别比为116.86,0—4 岁人口性别比为 120.18,后者较出生人口性别比高 3.3 个百分点;但在 2000 年长表中,全国出生人口性别比为 119.92,0—4 岁人口性别比为 120.19,后者较出生人口性别比高 0.3 个百分点。这说明,0—4 岁人口性别比高于出生性别比,其间大致有 0.3—3.5 个百分点的统计误差,在抽样调查允许范围之内。

(三)性别比随年龄的递减规律

性别比随年龄到底是如何递减的呢? 如果死亡率性别差异较大,年龄别性别比随年龄递减迅速,那么即使出生人口性别比偏高,到婚嫁年龄仍能保持男女性别基本平衡格局。如果性别比随年龄变化有一定的规律可循,那么就可以利用出生人口性别比预测未来各年龄组人口性别比。

1. 理论性别比随年龄递减规律

性别比随年龄变化主要取决于,出生性别比和各年龄别人口死亡率的性别差异这两个方面。假定:①人口普查中年龄性别记录是可靠的;②各年龄组人口死亡率是稳定不变的;③出生性别比稳定为 110,年龄别死亡率则按照我国 1990 年、2000 年实际生命表死亡率。② 则由表 1—1可见,人口年龄性别比变化非常微小而稳定,一直到 30—35 岁时仍然是110,没有明显减低。而到 65 岁后才低于 100(即男性少于女性),主要是由于我国 0—4 岁男孩死亡概率低于 0—4 岁女孩死亡概率(1990 年是39.8‰比 45.0‰,2000 年是 5.25‰比 6.98‰)。因此,在很多死亡率性

---

① 　假定 5 年内出生人数不变,婴幼儿死亡率、出生婴儿性别比不变化。0—4 岁男女孩死亡率分别为 32‰、36‰,则 0—4 岁儿童性别比大致为 110.5,比出生婴儿性别比高 0.5个百分点。若女孩死亡率低于男孩,则 0—4 岁儿童性别比低于出生婴儿性别比。而我国1990 年、2000 年实际上是男孩死亡率低于女孩。

② 　1990 年、2000 年各年龄组人口死亡概率分别来源于:《全国简略生命表》,《人口研究》1996 年和国务院人口普查办、国家统计局人口和社会科技统计司《2000 年人口普查分县资料》,中国统计出版社 2003 年版。

别差异很小的情况下,真正出现人口性别比完全平衡的大致年龄为60—70岁。实际中国人口出现性别比完全平衡的年龄也是60—70岁(表1—1最后一列)。只是由于人口流动增加,各年龄组男女普查登记人口的失实,造成实际与理论的不完全一致。或者说,死亡率对于人口性别比的影响非常缓慢。

表1—1 1990年、2000年我国出生人口性别比随年龄的队列变化

年龄	按1990年死亡率			按2000年死亡率			2000年实际人口性别比
	男	女	性别比	男	女	性别比	
0	110000	100000	110.0	110000	100000	110.0	117.8
5	105622	95497	110.6	109423	99302	110.2	117.8
10	105189	95201	110.5	109351	99258	110.2	111.4
15	104863	94972	110.4	109297	99226	110.1	107.8
20	104328	94554	110.3	109213	99179	110.1	102.6
25	103598	93977	110.2	109080	99108	110.1	105.0
30	102872	93432	110.1	108932	99024	110.0	105.5
35	101947	92806	109.8	108751	98927	109.9	106.6
40	100784	92045	109.5	108517	98810	109.8	107.5
45	99132	90987	109.0	108186	98643	109.7	107.7
50	96614	89340	108.1	107718	98389	109.5	106.1
55	92652	86776	106.8	106995	97977	109.2	106.7
60	86473	82888	104.3	105864	97327	108.8	109.1
65	76891	76688	100.3	103967	96215	108.1	102.0
70	63535	67501	94.1	100891	94381	106.9	98.3

2. 实际性别比随年龄递减规律

按照"同代人"理论,1953年7月1日普查时0、1、2、……岁人口,到1964年7月1日普查时恰好是11、12、13、……岁人口。按照封闭(没有迁移)人口假设,且一般男性死亡率总是高于同龄女性死亡率,各年龄组人口性别比随年龄增长递减,1953年各出生队列人口年龄组性别比定高于1964年相应年龄组的性别比。

1953年7—13岁(1940—1946年出生)人口性别比,到1964年(18—

24 岁)人口性别比有不同程度的下降,平均下降 3.3 个百分点,平均每年下降 0.3 个百分点(表 1—2)。但是,1953 年 0—6 岁(1947—1953 年出生)人口性别比,与 1964 年相应人口性别比相比,就有正有负,且以负为多。如果婴幼儿没有迁移,且资料准确,则说明 1940—1948 年出生的男孩死亡率高于同龄女孩死亡率,而 1949—1953 年男孩死亡率等于或低于同龄女孩死亡率。后者与人口学、医学规律不符,这说明"文革"前,民间就有严重的重男轻女的传统,女孩死亡率高于男孩。

表 1—2　从一普、二普资料看 1953 年 0—13 岁同代人的性别比演变

出生年份	1940	1941	1942	1943	1944	1945	1946
1953 年性别比	118.3	117.6	116.6	116.6	115.4	113.8	112.9
1964 年性别比	113.8	114.7	112.7	113.6	112.8	111.0	109.4
性别比之差	4.5	2.9	3.9	3.0	2.6	2.8	3.5
出生年份	1947	1948	1949	1950	1951	1952	1953
1953 年性别比	111.9	110.5	109.4	108.6	106.6	105.6	104.9
1964 年性别比	110.5	110.3	109.8	110.3	106.5	105.6	105.6
性别比之差	1.4	0.2	−0.4	−1.7	0.1	0.0	−0.7

注:1953 年、1981 年各年龄组人口性别比资料源于中国人口情报资料中心《中国人口资料手册》,1985 年,第 374、206 页。

从三普、四普资料分析中说明同样的问题(表 1—3),1982 年 0—13 岁(1968—1982 年出生)人口性别比,与 1990 年相应性别比相比,有正有负,以负为多(4:10)。如果资料准确又没有迁移发生,则说明我国女孩死亡率偏高、女孩在家庭中受歧视现象由来已久。

表 1—3　从三普、四普资料看 1982 年 0—13 岁同代人的性别比演变

出生年份	1968	1969	1970	1971	1972	1973	1974
1982 年性别比	106.2	105.9	105.8	106.2	106.2	106.0	106.1
1990 年性别比	107.9	106.6	106.0	108.5	107.5	105.4	105.2
性别比之差	−1.7	−0.7	−0.2	−2.3	−1.3	0.6	0.9
出生年份	1976	1977	1978	1979	1980	1981	1982
1982 年性别比	106.3	106.2	106.2	106.7	107.8	107.8	107.6
1990 年性别比	106.2	106.5	106.5	106.8	107.4	107.4	107.8

续表

出生年份	1976	1977	1978	1979	1980	1981	1982
性别比之差	0.1	−0.2	−0.3	−0.1	0.0	0.4	−0.2

注:其中1990年数据中17岁以上(1973年前出生)人口性别比中已经包括现役男女军人。

以上事实同时反映,低年龄段人口性别比随死亡率影响很小,随时间变化缓慢。2009年有人也发现了,死亡对0—10岁各年龄组性别比的影响微乎其微,各年龄组的性别比水平扣除女(婴)孩漏报因素后就基本可以反映他们出生当年的我国人口的出生性别比水平。[①]

(四)出生性别比指标十分敏感

出生人口性别比是个十分敏感的数字,正常值应该是103—107,但只要100个家庭(妇女)中有1个通过B超性别鉴定,发现是女婴通过人工流产的方法而终止了妊娠,选择了男婴,那就是两次选择,而出生人口性别比提高了4个多点。而100个家庭中如果有这样的4、5个家庭,则性别比就上升到122.2、127.3(表1—4)。即只要局部少数家庭选择子女的性别,就会造成整个出生性别比失调现象。2002年国家人口计生委调查表明[②],我国农村居民偏好男孩、女孩的家庭分别占27.3%、9.7%,两者相抵,偏好男孩仍多17.6%,即每100户家庭男孩偏好的占18户,我国农村家庭出生性别比为120—130。出生偏好与出生性别比偏高本来是两个不同的概念,随着科学技术的发展,医疗水平的提高,人们掌握的节育技术越来越多,也日趋科学,因此生育的神奇感日渐弱化,人们逐渐可根据自己的意愿来决定家庭的实际生育情况。出生性别比反映了人们意愿生育性别比或性别偏好,人们意愿生育性别比调查信度较低,相近的2次调查因被调查者心情不一,可相差很远。在先进的医学科学条件下,如果不加控制,意愿生育性别比很容易转化为实际出生人口性别比。性别比偏高10个百分点就会产生严重的社会问题,只要有3%的家庭进行出生性别选择,就十分容易造成如此的偏差。

---

① 翟振武、杨凡:《中国出生性别比水平与数据质量研究》,《人口学刊》2009年第4期。

② 莫丽霞:《当前我国农村居民的生育意愿与性别偏好研究》,《人口研究》2005年第2期。

表1—4　婴儿性别人工选择和出生婴儿性别比

发现女婴流产而要男婴的家庭数	0	1	2	3	4	5	6	7	8
出生男婴	51	52	53	54	55	56	57	58	59
出生女婴	49	48	47	46	45	44	43	42	41
出生婴儿性别比	104.1	108.3	112.8	117.4	122.2	127.3	132.6	138.1	143.9
出生性别比变化	—	4.3	4.4	4.6	4.8	5.1	5.3	5.5	5.8

（五）出生性别比随时间、地区变化较快，而随年龄队列变化慢

出生人口性别比随时间变化快，2001年、2002年中国大陆出生人口性别比分别为115.0、119.5，一年增加4.5个百分点，而在1992年、1995年、1998年我国大陆出生人口性别比分别为113.0、116.6、113.0，1992—1995年增加了3.6个百分点、1995—1998年又下降了3.6个百分点。就空间范围也是如此，20世纪末缅甸、泰国和孟加拉出生人口性别比分别为99.0、102.6和102.9，而其邻居我国云南省2000年却为110.4；20世纪末蒙古人民共和国出生人口性别比为102.5，而几乎同时我国内蒙古自治区却为108.8。显然，出生人口性别比研究难度大。

另外，出生人口性别比随年龄队列变化缓慢，如果按照1990年的人口死亡率（表1—3），45年才变化1个百分点；如果按照2000年的人口死亡率，55年才变化1个百分点，主要原因是由于男女性死亡率性别差异小。人口性别比随实际年龄变化十分缓慢而不规则，从1953—1964年每年平均每岁增加0.2个点，1982—1990年每年平均每岁减少0.05个点。人口普查的质量对性别比研究非常重要。

（六）出生性别比属于人口学内源性变量，研究时间短

20世纪八九十年代，控制中国人口数量为压倒一切的学术环境下，人们较少注意到出生人口性别比。出生人口数量受社会经济环境影响较大；而出生人口性别比——出生人口的性别比例，受社会经济环境影响相对较小，往往仅能作为人口学内部结构变量。人们首先注重的是人口——外部总量，因为其受社会经济文化影响较大，只有当外部变量基本平衡之后，事物的内部矛盾才被进一步揭露出来，人们才能发现内部变量的失衡。20世纪80年代前我国出生性别比基本上是正常的，十分稳定。

1983 年《人民日报》刊登有关出生性别比的调查结果,结果在国际上引起强烈反响,出生性别比例失衡与其背后的人权记录等成为国际社会攻击中国式计划生育与人权保障的目标。由于这一问题过于敏感,不仅政府回避,而且大多学者也不敢涉及此方面的研究。1986 年前后全国曾专门召开过一个中国出生性别比的专题研讨会,参加的人不少但没有结论。正式开始对出生性别比进行大规模研究大致在 20 世纪 90 年代,当时出生性别比已达 111.14,在国家计划生育委员会和联合国人口基金会支持下,进行了大量调查研究。出生性别比比我国生育率、出生率研究晚了近 20 年,比对人口总量的研究晚了 200 年。

　　另外,出生人口性别比的失调没有任何预兆和参考监测指标。我国生育率下降也花了大量的时间。1980 年 9 月 25 日发表了《中共中央关于控制我国人口增长致全体共产党员、共青团员的公开信》预示着我国计划生育政策的正式开始,全国人口出生率到 20 世纪 90 年代才开始明显下降。但是其间有大量监测指标,如育龄妇女人数、妇幼比例、妇女生育率、总和生育率、总生育率等,这些指标帮助预测和分析人口出生率的变动情况。但是,几乎不存在一个监测出生性别比指标,比如人口性别比、人们性别偏好等都不妥,而且由于其对资料的特殊要求,在没有卫生部门、公安资料配合的情况下,出生性别比指标唯一可以依靠的就是十年一次的全国人口普查数据。

(七)出生人口性别比影响因素多而复杂

　　影响人口数量、生育率等因素比较明显,容易引起人们的重视;而影响出生性别比、人们生育观念等因素,则常涉及人们思想观念的变化,研究难度大。20 世纪 80 年代以前出生性别比是个纯生物学指标,生男生女是个随机现象;随着医疗技术的进步,使得人工引产成为可能,并使 B 超检查越来越便捷;同时经济的发展,孩子培育费用的大幅度上升,人们不得不减少生育子女的数量,对于子女的性别进行适当地选择。从微观角度分析,生育子女人数得到控制以后,生育子女的性别已经成为人们新的选择。如果选择生男孩与选择生女孩一样地多,那也不存在性别比失调的现象。但若受某些因素的影响,只要 10% 的人们(家庭)看好男孩且千方百计予以实施,那么出生性别比失调将是不可避免。由此可见,出生性别比不仅受到生物学因素的影响,而且受科学技术发展、传统文化、经济发展和妇女地位等诸多因素的综合影响。尤其容易受文化、人们思想观念等因素的影响,研究难度大。

同时,出生性别比直接影响指标少,难以直接用人口社会经济指标刻画其影响,而间接影响指标——人们思想观念、性别偏好、生育偏好等难以调查取证。这就增加了出生人口性别比研究的难度。

(八)出生性别比指标对数据资料要求高

出生性别比是个相对于每100个女婴存活多少男婴的相对指标。由于不是跨年龄或跨年度指标。理论情况下,男女婴儿同样具有遗漏和重报的可能性。如果不是有意识的弄虚作假,出生性别比资料应该具有较高的准确性。但实际并非如此,出生性别比计算对于人口数据资料要求高于人口出生率等指标。改革开放初中国人口基本上是封闭的,迁入迁出数量很少。1982年普查时13岁人口为2453.83万,8年后1990年21岁人口为2488.65万,这8年间这一队列人口不但没有死亡,反而增加了27.72万人,这是难以解释的。仅有的解释是1982年有严重的人口漏报,或1990年存在人口重复申报现象,前者可能性大。尤其对于抽样调查而言,出生性别比指标要求出生人数多于3000或居民人数多于30万。这说明,人口性别比对于调查数据质量要求十分高。

(九)人口性别比失调现象有空间蔓延性和年龄传递性

出生人口性别比失调显然会造成婚嫁年龄人口性别比偏高。但是,婚姻是第二次投生,尤其对女性而言。在经济发达地区处于婚姻困难未婚男性可能与经济欠发达妇女成婚,经济欠发达未婚男性则有可能与更贫困的妇女结婚,甚至与周边贫困国家的妇女结婚。所以真正难以成婚的、直接承受出生性别比失调后果的是经济贫困地区的男性。这就是人口性别比失调在空间范围内会产生"中和"、"蔓延"和"转移"现象。年轻女性成为一种"可婚资源",在某些经济落后地区则成为一种"稀缺资源"。女性具有较大的婚姻选择权,通过初婚、离婚、再婚,选择较为理想的丈夫。这就是婚嫁年龄人口性别比失调出现了转移、传递现象。即经济发达地区无须直接承担出生性别比失调的后果,婚姻人口比例失调可以向经济欠发达地区,向落后地区转移。出生性别比偏高的恶劣后果往往间接地由经济欠发达地区和国家承担。

20世纪末在江苏北部曾出现大量的外来迁入、流入妇女,她们以婚姻、改善自身生活质量为主要迁移目的,这就是性别比失调的扩散或转移效应。据调查,仅江苏淮安市(地级市)出现 10 万外来婚嫁妇女,主要来自于云贵川皖等地,年均 1 万人以上。而随着户籍管理制度的宽松和性别比失调的加剧,这类现象将在全国范围内越来越多。

第二节　国外研究综述

出生性别比通常取值在 103—107 之间。其中,黑人的出生性别比较低,在 102—104 之间;黄种人和白种人的出生性别比略高,一般在 104—106 之间①。在大样本和准确登记的条件下,一个国家或地区出生性别比是相当稳定的。

出生性别比本身主要由生物因素决定。由于生理的原因,男性胎儿怀孕的概率明显大于女性,同时其早产、流产、夭折的概率也大于女性胎儿,因此出生男婴略多于出生女婴,出生后由于男童(孩)死亡率大于女童(孩),到了中青年,男女性人口之比大致为 100。但这种平衡很容易被打破,社会经济、家族家庭对于男女性的需求是不平衡的,男女性对于家庭、家族和社会的索取(抚养成本)及贡献是不一样的,而现代科学技术又为出生性别选择创造了便捷、安全的条件。

一、研究进程

世界各国社会经济状态不一、传统文化不一、对男女性劳动力需求不一,对生育管理,对人工引流产的风俗习惯和管理强度不一,因此,各国出生性别比不一。由于绝大部分国家和地区对于出生人口没有实行严格控制,或对于出生人口进行软控制,他们不提倡人工流引产或禁止人工流引产,人口出生处于自然无控制状态,出生性别比处于正常状态,出现出生性别比严重失调的国家并不多。②

---

① Chahnazarian. *Determinants of the Sex Ratio at Birth*, *Review of Recent Lierature*. Social Ecology ll-Winter, 1988.

② 刘爽:《世界各国的人口出生性别比及其启示》,《人口学刊》2005 年第 6 期。

　　较早从事生育性别偏好定量研究的是美国学者 Winston①,他于 1932 年做了出生控制与性别偏好的社会调查。20 世纪 30 年代后的研究大致可分三个阶段②:20 世纪 70 年代前为第一阶段③④,侧重揭示了生育性别偏好的存在及其在不同人群的分布情况,如比较不同人群的性别偏好强度及个人特征(如性别、人种、受教育程度、收入水平、宗教信仰等)对此产生的影响,再如 Fred 认为父母在家庭中的性别分工和性别权力分配,对性别偏好有决定作用。20 世纪 80 年代第二阶段开始注重分析影响性别偏好的社会、经济、心理、文化习俗方面的原因,主要是通过国家间、地区间、文化间比较,发掘这些因素⑤,如有人研究通过强性别偏好组(中东国家、南亚国家)、中等性别偏好组(东南亚和撒哈拉以南国家)、无明显性别偏好组(拉丁美洲和加勒比海国家)三个样本组比较,认为妇女地位低的地区男孩偏好就更强烈,相反这种偏好较缓和。⑥ 再如,1984 年由美国东西方中心人口所、加利福尼亚大学人口学研究生班和新加坡国立大学社会学系合作,在 7 个亚洲国家和地区以及美国进行了一次性别偏好的比较研究,Fred Amold 和 Eddie Kuo 试图从个人和社会两个层面上寻找影响因素,以及这些因素之间的内在关系。20 世纪 90 年代后为第三阶段,从制度和习俗等社会结构层面分析,认为是结构层面中的父权制度中各种因素相互作用,决定了妇女的经济地位,从而决定社会的性别偏好。⑦ 如有学者认为劳动力的性别分工、就业市场的性别构成、财产继承

　　① Winston, S. *Birth Control and Sex Ratio at Birth*[J]. American Journal of Sociology, 1932,(7),1933,(5).

　　② 高莉娟、魏星河、李立娥:《生育性别偏好国内研究十年回顾及社会性别视角的探讨》,《中华女子学院学报》2005 年第 6 期。

　　③ Rainwater, I. *Family Design: Marital Sexuality, Family Size, and Contraception*[J]. Chicago. Illinois: Aldine.

　　④ Cooms, L. C. *Preference for Sex of Children Among U. S. Couples*[J]. Family Planning Perspectives. 1977, (6).

　　⑤ Fred Amold and Eddie C. Y. Kuo. *The Value of Daughters and Sons: a Comparative Study of the Gender Preferences of Parents*[J]. U. S. A: East-West Population Institute,1984.

　　⑥ J. Cleland, J. Verrall, and M. Vaessen. *Preferences for the Sex of Children and their Influence on Reproductive Behaviour*[J]. Voorburg: WFS Comparative Studies, 1983,(27).

　　⑦ N. Federici, K. O. Mason and S. Songner. *Women's Position and Demographic Change*[M]. Oxford: Clarendon Press, 1993.

制度、宗教规定的行为规范，以及婚姻和家庭组成的规则决定妇女的经济地位，并从而决定社会的性别偏好。[1] 在全球最大的人口资料库——美国 John Hopkins 大学人口信息中心的光盘"Populine Support"中用性别偏好（Sex Preference）关键词共检索到 1746 篇论文（表 1—5），其中 20 世纪 70 年代前、70 年代、80 年代、90 年代、2000—2006 年前 4 月分别发表论文 20、328、655、609、134 篇；用出生性别比（Sex Ratio at Birth）关键词共检索到 743 篇论文，其中 20 世纪 70 年代前、70 年代、80 年代、90 年代、2000—2006 年前 4 月分别发表论文 23、82、112、158、39 篇，这说明 20 世纪 80—90 年代是国际研究出生性别比的黄金时期。国外的这些相关研究给我们带来若干启发和借鉴。

表 1—5 不同时段 Populine Support 所检索到的相关论文数量

检索到的关键词	20 世纪 70 年代前	70 年代	80 年代	90 年代	2000—2006 年 前 4 个月
Sex Preference	20	328	655	609	134
Sexratio at Birth	23	82	112	158	39

世界卫生组织及发达地区对世界各国出生性别比较重视，在网上提供了 2000 年以后世界各国的出生性别比资料，美国、日本率先公布了历年本国各地区的出生性别比资料，及出生性别比随母亲生育年龄、随孩次、随民族等变化资料。这些资料为出生性别比的分析提供了比较基础（附录 1）。

二、各国研究状态

出生性别比失调并不是中国特有的。从 20 世纪 80 年代中期开始，韩国、印度尼西亚、印度、我国台湾地区等几乎和我国大陆同时开始出现出生性别比失调现象。都在东方文化圈，受儒家文化影响的国家和地区，差不多都出现过这一现象。于是，国内外学者在分析中国出生人口性别

---

① Mead T. Cain, *Patriarchal Structure and Demographic Change*, *Women's Position and Demographic Change*[M]. Clearendon Press-Oxford. 1993.

比时,大多与其他亚洲国家或地区进行对比研究,分析相同文化因素对出生性别比的影响。

韩国出生人口性别比自 20 世纪 80 年代持续攀升,90 年代初达到最高峰,之后又逐渐下降。韩国是一个重男轻女观念比较强的国家,胎儿性别选择是造成出生性别比升高的主要原因。而后,韩国政府重视运用法律,出台了一系列维护女童权益、反对歧视女性、提高女性地位的法律,引导全社会关注女童、女性的氛围,对韩国男尊女卑的传统观念产生了潜移默化的影响。韩国《刑法典》相关规定,发现医生采取用 B 超来检查胎儿性别,处以有期徒刑 3 年,另外罚款 12500 美元,违法者终身不得行医,罚款额度也很高。同时,政府对于非医学目的胎儿性别鉴定者进行严格处罚,使韩国出生人口性别比有了明显下降。[①] 另外,随着韩国人口出生率的大幅度降低,出生性别比失调严重的二胎、多胎出生数量减少,总出生人口性别比有明显下降。

人口、社会经济变量通过生物因素间接地影响出生性别比。美国[②]、意大利[③]、日本[④]、巴基斯坦[⑤]、土耳其等许多国家的研究都表明,(自然)流产比例与母亲年龄、孩次成正相关,由于男婴流产比例大于女婴,高龄母亲流产增加则往往意味着流产比例增加、出生性别比降低。因此,母亲的年龄与出生性别比成负相关,即高龄母亲生育子女的性别比低,低龄母亲生育子女的性别比高。美国 1940—2002 年 63 年的平均资料也证实(附录 3—6),15—19 岁妇女生育子女的性别比最高为 105.4,20—29 岁为 105.2,30—34 岁、35—39 岁分别下降为 105.0、104.6,40 岁以后稳定在 103.8—103.9 之间。

---

① 施春景:《对韩国出生人口性别比变化的原因分析及其思考》,《人口与计划生育》2004 年第 5 期。

② Ruder A. *Paternal-age and Birth-order effect on the Human Secondary Sex Ratio.* American Journal of Human Genetics, 1985 Mar.

③ De Bartolo G. *The Sex Ratio at Birth: the Italian Case.* Contribution of Italian Scholars to the IUSSP Conference, 1985, Rome, Italy.

④ Murate M. and Imaizumi Y. *An Analysis of the Sex Ratio and Occupational Class in Japan.* Journal of Biocoial Science, 1983, July.

⑤ Shami SA and Tahir AM. *A study of relationship between Parental age.* birth order and the secondary sex ratio in Human population of Punjab (Pakistan). Biologia 1978,24(2).

第三节　国内学者对于出生人口性别比的研究综述

第三次全国人口普查发现,1982 年 29 个省区直辖市有 18 个出生性别比高于 107,219 个地级区(市、盟、自治州)中有 148 个出生性别比高于 107,2358 个县(市、区、旗)中有 1364 个高于 107, 即有 62.1% 的省、67.6% 的地市和 57.1% 的县出生性别比高于正常值 107。性别比异常范围大,但数值差异并不大,最严重的安徽省出生人口性别比也仅为 112。当时人口数量控制是个压倒一切的大事,出生人口性别比问题被认为是统计误差,出生女孩漏报、瞒报,而没有引起人们足够的重视。1987 年中国人口 1% 抽样调查,全国出生人口性别比为 111.0,部分人口学家开始关注此问题;1990 年第四次人口普查我国出生人口性别比为 111.1,2869 个县(市、区)中,有 60% 以上的县市区高于 107,或 40.3% 的县市区出生人口性别比高于 110,或 9.4% 的县市区出生人口性别比高于 120。持续的高出生人口性别比,引起国内外一些社会学、人口学者高度关注,研究我国出生性别比偏高的原因、特点和对策。然而,我国出生性别比并未因此而下降,从 1990 年的 111.1 提高到 2000 年的 116.9,2010 年的 118.1,分别比 1990 年提高了近 5 个、7 个百分点,而比正常值 107 分别高了 9 个、11 个百分点。出生性别比问题再次引起人们的普遍关注。

一、出生性别比偏高状态

2000 年以前我国对于出生人口性别比的研究略显粗放,虽偶尔伴有中观尺度(县市、社区层次)的研究,但主要停留在宏观(省级)尺度的基础上。全国第五次人口普查县级人口汇总资料为我们对出生性别比的深入分析提供了契机。从行政管理角度而分,2000 年我国有 34 个省级行政单位;74 个地区、259 个地级市、787 个地级区,合计有地级单位 1120 个;同时有 1674 个县、400 个县级市,合计有县级单位 2074 个。按国家标准编码(从地域)角度而分,2000 年中国大陆可以划分为 31 个省级单位、345 个地市级单位(每个直辖市的所有区合计、所有县合计分别作为地级单位)、2868 个县区级单位(直辖市的每个区、县都作为一个县级单位）。县区级单位含有直辖市或省级市的区 793 个,还包括县级市 397 个和 1679 个县。国家标准码有 6 位,开始 2 位为省码,中间 2 位为地市码,最后 2 位为县区码;后四位编码全为 0 的为省级行政单位,后两位编码全为 0 的为地区、市级行政单位,最后两位编码非 0 的为县区级行政单位。这样,从编码分布就能确认单位的级别和顺序,便于资料识别和信息系统处理,从而可以扩大资料面。研究出生性别比需要的大量社会经济资料,按照地域处理则容易与第五次人口普查资料,以及各种已发表的社会经济统计资料相结合,可为出生人口性别比问题研究提供宏观、中观尺度的研究素材、研究视角和研究平台。国家第五次人口普查县级资料汇总就是按照这种方法、顺序进行的。

我国对于出生人口性别比的研究往往要迟于对于生育率的研究。究其原因,生育率或出生率的高低将影响人口的绝对数量,直接影响社会生产、就业和消费;而出生性别比对于社会的影响相对较小,其仅能影响人群婚配的比率(婚姻压缩);由于婚姻年龄的传递性,出生性别比失调主要影响的是普通百姓的婚配比例;且出生性别比例失调与后果呈现之间有一段较长的时间差,时滞效应使得人们对此问题的严重性认识不足。出生人口性别比对于社会的影响,似乎小于妇女生育率或出生率对于社会的影响。人们对于出生性别比危害性的认识,也低于对人口学常规变量如出生率、生育率、死亡率和计划生育率等的认识,如资料的完善程度。计划生育一开始,我国及各省区直辖市就完善了相关资料,这就给研究提供了统一平台。而全国出生性别比研究了近 20 年,全国及各地区每年出生男、女婴儿人数的登记资料仍残缺不全,整个出生性别比资料仅靠有限的几次普查和人口 1% 抽样调查估计,几乎所有省以下单位的出生性别比资料都来源于十年一次的人口普查。1990 年出现出生性别比失调情况,16 年后的 2006 年卫生部门才开始全面采集、统计出生婴儿的性别,且这些资料是严格保密的;公安部门登记大量新生婴儿的性别,但仅是户籍人口的,同样资料也是高度保密的。

二、理论研究

我国人口学界自 1990 年以后就开始系统地对出生人口性别比进行研究,其研究可以归纳为两大类:理论研究和实证分析研究,而以实证分析研究居多。

　　理论研究大致有"三维"理论说①，即出生人口性别比受出生数量、前一子女孩子性别以及生育时间三维坐标的影响，即出生人口性别比与前一子女孩子性别有关；独立概率说②，当前胎次的出生性别将不受前一胎次的出生孩子性别所影响；以及社会性别比理论③，社会性别是由社会、经济、文化等诸因素形成的，它反映了造成人类社会不平等现象的一切体制相互作用的结果，如果男女性别不平等将直接影响人们的意愿生育性别比，后者进一步影响人们的出生人口性别比。实证研究则具体分析我国出生人口性别比随生育水平、随地区、随城乡、随孩次、随生育政策分布规律或特点等，研究我国出生人口性别比升高的社会经济文化原因。

　　国内生育性别偏好研究的主要观点：20世纪80年代到90年代中期多注重生育性别选择行为分析，即哪些行为造成了高出生性别比的结果，如瞒报漏报女婴、溺女婴、流产等行为；90年代中期以后多因素分析是主流，如计划生育政策挤压作用，B超技术的滥用是首要原因，还有生育率下降等。若将主要观点进行汇总，可概括如下：（1）政策论。家庭作为生育行为的微观主体，在考虑孩子数量和性别时，与国家和社会层面的利益与出发点并不完全吻合。在控制孩子的数量问题上，家庭也面临成员数量过多、抚养负担过重等压力，与国家要求控制人口政策的基本面是相吻合的，但在孩子性别选择上则不然，家庭的性别偏好与国家和社会利益选择往往有一定的出入。在严格控制人口数量的前提下，不少家庭的性别选择偏好无形中得到了强化。如乔晓春（2004）认为，目前中国出现的高性别比是在强烈的男孩偏好条件下，过分压缩每个家庭孩子数量的结果。出生性别比问题是狭小的生育选择空间和便捷的技术辅助生育手段，与更少生育但偏好男孩的意愿相互挤压和冲突的结果。（2）制度论。婚姻制度的"男娶女嫁"、财产制度规定仅男子有继承权、农村社会保障制度不健全需要"养儿防老"等都促使生男孩成为一种理性选择。如李冬莉

　　①　曾毅、顾宝昌、涂平等：《我国近年来出生性别比升高原因及其后果分析》，《人口与经济》1993年第1期。
　　②　马瀛通：《人口性别比与出生人口性别比新论》，《人口与经济》1994年第1期。
　　③　鲍晓兰：《西方女性主义研究评介》，三联书店1995年版，第78页。

认为,性别偏好决定于家庭制度:父权、父系和父居。① 这些习俗的存在决定于一定的社会、政治、经济和文化因素。这些因素的总和构成社会的父权主义制度结构。当这些因素发生变化时,性别偏好的程度和表现会有所变化。(3)技术论认为,B超技术的出现使人们偏好男孩的观念很容易变为现实。如马瀛通(2004)认为,在人口控制过程中,没有足够重视人为干扰孕妇胎儿性别问题,在男孩偏好思想的严重影响下导致B超技术在广大农村"普遍"非法使用时,异常的出生人口性别比问题就变得越来越严重,而且呈现出出生人口性别比农村高于城镇,城镇高于城市的特征。(4)生产方式论认为,中国农村是以个体家庭为生产单位,以手工操作、体力支出、劳动密集型为主要的生产方式。在这种生产方式下,体力的强弱直接决定个体家庭的经济收入状况和生活质量。由于男女有别,一些重体力农活是女性所不能及的。男性以其体力上的优势,强化了小生产家庭的男孩偏好(袁银传,2000)。(5)文化论认为,传统的生育文化是男孩偏好的根本原因。儒家文化影响的不仅是中国,而是总体华人及其相关的国家和地区。儒家学说强调"仁"与"孝","仁"是孔子思想体系的核心,而"仁"的根本又是"孝","孝"成为人们最强烈的生育动机(严梅福、张宗周,1996),驱使人们谋求生育男孩,成为男孩偏好的内在动机。传统思想中的"传宗接代"、"光宗耀祖"、"不孝有三,无后为大"等宗法观念根深蒂固,对华夏子孙的生息繁衍产生着深远的影响。(6)环境论认为,农村的社会生活与生育环境、人际关系氛围等客观上形成了一种不利于养女户的环境。

以上观点步步深入,从外在的国家政策深入到内部社会结构层面,从外在的"性别选择技术应用"发展到根深蒂固的社会文化,可以说对生育性别偏好观念的影响因素,从不同角度进行了深入的研究和探讨。但性别偏好观念的形成,不是单纯的经济或政策或文化因素单独作用的结果,而是多种因素综合作用造成的,并且不同地区影响因素又存在差异性。因此,通过对比研究经济社会状况不同的地区,生男偏好观念的共性和差异性,从而深入挖掘影响生育性别偏好的本质因素,进一步发现生育性别

① 李冬莉:《儒家文化与性别偏好——一个分析框架》,《妇女研究论丛》2000年第4期。

偏好观念存在和变化的内在规律。

学术界对生育性别偏好研究的主要理论范式研究,大致可以归纳为五种主要的研究范式,即经济学的"成本—效用"、文化人类学的"文化—实践"、社会学的"结构—行为"、心理学的"压力—从众"和政治学的"博弈—妥协"等,这些将在第十章进一步分析和阐述。

三、实证研究

我国出生人口性别比升高的原因,大致可以分为人口性别选择偏好的心理原因(意愿生育性别比)和性别选择技术的医疗卫生原因两种。导致性别选择偏好的具体原因可分妇女社会地位、经济因素、文化因素、管理因素、自然环境因素等。而影响性别选择技术的主要因素为地区医疗卫生发展水平、B超诊断仪的普及情况、人工流产的社会接受程度、传统医药等对于孩子性别选择的作用。这些因素是综合性的,相互交叉,有时是很难分离的。这使我们对作者论著的综合概括形成了困难。

出生人口性别比偏高有着深刻的社会、经济、文化和历史根源[1]。它是社会、经济、文化相对落后的表现,是社会、经济、文化的发展与节育技术的进步不相协调所带来的直接结果,也是社会、经济、文化等因素共同作用导致了一些社会人群中存在着强烈的生男偏好。概观国内学者的主要观点,现综述如下。

(一)经济发展因素

经济发展因素对于出生人口性别比的影响机制是十分明显的。人们社会生活离不开商品交换,人们生活质量高低经济发展是个重要的影响因素。现代家庭生育子女、培养教育子女等的成本高,而我国社会养老机制正在形成过程之中,在现有生育政策下,人们只能减少生育孩子的数量,提高孩子的经济产出,以维持自己的切身利益,这样就对生育孩子的性别做一衡量和选择。这种选择如果经济代价不是很高,法律上没有限制、医学上安全便利、道德上没有争议,人们往往会做此选择。贫困地区的百姓希望儿子帮助家庭致富、帮助养老,而且培养成本低;富裕地区的

---

① 李全棉:《出生婴儿性别比偏高原因的系统分析》,《南京人口管理干部学院学报》2005 年第 1 期。

百姓希望儿子来继承家产,将家业发扬壮大。也就是说,部分家庭或个人为了追求家庭经济利益而造成局部出生人口性别比升高。问题是"养儿防老"是否是生育的真实目的? 养儿防老随着民族、地区、经济、城市化、工业化发展水平而异,我国大部分地区认同女儿同样能养老,而且,2010年以后我国城乡老年人口都有了基础养老金,社会养老问题正在逐步解决。其次"投入产出比",尤其是经济产出男孩是否就高于女孩? 这涉及社会性别平等的问题,目前基本如此,并不完全。其实,人们生育的主要目的是为传宗接代。

生产方式落后及养老保障体系不健全是出生性别比偏高的间接原因。目前我国广大农村生产力发展水平比较低,体力付出在劳动收益中所占份额仍然较大,社会养老保障制度还不健全,"养儿防老"是农民的一个现实性选择。不发达的生产力和相对落后的社会经济是农民产生"生男偏好"的现实利益基础。[1] 尽管我国已经在部分地区试行对计划生育家庭提供社会养老保险,但是试行地区范围小,社会养老保险的程度低。

存在决定意识,经济基础决定上层建筑。影响人们生育偏好、生育意愿的是人们的生产生活状态。我国农业生产需要男劳动力,农村家庭养老主要靠男孩,男孩是家庭中顶梁柱和继承人,男孩的地位是女孩所无法替代的,这不仅仅是经济回报问题。对男孩偏爱大多发生在经济发展程度为中等或落后的(农村)地区。

有学者[2]认为,中国农村地区经济、社会落后,男性在农业生产中居支配地位,且农村主要养老方式仍为"家庭养老",这对农村育龄群众性别偏好产生影响;农村社会保障制度不健全,使得"养儿防老"思想严重。我国一些法律政策的制定与实施缺乏性别平等视角,女性地位仍然相对较低,或者说不发达的物质生产是出生性别比持续升高的人口道德确立的利益基础。[3] 农业社会形成了"多子多福"、"重男轻女"的人口价值

---

① 王翠绒、易想和:《农村出生性别比失衡问题研究》,《甘肃社会科学》2004 年第 1 期。

② 温永高、杨应敏、彭军:《出生婴儿性别比偏高的现状、原因及对策——重庆市个案研究》,《人口与计划生育》2002 年第 8 期。

③ 王翠绒、易想和:《出生性别比持续升高的人口伦理学分析》,《人口研究》2004 年第 4 期。

观。我国的社会生产力整体水平还比较低,地区间不平衡。完整、高效、合理的社会保障和社会保险还远未形成,"养儿防老"的生育观念依然存在。生男偏好,重男轻女的人口道德依然存在,再加上胎儿性别鉴定与性别选择性人工终止妊娠等结合在一起,才出现出生性别比例的失衡。

实际情况往往非常复杂,社会经济变量对出生性别比的影响是极其有限的。[①] 1940—2002 年 63 年间美国出生性别比,总的趋势是稳定下降的,都在 104.6—105.9 之间,无一例外(附录 3)。1900—1988 年 89 年间日本出生人口性别比都在 102.7—108.7 之间,也无一例外(附录 1)。瑞典 200 多年以来社会经济变化很快,但出生人口性别比没有很大变化。显然,这些国家的出生性别比是难以用经济发展来解释的。

1971 年肯尼思·坎梅耶研究发现[②],全世界各地区的出生人口性别比高于 102,但经常为 105,而生活条件差及生活艰难地方的人们,出生性别比往往偏低。我国西藏、新疆、青海大致就属于这种情况,即自然环境艰苦,人类生存困难,饮食以高脂肪性食物为主。因此,经济对出生人口性别比影响的观点仍有很大争议,养老等经济目的并不是家庭生育唯一目的,更多的人生育是为了传宗接代,为了家庭的幸福,为了夫妻感情的融洽和家庭稳定,而不是简单的生存和生活。

(二)传统文化因素

2006 年中国社会科学院和中共中央党校等单位专家学者组织了一次对来中央党校学习的部分地、市、司、局级领导干部的问卷调查,探讨了我国出生性别比偏高的原因。[③] 从回收的 143 份问卷显示,出生性别比失调表面上是由溺婴、女婴漏报、产前性别鉴定等造成,实际上其隐含着深刻的社会、经济、文化、政治等因素。问卷给出了 7 个选项,要求被调查者依据因素的影响程度选择 2 项,选择最多的前 4 位分别是传统文化因素(45%)、计划生育政策(24%)、社会经济发展水平(16%)和家庭养老模式(11%),也有一些官员选择性别选择技术和男女性社会资源分配不均的缘故。大多数领导干部认为,传统文化因素是指价值观念改变未与

---

①　高凌、夏萍、刘小兰:《北京市人口出生性别比分析》,《人口研究》1997 年第 5 期。

②　Kenneth C. W. Kammeyer,《人口入门》,San Francisco,chandler Pub. co. 1971 年。

③　《领导干部看我国性别比失衡》,《人口学与计划生育》2006 年第 2 期。

经济发展同步,传宗接代、光宗耀祖传统思想观念根深蒂固。

生育意愿、生育性别偏好本身属于一种文化现象。受几千年封建文化和传统儒家思想文化影响,部分群众重男轻女的思想根深蒂固,认为生男孩是传宗接代、继承家业、继承姓氏的需要。尤其在农村,人们文化素养普遍不高,重男轻女思想严重。受儒家文化的影响,20世纪80年代中期开始,韩国出生性别比失调,还有印度尼西亚与印度,几乎和我国都是同时期出现出生性别比失调。有人分析认为,重男轻女的传统、对男孩的偏好,是影响中国大陆、中国台湾及韩国等地区性别比例失调的最根本原因。①

家族是封建家庭文化的核心,家族现象在某种人群特别是农村中根深蒂固,为了维护父权和男尊女卑的思想,导致了多生育、多产子现象的蔓延。大家族、传统家族对出生性别比偏高有着明显的影响。

有些学者从人口伦理学的角度分析中国出生性别比持续升高的道德原因②,认为传统的文化习俗是出生性别比持续升高道德形成的价值取向。封建文化、传统习俗的影响依然存在,"重男轻女、男尊女卑、早生贵子、多生贵子"的思想仍占据相当的市场。在这种传统的人口伦理文化、习俗的熏染下,人们,特别是社会生产力落后的偏远地区的农民,偏男生育意愿十分强烈。农村部分群众受重男轻女观念影响较深,为了能生一个男孩,采取各种手段,或进行选择性引产,或遗弃女婴,或给别人非法抱养等。

由于受生育观念、传统宗教家庭价值观,与传统性别歧视道德观、经济社会发展阶段和男女性别差异等因素的影响,出生性别比升高宏观上是生育选择空间和男孩偏好意愿之间冲突的结果③④。人口道德的形成主要是

① 顾宝昌、罗伊(krishna roy):《中国大陆、中国台湾省和韩国出生婴儿性别比失调的比较分析》,《人口研究》1996年第5期。

② 王翠绒、易想和:《出生性别比持续升高的人口伦理学分析》,《人口研究》2004年第4期。

③ 陈美英:《福建省可持续发展与全面小康社会建设的初步思考》,《中共福建省委党校学报》2004年第11期。

④ 穆光宗:《近年来中国出生性别比升高偏高现象的理论解释》,《人口与经济》1995年第1期。

受传统的重男轻女思想影响,重建科学的现代的人口道德势在必行。

　　传统重男轻女的思想和伦理道德以及不科学的生育文化是偏男生育的内在原因。有些家庭男尊女卑、不生儿子不罢休的思想严重,农村社会保障机制不健全,养儿仍然是防老的重要手段。① 虽然现实生产力水平对性别偏好有制约作用,但传统家庭养老模式、传统的宗法观念强化了人们对性别的偏好。

　　(三)社会性别平等

　　社会性别不会直接影响出生人口性别比,但是能够影响妇女意愿生育性别。中国社会性别并不平等,大学生分配中女生就业率低,女干部比例也较低。我国政府提出的妇女政策是积极健康向上的,但政策的具体执行是由各个企事业单位落实,女工保护由此形成的损失是由企事业单位承担。而作为企业,首先考虑的不是社会性别平衡,而是企业的经济利益。年轻女性要怀孕、生育,女性对于家庭的投入时间和精力相对较多,虽然有社会生育保险,但是不够。那么,企业付出的代价谁埋单? 企业无法和国家政策相争辩,只能用少招收女工予以抗衡,由此造成男女平等执行难。

　　受教育程度严重影响人们的生育观,进而影响人们的生育意愿——意愿生育子女性别比,文化程度高的人群性别偏好的人少,文化程度低的人群性别偏好比例高。此外,地区非农人口比例、城镇化水平、人们职业对于生育观和意愿生育子女性别比也是有影响的。

　　统计资料分析表明,出生人口性别比与妇女年龄、孩次、职业、居住地、民族、已有孩子的性别等的关系密切。② 同时,与家庭类型、母亲职业等因素之间存在联系。③ 1989—1990 年上半年出生婴儿的性别比研究同时表明④,出生性别比与孩次呈明显的正相关关系;孩次越高,出生婴儿

---

　　①　邵振东:《荆州市出生婴儿性别比偏高的原因分析与对策研究》,《人口与经济》2002 年第 1 期。

　　②　高凌:《我国人口出生性别比的特征及其影响因素》,《中国社会科学》1995 年第 1 期。

　　③　李涌平:《婴儿性别比及其和社会经济变量的关系:普查的结果和所反映的现实》,《人口与经济》1993 年第 4 期。

　　④　高凌:《我国人口出生性别比的特征及其影响因素》,《中国社会科学》1995 年第 1 期。

性别比越高,这种关系在 1979 年之前很少出现。

有人分析不同胎次婴儿的数量和性别比对整体婴儿性别比的影响,1980—1987 年全国出生性别比的升高完全是因为第二胎及其以上出生绝对数所占比重高,及分孩次性别比大大高于第一胎的性别比所致。中国出生人口中胎次与性别比之间成正比关系,高胎次孩子男孩比例高,这与许多国外研究结果相反。美国 1943—2002 年 60 年资料的平均说明,第 1—8 孩孩次性别比分别为 105.7、105.1、104.7、104.4、103.9、103.4、103.1、103.1。这说明,美国随着孩次增加出生性别比下降,孩次与出生人口性别比成反比关系。

(四)管理因素

优质的管理对于人们传统生育思想观念的转变是十分重要的,尤其是在我国目前计划生育政策和社会经济文化状态下。如果没有计划生育,中国生育率不会如此快地下降到更低水平,我国社会经济也不会有如此快的发展。但是,严格的计划生育管理也会产生如下新的问题。

第一,统计水分和弄虚作假问题。我国管理往往从统计指标出发,未能充分考虑到统计数据存在的水分。我国统计数据本身缺乏监管,统计数据又关系到个人的升迁、单位工作考评。"数字出官,官出数字",为了完成指标、应付上级机关检查,有些管理人员在数据上弄虚作假,掩盖问题的真相,形成新的矛盾。还有客观的原因,如调查经费不到位,调查人群不合作,未严格按照随机原则进行抽样组织调查,而出生性别比又是对数据要求极高的指标等。

第二,重视程度不够,投入不足。我国政府曾强调严格控制人口数量,各级计划生育委员会领导都把提高计划生育率作为一个核心指标,为了完成地区人口发展指标和降低人口增长幅度,各地区政府竭尽全力、不择手段,结果出生率和生育率下降了,但由于忽视了人口性别结构和人口素质问题,以致造成部分地方性别比呈上升趋势。同时,乡村外出人口增多,基层计划生育行政控制能力减弱,没有过硬的约束手段,基层干部监督管理乏力,尤其是对中晚期孕产妇服务、监管不力。更重要的是,有些基层组织认为,管理及技术是硬的,宣传教育未得到足够重视,计划生育基建投资过多,而对于宣传教育工作有所忽视。

第三,综合管理,协调困难。性别比失调主要归因于非法性别 B 超鉴定和非法人工流产,而 B 超和人工流产管理大多归属于卫生部门管理,打击"两非"则主要靠公安部门。因此,各地人口计生委与卫生、民政、公安、妇联等部门的关系协调得好坏,计划生育部门对于"两非"的管理力度、对于妇女"孕情"的掌握程度等都直接关系到出生性别比的高低。但是,在地方上人口计生委单位小、声音小,要和民政、公安、卫生等大单位平等对话有时是很困难的。各部门之间往来较少,数据交流不够。

第四,短的任期难以转变传统生育观念。以人为本、依法行政、依法进行计划生育管理是出生人口性别比下降的必要条件。但是,我国政府官员任期时间短,业绩考核时间短,各级官员较多考虑的是短期业绩——采用行政方法促进出生性别比的迅速下降,而不是长期业绩——采用宣传教育的方法,从根本上改变人们传统的生育思想生育观念,而也有一些官员则宣传多、实际做得少。

实际上,管理是次要和辅助性的,关键是要消除性别偏好的物质基础,调整利益分配,提高妇女社会经济地位。管理的最高境界就是不要管理,就是在社会上消除出生性别比升高的社会基础——性别歧视。

(五)B 超诊断仪和人工引产

传统的胎儿性别鉴定技术和现代医疗技术——B 超诊断仪的广泛应用,是我国人口性别比偏高的主要原因之一。历史上,为了实施控制人口的战略,中国曾要求用人工补救的方法将计划外生育子女引产处理掉,这种方法曾一度被乱用而失控,人工流引产严重损害了妇女生理和心理健康。1994 年时任国家计划生育委员会彭珮云主任在国际会议上庄严地向社会承诺,不将人工流引产作为计划生育的措施。中央也一再发文明令禁止大月份人工引产。20 世纪末,少数地方和医疗部门出于自身经济利益的考虑,打擦边球。此外,由于过低的生育指标、过高的考核指标,也曾使得基层人口计生部门为达到考核指标,不得不默认群众进行人工引产。

第一,B 超诊断仪普及高,管理困难,我国出生人口性别比升高与 B 超诊断仪在我国的普及几乎是同步。1979 年我国第一台 B 超诊断仪正式投产;1982 年以后陆续有一大批国产和进口 B 超相继进入市场;1987 年我国医院使用的 B 超诊断仪已达 1.3 万台左右,平均每县 6 台左右①;

---

①　高凌:《中国人口出生性别比的分析》,《人口研究》1993 年第 1 期。

1991年我国最大的B超诊断仪生产工厂——四川绵阳电子仪器厂已经具备年产5000台B超诊断仪的生产能力,25年生产能力为125000台,平均每县50台以上。2006年我们实地调查发现,我国东部最穷最小的县区都有50台以上的B超诊断仪,一般的乡镇卫生院和计划生育服务站都装备了B超诊断仪。一个袖珍、小型B超诊断仪仅2000多元,体积小至自行车就能搬运,做一次B超诊断仅10—30元,其管理难度很大。出生性别比与选择性人工引产密切相关,而与人工引产有关的就是B超诊断仪。少数医务人员缺乏应有的医德医风①,将B超诊断仪用于非法鉴别胎儿性别,孕妇通过B超得知是女婴后便进行引产。性别选择技术的普及是出生性别比持续升高的行为选择。②

第二,B超诊断仪在基层被广泛滥用。一方面,随着B超诊断仪及其使用技术的普及,在社会上很容易进行婴儿性别鉴定;另一方面,有性别偏好人群可以利用鉴定结果,轻易在医院里进行安全又便宜的人工引产。针对产前性别鉴定、性别选择性引产问题开展的调查发现③,胎儿性别鉴定技术已为中国中部农村地区近一半的被访妇女所使用,如果头胎为女孩,第二次怀孕后经过技术鉴定胎儿为女性时,人工引产的比例则大大增加,因此性别选择性引产是当地出生婴儿性别比升高的主要原因。性别鉴定技术的应用④、超声诊断技术的广泛应用,在有明显性别偏好的人群中,进行选择性引产是造成出生婴儿性别比失调的重要原因之一。实地调查表明,有些农民第一孩是女婴,第二孩发现若仍是女婴后,就静等在家,以不到生育间隔为由要求免费人工引产;第二孩发现若是男婴后就东躲西藏,逃避计划生育管理人员检查。未婚先孕也是如此,怀孕后发现若是女婴,就以未婚先孕为由等待免费人工引产,若发现是男婴后补办结婚

①　潘兆文:《出生婴儿性别比偏高的原因分析及其解决办法的探讨》,《南京人口管理干部学院学报》1997年第1期。

②　王翠绒、易想和:《出生性别比持续升高的人口伦理学分析》,《人口研究》2004年第4期。

③　楚军红:《中国农村产前性别选择的决定因素分析》,《中国人口科学》2001年第1期。

④　傅茂笋、王伯军:《对我国出生婴儿性别比偏高的思考》,《山东医科大学学报(社会科学版)》1995年第3期。

手续,随之生育。显然,B超诊断、人工引产、溺杀女婴是出生婴儿性别比偏高的直接原因。

　　近几年更是出现了一些新的变化和特点。如安徽省计划生育协会和人口计生委在2003年对该省进行的专题调查中发现:利用B超非法进行胎儿性别鉴定已经严重蔓延,且非法行为有五大变化①:①由隐蔽变为半公开;②由"坐等上门"变为"上门服务";③性别鉴定时间由怀孕16周以上缩短为12周左右;④鉴定价格由每例200元降至15元;⑤由本地区小范围变为跨区域大范围作业。这使得普通老百姓要想获得这一"服务",不仅方便可行,而且因其低廉也能承受得起。B超诊断仪在我国不属于特殊商品,其购置不需要专门批准,而目前各地使用的B超诊断仪,不仅有质量很高的大型彩超,而且也有十分小巧的便携式产品。由于B超诊断仪的生产和配置呈现越来越普遍的态势,近年各地做一次B超的费用也在不断降低。更有甚者,为了逃避国家和政府对非法利用B超进行胎儿性别鉴定的打击,一些个体诊所或民间游医采取了新形式。据千龙网报道②,北京丰台区有一辆载有B超仪的"黑车"在某个地区"游击性别鉴定",非法为来京务工的流动人口进行胎儿性别鉴定。男胎收费50元,女胎30元,胎儿性别鉴定后还"一条龙服务",可到其开设的私人黑诊所做人工流产。

　　第三,过低的死亡婴儿性别比,孰真孰假。出生人口性别比主要由生物因素决定。由于生理的原因,男性胎儿怀孕的概率略大于女性,同时其早产、自然流产概率也大于女性,因此降低自然流产比例将会提高存活胎儿的性别比,从而提高出生人口性别比。③但是中国却不一样,中国女婴死亡率高,死亡婴儿性别比偏低,由此造成0岁组人口性别比升高。李树苗2001年发现④,自20世纪80年代中期以后,0岁女婴死亡人数开始持

　　①　陈兆钧、李叶西:《安徽省出生人口性别比偏高的成因与对策》,《南京人口管理干部学院学报》2004年第2期。

　　②　刘爽:《中国的出生性别比与性别偏好现象、原因及后果》,中国社会科学出版社2009年版,第173页。

　　③　Chahnazarian. *Determinants of the Sex Ratio at Birth*, Review of Recent Lierature. Social Ecology l-Winter;1988.

　　④　李树苗、朱楚珠:《中国儿童生存性别的研究和实践》,中国人口出版社2001年版,第64—65页。

续超过男婴死亡人数,而自20世纪60年代早期以后,1岁女婴死亡人数开始持续超过男婴死亡人数。再如,2000年全国第五次人口普查发现,江西省死亡婴儿性别比仅为49.3(即对应每死亡1000个女婴,死亡493个男婴,而正常应该是1300个男婴),但人口性别比却高达114.7。实地调查发现,少数农民为了生男孩,往往将第2胎生的女婴谎报死亡。湖北省鄂州市计生委管理干部曾发现假的女婴坟堆,实际上则将其遗弃、送养或隐藏,这样造成报告女婴死亡率偏高(女婴死亡率假性偏高),死亡婴儿性别比偏低,同时造成报告出生性别比正常。为防止这种情况发生,管理文件规定,凡是申报婴儿死亡必须要有医院证明,无证明则要见尸体。很多学者认识到,选择性人工引产、弃婴及女婴受虐是造成我国出生性别比偏高的主要原因之一。[①]

溺杀女婴、虐弃女婴、选择性流引产、较高水平的女婴死亡率、女婴出生漏报和女婴收养等是导致婴幼儿性别失调的直接原因。[②] 即使考虑女婴的漏报,通过B超或其他诊断方法确定胎儿的性别而实施的性别选择性人工流引产是导致中国大陆出生性别比上升的主要的并将是越来越重要的原因。[③] 而造成我国出生性别比升高及不同社会经济特征妇女的出生性别比差异的最主要原因是,在重男轻女传统影响下的选择性生育。[④]

(六)社会家庭对于女婴、女童关爱程度

无论是出生不到1年的婴儿,还是1—4岁幼儿生命都是十分脆弱的,时时需要家庭和家长的百般呵护。家庭、家长对于女婴、女童关爱程度,对于幼年孩子身体健康的关注、重视程度,既是人们对于性别选择的结果,又是造成婴幼儿性别比偏高的直接原因。封建男权思想对目前我国社会仍有影响,女性的社会地位相对偏低[⑤],"重男轻女"、"男

---

① 乔晓春:《对中国人口普查出生婴儿性别比的分析与思考》,《人口与经济》1992年第2期。

② 陈俐:《中国出生婴儿性别比的现状分析和对策》,《人口学刊》2004年第2期。

③ 顾宝昌、罗伊:《中国大陆、中国台湾省和韩国出生婴儿性别比失调的比较分析》,《人口研究》1996年第5期。

④ 高凌:《我国人口出生性别比的特征及其影响因素》,《中国社会科学》1995年第1期。

⑤ 傅茂笋、王伯军:《对我国出生婴儿性别比偏高的思考》,《山东医科大学学报(社会科学版)》1995年第3期。

强女弱"的封建思想仍然占据着相当大的市场。① 1996 年李树苗、朱楚珠指出,对女婴的歧视性待遇经常表现在营养、食物以及医疗保健方面,这种歧视自 20 世纪 60 年代以来就一直存在,80 年代以后更为严重,特别是在农村地区。② 重男轻女思想以及法律政策上的性别不平等,造成某些家庭对于女婴幼儿生活和生命的漠视,是构成性别比偏高的根本原因。

(七)其他影响因素

有人分析了中国出生人口性别比异常的变化趋势和人群、地域特征。③ 有学者发现,中国人口出生婴儿性别比的分布与地形地势有密切联系,随地势的增高,出生婴儿性别比基本呈递减的趋势。④ 西藏高原出生人口性别比一直是我国最低的地区之一。1983 年谷祖善认为⑤,与《淮南子》的"山气多生男,泽气多生女",海拔高度 4000 米以下大都是我国出生性别比高的地区,海拔高度 4000 米以上大都是我国出生性别比低的地区;人口密度高的地区出生性别比高(直辖市除外)。然而,我国人口的自然地理分布、人口密度的形成本身就是数百年、数千年自然、社会、经济、历史变化的结果。地形地势与经济发展交织在一起,容易造成某些误解,存在若干悖论。西藏高原是我国经济最不发达的地区之一,到底是经济欠发达导致出生人口性别比低,还是地形地势地貌导致出生人口性别比低。如果是地形地势的缘故,那么其间影响途径、影响原理又为何?

此外,出生性别比偏高是人为作用的结果,但人们使用的方法却不仅限于上述所指出的方法。在社会性别偏好男孩的背景下,性别选择技术的滥用与误用是导致出生婴儿性别比偏高的直接原因和主要原因。⑥ 关

---

①　马焱:《从性别平等的视角看出生婴儿性别比》,《人口研究》2004 年第 5 期。

②　李树苗、朱楚珠:《中国儿童生存性别的研究和实践》,中国人口出版社 2001 年版,第 64—65 页。

③　王燕、黄玫:《中国出生性别比和女婴生存状况分析》,《人口与经济》1996 年第 1 期。

④　刘爽:《对中国人口出生性别比的分析》,《人口研究》1988 年第 3 期。

⑤　谷祖善:《出生性别比的地理分布》,《人口研究》1984 年第 6 期。

⑥　李全棉:《出生婴儿性别比偏高原因的系统分析》,《南京人口管理干部学院学报》2005 年第 1 期。

于性别选择技术,不仅是 B 超诊断仪的普及、人工流引产,而且应包括传统医药对性别选择的影响。有研究表明①,中医脉诊对辨别胎儿性别确有较重要的价值,中医脉诊及其他诊断方法在辨别胎儿性别上的应用对选择性人工流产的影响是值得注意的一个方面。总之,出生性别比偏高的原因是非常复杂的,有些至今未曾破解,我们仅能论述一些事实,描述一些表面影响因素。

第四节　研究设计

一、主要研究方法

研究方法取决于不同的研究对象和研究目的。本项目采用理论研究和实证研究相结合、定性和定量分析方法相结合的研究方法。出生性别比本身就是一个数量指标,对出生性别比的研究不同于一般社会学研究。首先,考虑定量分析方法;其次,目前我们研究的仅是报告出生性别比,而其与真实性别比或多或少存在着差异,因此并不能单纯使用定量分析方法,必须兼顾定性分析技术;最后,考虑到与出生性别比相关联的很多社会、经济、文化、人口、政策和人们思想观念等大量统计指标大都是定性的,必须用定性描述性分析和实证方法予以研究。

鉴于出生人口性别比本身的复杂性,本课题将社会学、人口学与统计学等多种方法结合。先描述出生性别比的现状、分析其特征,进行地区间比较,与周边国家、地区进行深入比较,再分析出生人口性别比的差异,探讨差异形成的社会经济原因,提出相应对策。在分析过程中采用了大量统计数据与图表,使研究结果更加直观。

实证研究包括对比分析出生人口性别比偏高的特征、相关管理措施及政策对出生人口性别比的影响。出生性别比偏高的特征包括实际出生人口性别比随地区、城乡分布,随孩次、胎次分布特征,考虑不同生育管理措施对出生人口性别比的影响等。国内外学者在分析中国出生人口性别

---

① 彭希哲、陶佩君、黄娟等:《中医脉诊与产前性别选择》,《人口与经济》1996 年第 6 期。

比时,大多与亚洲其他国家或地区进行对比研究,以充分考虑文化因素对出生人口性别比的影响。

在国家人口和计划生育委员会宣教司的支持下,2006年1月笔者一行4人赴出生人口性别比高的县市——安徽省宿松县、湖北省黄梅县、鄂州梁子湖区、鄂州鄂城区两省4县区;2006年7月又组织社会学专业研究生到江苏省东海县进行实地考察、调查,以寻找出生人口性别比偏高的具体社会经济地理原因;2008年8月笔者和江苏省人口发展研究中心等工作人员到江苏省苏北睢宁县李集镇等地进行实地调查,了解育龄妇女的生育性别偏好;2009年4月课题组组织多个博士、硕士研究生到湖北省黄冈市蕲春县等地调查妇女生育性别偏好,以及产生这种偏好的原因等;2009年8月到山西省考察出生登记及时性情况及二孩生育地区出生性别比变动情况。这些将在本书第十一章进行汇总分析。

二、研究模型

我国关于出生人口性别比升高的原因研究,大致可以分为出生人口性别选择的心理偏好和出生人口性别的技术选择两个部分。[①] 这两者是缺一不可的。部分欠发达地区仅有性别心理偏好的愿望而缺乏性别选择的技术,难以实现子女性别的选择;而在发达国家或地区一般仅有性别选择的技术,而居民没有性别心理偏好的愿望,于是难以实现子女性别的选择。对性别选择心理偏好的影响因素有社会、文化、管理、经济、自然环境因素等,而对胎儿性别技术鉴定和选择的影响因素有:医疗卫生发展水平、B超诊断仪的普及情况、人工流产的社会接受程度、传统医药(包括中医号脉法)在性别选择方面的作用等,以及社会和家庭对于女婴关爱程度等。图1—1给出了具体影响模型,按照该模型,我们认为出生性别的选择可以分为意愿选择、行为选择和女婴出生后的补充选择三类。本书围绕这三个方面分别研究各社会经济环境因素及医疗卫生技术,对出生人口性别比的影响路径、影响大小。

---

① 辜胜祖、陈来:《城镇化效应与生育性别偏好》,《中国人口科学》2005年第3期。

2002 年我国农民的意愿生育比为 121.7[①]，而 2002 年我国 0 岁组人口性别比为 119.5，2004 年就升高为 121.1，十分接近意愿生育比。社会经济文化因素主要影响人们的意愿生育性别比，而医疗技术发展主要是帮助出生人口性别选择的实现，法律法规虽然能规范这种选择行为，但在 21 世纪初"政策刚性"不强，各相关部门也出于各自利益，采取打擦边球的方法——明管暗放。由于本书所指的出生人口不是刚出生的婴儿，而是指 0 岁组或 0—4 岁出生人口。婴儿十分脆弱，因此社会家族家庭对于女婴女童的关爱程度直接关系到女孩的生存状态及出生性别比。

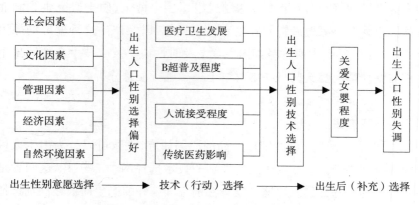

图 1—1   出生人口性别比失调的影响模型

三、研究资料

本课题研究的主要数据来源于 1953 年、1964 年、1982 年、1990 年和 2000 年历次人口普查资料，历年统计年鉴、国家人口和计划生育委员会发表的统计资料。具体是：

（1）2003 年国务院人口普查办、国家统计局人口和社会科技统计司编辑的《2000 年人口普查分县资料》，中国统计出版社。内含 2000 年 10 月末全国 31 个省区直辖市 345 个地市 2869 个县市级行政单位 155 个社会经济人口基本变量。

（2）2000 年 12 月国家统计局综合司编辑出版的《中国区域经济统计

---

① 莫丽霞：《当前我国农村居民的生育意愿与性别偏好研究》，《人口研究》2005 年第 2 期。

年鉴》,2000 年海洋出版社,内含 1999 年年末全国 31 个省区直辖市 382
个地市级行政单位登记的 195 个社会经济基本变量。

（3）2001 年国家统计局农村社会经济调查总队编辑的《中国县（市）
社会经济统计年鉴》,中国统计出版社。内含 2072 个县市区级行政单位
登记的 31 个社会经济基本变量。

（4）国务院人口普查办、国家统计局人口和社会科技统计司编辑的
《中国 2000 年人口普查资料》,2002 年中国统计出版社。

（5）国务院人口普查办、国家统计局人口和社会科技统计司编辑的
《中国 1990 年人口普查资料》(1—4 册),1993 年中国统计出版社。

（6）国家统计局编辑的《中国统计年鉴》,1990—2009,中国统计出
版社。

（7）国家人口和计划生育委员会编辑的《中国计划生育年鉴》,
1990—2009,中国人口出版社。

第五节　研究的重点和难点

一、研究的重点

目前,我国人口学界、社会学界每年关于出生人口性别比的公开发表
的研究论文、论著有数十篇（种）之多,为避免初级、简单的重复,本课题
不仅研究我国历史上的出生人口性别比,而且系统研究国外,特别是美国
性别比的构成情况,以研究无计划生育情况下出生人口性别比特点和变
化规律。

（一）研究重点是县市人口性别比及其异常情况

大多数人口学家、社会学家都是从国家层面上、省区直辖市层面上等
宏观尺度研究过出生人口性别比情况,以及出生人口性别比与社会经济
文化状态的关系,本项目的研究重点是各县市出生性别比,从中观角度分
析出生性别比,及出生性别比与社会经济文化状态的关系。即从各县市
的社会经济文化资料出发,研究各县市出生人口性别比变化规律,这是一
个新角度。大容量计算机、成熟的计算技术和五普分县市资料的出版为
我们的研究提供了基础。

（二）研究重点是影响县市人口性别比的主要社会经济文化因素

研究出生性别比是为了摸清出生性别比问题的实质、出生性别比的演变规律、出生性别比的主要影响因素，从而达到降低出生人口性别比的目的。出生人口性别比是个定量指标，应该采用定量社会经济文化指标来研究出生人口性别比。研究出生性别比的目的，是要解决出生人口性别比偏高问题，而要解决该问题的关键是需要弄清影响出生人口性别比的主要社会经济文化因素，了解这些因素的影响大小、影响途径、影响机制、影响方向等问题。最后，则是为科学合理解决我国出生人口性别比失调问题提供科学咨询和决策依据。

二、研究的难点

出生人口性别比失调的根本原因是人们落后的思想观念，即传统思想观念的影响。我国出生人口性别比失调已经连续十多年了，尽管政府反复强调、专家重视，但仍然愈演愈烈。传统势力如此顽固，这是专家学者、政府官员所未想到的。

（一）从何得到准确的出生人口性别比资料

有研究认为[1][2]，女婴的瞒、漏报是高出生婴儿性别比的表面原因，出生婴儿性别比高出部分的 50%—70% 是由女婴漏报和瞒报造成的，第二位的原因是妊娠期通过非法胎儿性别鉴定之后的流女保男行为，也必须考虑少数溺弃女婴陋习的影响。2000 年以后通过人口普查资料和小学学生人口年龄资料证明，B 超和非法人流是出生性别比偏高的主要原因，但是女婴漏报和瞒报现象影响也不小。出生人口性别比是个相对数，理论上男、女婴出生数的漏报大体是随机、数量差不多的，出生性别比应该比较准确的。但是，实际并非如此。为了能够超生，人们有意识对女婴进行瞒报、漏报。于是，有人提出"报告出生性别比"的概念[3]，意在强调与实际的差异，报告的出生性别比升高有两种可能性，一是女婴漏报造

---

① 涂平：《我国出生婴儿性别比问题探讨》，《人口研究》1993 年第 1 期。

② 曾毅、顾宝昌、涂平等：《我国近年来出生性别比升高原因及其后果分析》，《人口与经济》1993 年第 1 期。

③ 王燕、黄玫：《中国出生性别比异常的特征分析》，《人口研究》2004 年第 6 期。

成的假性升高;二是性别选择性流产引起的真性升高。出生统计上的瞒、漏、错报是形成中国目前统计数据中出生性别比严重失调的重要原因。①

中国人口基本上是封闭的,如果出生人口性别比是正确的,则可以通过该性别比和各年龄死亡率,推断出若干年后某年龄的人口性别比。反之,也可以通过各年龄死亡率和性别比,推断出若干年前的出生人口性别比。而实际上,能如此推算的个例十分少,由于年龄别死亡率的质量相对比较准确,变化是有规律的,人们不得不怀疑出生人口性别比的数据质量了。

瞒报谎报使部分女婴成为黑户,又有部分被非法送养或遗弃的女婴由于缺乏照顾而死亡。一些计划生育基础管理工作比较差的地区,基层基础管理账册不健全,负责统计的工作人员业务素质不高,人口出生不能及时准确地进行登记统计;少数单位的领导对本地计划外生育情况,特别是外出人口生育情况没有如实掌握和上报,以致上报的统计数据不准,有相当一部分女婴漏登记、漏报告。②

(二)县市社会经济文化资料数量少,情况复杂

我国幅员辽阔,民族众多,我国东西跨 4 个时区 63 个经度、南北跨 50 个纬度。陆地 960 多万平方千米,海域面积 473 万平方千米。陆地边界 2.28 万千米,大陆海岸线 1.8 万千米,周边与 14 个国家相邻。2000 年 11 月我国 56 个民族分六大行政区 31 个省区直辖市 2869 个县市区中含 1679 个县 396 个市 793 个区(表 1—6),其中县占 59%,数量最多;县级市数量最少,仅占 14%;余下 28%是县级市区。各地区差异很大,东北工业化程度最高,县级市和县级区的比例最高,而农业县比例最低;西南地区则相反,县级市和县级区的比例最低,农业县比例最高。华东、中南大区比较接近东北,西北和华北比较接近西南。2000 年我国 2869 个县市区,但与其相适应的社会经济文化人口资料和指标不多,而能够解释出生人口性别比的指标更少,这些严重影响了对于出

①　陈俐:《中国出生婴儿性别比的现状分析和对策》,《人口学刊》2004 年第 2 期。
②　潘兆文:《出生婴儿性别比偏高的原因分析及其解决办法的探讨》,《南京人口管理干部学院学报》1997 年第 1 期。

生性别比的深入研究。更重要的是,我国县市区的社会经济、自然地理、文化交通、城市化水平、生育政策等情况相差甚远,对出生性别比这类复杂的,涉及文化、观念、政策的综合因素,显然很难用一种模式或少数几个统计指标来解释。

表1—6　我国六大行政区的县市区分布状态

	华北	%	东北	%	华东	%	中南	%	西南	%	西北	%	Total	%
区县市	100	23.3	146	49.7	222	34.4	200	31.4	72	14.2	53	14.8	793	27.6
	279	65.0	94	32.0	307	47.6	329	51.7	398	78.7	272	76.0	1679	58.5
	50	11.7	54	18.4	116	18.0	107	16.8	36	7.1	33	9.2	396	13.8
	429	100	294	100	645	100	636	100	506	100	358	100	2868	100

(三)能够衡量人们传统文化、思想观念的指标少

影响出生性别比有人们传统文化、思想观念,但能够定量描述文化、观念的因素很少,能够定量描述影响文化、观念的因素更少。因此,我们面临的情况是,能够客观衡量生育的相关指标(生育率、出生率等)无法描述出生人口性别比;而能客观描述、解释出生人口性别比、意愿生育性别比的指标(如人们传统文化、思想观念、意愿生育性别偏好等)极少且无法定量分析。

三、研究的框架

绪论进行了综述和研究设计;第一章论述各国人口出生性别比情况,提供研究背景;第二章论述我国历史和现实的出生性别比,包括省市县三个不同层次的出生性别比;第三章讨论了我国及各国人们的生育意愿及影响因素;第四章讨论的是出生性别比数据来源及数据可靠性;第五、六、七、八和九章讨论了传统文化、妇女社会地位、生育水平、经济因素、生物因素对出生性别比的影响;第十章对妇女生育意愿做进一步实地调查;第十一章对出生性别比偏高的原因进行定量总结;第十二章对结果进行定性梳理概括,也离开具体数据和个案框架,提出了我国出生性别比偏高的具体对策和建议。全书贯穿一条中心线,就是探讨影响我国出生性别比偏高的真实原因,并提出相关建议。

　　我们具体将人口普查中各地区家庭规模（家庭平均人数）、家庭代数、一（二、三）代户占家庭比例等作为传统文化因素；非农人口比重，第一（二、三）产业人口比重，人均存款、人口密度、人均 GDP（人均国内生产总值）等作为经济发展因素；平均受教育年数性别差异、文盲率性别差异、妇女离婚率、妇女再婚率等作为妇女社会地位因素；成人比例、平均生育子女数、出生率、总和生育率、一（二）胎次比例等作为生育水平和生育政策因素。本书使用的是国家公开发表的地市和县市区层次的普查资料和登记资料。应该说，这样的分类是比较粗糙的，本课题虽然研究了全国 345 个地市、2869 个县市区，但是毕竟仅有 2000 年的出生性别比，由于资料的限制，其他年度的情况考虑较少。

第六节　小　结

　　本章首先给出了本书的研究背景，讨论了出生人口性别比的基本概念，讨论了出生人口性别比随年龄的递减规律和出生性别比的若干特点。出生人口性别比指标十分敏感，随时间、地区变化较快，而随同一出生队列（年龄）变化慢，影响出生人口性别比变化的社会经济因素多而复杂，人口性别比偏高现象具有空间蔓延性和年龄传递性。出生人口性别比指标对于人口数据要求高，由于各县市出生数量太少容易造成随机误差，本书提出以 0—4 岁幼儿性别比代替 0 岁组出生人口性别比进行研究。

　　国外研究表明，较早研究出生人口性别比的是美国学者 Winston，他于 1932 年做了出生控制与性别偏好的社会调查。20 世纪 30 年代后的研究大致可分三个阶段。20 世纪 70 年代前为第一阶段，侧重揭示生育性别偏好的存在及其在不同人群的分布情况，如比较不同人群的性别偏好强度及个人特征对此产生的影响。20 世纪 80 年代第二阶段开始注重分析影响性别偏好的社会、经济、心理、文化习俗方面的原因，主要是通过国家间、地区间、文化间比较，发掘这些因素。20 世纪 90 年代后为第三阶段，从制度和习俗方面等社会结构层面分析。美国、法国、英国及智利的数据表明，当生育率下降时，高龄母亲生育子女数量迅速减少，死产胎儿的性别比也下降，从而出生性别比略有上升。

　　我国人口学界自 1990 年以后就开始对出生人口性别比进行研究,可以归纳为两大类:理论研究和实证分析研究,而以实证分析研究居多。理论研究大致有"三维"理论、独立概率理论及社会性别比理论。

第一章　世界各地区出生性别比分布状态

　　我国出生性别比偏高不是孤立的,是受社会、经济、历史、地理、文化根源等影响的。如果要研究出生人口性别比偏高的原因,需摸清这种历史地理文化根源。深入了解世界各地区出生人口性别比的分布规律,将有助于认识中国出生人口性别比偏高的缘故。

第一节　20 世纪 90 年代世界各国出生性别比的分布状态

　　1967 年印度孟买大学经济系普拉文·维萨里亚(Pravin M. Visaria)在《登记相对完整的国家及地区出生性别比》一文给出了 80 个国家及地区出生性别比中①,有 50 个在 104.0—107.0 之间,有 23 个国家及地区低于 104.0(90.2—103.9)的,高于 107.0(107.2—117.0)的仅有 7 个国家及地区。1981 年,联合国人口年鉴给出了 1972—1980 年 84 个国家和地区的 1.47 亿婴儿的出生性别比,平均为 105.8。其中,出生性别比在 99 以下、100—109、110—119 以及 120 以上的样本,分别为 3.1%、88.0%、8.8% 及 0.2%。② 当时在出生人口大国中,性别比最高的是埃及在 1972—1977 年,菲律宾 1972—1976 年,出生性别比也仅在 107—110 之间。表 2—

---

　　①　Pravin M. Visaria. *Sex Ratio at Birth in Territories with a Relatively Complete Registration*. Eugenics Quarterly, 1967, 14 (2): 132-142 American Eugenics Society, Inc.

　　②　李伯华、段纪宪:《对中国出生婴儿性别比的估计》,《人口与经济》1986 年第 4 期。

1 给出了 20 世纪末世界各国 0—4 岁幼儿性别比。从五大洲情况来看,非洲、美洲地区出生人口性别比最低,欧洲、大洋洲地区性别比较高,亚洲情况比较复杂,若不考虑中国,亚洲出生人口性别比居于美洲、非洲和欧洲、大洋洲之间,但考虑中国的情况以后,亚洲出生人口性别比雄踞五大洲之最。换言之,中国的高出生人口性别比使得亚洲出生人口性别比提高了3.4 个基本点,并使亚洲 0—4 岁婴幼儿性别比为五大洲最高。

表 2—1　20 世纪末期世界各国 0—4 岁婴幼儿性别比

地区	调查时间	性别比	地区	调查时间	性别比
亚洲(包括中国)		107.9	美洲		104.1
亚洲(不包括中国)		104.5	欧洲		105.5
非洲		104.0	大洋洲		105.7
中国大陆	1999.7.1	119.5	尼日利亚	1991.11.26	104.9
中国香港	1998.7.1	108.4	南非	1996.10.10	99.6
中国澳门	1997.7.1	114.3	加拿大	1997.7.1	105.1
孟加拉国	1991.3.1	102.9	墨西哥	1995.11.5	103.3
印度	1998.7.1	104.4	美国	1998.7.1	104.6
印度尼西亚	1998.1.1	103.7	阿根廷	1995.7.1	103.4
伊朗	1996.1.1	105.5	巴西	1998.7.1	104.1
以色列	1997.7.1	105.5	委内瑞拉	1997.7.1	104.4
日本	1998.10.1	105.2	白俄罗斯	1998.1.1	105.2
哈萨克斯坦	1997.7.1	105.6	保加利亚	1997.7.1	105.4
朝鲜	1994.1.1	105.4	捷克共和国	1998.1.1	105.3
韩国	1998.7.1	114.2	法国	1993.1.1	104.8
马来西亚	1997.7.1	106.5	意大利	1998.7.1	105.7
蒙古	1999.1.1	102.5	荷兰	1996.7.1	104.8
缅甸	1997.7.1	99.0	波兰	1997.7.1	105.3
巴基斯坦	1998.3.1	104.0	罗马尼亚	1997.7.1	105.6
菲律宾	1995.9.1	106.4	俄罗斯	1995.1.1	105.4
新加坡	1998.7.1	106.9	西班牙	1998.7.1	106.9
斯里兰卡	1996.7.1	103.7	乌克兰	1998.1.1	105.6
泰国	1998.7.1	102.6	英国	1997.7.1	105.3

续表

地区	调查时间	性别比	地区	调查时间	性别比
土耳其	1998.7.1	103.6	南斯拉夫	1997.7.1	107.9
越南	1993.1.1	109.2	澳大利亚	1998.7.1	105.6
埃及	1996.11.19	105.1	新西兰	1998.7.1	105.8

资料来源:0—4 岁男女儿童人数原始资料来源于朱之鑫《国际统计年鉴》(2001),中国统计出版社。

若比较世界各国 0—4 岁婴幼儿性别比的情况,20 世纪 90 年代南非、缅甸为最低,每 100 个女孩对应的男孩不到 100,南美洲和中国周边国家,如泰国、蒙古和孟加拉也比较低;而在中国大陆、港澳地区,及受中国文化影响比较大的地区,韩国、越南、马来西亚、新加坡、菲律宾都比较高。但是,真正高于临界线 107 以上的仅有中国大陆、港澳地区,韩国和越南等少数国家和地区。

以上事实虽仅反映了 20 世纪末期的情况,但充分说明了 0—4 岁婴幼儿性别比失常可能与大中华文化圈有关,受儒家文化影响的地区,男丁继承祖宗的姓氏、家业和事业,而女性只是"不入家谱",或"嫁出去"的人。对于这种原因的进一步探讨将在其后进行。

据 2005 年 3 月联合国 223 个国家和地区统计[1],出生人口性别比高于 107 的国家和地区有 13 个,中国大陆仅次于亚美尼亚、格鲁吉亚为全世界第三(2008 年为世界第五),而我国台湾、香港地区紧随其后,为第四、第五,深受儒家文化影响的新加坡、越南和韩国分别为全世界第 11、第 12、第 13 名。当然,联合国的数据是由各国政府或研究机构公布,数据真实性如何,是否有些国家和政府不愿承担出生性别比失调的恶名而有意低报,诸种可能性也是存在的。

第二节　世界若干国家 0—4 岁性别比随时间演变

发达国家有比较长的人口统计资料,欧洲、美洲、澳洲 0—4 岁人口性

---

[1] 详见网站:http://www.nationmaster.com/red/graph-T/peo_sex_rat_at_bir。

别比的历史变化给出如图 2—1 所示。由图 2—1 可见,婴幼儿性别比最低值出现在 1900 年的法国,大致为 100;最高值出现在 1990 年的法国,接近为 108。大多数时间性别比在 102—104 之间,第二次世界大战以后发达国家都有明显上升趋势。这种上升趋势似乎与经济发展、生育率下降,抑或与 0—4 岁儿童死亡率下降有关。其次,婴幼儿性别比高于 106 的国家和年数十分少,因此也难以造成很大社会影响。

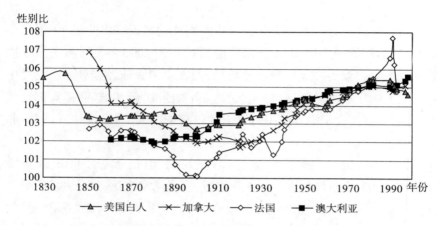

图 2—1　美国白人、加拿大、法国、澳大利亚 0—4 岁婴幼儿性别比的历史变化

资料来源:B. R. Mitchell, International Historical Statistics(1750—1993)。数据已进行线性内插处理。

　　亚洲婴幼儿性别比的变化出现了十分类似的情况(图 2—2)。首先,第二次世界大战以后日本、印度婴幼儿性别比都有明显上升趋势;其次,日本明显高于印度;第三,婴幼儿性别比高于 106 的次数很少,作为发展中国家的印度有冲高的现象,而发达国家婴幼儿性别比随时间变化十分稳定,近 100 年一直稳定在 101—105 之间。1900—2009 年日本新生婴儿性别比详细资料请见附录 1。

第三节　美国出生性别比的分布状态

　　美国是个禁止人工流产的国家,虽然国内仍有很多赞成人工流产的呼声,但人们几乎无法对子女性别进行人工选择和人工流引产。美国法律规

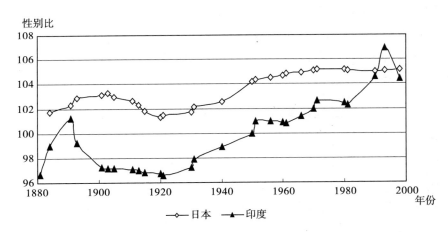

图2—2　印度、日本0—4岁人口性别比随时间变化示意图

资料来源:同上图2—1。

定,怀孕女子只有在遭受强奸、伤及母体健康或者胎儿发育不正常三种情况下才可以进行堕胎。美国国会参议院于2003年10月21日通过了禁止后期堕胎的法案。该法案规定,孕妇在妊娠第二期(妊娠中期的三个月)和第三期(妊娠后三个月)时,腹中胎儿已经成型,因此禁止在这两个时期实施堕胎。任何触犯该禁令的医生将面临最高2年的刑期。考虑到美国具有完整和准确的出生人口性别比资料。借助于美国出生性别比的历史资料,进行分析和研究在人工选择性流产技术产生以前,影响出生性别比的因素。本书附录3—6详细给出了1940—2002年美国出生性别比随母亲生育年龄、孩次、民族、地区和时间的变化情况,这里给出了基于这些材料的分析结果。

一、出生性别比随婴儿母亲生育年龄的变化

微观而言,决定出生人口性别的是婴儿父母亲的遗传密码,或者说,父亲携带XX染色体精子的数量和游离速度,与携带XY染色体精子的数量和游离速度,而这些与父亲年龄、健康、性生活频度,母亲的受孕环境,母亲对于Y染色体精子的容纳程度等直接相关。具体的细节仍然是个谜。

出生性别比随母亲生育年龄变化研究表明(表2—2),美国出生人口性别比63年中平均为105.1,各年龄组妇女生育人口性别比的95%的估计区间计算表明,各年龄组妇女生育子女性别比一直稳定在102.9—

105.6 之间狭窄的空间中,即无论哪个年龄组母亲生育,出生人口性别比都在正常范围以内。母亲在 35 岁以下生育,平均出生性别比基本高于 105;母亲在 35 岁以上生育,平均出生性别比基本在 105 以下。即高龄妇女生育人口性别比偏低,但都在正常范围内,这和我国情况恰好相反。

表 2—2   1940—2002 年美国历年活产婴儿性别比随母亲生育年龄的变化

年龄	10—14 岁	15—19 岁	20—24 岁	25—29 岁	30—34 岁	35—39 岁	40—44 岁	45 岁+	全距
63 年平均	105.1	104.9	105.4	105.2	105.2	105.0	104.6	103.8	103.9	5.4
最大	105.9	111.4	106.5	106.3	106.3	106.1	106.2	105.8	115.8	16.1
最小	104.6	98.1	104.2	104.3	104.4	103.7	103.2	100.4	94.2	1.2
95% 的估计区间	105.0—105.2	104.2—105.6	105.3—105.5	105.1—105.3	105.1—105.3	104.9—105.1	104.5—104.7	103.5—104.1	102.9—104.9	4.6—6.2

在 1940—2002 年 63 年间美国活产婴儿性别比随母亲生育年龄的变化表明(附录 3),15—39 岁年龄组 63 年出生人口性别比都在 103.0—106.9 之间无一例外,仅在母亲最高生育年龄 40 岁以上和最低生育年龄 15 岁以下的出生性别比出现了异常情况,10—14 岁年龄组、45 岁以上年龄组分别有 16 年、12 年出生人口性别比大于 107,尤其是母亲年龄组偏大的情况下。我们认为,出现这种现象,可能不是母亲生育年龄差异,而是这两年龄组妇女生育子女数太少而引起的波动,美国 1940—2002 年每年出生人口为 250—400 万人①,其中 15 岁以下、45 岁以上妇女生育子女每年大致为 0.8—1.3 万、0.7—1.1 万孩子,所以较容易出现出生性别比的偏高。

表 2—3   母亲生育年龄组与出生人口性别比的频数(年数)分布

性别比	10—14 岁	15—19 岁	20—24 岁	25—29 岁	30—34 岁	35—39 岁	40—44 岁	45 岁+
99.9 以下	4	0	0	0	0	0	0	8
100.0—102.9	6	0	0	0	0	0	18	19

---

① U. S. Department. of Commerce, Bureau of the Census, Statistics Abstract of the U. S. 1975,1996.

续表

性别比	10—14 岁	15—19 岁	20—24 岁	25—29 岁	30—34 岁	35—39 岁	40—44 岁	45 岁+
103.0—104.9	21	9	16	18	29	47	37	16
105.0—106.9	15	54	47	45	34	16	8	8
107.0 以上	16	0	0	0	0	0	0	12

若对 1940—2002 年各年龄组出生人口性别比进行 95% 的区间估计（表 2—4），容易发现，15—29 岁妇女生育子女的性别比略高一些，大致在 105 以上；30 岁以上妇女生育子女在 103—105 之间。这种情况在 63 年平均妇女各年龄组的生育人口性别比也完全如此。

表 2—4　各时期出生性别比与母亲生育年龄的关系

年度	各年龄组	10—14 岁	15—19 岁	20—24 岁	25—29 岁	30—34 岁	35—39 岁	40—44 岁	45 岁+	Max-min
2000—2002	104.7	106.8	105.0	104.5	105.0	104.7	104.3	104.4	106.7	2.5
1995—1999	104.8	106.2	105.0	104.7	104.8	104.9	104.5	104.4	104.5	1.8
1990—1994	104.9	104.7	105.0	104.8	104.8	105.1	104.7	104.2	104.7	0.9
1985—1989	105.0	105.2	105.3	104.9	104.9	105.1	104.9	104.5	103.2	2.1
1980—1984	105.1	105.7	105.2	105.1	105.2	104.9	104.7	103.9	103.5	2.2
1975—1979	105.3	107.0	105.5	105.1	105.4	104.9	105.4	103.3	105.4	3.7
1970—1974	105.3	102.9	105.3	105.5	105.3	104.9	104.6	102.5	103.2	3.0
1965—1969	105.2	104.1	105.4	105.3	105.4	105.4	104.1	102.7	101.1	4.3
1940—1964	105.3	104.5	105.6	105.5	105.4	105.0	104.5	103.9	103.8	1.8
平均	105.1	104.9	105.4	105.2	105.2	105.0	104.6	103.8	103.9	2.5
1940—2002 年 95% 估计	105.0—105.2	104.2—105.6	105.3—105.5	105.1—105.3	105.1—105.3	104.9—105.1	104.5—104.7	103.5—104.1	102.9—104.9	

为判别各年龄组母亲生育子女性别比是否存在差异，对各年龄组出生人口性别比进行方差检验。计算表明，大多数母亲各年龄组生育子女性别比没有明显差异，仅在 40 岁以后生育与 40 岁以前生育的出生人口性别比有显著性差异（95% 把握程度），即母亲 40 岁以后生育的出生人口性别比明显低于 40 岁以前生育妇女的出生人口性别比。

夫妻双方年龄大，生女儿的几率大。主要是男性的精子数会随着年龄的增加而减少,而女性的年龄越大,生理激素改变,也会使子宫内的酸性分泌物逐年降低,生女孩的机会也逐渐提高。

美国出生人口性别比随母亲年龄的变化图(图2—3)分析表明,母亲生育年龄在15—39岁之间的,出生人口性别比比较稳定,而母亲生育年龄在10—14岁、40岁以上则出生人口性别比变化比较大,主要仍然是妇女生育样本量较少的缘故。

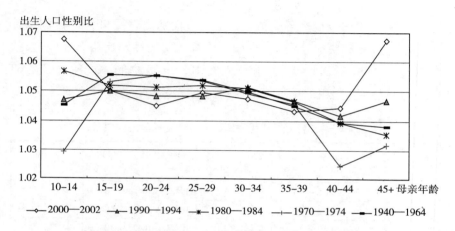

图2—3   美国出生人口性别比随母亲年龄的变化

二、出生人口性别比随胎次孩次的变化

如果不做B超声波检查,没有人工流产情况下,出生人口性别比是否受胎次孩次的影响呢?1943—2002年美国历年活产婴儿性别比随孩次数的变化情况(表2—5)分析表明,出生人口性别比随孩次的增加而单调减少,60年平均而言,第1、2孩出生人口性别比偏高大致在105以上,第3、4孩出生人口性别比大致在104.0—104.9之间,第5孩以后出生人口性别比大致在103.0—103.9之间。

表2—5   1943—2002年美国历年活产婴儿性别比随孩次数的变化

	合计	第1孩	第2孩	第3孩	第4孩	第5孩	第6孩	第7孩	第8孩+	全距
60年平均	105.8	105.7	105.1	104.7	104.4	103.9	103.4	103.1	103.1	3.8
95%的估计区间	105.7—105.9	105.6—105.8	105.0—105.2	104.6—104.8	104.3—104.5	103.7—104.1	103.1—103.7	102.7—103.5	102.8—103.4	3.5—4.0

如果去掉最高最低的 5% ,则 95% 的估计区间中,第 1、2 孩出生人口性别比偏高都是在 105 以上,第 3、4 孩出生人口性别比大致在 104.0—104.8 之间,第 5、6 孩出生人口性别比大致在 103.0—104.1 之间,第 7、8 孩出生人口性别比大致在 102.8—103.5 之间。由此可见,在没有生育控制、没有引产流产的社会,出生性别比一般随着孩次增加而呈线性递减,但减少幅度非常小;这些和中国大陆情况恰好相反。

三、出生人口性别比随时间变化的特点

1940—2002 年 63 年间美国出生人口性别比为 105.1,最高、最低值分别为 105.9、104.6,标准差为 0.28。95% 的估计区间表明出生人口性别比是 105.1—105.2。频数分析表明,出生人口性别比随年度大致呈轴对称分布。

1940—2002 年美国出生人口性别比,实际上是震荡往下(图 2—4)。随着时间的不断发展,美国出生人口性别比从 20 世纪 40 年代的 105.6,逐渐下降到 70 年代的 105.3 和 90 年代的 104.9。分析进一步表明,美国出生人口性别比有隔年相关的性质(相关系数为 0.712,具有显著性统计意义)。

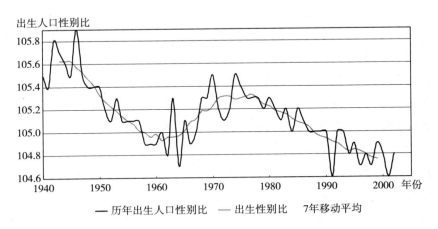

图 2—4　1940—2002 年美国出生人口性别比随时间变化图

四、出生人口性别比随不同人种的变化

美国各人种出生人口性别比是不一样的(表 2—6),夏威夷及亚裔人最高(107),其次为白种欧裔人、墨西哥籍人(105),出生人口性别比最低的是印

第安人和非裔人(104)。但这种差异很小,难以通过显著性差异的统计检验。

表2—6　美国各人种的出生人口性别比

	所有人	白种人	非裔人	印第安人	夏威夷人	墨西哥籍
51个州平均	104.9	105.4	104.0	103.2	107.0	105.0
最大	107.5	110.3	123.8	123.2	122.7	116.4
最小	103.0	103.6	94.0	91.9	90.0	98.2
标准差	0.8	1.0	4.4	5.8	5.3	3.5

此外,美国出生人口性别比似乎不受家庭所在社区经纬度、地理地形高度的影响;不受育龄夫妇文化程度、家庭经济收入水平、城市化水平的影响;不受家庭所在社区天气气候的影响;不受育龄夫妇对子女性别主观偏好的影响;不受宗教信仰的影响。① 因此,出生性别比在美国似乎仍是个纯生理指标。

第四节　印度出生性别比的分布状态

2011年印度拥有12.1亿人口,是仅次于中国的世界第二人口大国。最近10年印度经济以每年8%的速度增长,2006年印度国内生产总值首次超过韩国,突破1万亿美元,成为仅次于日本和中国的亚洲经济大国。2011年印度人均收入超过1000美元,迈入中低收入国家行列。以家庭年收入20万卢比至100万卢比(大致折合3—15万元人民币年收入)为标准,印度拥有3亿"中产阶级",而且每年以2000万的速度增加。印度没有实行计划生育,但人口增长速度也已缓慢下降到15‰以下(2007年为12‰),一般家庭人数由过去的8人下降到目前的5—6人。随着出生人口数量的下降,印度出生性别比也出现了明显的上升。1971—1981年

---

① 有人发现,战争临近的征兆是新生婴儿中男孩的比例增大,而在战后,出生的男孩也会大大超过女孩,以弥补战争的伤耗。也有人发现,黄种人出生人口性别比偏高,黑种人出生人口性别比偏低,白种人则居中。

间印度人口增长率达到最高值,总和生育率在 4.5 以上,2000 年降到 2.8 左右。2003 年印度政府推出"小家庭计划",即提倡每对夫妻只生一个子女,无论男女。1997 年 Das Gupta 发现,1981—1991 年累计印度少生 120 万女婴(同期全球少生 1 亿女婴,主要集中在东亚及南亚等国家)。与此同时,印度和我国一样,出生性别比有明显上升,1982 年为 109 以下,1994 年上升到 114 以上,当年印度女婴流产占 99.5%,主要是产前诊断技术的发展。1994 年印度议会立法禁止产前性别诊断和人工流产,违法者最高可获 10 年徒刑。但在边远地区鞭长莫及,产前性别诊断和人工流产时有发生,10 个美元(500 卢布)就能取得产前婴儿性别的相关诊断结果。1994 年以后出生性别比虽有下降,但仍在正常值(107)以上。统计表明,2008 年印度出生性别比高达 112,为世界第四。

一、近年印度的出生性别比及其分布

1991 年印度人口普查资料分析表明,34 个地区出生人口性别比分别为 107.6;2001 年普查资料表明,10 亿人的出生人口性别比为 107.2,最高为 141,最低为 95。2011 年普查资料表明,随着出生率的下降,12.1 亿印度人的出生人口性别比已经上升为 109.41。2001 年在印度 34 个二级行政管理区域中,正常的(≤106)仅有 13 个地区占全国的 38%,而出生人口性别比偏高(106—110)、很高(>110)的地区分别有 9、12 个(表 2—7),大致占全国人口的 27%、35%。而实际上出生人口性别比高于 120 的地区就占 4 个,Daman and Diu 地区出生人口性别比竟达 141。[①] 尤其是在印度北部、西北部小麦主要地区,是传统的高出生、高死亡、高出生人口性别比地区。

表 2—7　2001 年印度 34 个地区出生人口性别比

地区	性别比	地区	性别比
安达曼和尼科巴群岛,Anda-man and Nicobar Islands	118.2	拉克沙岛,Lakshadweep	108.7

① Mridula Bandyopadhyay, *Missing Girls and Son Preference in Rural India: Looking Beyond Popular MYTH*, Health care for Women International 2003, 24:910-926.

地区	性别比	地区	性别比
安得拉邦,Andhra Pradesh	102.2	马哈拉施特拉邦,Maharashtra	108.5
阿鲁纳恰尔邦,Arunachal Pradesh	111.0	曼尼普尔邦,Manipur	102.2
阿萨恩邦,Assant	107.3	梅加拉亚邦,Meghalaya	102.6
比哈尔邦,Bihar	108.6	米左拉姆邦,Mizoram	106.6
昌迪加尔,Chanigarh	129.4	那加兰邦,Nagaland	110.0
切蒂斯格尔,Chhatisgarh	101.0	奥里萨邦,Orissa	102.9
达德拉和纳加尔哈维,Dadra and Nagar Haveli	123.3	本德治里,Pondicherry	99.9
达曼和第乌,Daman and Diu	141.0	旁遮普邦,Punjab	114.4
德里,Delhi	121.8	拉贾斯坦邦,Rajasthan	108.5
果阿,Goa	104.2	锡金邦,Sikkim	114.3
古吉拉特邦,Gujarat	108.6	泰米尔纳德邦,Tamil nadu	101.4
哈里亚纳邦,Haryana	116.1	特里普拉邦,Tripura	105.3
喜马偕尔邦,Himachal Pradesh	103.1	北方邦,Uttar Pradesh	111.4
贾木和克什米尔邦,Jammu and Kashmir	111.1	北安查尔邦,Uttaranchal	103.7
恰尔肯德,Jharkhand	106.3	西孟加拉邦,West Bengal	107.1
卡纳塔克邦,Karnataka	103.7	最高	141.0
喀拉拉邦,Kerala	94.5	最低	94.5

资料来源:Provisional Population Total:India. Census of India, 2001. Paper 1 of 2001, Office of The Registrar General, New Delhi, India。

2006 年印度出生性别比高达 113.4,而在最发达的城市新德里,出生性别比更是高达 120.9,而实际上新德里自 1999 年以来,出生性别比一直稳定在 120 及其以上(表 2—8)。

表 2—8   印度新德里内务部登记的出生性别比

年份	1991	1992	1993	1994	1995	1996	1997	1998
SRB	115	116	117	119	119	119	117	111

续表

年份	1999	2000	2001	2002	2003	2004	2005	2006
SRB	119	122	124	120	121	122	122	121

资料来源：Guilmoto Christophe, *Characteristics of Sex Ratio Imbalance in India*, *and Future Scenarios*, 4th Asia Pacific Conference on Reproductive and Sexual Health and Rights, oct. 2007, p. 25。

图2—5　印度各地区分布图

二、印度出生性别比偏高的原因

《印度时报》刊登的调查表明，在新德里家庭第一孩的性别比为

107.0；如果第一孩是女孩，则第二孩的性别比为 185①；如果前两孩都是女孩，则第三孩的性别比为 457。其主要原因是堕胎和遗弃女婴。著名的泊尔那孤儿院外，每天都能发现有女婴被随意遗弃，此外在警察局门口、汽车站和火车站女厕、角落里也时而能发现被遗弃的女婴。印度出生性别比失调的深层次原因是妇女社会地位低下和不菲的彩礼钱。印度妇女在家庭中地位低下，劳动强度大、无休止不停地生育，随意被丈夫打骂，在乡村甚至因嫁妆少而被遗弃。在印度，咒骂男人的话是"但愿你生个女儿"，大量的嫁妆使女儿生下来就被看做一种负担。结婚后女性常不工作，印度的嫁妆彩礼非常流行。大学讲师娶妻常要 20 万卢比（相当 3 万人民币）的嫁妆，银行职员索要 70—100 万卢比嫁妆，医生可望获得200—300 万卢比嫁妆彩礼，海外印度人及高级政府官员可望收取 500—1000 万卢比（相当 83—170 万人民币）嫁妆。笔记本电脑（0.9 万人民币）、手机、数字摄像机、平板数字电视、欧洲蜜月旅行、小轿车、住房等都可成为出嫁的嫁妆。每年有 9000 名印度妇女因嫁妆达不到婆家要求而丧命，更多的妇女被致残。婚姻不幸的家庭中，75% 的婚姻问题与嫁妆直接有关。进入 21 世纪，嫁妆命案发案率仍以每年 4.4% 的速度增长。显然，就社会性别歧视而言，印度比中国情况更为严重。

1998—1999 年印度国家家庭健康调查数据表明，28 天以内男女新生婴儿死亡率分别为 50.7‰和 44.6‰，29 天至 1 年内男女新生婴儿死亡率分别为 24.2‰和 26.6‰，而 1—4 岁男女儿童死亡率分别为 24.9‰和36.7‰。由此可见，28 天以内男婴死亡率高于女婴，但 29 天到 4 岁，女性死亡率高于男性死亡率。② 2003 年印度 Bengal 西部地区出生人口性别比失调现象研究表明③，和中国类似，溺杀女婴、选择性人工流产、产前性别诊断是印度出生性别比失调的主要原因，其他遗弃、虐待女婴、不申报女婴出生等也是印度出生人口性别比失调的重要原因。印度南北 4 个地区 402 个妇女的调查资料表明，大部分妇女希望生育 2 儿 1 女，而穆斯

---

① 《治理性别失调，印度欲下猛药》，《人口理论与实践》2007 年第 4 期。

② National Family Health Survey, 1998—1999.

③ Mridula Bandyopadhyay, *Missing Girls and Son Preference in Rural India: Looking Beyond Popular Myth.* Health Care For Women International, 2003(24), pp.910 - 926.

林妇女希望生育4儿1女。最后一次怀孕时,有77%的妇女希望生育儿子,仅有23%的妇女希望生育女儿。

20世纪末的调查资料进一步显示①,在印度如第一孩是女孩,即使是受教育达10年以上(相当高中以上毕业生)的妇女,生育的二孩性别比仍高达146.4,而没受教育文盲妇女的二孩性别比却仅为115.1。可以认为,在印度,出生性别比与经济收入、职业等无关,高学历妇女更喜欢、更善于使用B超等仪器。虽然印度可以选择适当多生孩子,来达到选择合适孩子性别的目的。

三、政府对出生性别比偏高的治理策略

为防止出生性别比失调,印度政府也采用了大量措施。1994年印度政府禁止胎儿性别鉴定,该法令禁止鉴定和显示胎儿性别,禁止任何和产前鉴定性别有关的广告,触犯该法令任何条款的人都将会受到监禁和罚款的惩罚。2001年印度最高法院再次颁布了关于禁止因性别原因进行选择性堕胎的细则。在中央和邦政府两级建立了专门的监督委员会,由卫生部部长任主席,并成立专属管理机构,其职能是,批准和吊销机构执照,独立调查有关违反该法令的投诉并将投诉递交法院,采取特定的法律行动反对任何人,在任何地方使用性别选择技术。② 在《预防滥用和管理法令》中规定③,禁止用B超等方式诊断胎儿性别,违反规定的医生将会被医学委员会除名。若父母要进行B超胎儿性别选择手术,最高可面临罚款5万卢比,入狱3年的处罚。印度《刑法典》规定,任何从事非法堕胎的将处于3年以下徒刑或罚款,如中期妊娠以后堕胎,将最高处于7年徒刑和罚款。近几年一些私下为孕妇进行胎儿性别鉴定的医生和诊所也遭到印度政府相关部门的严厉处罚。除了严格实施该法令外,印度还强调对医生进行教育,通过教育和遵纪守法来说服医生改变他们的行为,为

---

① George S. , Rajaratnam A. , Miller BD. *Female infanticide in rural south India.* Search Bull 1998;12:18 - 26.

② 潘嘉:《韩国、印度、中国台湾治理出生性别比失衡的经验与启示》,《中国党政干部论坛》2007年第9期。

③ 李艳霞、丁世界:《非法实施胎儿性别选择的犯罪化研究》,《中国卫生事业管理》2009年第8期。

此目的寻求专业团体。例如印度医学会的帮助。此外,为鼓励生育女孩,印度多个邦政府均实现了女孩教育、医疗和生活费减免优惠政策。2006年又推出妇女怀孕登记制度,以制止日益增长的堕胎现象,但是印度妊娠妇女中有50%在家庭中生育(中国则不足5%),该制度能起多大作用很难说。

第五节   韩国和新加坡的出生人口性别比

韩国面积为9.9万平方公里,山地高原占70%,2006年全国人口4830万,韩国分9个省级行政区域,包括首都首尔和6个大都市,下辖77个城市88个县,2008年人均GDP为1.91万美元,低于我国香港,高于我国台湾地区。

一、韩国分孩次出生人口性别比

从2001年以来,韩国的生育率快速下跌。据联合国《2009年世界人口现状报告书》,韩国的生育率仅仅高于波黑,排名全世界倒数第二位。由于孕妇数量减少,韩国许多小城市的妇产医院因为收支恶化纷纷关门。当地孕妇做检查以及生育时不得不远赴外地,沦落为所谓的"生育难民"。尽管韩国保健福祉家庭部目前正在积极采取措施,但许多人担心低生育率将给韩国带来全国性灾难。

韩国和我国十分类似,韩国也是十分崇尚"重男轻女"的儒家文化。虽然韩国没有严格的计划生育政策,但是随着生育子女数的下降,出生性别比也呈现明显偏高的特点。与中国大陆一致的是,韩国第一孩出生性别比正常,第二孩略高;而最后一、二个孩子出生性别比极高(表2—9)。这反映韩国对于第一、二个子女几乎没有什么性别选择,但对最后一、二个孩子性别选择明显,即希望以男孩作为生育的"终止符"。

表2—9   1981—2004年韩国分孩次数出生性别比

年份	合计	一孩	二孩	三孩	四孩及以上
1981	107.2	106.3	106.7	107.1	113.5

续表

年份	合计	一孩	二孩	三孩	四孩及以上
1982	106.8	105.4	106	109.3	114.2
1983	107.4	105.8	106.2	111.8	120.6
1984	108.3	106.1	107.2	116.9	123.8
1985	109.5	106.0	107.8	129.0	148.2
1986	111.7	107.3	111.2	138.5	149.7
1987	108.8	104.7	109.1	134.7	147.9
1988	113.3	107.2	113.2	164.4	181.7
1989	111.7	104.1	112.4	181.8	198.7
1990	116.5	108.5	117.0	188.8	209.2
1991	112.4	105.7	112.4	179.5	194.5
1992	113.6	106.2	112.4	191.1	213.0
1993	115.3	106.4	114.7	202.1	235.2
1994	115.2	106.0	114.1	202.0	224.2
1995	113.2	105.8	111.7	177.2	203.9
1996	111.6	105.3	109.8	164.0	184.6
1997	108.2	105.1	106.3	133.5	153.7
1998	110.1	105.9	108.0	144.7	153.6
1999	109.6	105.6	107.6	141.8	154.6
2000	110.2	106.2	107.4	141.7	167.5
2001	109.0	105.4	106.4	140.3	152.4
2002	110.0	106.5	107.3	140.0	152.5
2003	108.7	104.9	107.0	135.2	149.2
2004	108.2	105.2	106.2	132.0	139.1
平均	110.7	105.9	109.5	150.3	166.1

资料来源:韩国资料源于尹豪、金永花、侯建明《中国与韩国出生性别比问题比较研究》,《人口学刊》2007年第4期。

从1980年开始,韩国生育率快速下降,总和生育率从2.83下降到1.59,这一阶段正好也是出生性别比上升阶段,从1981年的107.2上升到116.5,由于发现及时、措施得力,韩国出生性别比自20世纪90年代中期逐步下降,1995年、2000年、2004年分别为113.2、110.2和108.2(2008年仍为108)。这一事实说明,即使没有国家生育政策,如果生育子女数量的下降迅速,加上儒家传统文化的影响,同样会引起出生性别比偏高,尽管升高的幅度和持续的时间不如我国。

韩国颁布了禁止胎儿性别鉴定和堕胎的法律,并严格执行法律法规[1],同时采取了鼓励出生的措施,增加居民对于生育数量和时间的选择性。对医生进行培训,明确规定可以做什么、不可以做什么。1987 年修改了《医疗法》,禁止胎儿性别鉴定,违者吊销医师执照或停止医疗机构执业。根据修改的《医疗法》第 19 条第 2 项,医疗人员不得对孕妇进行胎儿性别鉴定或帮助他人进行胎儿性别鉴定;医疗人员不得将胎儿性别鉴定结果告诉孕妇本人及家人或其他人。1994 年版《医疗法》的第 67 条,如违反上述的第 19 条第 2 项,将处以 3 年以下的徒刑与一千万韩元以下的罚款。并且,以韩国医师协会为主展开了医务人员自觉杜绝胎儿性别鉴定与选择性人工流产的自律实践活动。尽管自 20 世纪 80 年代以来,只有约 30 名医生为此吊销了执照,但这一规定确实起到了震慑作用。自1996 年 10 月拘留并起诉进行胎儿性别鉴定的部分医疗人员之后,于是出生人口性别比开始出现稳定和下降趋势。

二、新加坡分孩次出生人口性别比

新加坡由本岛和 57 个小岛组成,面积 682.3 平方公里,2007 年 6 月468.06 万人,其中 370 万是公民和永久性居民,华人占 75%、马来族占14%和印度族占 9%,其余 2%是少数民族。2006 年总和生育率为 1.26,华人最低 1.09,马来、印度分别为 2.03、1.22。2004 年人均 GDP 为 2.42万美元。

新加坡和我国情况有很大差异,新加坡虽然也以华裔为主,但马来人和印度人也占一定比例,政府的政策是保留多元文化。由于新加坡属于外向型经济,人们生育观念也受外来文化冲击很大,所以新加坡出生性别比偏高现象不严重,1982—1993 年都在 110 以下,其中有 4 年属于正常(2008 年稳定在 108 附近)。而从分孩次出生性别比资料分析,新加坡最后一、二个孩子性别比偏高不严重,这说明新加坡对最后出生孩子性别选择可能性不大。

---

[1]　潘嘉:《韩国、印度、中国台湾治理出生性别比失衡的经验与启示》,《中国党政干部论坛》2007 年第 9 期。

表 2—10　1982—1993 年新加坡分孩次数出生性别比

年份	合计	一孩	二孩	三孩	四孩及以上
1982	109.4	110.0	110.4	107.7	104.3
1983	107.8	107.4	107.5	111.7	103.4
1984	108.9	107.4	111.0	109.1	105.9
1985	107.7	107.9	107.5	105.3	114.2
1986	108.0	107.7	110.2	108.2	97.5
1987	107.3	106.9	107.2	107.2	110.1
1988	106.7	106.1	106.1	108.3	109.4
1989	107.7	107.8	109.4	105.6	103.4
1990	107.5	108.5	106.0	109.5	104.1
1991	106.4	107.1	107.2	101.6	111.2
1992	106.4	107.2	105.9	108.4	98.4
1993	106.9	107.2	107.0	107.3	103.1
平均	107.5	107.6	107.9	107.5	105.4

资料来源：Koh Eng Chuan，*Sex Selection At Birth*，*Statistics Singapore Newsletter*，Vol. 17 No. 3 January 1995。

20 世纪末，一项关于 8 个国家文化间比较研究的调查证实，儿子偏好在世界各国普遍存在。就被调查的 7 个亚洲国家（其中包括韩国、新加坡、泰国和中国台湾）和美国而言，都可以找到不同程度的儿子偏好证据。被调查的男性和女性都显示出对儿子的偏好，但是在大多数情况下，男人对儿子偏好更强烈。相对于其他因素，儒家文化传统对性别偏好有更大的影响。马来和波尼亚种族文化背景下的菲律宾、印度尼西亚以及美国的男婴偏好最弱；具有儒家父权主义文化传统的韩国和中国台湾最强；处于中间水平的是土耳其、泰国和新加坡。[①] 从研究涉及的三个儒家文化背景来看，它们之间存在差异：新加坡与中国台湾和韩国相比，儿子偏好弱化了。有人认为新加坡生育观念的转变与 1959 年以后新加坡政府推行的多种政策有关，如住房政策使得年轻人得以脱离家庭单独居住不再从父居；工业化使妇女就业机会大大增加等。[②] 这进一步说明，虽然

---

①　李冬莉：《国外的性别偏好研究以及对我们的启示》，《人口研究》1998 年第 1 期。

②　郭振羽：《家族主义与社会变迁》，香港亚太研究所出版社 1991 年版，第 185 页。

儒家文化对生育性别偏好的影响十分深远,但是儒家文化传统对生育性别偏好的作用在一定的社会和经济条件下是可以得到改变的。此外,同受儒家文化影响的印度尼西亚、斯里兰卡和泰国,存在较少重男轻女的文化环境,生育率虽然出现了急剧的下降,但出生性别比并没有因此而上升到不正常的地步。[①]　这足以说明出生性别比研究之困难。

第六节　小　结

据 2005 年 3 月联合国 223 个国家和地区最新统计,出生人口性别比高于 107 的国家和地区有 13 个,中国大陆仅次于亚美尼亚、格鲁吉亚为全世界第三,深受儒家文化影响的新加坡、越南和韩国分别为全世界第 11、第 12、第 13 名。世界各国出生人口性别比的分布状态研究表明,中国的高出生人口性别比使得亚洲出生人口性别比提高了 2.5 个百分点,并使亚洲 0—4 岁婴幼儿性别比为五大洲最高。发达国家 0—4 岁幼儿性别比随时间变化十分稳定。美国出生人口性别比还分析表明,出生性别比受母亲生育年龄、受胎次孩次的影响小,出生性别比随时间变化缓慢、随种族变化小。

2003 年印度西部地区出生人口性别比失调现象研究表明,溺杀女婴、选择性人工流产、产前性别诊断是印度出生性别比失调的主要原因,其他遗弃、虐待女婴、不申报女婴出生等也是印度出生人口性别比失调的重要原因。印度南北 4 个地区妇女调查资料表明,大部分妇女希望生育 2 儿 1 女,而穆斯林妇女希望生育 4 儿 1 女。最后一次怀孕时,有 77% 的妇女希望生育儿子,仅有 23% 的妇女希望生育女儿。1981—1991 年累计印度少生 120 万女婴。1994 年印度女婴流产占 99.5%,主要是产前诊断技术的发展。印度议会虽然立法禁止产前性别诊断和人工流产,违法者最高可获 10 年徒刑。但在边远地区仍在流行,10 美元(500 印度卢布)就能取得相关产前婴儿性别的诊断结果。由此可见,出生性别比偏高是

---

①　顾宝昌、罗伊:《中国大陆、中国台湾省和韩国出生婴儿性别比失调的比较分析》,《人口研究》1996 年第 9 期。

个世界性的问题。

印度、新加坡、韩国等地出生性别比情况分析可见,出生性别比是个世界性的问题。即使没有国家生育政策,当孩子抚养费用上升,加上传统文化的影响时,出生人口数量迅速下降,人们经常对所生育子女进行选择,这样很容易出现出生性别比升高,但是若政府采取强而有力行动后,这种出生性别比升高的幅度小,偏高程度持续的时间相对偏短。

第二章 我国出生人口性别比的
基本状态

现代医学研究表明①,男性胚胎形成大约需要 7 周、女性胚胎形成大约需要 11—12 周,但男女胚胎在 13 周以前无法辨认性别。出生人口性别比决定于精子进入卵子的那一刹那。受精胚胎性别比为第一性别比,一般为 120—170,由于男性胚胎死亡率高于女性胚胎,胚胎死亡性别比大致为 130—140;出生时人口性别比为第二性别比,迅速下降为 102—107;男女婚龄期的性别比为第三性别比②,一般为 100;85 岁时性别比为62。受精胚胎性别形成于婴儿出生之前,仅能通过 B 超观察。因此,有人认为第一性别比是不能进行统计的,也是不可靠的。出生时人口性别比需要医院方面完整、严格的妇女生育男女孩的统计资料,实际统计难度很大。由于我们研究的是县市区的出生性别比,而县市区出生人数常常偏少,难以正确反映真实的出生人口性别比,因此本书用 0—4 岁人口性别比代替,借以说明该县市区近 5 年综合的出生人口性别比情况。

第一节 历史上我国儿童性别比

我国出生人口性别比升高是有深刻的历史社会文化根源的,因此有必要研究历史上我国人口性别比。古代没有 B 超声波检查仪,没有科学的人工流引产技术。虽然本章研究 0—4 岁人口性别比,但其与出生婴儿

---

① 胡伟略:《人口社会学》,中国社会科学出版社 2002 年版,第 254—256 页。
② 杨士泉:《也谈我国人口性比例》,《人口研究》1985 年第 5 期。

性别比、成年人口性别比、全体人口性别比密切相关,通过对后者的研究,可以间接估计或窥测感知到我国民间的重男轻女风俗和可能相伴随溺弃女婴的程度。

受当时生产力水平、生产水平和文化的限制,20 世纪 50 年代以前的中国人口统计资料很少分年龄同时按男女性别计量的,更不用说出生男女婴儿年度统计资料,从考古角度挖掘出来的历史家庭人口史实,往往因样本少而实际使用价值不高,这就给研究我国出生性别比的历史带来了困难。

一、历史上我国儿童性别比高

明代以前的中国人口资料大都未分男女性,仅有各地区生活的户数和人数。1382 年(洪武十四年至十五年)永州府(现湖南省)户口首次出现分性别统计。73005 户中,成人性别比是 109,儿童性别比是 162,总人口性别比为 126。但当年儿童的年龄界限是多少,代表性如何,漏报程度如何,都是未知数。但从中可以看出,我国儿童性别比高于成人,而成人性别比高于总人口。对比 1982 年我国第三次人口普查资料,我国出生(0 岁)人口性别比为 116.9,0—4 岁儿童性别比为 107.1,而总人口性别比为 106.3。这说明,无论儿童还是成人,当时人口性别比都远高于当今社会。

1392 年我国江西部分地区的 65 万人的人口性别比为 132,而在全国各地区 243 万人的人口性别比也高达 123。若以 1382 年永州的儿童、成人、总人口性别比之间的关系进行推算和调整,1392 年江西、全国儿童性别比估计分别为 170、158。最低的松江府总人口性别比为 109,也高于今天的人口性别比。而 1392 年全国总人口性别比高于 180 的县市有 28.6%,性别比高于 120(儿童性别比估计为 150)的县市占 78.6%。

辛亥革命(1911 年)以后,我国有了较可靠的人口年龄性别记录。据统计,1911 年京师内外城总人口性别比为 200,山西省总人口性别比高达 135.5。1912 年我国各地区尽管仍没有出生人口性别比,但有了较准确的 1—5 岁儿童性别比(虚年龄,而非目前常用的周岁年龄)。1912 年我国 2.2 亿总人口的性别比为 121.8,而 1486 万儿童性别比为 126.6,性别比高于 120 的地区占 40% 左右。1930 年河北总人口性别比为 115.8,

1931 年河南为 114.5,山东 1933 年为 117.7①;若用 1912 年全国儿童、成人、总人口性别比之间的关系,可推算估计当时河北、河南、山东 1—5 岁儿童性别比分别为 120.3、119.0 和 122.3。这些事实说明,我国出生人口性别比偏高有一个漫长而悠久的历史。实际上,中国历史上缺少出生性别比例平衡的社会基础、文化基础和经济基础,我们并非怀疑我国历史上真正出生性别比是正常的,而观察到的历史上出生性别比是"报告"性别比,其自然要受很多人为因素的影响了。例如,历史上存在严重的溺婴、弃婴现象;有些地方女孩是不参加调查、不进行登记;女性用餐仅能在男性用后进行,且不能上正桌的。

二、历史上的溺婴现象严重

溺婴是封建社会里人们处置不需要婴儿的主要手段。在传统父权制度下的农业社会中,溺弃婴孩的受害者又以女婴为主。早在春秋战国时,我国溺婴的习俗就被重男轻女的意识加强了,到战国后期已经形成了"产男则相贺,产女则杀之"的风气。② 如"岳鄂间田野小人,例只养二男一女,过此辄杀之"③,古代只有男婴才能成为家庭的继承人。在 20 岁成年以前女孩死亡率高于男孩,因为经济困难男女不可兼得时,多数家庭会优先保留男孩,而溺杀女婴或虐待女孩。女儿出嫁需要一笔嫁妆,意味着家庭财产的外流。成年以后,男性的劳役、兵役,从事繁重的劳动,死亡率明显高于女性。④

溺婴这一做法的起源可以追溯到几千年前,既存在于穷人中,也存在于富人中。由于长期缺衣少食的艰苦生活又缺乏有效的避孕手段,使父母难以承担起养育子女责任,这时,结束孩子的生命要比延长孩子的生命更容易。社会上,溺女婴的程度要比溺男婴程度高得多。在某些地区,例如华北、长江中下游以及中国东南部,出生婴儿有多达半数被他们的家庭溺杀。这种积极运用死亡的方式意味着新生婴儿的生存

---

① 《近代华北地区的溺女习俗》,《北京理工大学学报(社科版)》2003 年第 4 期。

② 《韩非子·六反》,据陈奇猷:《韩非子集释》,上海人民出版社 1974 年版,第 949 页。

③ 吕祖谦:《东莱集》卷三《为张严州作乞免丁钱奏状》,四库全书本。

④ 葛剑雄:《中国人口史》第 1 卷,复旦大学出版社 2000 年版,第 68—69 页。

不仅由外部——社会经济条件决定,而且也是由内部(父亲、祖父、族长等人)决定。

在众多选择中,最明显和普遍的是对女儿的歧视,对儿子的偏好,可以追溯到公元前两三千年的祖先崇拜。[①] 父系和夫权制家庭更加强了这一点,并得到了一贯歧视女性的封建政府的默认。只有儿子才能祭祖,只有儿子才能传宗接代,只有儿子才能继承家庭财产,只有儿子才能继承家庭姓氏。不仅夫权婚姻习俗要求女儿出嫁作为夫家生育工具,而且高攀型的婚姻模式还要求上层社会家庭为女儿提供嫁妆陪嫁。因此,女儿不仅在文化上被认为是卑微的,而且是一种纯经济和感情上的损失。当时的人们从来就不回避这一点。《华北新闻日报》的一位撰稿人曾就 160 位 50 岁以上中国妇女进行调查。[②] 这 160 位妇女共生了 631 个儿子,538 个女儿,"根据她们自己所说的,共杀了 158 个女儿,但其中没有任何妇女杀过自己的儿子。"被溺杀的女婴约占全部出生婴儿总数的 30% ,妇女人均溺杀 1 个女孩。在这 160 名妇女中"只有四位抚养的女儿超过了三个,还有一名妇女已经记不清杀死了多少个女儿"。因此,实际被溺死的女婴比例可能超过了 30% 。

除了男尊女卑的思想外,贫穷是女婴被溺的直接原因。封建社会的经济因连续不断的战争以及战争破坏而陷入匮乏之境。本已脆弱不堪的小农经济受战乱、灾荒的打击濒临崩溃。农民终日劳作,不得温饱,还要承受政府差派的苛捐杂税,生活几近赤贫。由于缺乏抚养子女必要的经济条件,而又没有控制生育的观念和手段,唯一的办法是溺婴,溺死的不仅是女婴,迫不得已时男婴也一样被溺死。

有人对法国、英国和瑞典家庭与中国清朝皇室家族的婴幼儿死亡率比较后发现[③],欧洲男婴和女婴在出生后第一年里死亡人数大致相当,而

---

①　Bray, Francesca. *Technology and Gender. Fabrics of Power in late Imperial China.* Berkelay: University of California Press. 1997.

②　[英]吉尔伯·特威尔士、亨利·诺曼:《龙旗下的臣民——近代中国礼俗与社会》,光明日报出版社 2000 年版,第 325 页。

③　Lee, James, Wang Feng, and Cameron Campbell. *1994 "Infant and Child Mortality among the late Imperical Chinese Nobility: Implications for Two Kinds of Positive Check."* Population Studies 48:395－411.

中国女婴死亡人数明显超过男婴。差异最大的是出生 7 天内的新生儿，新生女婴死亡率是男婴的 4 倍。死亡率的这种性别差异在中国 1—4 岁儿童中持续存在，但在 1—4 岁组方向出现逆转，女童死亡人数只及男童的一半。对 1700—1840 年间出生的清朝皇室家族 3.3 万名成员的婴儿和儿童死亡率的研究中发现[1]，有 10% 的女婴有可能在出生后几天内就被杀死。对比发现[2]，18 世纪后期随着皇室俸禄和津贴的逐渐减少，某些年代新生儿死亡的比例增加了 6 倍，由 50‰上升到 300‰。同时，出生后第一个月的婴儿死亡比例从 30% 上升到 90% 以上。女婴在出生后几个月不正常地集中死亡，表明即使是富有而文明的中国皇室家族成员，也实行了对女婴的溺杀。

婴儿溺杀情况在平民中非常频繁。对 1774—1873 年间出生的 1.2 万东北农民的研究估计表明[3]，有 20%—25% 的女性死于故意溺杀。农民通过溺婴以应付粮食价格上升，食物数量减少。研究同时发现[4]，男孩死亡率与粮食价格的提高呈高度正相关，即溺男婴可能与粮食价格（灾荒）有关，而溺女婴与粮食价格无关。即溺女婴是一种常态、一种风俗习惯，其他农村地区也有类似调查结果。

平民中女童死亡率也很高。清代辽宁农村 1—5 岁的女孩死亡率比男孩高 20% ，女孩死亡概率为 316‰，而男孩死亡概率为 266‰。[5] 南亚的研究把过高的女童死亡率归因于营养与保健方面对女儿的歧视，中国

---

① 在那些记录了确切死亡日期的 15249 名男婴和 5949 名女婴中，出生后第一天的死亡率女婴(72‰)是男婴(7.5‰)的 10 倍。出生后第一个月死亡的总体概率女性是 160，男性是 45，由此推算出这 130 年间出生的皇室女孩有 10% 死于溺婴。

② 李中清、郭松义：《清代皇族人口行为和社会环境》，北京大学出版社 1994 年版，第 116—133 页。

③ Lee，James，Cameron Campbell. *Fate and Fortune in Rural China：Social Organization and Population Behavior in Liaoning*，Cambridge：Cambridge University Press. 1997. pp. 1774 - 1873.

④ Lee，James，Cameron Campbell and Tan Guofu，"*Infanticide and Family Planning in late Imperial China：The Price and Population History of Rural Liaoning，1774—1893*" in "Chinese Economy in Historical Perspective" Berkeley：University of California Press. 1992.

⑤ Lee，James，Cameron Campbell. *Fate and Fortune in Rural China：Social Organization and Population Behavior in Liaoning，1774—1873*. Cambridge：Cambridge University Press. 1997. p. 64.

东北也是如此。① 当时的农民不会把溺杀子女看做是一种谋杀,他们往往把未满一岁的婴儿看做幼崽,到"两岁(周岁)"才开始有自己的名字,生命才开始。② 因此,中国的农民和贵族同样可能把溺婴看做是一种"产后流产"的继续。

三、古代我国婚嫁人口性别并不平衡

出生人口性别比变化的原因是什么? 为何在我国过去数千年内未曾听说过出生性别比失调? 分析其原因可能有三:第一,过去出生人口性别比是非常稳定的,历史上从未发生过出生人口性别比失调。这种可能性不大。第二,社会贫富差距大。旧中国人们对于权势的盲目绝对崇拜,"普天之下莫非王土,率土之滨莫非王臣",人们的财产、婚姻、生命都是皇帝所"恩赐"。社会关注的是皇帝、达官贵人、财主的利益,皇帝三宫九妃七十二佳人,在唐朝甚至出现后宫佳丽 3000 人,地主老财三妻四妾。百姓婚配年龄性别比失调是十分"自然"的事,当时穷人吃不上饭,能否娶上妻子很少有人关注和过问。第三,人们重视的是婚配年龄组人口性别比。史上由于战争和灾荒,人口死亡率极高,影响婚配人口性别比的并不是出生人口性别比,而主要是战争、灾荒、贫苦和社会婚姻制度。据《中国传染病史料》统计,中国瘟疫发生频繁,历史上战争频繁。战争和灾荒究竟是婚姻人口性别比失调的原因还是结果尚难说,但为某一情人发动战争则在中国历史上屡见不鲜。但是,无论战争还是瘟疫,女性成人死亡率一般都低于男性。显然,今天对于出生性别比的重视和研究,本身就是一种社会进步,是构建和谐社会、平等民主精神的具体体现。

一夫多妻的家庭所占社会的比例各个时期是不同的。五四运动以后,我国才逐渐传播推广一夫一妻制;从 1949 年新中国成立开始,在法律上实行一夫一妻制,但实际上到现在仍有婚外恋、包二奶等现象。与一夫多妻相适应的是穷人娶不起妻子,或者无妻可娶,于是出现了一妻多夫现象——借腹生子、兄弟合妻等,以此化解婚嫁人口性别比失调。当然,婚

---

① 李中清、王丰:《人类的四分之一:马尔萨斯的神话与中国的现实》,三联书店 2000 年版,第 78—80 页。

② 熊秉真:《幼幼:传统中国襁褓之道》,台北联经出版事业公司 1995 年版,第 2—24 页。

配性别比是否失衡与出生性别比是否失衡之间并没有必然因果关系。出生性别比、男女婚配年龄差、死亡率的性别差异、人口的迁移流动的性别差异、战争等都有可能导致婚配性别比的失衡。

由此可见,对古代贫困百姓而言,生命是第一重要的,其次是生存、生活,只有生活过得太平以后,才能思考婚姻大事,才能考虑生育下一代的问题。

四、古代社会对男孩的偏好强烈

古代社会和家庭对男孩的追求十分强烈,预卜生男生女活动由来已久。古人认为,梦兆可以预知婴儿性别,梦见黑熊是生子之兆,梦见蛇为生女之兆,梦见吃枣、玩石头、星星入怀,也能生子。人们在观察孕妇日常生活中也可预测胎儿性别。如孕妇走路,先迈左脚进门槛,下胎生男,否则下胎生女。从饮食上说,民间有"酸儿辣女"之说。

孩子出生以后也流行着一种相关的习俗,如果某家生下男孩,要在门上挂红布,贴红条;生下女孩则只在窗户上贴红布窗花,其意为:女孩像花朵一样,只供欣赏;而男孩是家里的栋梁,家庭的希望。女孩长大后总要出嫁,故流传着"嫁出的女儿,泼出去的水"的民谣。这从功利的角度,反映了人们对家庭养育女孩所持的否定态度。性别歧视已发展成一种价值观,渗透到人们日常生活中,女性的价值定位从来无法与男性相等。①

性别比失调直接剥夺了女婴的生命权和生存权,而且还使部分男子婚娶困难,导致男性无偶率增加,在一定程度上造成了当时社会的出妻、典妻、共妻、租妻及收继婚等异常婚姻的出现和长期存在。出生性别比失调还对社会风气产生极大的影响,其对娼妓业发展的刺激作用最为明显。针对溺女行为,明清政府采取种种措施,诸如在各地设立女婴堂、保婴会等慈善机构收养女婴,以减少女孩的抚养费用,从而减少溺女行为。民间采取买卖婚、早婚、童养媳方法避免溺女婴。这些方法对于女方家庭而言,女儿尽早抱予男方家童养,可以省去抚养费用和嫁妆费用;而对于男方家庭,则可以省去聘财和结婚费用。所以,从经济意义上讲,买卖婚、早

---

① 杨剑利:《近代华北地区的溺女习俗》,《北京理工大学学报(社科版)》2003年第4期。

婚、童养媳是针对当时溺女婴现象而采取的一种家庭层次上的经济互助行为。①

在古代，祈求男婴也有许多方法，即讲究性交时间、频率、姿势和性交前的饮食、饮料等，同时认为与妇女经期前后受孕等相关。古人通过种种巫术手段，祈求生育男孩，方法也多为占卜。

五、近代我国出生性别比高

20 世纪上半叶，我国出生人口性别比资料十分少，即使有记录其包含的样本也比较少。据 30 年代中期对山西 105 个县的人口调查，有 102 个县男性居民多于女性，每县平均男性人口较女性多 12000 余人。而对一些村落的调查则典型地表明性别比例失调的严重性，如山西霍县安乐村男女性别比是 120；定襄县史家岗村的女子数更少，其性别比例为 131。② 据陈达《现代中国人口》记载，除了四川、昆明出生人口性别比偏低外，其余三地出生人口性别比都大于 110。1927—1935 年之间上海、北京、河北、江苏等地由医院登记、人口调查和地区性人口登记等资料构成的 7751 个出生人口，出生人口性别比为 114.2③，该数字仍远高于 107 的临界数字。医院出生人口性别比记录没有人为的溺弃女婴，应该是最科学的，尤其在大城市内的医院。为何出现如此异常情况？笔者没有分别给出医院出生登记、人口调查和地区性人口登记相应的比例，很可能是医院登记数量少。

1947 年上半年，我国各地区 20 万出生人口的性别比（表 3—1）分析表明，首先，出生性别比总体水平偏高。1947 年第 1、2 季度我国出生性别比分别为 110.1、107.4，上半年为 108.7，略高于世界平均水平。其次，各地区出生人口性别比相差甚远。1947 年第 1 季度最大值在沈阳（167）、吉林（143）、归绥（138）、承德（138）和开封（131）等地；而第 2 季度最大值出现在南昌（140）、厦门（135）、沈阳（134）、太原（133）和归绥

---

① 杨剑利：《近代华北地区的溺女习俗》，《北京理工大学学报（社科版）》2003 年第 4 期。

② 高石钢：《民国时期中国农村早婚问题透视》，《宁夏大学学报》（哲学社会科学版）1999 年第 21 期。

③ 葛剑雄：《中国人口史》第 6 卷，复旦大学出版社 2002 年版，第 302—303 页。

（132）等地,但最低值都在西南地区。再次,各地区出生性别比变化十分迅速。南昌 1947 年 1 个季度内性别比升高 46 个百分点,而沈阳则降低了 33 个百分点。这可能与当时这些城市出生人口比较少、人口登记不规范有关。就 1947 年上半年出生人数多于 3000 人的 1 省 6 市中,有 5 个出生性别比高于 110。

表 3—1　1947 年上半年我国大城市与台湾省的出生人口性别比

地区	1947 年第 1 季度		1947 年第 2 季度		1947 年上半年
	出生人口	出生人口性别比	出生人口	出生人口性别比	出生人口性别比
台湾省	58274	106.1	56806	103.5	104.8
南京市	2238	118.8	2163	117.6	118.2
上海市	10860	120.4	22954	110.3	113.4
北京市	5823	106.1	5530	107.5	106.8
青岛市	4256	118.4	2568	111.7	115.8
重庆市	1228	111.7	1258	114.7	113.2
沈阳市	1459	166.7	1215	133.7	150.6
西安市	1548	115.9	932	129.0	120.6
徐州市	812	118.3			
杭州市	2303	109.2	1103	116.7	111.6
南昌市	1473	94.1	733	140.3	107.3
康定市	23	64.3	122	84.85	81.3
济南市	2300	113.4	1684	107.1	110.7
太原市	1246	115.2	1354	133.1	124.2
兰州市	126	88.1	258	108.1	101.1
福州市	98	104.2	138	112.3	108.9
厦门市	267	110.2	47	135.0	113.6
昆明市	396	97.0	335	89.3	93.4
鞍山市	242	120.0	301	98.0	107.2
营口市	345	106.6	159	106.7	106.6
锦州市	206	96.2	194	108.6	102.0
吉林市	740	143.4			
长春市	3550	110.8			
包头市	307	110.3	250	115.5	112.6

续表

地区	1947 年第 1 季度		1947 年第 2 季度		1947 年上半年
	出生人口	出生人口性别比	出生人口	出生人口性别比	出生人口性别比
归绥市	383	137.9	585	132.1	134.4
开封市	365	131.0			
承德市	133	137.5			
合计	101001	110.1	100689	107.4	108.7

资料来源:中华年鉴社:《中华年鉴》(1948 年),第 109、114 页。

2000 年,北京大学对"中国高龄老人健康长寿"进行了全面调查。[①]这一调查的访问对象来自中国 22 个省、2000 年时年龄在 80 岁及以上的老年人。调查内容包括老年人的个人信息、对生活的自评、个性、生活方式、健康状况等。个人信息中包括了被访老年人个人的年龄及性别,以及老年人所生子女的年龄和性别,其中也包括了已去世子女的信息。分析发现,这组高龄老人在 1910—1969 年间生有子女 25809 人(有明确亲属关系、年龄和性别信息),出生时的婴儿性别比高达 118.2,除 1950—1959年、1960—1969 年间在正常范围外,其他 4 个年代的出生婴儿性别比都高出正常范围。

表 3—2　1910—1969 年我国出生性别比的回顾性调查

出生年代	1910—1919	1920—1929	1930—1939	1940—1949	1950—1959	1960—1969	合计
出生人数	480	3721	7221	8020	5293	1074	25809
性别比	143.7	122.5	126.1	117.9	106.6	105.0	118.2

综观我国历史上近千年 0—4 岁性别比有案可查的资料,普遍反映0—4 岁人口性别比比较高。主要原因是,在重男轻女习俗的作用下,对出生后的子女进行性别选择,导致成人性别比、总人口性别比普遍升高。

———————

① 周云、任强:《高龄老人 1910—1969 年间出生子女性别比的研究》,《北京大学学报》(哲学社会科学版)2004 年第 4 期。

第二节　新中国成立以后我国出生性别比演变特点

　　近 60 年我国总人口性别比比较稳定,1950—2000 年基本稳定在 104—109 之间,而出生性别比的变化则比较大。北京医学院第一附属医院 1975—1978 年产房记录出生的第一胎的性别比为 112。谷祖善、杨淑芬 1983 年收集了 1960—1981 年 19 个省市 88 个城乡医疗单位产房分娩登记的结果,出生婴儿合计为 486709 人,出生性别比为 108。这些医疗单位出生婴儿虽仅占全国出生人口的很小比例,但是医院分娩不存在漏报、瞒报、重报等问题,那时 B 超极少,笔者具体选择医疗单位本身就是随机的。由此可认为,我国计划生育政策实行前也曾出现过出生性别比偏高的现象,只是那时程度较低和时间较短而已。1982 年全国 28 个省区直辖市千分之一人口生育率回顾性抽样调查,1930—1981 年出生 818876 个婴儿,出生性别比为 108.4。肖坤则等 1986 年 10 月到 1987 年 9 月在 29 个省区直辖市的 945 所医院监测住院分娩的 1242465 个围产儿进行观测,围产期性别比为 108.05,活产婴儿性别比为 108。[1] 这些数据都表现,我国出生性别比高于 107。1990 年我国第四次人口普查资料分析表明,我国大陆 31 个省区直辖市出生人口性别比偏高,为 112,而 2000 年高达 117,2004 年更是高达 121,2005—2010 仍然维持在 120 附近。

一、出生性别比随时间变化大

　　1950—2009 年我国大陆出生性别比的变化情况(表 3—3)分析表明[2]:首先,1950—1979 年我国出生性别比基本正常,平均为 107.2,基本正常。而 1980—1984 年、1985—1989 年、1990—1994 年平均出生性别比分别从 107.7、111.2、114.3,上升到 1995—1999 年、2000—2004 年、2005—2009 年出生性别比平均为 118.6、120.1、119.7。即我国出生性别比 1979 年以前基本正常,20 世纪 80 年代后期第一个 5 年提高了 3 个百

　　① 　徐毅:《出生性别比的研究现状》,《人口动态》1992 年第 4 期。

　　② 　汤兆云:《我国出生性别比问题研究》,中国言实出版社 2008 年版,第 46—50 页。

分点,第二个5年又提高3个百分点,20世纪末第三个5年提高了4个百分点,21世纪初出生性别比达到最高120。其次,从出生人口性别比的变化情况看,每年有增有减,但以增长为主。1980年以前每年变化都很小,1980年以后变化幅度明显加大。值得注意的是,1980年以后我国人口出生率大幅度下降、独生子女比例上升,那么出生人口性别比是否与出生率下降有关? 这个问题将在以后章节进行详细探讨。最后,出生人口的瞒报和漏报对出生人口性别比的影响是很大的。1989年普查出生人数比登记出生人数多48.44万人,出生人口登记误报为2.01%,如果漏报的都是男孩,则出生人口性别比将不是112,而是116.2。

表3—3　1950—2008年我国出生性别比随时间变化(女=100)

年份	性别比	年份	性别比	年份	性别比	年份	性别比
1950	104.8	1965	106.2	1980	107.4	1995	115.6
1951	105.5	1966	112.2	1981	107.1	1996	118.5
1952	106.5	1967	106.6	1982	107.5	1997	118.1
1953	108.6	1968	102.5	1983	107.9	1998	118.0
1954	108.5	1969	104.5	1984	108.5	1999	122.7
1955	109.4	1970	105.9	1985	114.4	2000	116.9
1956	109.7	1971	105.2	1986	108.5	2001	123.6
1957	110.3	1972	107.0	1987	110.9	2002	119.8
1958	110.3	1973	106.3	1988	109.5	2003	119.0
1959	108.8	1974	106.6	1989	112.5	2004	121.2
1960	110.3	1975	106.4	1990	111.7	2005	118.6
1961	108.8	1976	107.4	1991	113.5	2006	119.6
1962	106.6	1977	106.7	1992	114.6	2007	120.2
1963	107.1	1978	105.9	1993	113.5	2008	120.6
1964	106.6	1979	105.8	1994	118.3	2009	119.5
						2010	118.1

1950—2007年资料来源:汤兆云:《我国出生性别比问题研究》,中国言实出版社2008年版,第46—50页;其他为公报数据。

　　图3—1给出了1950—2010年中国出生性别比随年份变化的实测值(点)、三年移动平均(曲线)和两次曲线(平滑线)拟合趋势。由此可见,我国出生人口性别比大致呈现两次曲线变化,20世纪60—70年代为最

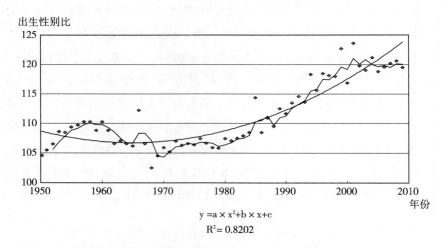

$$y = a \times x^2 + b \times x + c$$
$$R^2 = 0.8202$$

图3—1   1950—2010 年中国出生性别比随时间变化

低,而后稳定升高,拟合成功率(可决系数)为82%。出生性别比的变化大致可分三个阶段:1950—1982 年是波动期,出生性别比有升有降,基本稳定在 107 附近;1983—2000 年是急剧升高期,1983 年出生率下降,同时受选择性流产和溺弃女婴的影响,出生人口性别比从 1983 年的 107 迅速上升到 2000 年的 120 附近;2000—2008 年是盘整稳定期,随着人们的重视,性别比在高位盘整,基本稳定在 120 附近。

二、我国0—4 岁人口性别比的演变状态

考虑到实际人口的漏报和瞒报,本书用0—4 岁儿童性别比来取代出生人口性别比,主要原因有四:其一,该指标反映了0—4 岁5 个年龄组人口性别情况,因此变化比较稳定,出生人口的漏报、重报容易被平衡掉。其二,大部分国家和地区无出生人口性别比资料,仅有0—4 岁儿童性别比,所以用该指标容易进行国际间比较。其三,出生人口较少的国家和地区,出生人口性别比波动会很大,而0—4 岁儿童性别比是 5 个年龄组的累计,随时间变化比较稳定,与周边地区具有可比性,可以相互抵消由于女婴漏报带来的数据误差。[1] 其四,也是最主要的 0 岁组数据质量问题。

---

①   张翼:《中国人口出生性别比的失衡、原因与对策》,《社会学研究》1997 年第 6 期。

2009 年翟振武、杨凡研究发现①,普查数据中 0 岁组性别比明显低于 1—4 岁各年龄组的分年龄性别比。2000 年全国 0 岁年龄组性别比比 1 岁年龄组性别比低 4.9 个单位,2005 年这个差距扩大到 5.2 个单位。这说明在人口普查和人口抽样调查中,相对于其他年龄组,0 岁组人口的统计中存在大量男孩漏报或瞒报的现象,使 0 岁人口组的性别比与其他年龄组相比较显得异常得低。这种漏报的情况在部分省份表现得相当严重。显然,这是地方领导对于出生性别比指标的高明处理方法。笔者建议,在判断我国性别比的态势时,不能过于关注 0 岁性别比或者出生性别比,要将其他低年龄组的性别比作为判断我国出生性别比水平的态势的主要依据。若对 1—4 岁人口的分年龄性别比的分析表明,1—4 岁低年龄组的统计数据也存在着女孩瞒报、漏报的现象,但并没有普查数据所显示的那么高。如果将年龄组的范围再扩大一些,就会发现这种差距几乎消失了。

实际上 0—4 岁儿童性别比能够很好代表 0 岁人口性别比,计算表明,2869 个县市的 0—4 岁儿童性别比与 0 岁人口性别比之间的线性相关系数高达 0.837(图 3—2)。而与出生性别比相比较,0—4 岁人口性别比与各社会经济变量(总人口数量、15—49 岁妇女人口、人口粗出生率和育龄妇女生育率等)的线性相关系数都有不同程度的提高(表 3—4)。

表 3—4 2000 年中国 2869 个县市区 0 岁、0—4 岁
性别比与人口变量的相关系数

	总人口数量	15—49 岁妇女人口	人口粗出生率	育龄妇女生育率
0 岁性别比	0.290	0.233	0.013	0.020
0—4 岁性别比	0.362	0.291	0.054	0.056

我国的出生性别比偏高具有一些典型特征。2000 年"五普"数据显示我国出生性别比为 116.9,明显高于正常值上限的 107。其中,城市人口出生性别比为 114.15,镇为 119.91,农村为 121.67,2005 年分别为

① 翟振武、杨凡:《中国出生性别比水平与数据质量研究》,《人口学刊》2009 年第 4 期。

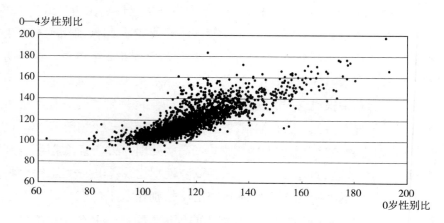

图3—2   2000年出生人口与0—4岁人口性别比

115.16、119.86、122.85。这表明,出生性别比在普遍偏高的背景下,在城乡人口之间严重程度是有差别的,城市化水平越低的地区出生性别比越高。其他调查数据也显示出类似结果。此外,生育胎次越高,出生性别比越高(表3—5):一孩生育性别比基本保持在正常范围上限附近;二孩出生性别比则超出正常值上限,而且从20世纪80年代初开始迅速攀高,到2000年达到151.9;三孩性别比更高,同样是从80年代初开始逐步攀高,到2000年达到159.4。注意到,从1996年开始全国计划生育率就超过90%,这表明我国出生性别比升高主要原因可能是政策内二胎生育所致。

表3—5   我国分孩次出生性别比

年份	合计	一孩	二孩	三孩及以上
1982	108.5	104.6	107.2	114.3
1987	113.1	107.7	117.3	124.6
1990	111.3	105.2	121.0	127.0
1995	115.6	106.4	141.1	154.3
2000	116.9	107.1	151.9	159.4
2005	120.5	108.4	143.2	152.9

数据来源:第三、四、五次全国人口普查和1995年全国1%人口抽样调查,参见国家统计局:《我国出生婴儿性别比居高不下》,中国人口网,2005年3月。

2007年我们对湖北东北部地区进行的实地考察后发现:(1)从孩次

结构看,第一孩出生性别比基本正常或略高;第二孩出生性别比很高;第三孩及以上虽也存在性别比超高现象,但生育数量少,对总体影响小。这表明出生性别比严重偏高主要由于第二孩出生性别比高所致。(2)从生育行为看,第一孩生育性别选择现象不明显,第二孩发现存在明显性别选择行为。即很多家庭利用最后一次生育机会,进行性别的人工选择。(3)从地域分布看,出生性别比高的农村地区通常连成片,农民的男孩偏好及其出生性别选择在村落中具有群体趋同性和扩散性。(4)由于监督管理的原因,在农村流出的育龄人群中更容易发生生育性别选择的现象。

微观而言,许多农民家庭从其所处的农村经济、社会、文化环境中,产生特定的生育需求和男孩偏好。他们根据家庭现有子女状况,考虑现行生育政策约束,斟酌胎儿性别鉴定与人工终止妊娠手段的易得性与经济性,本能地从家庭生育效用最大化和生育成本最小化原则出发,作出是否、何时以及何种方式进行生育性别选择的决定。由此可对我国20世纪80年代以来出生性别比升高现象产生的原因,作如下解释:在长期农耕手工劳作生产方式为特征的经济环境,自给自足小农生活方式为特征的社会环境,以及与这种经济社会环境相适应的多子多福、重男轻女为特征的传统生育文化的共同作用下,我国农村多数农民家庭有着较为强烈的男孩生育偏好。过去,这种男孩偏好通常通过多胎自然生育加以实现,而从20世纪80年代初期开始,伴随B超等胎儿性别鉴定工具与人工终止妊娠等医学设备,提高了选择性别生育的可靠性、安全性、经济性与易得性。对农民家庭来说,选择性别生育也不再是一件困难的事情,这就导致男孩偏好可以通过技术手段实现,而非只能通过多胎生育实现。从这个意义上说,正是医学技术的进步导致我国民间的男孩偏好被显性化为出生性别比升高。此外,在开展计划生育的社会压力和孩子抚养费用增加的经济压力下,其多胎生育受到制约,许多农民家庭的男孩偏好被"挤压"到通过政策内二孩生育上进行性别选择来加以实现,结果导致二孩出生性别比不断升高,进而促使出生性别比不断升高。

"男孩偏好"和"胎儿性别鉴定与人工终止妊娠手段的安全性与易得性"是出生性别比升高的两个关键因素,舍掉其中任何一个都不会导致出生性别比升高的结果。如果没有男孩偏好,即使胎儿性别鉴定和人工终止妊娠医学技术的经济和方便,也很少有人专门为了孩子性别而主动进行生育性别选择,出生性别比自然不会升高;同样,如果方便、可靠、便宜的胎儿性别鉴定和人工终止妊娠医学技术不可获得,即使有男孩偏好,除了溺女婴或多孩生育外,也只有徒唤奈何,当然也不会发生出生性别比升高的后果。显然,这两个因素本身缺一不可,它们都是出生性别比升高的必要条件。事实上,任何一个国家,只要民间有强烈的"男孩偏好",且可靠、安全、经济、合法的生育性别选择技术容易获得,就有可能出现出生性别比升高的后果。

第三节　2000 年我国各地区出生
人口性别比分布特点

我国行政区分中央、省、地(市)、县(市)、乡镇(县市派出机构)等多级,从各种层次看问题结论可能会有所差异,本节将从省、地、县三种不同的层次来看出生人口性别比的分布规律或状态。

一、2000 年我国省级行政区出生性别比的分布规律

2000 年我国出生性别比分布与 1990 年情况不一样。1990 年出生人口性别比偏高最严重的(115 以上)是在浙江、山东、河南、广西、海南 5 地,次高(110—115)的是在河北、江苏、广东、四川、陕西 5 地,除了四川、陕西、河南外基本都是在我国东部沿海地区。2000 年(短表 100% 数据)有了很大变化,浙江、山东、河南分别退出最高序列,而广东、安徽、湖北和湖南悄悄地进入最高序列(表 3—6)。2000 年我国 31 个省区直辖市中,出生人口性别比偏高最严重(在 125 以上)的省市就有 6 个,分别为海南(137)、广东(131)、安徽(129)、湖北(129)、广西(127)和湖南(127),都在我国中部和南部地区,除广东外都属于经济欠发达地区。出生人口性别比次高(117—124)的地区在我国陕西(124)、河南(120)、江西(119)、福建(119)和江苏(117)5 地。若从地图上看(图 3—3),我国出生人口性别比失调严重的地区分布很有规律,主要是在我国中南部地区,从海南到两广、两湖,到安徽,然后向东向北扩散,逐渐蔓延到华东的两江、福建、河南和陕西等地。

表 3—6　1982 年、1990 年、2000 年和 2005 年我国各省 0 岁及 0—4 岁人口性别比

年份\地区	（0 岁）出生性别比				（0—4 岁）人口性别比		
	1982	1990	2000	2005	1982	1990	2000
合计	107.6	111.5	116.9	120.5	107.1	110.2	120.2
北京	106.7	107.5	110.6	117.8	107.3	106.4	110.8
天津	105.9	110.1	112.5	119.8	106.5	108.0	112.6
河北	107.2	112.5	113.4	119.4	107.1	107.7	115.8
山西	108.6	109.6	112.5	116.7	108.7	109.0	110.9
内蒙古	106.2	108.4	108.5	117.1	105.8	107.8	109.6
辽宁	106.4	110.2	112.8	109.5	106.3	108.2	113.1
吉林	107.4	108.7	111.2	109.3	105.8	107.5	110.8
黑龙江	105.6	107.3	109.7	110.7	104.9	106.5	108.8
上海	106.7	104.8	110.6	120.1	105.9	104.5	110.3
江苏	107.7	114.9	116.5	126.5	107.3	111.6	122.7
浙江	107.6	117.6	113.9	113.4	108.4	114.1	113.8
安徽	111.3	110.9	127.9	132.2	110.0	109.5	129.8
福建	106.0	110.3	117.9	125.9	106.2	109.9	123.8
江西	106.9	110.8	114.7	137.3	106.7	109.7	132.6
山东	109.6	115.1	112.2	113.4	108.0	114.1	114.4
河南	109.9	116.2	118.5	125.8	108.4	114.1	132.4
湖北	106.7	109.6	128.2	128.0	106.1	108.2	129.0
湖南	106.4	110.3	126.2	127.8	106.4	108.8	124.5
广东	109.0	112.0	130.3	119.9	109.2	110.9	129.6
广西	110.7	116.9	125.6	119.8	108.8	117.9	127.9
海南	111.8	114.9	135.6	122.0	（109.2）	114.3	136.0
重庆	106.9	111.6	115.1	111.2	（106.8）	110.9	116.7
四川	107.5	112.2	116.0	116.3	106.8	110.9	115.3
贵州	105.5	101.2	107.0	127.7	105.9	105.4	114.0
云南	104.1	107.4	108.7	113.2	104.2	107.5	112.9
西藏	99.4	103.2	102.7	105.2	101.9	101.9	101.4
陕西	109.1	111.4	122.1	132.1	108.4	109.4	126.0
甘肃	105.5	110.8	114.8	116.2	105.5	108.4	119.3
青海	102.2	104.4	110.4	116.9	103.8	103.7	108.6

地区＼年份	（0 岁）出生性别比				（0—4 岁）人口性别比		
	1982	1990	2000	2005	1982	1990	2000
宁夏	105.1	105.1	108.8	111.1	104.2	105.8	109.0
新疆	103.9	104.6	106.1	109.4	103.7	103.8	105.6

注:括号内为估计值。2005 年出生性别比资料来源于《人口与计划生育》2007 年第 11 期。

二、2000 年我国地市级行政区出生性别比的分布规律

2000 年全国 345 个地市级人口普查单位(非行政单位)的 0 岁、0—4 岁性别比资料见附录 7,这里给出主要分析结论。0—4 岁人口性别比最高的在湖北鄂州市为 168,其次为连云港 164,广东茂名市 159,湖北黄冈市 156。出生人口性别比最低的在西藏那曲地区,为 99。分析表明(表3—7),全国 0—4 岁人口性别比极高(140 以上)的有 39 个地市占全国地市总数的 12%,人口性别比很高(130—140)的有 69 个地市占全国 20%。0—4 岁人口性别比在 130 以上的全国有 108 个地市,各大区是不平衡的。其中 54 个(50%)出现在中南大区,26 个(24%)出现在华东大区,仅有 13 个(13%)在西北大区、10 个(11%)在西南大区。另外,2000 年中南和华东地区集中了全国人口的 57.1%,全国县市单位数的 47.1%,全

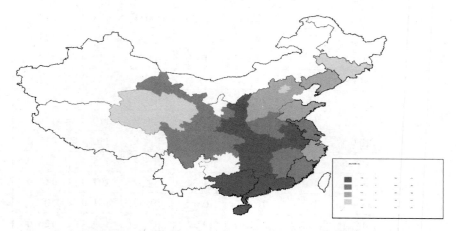

图3—3　2000 年我国0—4 岁人口出生性别比分省示意图

国国内生产总值(GDP)的71.0%。

表3—7　2000年全国各地市0—4岁人口性别比分布(地市个数,%)

	正常	偏高	高	很高	极高	合计
	106.9以下	107—119.9	120—129.9	130—139.9	140以上	—
合计	59,17.4%	63,18.5%	110,32.4%	69,20.3%	39,11.5%	340,100%
华北	10,26.3%	9,23.7%	15,39.5%	4,10.5%	—	38,11.0%
东北	3,8.6%	15,42.9%	15,42.9%	2,5.7%	—	35,10.4%
华东	9,11.4%	15,19.0%	29,36.7%	19,24.1%	7,8.9%	79,23.1%
中南	1,1.3%	4,5.0%	21,26.3%	27,33.8%	27,33.8%	80,24.0%
西南	20,35.7%	8,14.3%	18,32.1%	9,16.1%	1,1.8%	56,16.5%
西北	16,30.8%	12,23.1%	12,23.1%	8,15.4%	4,7.7%	52,15.0%

(一)跨省市出生人口性别比分析

文化是跨行政区域的,妇女生育观念也是跨区域的,出生性别比研究也应该是跨区域的。2000年我国0—4岁性别比偏高(高于130)的地区主要有5大片(图3—4)。自北向南、自西向东5个地区分别为,甘肃中部:金昌市132,武威地区145;甘东、陕西北:宝鸡市130,咸阳市140,榆林市142,庆阳地区130;鄂豫东部、皖苏北部、鲁南地区:包括武汉市130,黄石市150,鄂州市168,孝感市143,黄冈市156,咸宁市138,开封市137,鹤壁市135,濮阳市134,许昌市143,漯河市144,商丘市141,信阳市136,周口市152,驻马店市135,合肥市132,淮南市131,淮北市137,阜阳市145,宿州市133,亳州市151,枣庄市142,菏泽市133,徐州市139,连云港市164,宿迁市136等26个地市;湘南、赣东南:包括南昌市143,鹰潭市139,赣州市131,吉安市133,宜春市137,抚州市144,上饶市131,衡阳市142,邵阳市139,郴州市135,永州市137,娄底市134等12个地市;桂东南、粤西北、海南:包括南宁市132,北海市130,防城港市154,钦州市137,玉林市142,南宁地区132,湛江市143,茂名市159,肇庆市133,阳江市154,东莞市136,云浮市142,海口市137等13个地市。

0—4岁性别比正常及较低(低于107)的内陆地区大致也有4大片,晋北、冀西地区4个地市:张家口市106,太原市105,忻州市107,大同市

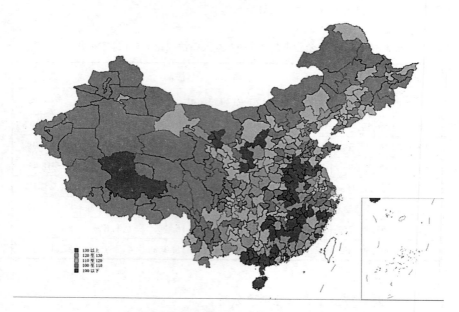

图3—4　2000年我国0—4岁人口出生性别比分地市示意图

107;长三角地区4个地市:苏州市107,南通市105,嘉兴市103,湖州市104;胶州半岛3个地市:青岛市107,烟台107,威海市107;成都平原4个地市:成都市107,雅安市106,阿坝藏族自治州104,甘孜藏族自治州104。

（二）极端情况的对比分析

若将59个高性别比地市和15个低性别比地市的人口社会经济状态进行总体比较①,从1999年年末195个社会经济变量中精选了25个有可能说明出生人口性别比失调的重要因素。先进行对比分析,再进行相关分析,力求寻找到影响出生人口性别比的地市级社会经济因素,求出平均值、标准差和95%的置信区间。这里仅分析在95%置信水平下,有明显差异的社会经济变量。由表3—8可见,高出生人口性别比的地区,总人口性别比高(平均高4—5个百分点);65岁以上、80岁以上老年人口

---

　①　地市的人口社会经济资料源于,国家统计局综合司2000年12月编辑出版的《中国区域经济统计年鉴,2000年》,海洋出版社,第217—516页。该统计年鉴含有1999年年末全国382个地市级行政单位。

比例明显偏低,14 岁以下少儿比例明显偏高(平均高 6 个百分点),15—64 岁成年人口比例明显偏低(平均低 4 个百分点);出生率偏高、死亡率偏低,自然增长率明显偏高;妇女总和生育率、妇女平均活产子女数、平均存活子女数明显偏高;同时地区产业结构也有较大差异,高出生人口性别比的地区,第一产业人口比例偏高(12 个点)、第二、三产业人口比例偏低(9 个百分点),而与老年人口比例、出生死亡率、地区产业结构等有关。以上仅是两种极端情况下的比较,是否具有普遍性,在下文将进行实证分析和相关分析。

表 3—8 高性别比和低性别比地市人口社会经济状态的对比分析

	59 个高性别比地区		15 个低性别比地区		相关系数	显著水平
	平均	95% 估计区间	平均	95% 估计区间	r	sig
0—4 岁性别比	139.8	137.7—142.0	107.1	106.6—107.6	1.000	
总人口性别比	108.1	106.8—109.4	103.8	102.4—105.2	0.243	0.000
非农业户口人口比重	21.6	18.7—24.5	25.1	21.7—28.6	−0.251	0.000
大家庭(三、四代户),%	18.9	17.8—20.0	17.6	14.8—20.3	0.116	0.032
80 岁以上人口比例,%	0.95	0.87—1.03	1.18	1.04—1.32	0.182	0.001
65 岁以上人口比例,%	6.66	6.30—7.01	8.41	7.89—8.93		
14 岁以下人口比例,%	25.6	24.4—26.8	19.7	18.6—20.7	0.271	0.000
15—64 岁人口比例,%	67.8	66.4—69.2	71.9	71.1—72.7	−0.308	0.000
育龄妇女占女性,%	27.7	26.8—28.7	28.5	28.2—28.9	−0.165	0.002
女性离婚率,%	0.39	0.33—0.45	0.95	0.57—1.34	−0.482	0.000
出生率,‰	12.4	11.7—13.1	9.90	9.11—10.69		
死亡率,‰	5.41	5.14—5.68	6.38	6.10—6.65	−0.150	0.005
%,大学本科以上	11.9	8.01—15.80	15.0	10.1—19.8		
高中文化人口性别比	188.6	180.1—197.1	136.4	128.9—143.9	0.475	0.000

续表

	59 个高性别比地区		15 个低性别比地区		相关系数	显著水平
	平均	95% 估计区间	平均	95% 估计区间	r	sig
平均受教育年限,年	7.60	7.43—7.76	7.65	7.45—7.85	0.100	0.064
文盲率(%)	8.77	7.90—9.63	8.56	7.65—9.48	−0.213	0.000
第一产业人口比例	69.0	64.0—74.1	57.2	50.8—63.7	0.189	0.000
第二产业人口比例	13.7	10.2—17.2	23.0	18.3—27.6	−0.119	0.027
第三产业人口比例	17.3	14.8—19.8	19.8	17.4—22.2	−0.233	0.000
育龄妇女人均活产子女	1.48	1.42—1.55	1.17	1.11—1.24	0.280	0.000
育龄妇女人均存活子女	1.46	1.39—1.52	1.15	1.09—1.21	0.337	0.000
人均住房建筑(平方米/人)	21.7	20.9—22.5	27.7	24.9—30.5		
家庭户规模(人/户)	3.27	3.05—3.49	3.69	3.63—3.75	0.168	0.002
少数民族人口比重					−0.353	0.000

表3—9　高性别比 5 地区和低性别比 4 地区人口社会经济状态的比较

	晋北冀西	长三角	胶州半岛	成都平原	鄂豫皖苏	桂粤海南	甘东陕西	甘肃中部	湘南赣东
0—4 岁性别比	106.9	106.4	107.0	106.8	141.8	141.6	137.3	138.9	136.9
总人口性别比	107.7	101.4	102.0	106.5	107.3	110.2	107.8	108.1	109.5
少数民族人口比重	0.73	0.31	0.48	1.68	0.63	11.38	0.27	3.18	1.71
非农业户口人口比重	32.87	23.03	27.14	20.28	21.51	22.14	18.03	28.33	20.57
家庭户规模,人/户	3.36	3.10	2.96	3.22	3.67	3.76	3.73	3.63	3.68
三四代比例	13.87	21.12	9.85	23.89	18.6	17.67	20.14	20.9	20.8

	晋北冀西	长三角	胶州半岛	成都平原	鄂豫皖苏	桂粤海南	甘东陕西	甘肃中部	湘南赣东
65岁以上人口比例	6.90	9.57	8.39	7.84	7.02	6.92	5.50	4.33	6.60
0—14岁人口比例,%	23.31	18.36	18.69	20.03	25.8	27.67	26.7	25.37	24.96
15—64岁人口比例	69.78	72.07	72.92	72.13	67.18	65.42	67.8	70.32	68.44
死亡率,‰	5.87	6.66	6.27	6.46	5.50	5.00	5.43	5.25	6.08
总和生育率（长表）	1.36	1.06	1.11	1.04	1.30	1.46	1.14	1.37	1.50
平均受教育年限,年	8.07	7.42	7.94	7.37	7.44	7.74	7.41	7.34	7.61
成人文盲率,%	6.51	9.33	9.59	7.74	10.65	6.22	11.64	13.06	6.64
第一产业人口比例	54.14	46.15	57.55	74.97	74.14	63.23	72.92	70.46	73.77
第二产业人口比例	20.30	33.02	23.21	10.20	10.88	15.6	11.73	13.88	10.40
第三产业人口比例	25.55	20.84	19.23	14.83	14.99	21.18	15.35	15.67	15.84
育妇女人均活产子女	1.36	1.15	1.07	1.18	1.45	1.57	1.56	1.41	1.59
育妇女人均存活子女	1.34	1.13	1.06	1.14	1.43	1.56	1.54	1.38	1.54
第一产业GDP,%	10.85	14.65	14.80	26.47	27.82	29.95	18.30	27.45	30.74
第二产业GDP,%	48.18	49.26	52.84	40.52	41.59	32.87	47.29	47.03	36.74
人均GDP,元	5853	12393	12640	5584	5373	9015	3859	5077	4296

（三）2000年全国326个地市普遍情况的相关分析

结合2000年人口普查资料,我们多方寻找2000年各省区直辖市所登记的社会经济文化资料,力图从多资料、多角度来说明对于出生性别比的影响变量。从人口普查资料分析,2000年全国345个地市相关分析表明,对出生人口性别比影响最大的是少数民族人口比重、15—50岁妇女平均存活子女数、15—64岁劳动年龄人口比重;其次是14岁以下少年儿

童比例、非农业户口人口比重、总人口性别比、第三产业人口比例;再次是
文盲率、第一产业人口比例、80 岁以上人口比例、家庭规模等。这就充分
说明,高出生性别比主要发生在少数民族人口比重低、妇女生育子女数
多、劳动年龄人口比重偏低、城市化发展水平较低,以及三产人口比例低、
一产人口比例高、传统大家庭比例高的地区,反之亦然。

中国地区大,社会经济状态对人口的影响不一。从资料来源而言,普
查资料源于全国统一组织的 10 年一次的调查,登记资料来源于全国省地
县各级统计部门每年收集的日常经济社会文化资料,发表于每年一册的
中国统计年鉴和各省统计年鉴。从人口登记资料分析,1999 年全国 6 大
行政区 326 个地市社会经济人口变量,与 2000 年出生性别比的相关系数
(表 3—10)分析表明:(1)就全国而言,地市总人口数、总户数与出生性
别比成正比,尤其在西南、西北、华北等地区;这说明地区总人口数、总户
数多,则情况复杂、人口和计划生育管理难度大,容易导致出生人口性别
比失调。(2)平均家庭人数多(传统大家庭)的地区,出生性别比高;反之
平均家庭人数少(新型家庭)的地区,出生性别比低。

表 3—10 全国各地市社会经济人口变量与 0—4 岁幼儿性别比的相关系数

	全国	华北	东北	华东	中南	西南	西北
地市样本数,n	326	38	36	79	80	43	50
年底总人口(万人)	0.334	0.452	0.114	0.219	0.086	0.587	0.534
总户数(户数)	0.246	0.373	0.12	0.067	0.035	0.533	0.522
户均人数	0.188	0.303	-0.003	0.616	0.124	-0.355	0.149
r($\alpha = 0.05$)	0.113	0.325	0.325	0.220	0.220	0.304	0.273
r($\alpha = 0.01$)	0.148	0.418	0.418	0.286	0.286	0.393	0.354

三、2000 年我国县市区出生性别比的分布规律

2000 年 0—4 岁幼儿性别比偏高最严重的 12 个县市区分别集中在
湖北、广东、安徽和湖南等地。具体为湖北东部的黄梅县(193)、武穴市
(192)、安徽西南的宿松县(180)、湖北中部的鄂州市华容区(178)和梁子
湖区(177)、武汉新洲区(177)、天门市(174)、广东西南部的吴川市
(177)、高州市(175)、广东西部的高要市(173)、广东(东南)海丰市

(173)，湖南南部的宁远县(176)。

（一）异常地区随省市分布特点

从 2000 年我国 2869 个县市区出生性别比随省市自治区的分布情况来看（表 3—11），大致有 30% 的县市区人口性别比在 108 以下，26% 的县市区人口性别比在 108—114 之间，以及 32% 的县市区人口性别比在 114—129 之间，有 12% 的县市区人口性别比在 130 以上。然而，各地区分布是不一样的，出生人口性别比偏高的地区主要集中在广东、湖北、湖南、安徽和陕西等中原省份，0—4 岁人口性别比在 120 以上的地区分别占这些省县市区的 67.7%、45.5%、51.6%、44.3% 和 49.5%。除了安徽在华东，陕西在西北，其余都在中南区。

表 3—11　2000 年我国 2869 个县市区出生性别比随省市自治区的分布

（单位：个）

	103 以下	103—	108—	114—	120—	130—	140—	县市区数
合计	325	531	754	494	422	188	155	2869
比例,%	11.3	18.5	26.3	17.2	14.7	6.6	5.4	100.0
北京	1	7	7	2	1	0	0	18
天津	2	4	7	2	2	1	0	18
河北	16	38	54	32	20	11	2	173
山西	6	27	38	30	16	1	1	119
内蒙古	27	31	19	14	9	1	0	101
辽宁	9	21	37	23	8	2	0	100
吉林	4	16	29	7	4	0	0	60
黑龙江	21	42	44	20	6	0	1	134
上海	0	5	13	2	0	0	0	20
江苏	9	22	35	17	17	3	5	108
浙江	10	20	32	12	9	6	0	89
安徽	6	11	28	14	19	10	18	106
福建	4	3	28	20	19	9	1	84
江西	1	9	23	26	30	9	1	99
山东	5	50	48	21	8	5	2	139
河南	2	5	37	52	51	10	1	158
湖北	4	12	25	14	9	12	25	101

	103 以下	103—	108—	114—	120—	130—	140—	县市区数
湖南	3	6	27	23	27	13	23	122
广东	1	4	19	16	34	19	31	124
广西	12	10	9	18	29	22	10	110
海南	0	1	0	1	7	7	5	21
重庆	2	10	12	6	5	4	1	40
四川	31	37	43	30	26	9	3	179
贵州	17	14	13	14	17	9	3	87
云南	36	37	28	13	7	7	0	128
西藏	38	21	9	2	2	0	1	73
陕西	3	8	18	25	23	16	14	107
甘肃	7	13	26	18	14	2	7	87
青海	13	7	14	6	3	0	0	43
宁夏	4	10	5	6	0	0	0	25
新疆	31	30	27	8	0	0	0	96

　　我国各县市区出生人口性别比异常分布比较分散(图3—5),性别比偏高的地区主要集中在中南、华东两大地区,具体在海南、广东、湖南及安徽等地。上一段叙述的5大块高发地区依然不变,仅在甘肃中部、甘陕板块有明显的南移、鄂豫皖苏鲁板块缩小、湘赣板块分裂为两块并缩小,只有桂粤海板块仍然耸立。

　　从我国6大行政区而言,中南和华东地区是我国出生人口性别比失调最严重的区域(表3—12),各县市之间性别比差异较大;而东北、西南、华北地区出生人口性别比接近正常,各县市之间差异较小。计算进一步表明,各地区之间组内离差小、组间离差大,地区分组具有显著性统计意义。

表3—12　我国6大行政区的0—4岁性别比平均和标准差

	华北	东北	华东	中南	西南	西北	全国合计
县市区样本数	429	294	645	636	507	358	2869
平均人口性别比	111.9	109.8	119.2	126.0	111.0	114.6	116.6
性别比标准差	8.44	5.23	14.15	15.88	10.17	13.26	13.77

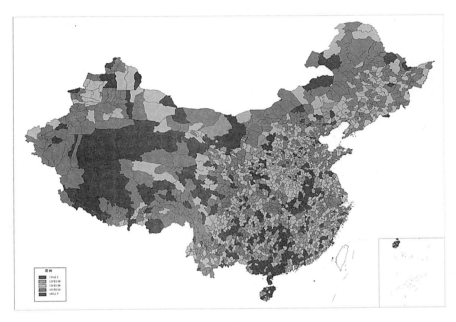

图3—5　2000 年我国 2869 个县市区 0—4 岁性别比的分布图

（二）性别比异常地区随时间变化特点

2000 年我国有效样本为 2869 个县市区（图 3—6），平均出生性别比为 116.1，中位数为 111.7（有一半县市高于该数，一半低于该数），偏度为 1.35，峰度为 1.62（即相对于正态分布，呈现左偏和尖顶）；而 1990 年有效样本为 2832 个县市区（图 3—7），平均出生人口性别比为 108.2，中位数为 106.8，偏度为 1.43，峰度为 3.55。换言之，1990 年出生性别比接近正态分布，而 2000 年则呈偏态分布，大多数县市出生性别比明显偏高；1990 年出生性别比分布非常集中，最高频数接近 300 个县市，2000 年则比较分散，最高频数仅为 170 个县市。1990 年出生人口性别比大致在 89—140 之间变化，2000 年则在 91—160 之间变化，各县市变化范围大多了。这表明，2000 年中国出生性别比问题远比 10 年前严重。1990 年全国 2832 个县市区中有 67.27%，0—4 岁出生性别比在 102—120 之间，性别比在 130 以上的县市区仅有 34 个，占全国的 1.2%。

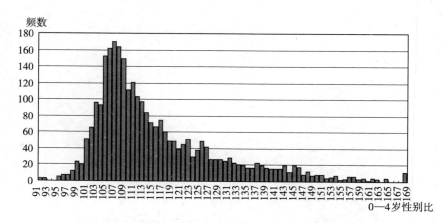

图3—6　2000年中国2869个县市出生人口性别比分布状态

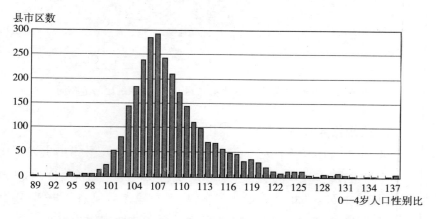

图3—7　1989年中国2832个县市区的出生人口性别比分布状态

（三）出生人口性别比异常原因的对比分析

考虑到出生性别比主要发生在我国中部地区,这里选择了华东、华北、中南大区内出生人口性别比高于150的县市(不包括区)67个,同时选择该区域出生人口性别比低于106的县市139个进行对比分析,计算了95%的置信区间,从置信区间差异具有明显统计意义的变量来分析其原因。分析发现,高出生性别比的县市总人口多(高、低出生性别比对应的平均人口数分别为86万、37万,下文同)、家庭户数多(22万、11万)、户籍人口多(92万、37万)、总人口性别比高(111、106)、少数民族人口比例低

(2.5、15)、非农人口比例低(13%、23%)和人均住房建筑面积小(22、25 平方米),这反映了高出生性别比的县市大多在经济落后、人口众多的县市,而且出生性别比对整个人口性别比有影响。其次,高出生性别比的县市家庭户中一代户比例低(16%、23%)、家庭人数多(3.9 人、3.3 人)、人口出生率高(12.5‰、10.2‰)、人口死亡率低(5.8‰、6.6‰)、自然增长率高(6.7‰、3.6‰)、总和生育率高(1.5、1.2)、少年儿童比例高(28%、21%)和成人比例低(65%、71%),这说明高出生性别比的县市大多是在出生率持续偏高、死亡率低、生育政策偏松的地区。最后,高出生性别比的县市第一产业从业人数比例高(80%、63%),第二、三产业从业人数比例低(8%、17%;12%、20%)。这些结论与上节分析的结论基本一致。

表3—13 2000 年我国 2869 个县市出生人口性别比异常原因的对比分析

	低性比(106-)139 县市		高性比(160+)67 县市	
	平均	95% 估计区间	平均	95% 估计区间
0—4 岁性别比	103.57	103.20—103.90	158.89	157.20—160.58
总人口(人)	369707	322530—416884	862270	777661—946879
总人口性别比	105.53	104.63—106.43	110.97	110.01—111.93
户籍人口(人)	371678	326053—417303	921196	829199—1013193
少数民族比重(%)	14.79	10.63—18.95	2.52	0.00—5.34
非农业户口人口比重(%)	23.02	19.90—26.14	13.46	12.15—14.77
家庭户数(户)	110398	95429—125367	217306	196097—238515
人均住房建筑面积(平方米)	24.89	23.18—26.60	21.93	21.09—22.77
家庭户规模(人/户)	3.30	3.24—3.36	3.86	3.80—3.92
家庭户中一代户比例(%)	23.37	22.27—24.47	16.68	15.76—17.60
二代户比例(%)	59.59	58.32—60.86	62.36	61.63—63.09
14 岁以下人口比例(%)	21.17	20.64—21.70	28.05	27.23—28.87
15—64 岁人口比例(%)	71.34	70.87—71.81	65.03	64.15—65.91
育龄妇女占女性(%)	28.32	28.05—28.59	26.20	25.85—26.55
出生率(‰)	10.18	9.75—10.61	12.52	11.72—13.32

续表

	低性比(106-)139 县市		高性比(160+)67 县市	
	平均	95% 估计区间	平均	95% 估计区间
死亡率(‰)	6.58	6.38—6.78	5.81	5.61—6.01
自然增长率(‰)	3.60	3.11—4.09	6.71	5.97—7.45
总和生育率(长表)	1.18	1.14—1.22	1.47	1.39—1.55
平均受教育年限(年)	7.44	7.34—7.54	7.17	7.09—7.25
第一产业人口比例(%)	62.99	59.25—66.73	80.15	77.82—82.48
第二产业人口比例(%)	16.86	14.51—19.21	7.59	6.30—8.88
第三产业人口比例(%)	20.15	17.95—22.35	12.26	11.01—13.51
行政区域土地面积(平方公里)	2902.1	2217.3—3587.0	1804.8	1624.7—1985.0
土地密度(土地/人口×万人)	70	46—145	391	331—478
百人电话(部)	12.8	11.4—14.2	6.9	6.3—7.4
人均 GDP(元)	8585.0	7282.3—9887.6	4778.9	4305.1—5252.7
人均第一产业产值(%)	26.51	23.57—29.44	36.54	33.90—39.20
人均第二产业产值(%)	40.14	37.14—43.13	34.01	31.70—36.30
人均第三产业产值(%)	33.24	31.19—35.29	29.45	27.80—31.10
人均城乡居民储蓄存款余额(元)	4794.5	4118.7—5470.3	2013.1	1783.8—2242.4
每万人社会福利院床位数(床)	9.89	8.44—11.33	7.17	5.50—8.80

第四节　1990—2000 年我国出生性别比差异的地区分布

1990 年全国不包括港澳台的 30 个省、市、自治区中,有多于 2/3 的省统计的出生性别比在 108—117 之间,占出生婴儿的 86.3%,有近 1/3

的省、市、自治区统计的出生性别比在 107 之下,占出生婴儿的 13.7%。分市、镇、县来看,全国有 1/2 的市、3/4 的县和 2/3 的镇的出生性别比高于 108。① 与 1981 年第三次人口普查相比,统计的出生性别比上升的幅度和广度都十分显著。

一、各省市自治区出生性别比随时间的变化特征

实际上,近 20 年我国出生人口性别比呈现不断上升趋势,1982 年全国为 108.5,1987 年、1990 年、2000 年分别上升到 111.0、111.9、116.9。1982 年出生人口性别比超过 110 的仅有安徽、广西、广东和河南 4 省区;1987 年为浙、皖、豫、苏、桂、川、冀、闽、京 9 省市区;1990 年为 20 个省市区;2000 年扩大为 24 个省市区,其中有 8 个省区直辖市高于 117;2005 年进一步扩大为除了西藏以外的所有省市区。"人口普查"反映出的出生性别比偏高现象在时间空间上都不是偶然的,具有普遍性和代表性。

1982 年出生人口性别比最高值出现在皖豫和粤桂,1987 年进一步扩大到江浙,1990 年呈现出江浙皖豫和粤桂海两大片,2000 年江浙退出而两湖异军突起,全国呈现粤桂海和鄂湘皖两大片。由此可见,近 20 年来皖粤桂海豫一直是我国出生人口性别比最高的地区。而藏新云贵宁蒙等边远少数民族地区一直是我国出生人口性别比最低的地区。

1982—1987 年全国有 19 个省市自治区出生性别比上升(表3—14),10 个下降;而在 1990—2000 年全国 26 个省市自治区出生人口性别比都有不同程度的上升,4 个略有小幅度下降。从 1982—2000 年近 20 年出生人口性别比变化情况来看,全国 31 个省市自治区竟没有一个地区是下降的。上升幅度最大的是在海南、湖北,上升了 20 个百分点以上;广东、湖南、安徽性别比升高在 15 个百分点以上;广西、陕西在 10 个百分点以上,都是我国出生人口性别比失调的重灾区。而在 1982—1987 年、1987—1990 年、1990—2000 年三个时段全国有河北、江西、辽宁、四川、云南、陕西、甘肃、湖北、广西 9 个省区人口性别比呈现稳定升高,其出生人口性别比上升发展趋势同样仍令人担忧。

----

① 高凌:《我国人口出生性别比的影响因素》,《人口研究》1995 年增刊。

表3—14　1982—2000 年全国各省区直辖市出生人口性别比的变化

地区＼年份（年度）	1982	1987	1990	2000	2005	1982—1987	1987—1990	1990—2000	2000—2005
全国	108.5	111.0	111.5	116.9	120.5	2.5	0.5	5.4	3.6
北京	107.0	110.8	107.5	110.6	117.8	3.8	−3.3	3.1	7.2
天津	107.7	102.1	110.1	112.5	119.8	−5.6	8.0	2.4	7.3
河北	108.2	112.0	112.5	113.4	119.4	3.8	0.5	0.9	6.0
山西	109.4	105.9	109.6	112.5	116.7	−3.5	3.7	2.9	4.2
内蒙古	106.8	106.6	108.4	108.5	117.1	−0.2	1.8	0.1	8.6
辽宁	107.1	109.4	110.2	112.8	109.5	2.3	0.8	2.6	−3.3
吉林	107.8	110.0	108.7	111.2	109.3	2.2	−1.3	2.5	−1.9
黑龙江	106.9	105.8	107.3	109.7	110.7	−1.1	1.5	2.4	1.0
上海	105.4	103.9	104.8	110.6	120.1	−1.5	0.9	5.8	9.5
江苏	107.9	116.5	114.9	116.5	126.5	8.6	−1.6	1.6	10.0
浙江	108.8	118.5	117.6	113.9	113.4	9.7	−0.9	−3.7	−0.5
安徽	112.5	117.2	110.9	127.9	132.2	4.8	−6.3	17.0	4.3
福建	108.6	110.8	110.3	117.9	125.9	2.2	−0.5	7.6	8.0
江西	107.9	109.4	110.8	114.7	137.3	1.6	1.4	3.9	22.6
山东	109.9	112.6	115.1	112.2	113.4	2.8	2.5	−2.9	1.2
河南	110.3	117.4	116.2	118.5	125.8	7.1	−1.2	2.3	7.3
湖北	107.0	109.2	109.6	128.2	128.0	2.2	0.4	18.6	−0.2
湖南	107.6	107.5	110.3	126.2	127.8	−0.1	2.8	15.9	1.6
广东	110.5	108.7	112.0	130.3	119.9	−1.8	3.3	18.3	−10.4
广西	110.7	114.7	116.9	125.6	119.8	4.0	2.2	8.7	−5.8
海南	—	—	114.9	135.6	122.0	—	—	20.7	−13.6
重庆	—	—	111.6	115.1	111.2	—	—	3.5	−3.9
四川	108.0	112.7	112.2	116.0	116.3	4.8	−0.5	3.8	0.3
贵州	106.8	107.0	101.2	107.0	127.7	0.2	−5.8	5.8	20.7
云南	106.2	106.3	107.4	108.7	113.2	0.2	1.1	1.3	4.5
西藏	101.3	109.4	103.2	102.7	105.2	8.1	−6.2	−0.5	2.5
陕西	109.2	109.5	111.4	122.1	132.1	0.4	1.9	10.7	10.0
甘肃	106.3	106.7	110.8	114.8	116.2	0.4	4.1	4.0	1.4
青海	106.2	102.1	104.4	110.4	116.9	−4.1	2.3	6.0	6.5

续表

年份 (年度) 地区	1982	1987	1990	2000	2005	1982— 1987	1987— 1990	1990— 2000	2000— 2005
宁夏	106.2	105.0	105.1	108.8	111.1	-1.2	0.1	3.7	2.3
新疆	106.1	101.2	104.6	106.1	109.4	-4.9	3.4	1.5	3.3

注:表格中"—"表示缺少,无记录。

1990—2000 年 10 年间我国社会经济有了很大的发展,工业化、城市化随着现代化建设而蓬勃发展。与此相应,全国县市区从名称到属地、属区范围都有了较大幅度的调整,很多县市撤销或合并。于是,通过一对一手工校对和网络、长途电话、文本资料的查询,我们找到与 1990 年相匹配的县市 2802 个。若将全国各县市 1990—2000 年出生人口性别比的差异进行分析,1990—2000 年 10 年间有 200 个县市区出生人口性别比升高了 3 个百分点(图 3—8),10 年间每个县市出生人口性别比平均升高 8 个百分点。其中 95% 的县市出生人口性别比差异在-12—34 个百分点之间,而 10 年变化在-2—8 个百分点之间有 1571 个县市区,占调查县市区数量的 56%。

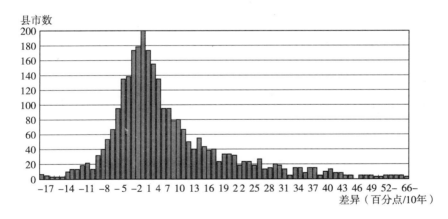

图 3—8　1990—2000 年出生人口性别比差异的分布

二、各县市区出生人口性别比的差异

1990—2000 年之间全国 2802 个县市区中(表 3—15),仅有 21.2% 县市(595 个)的出生人口性别比有不同程度的下降,49.2%(1378 个)县市区上升了 0—10 个百分点,15.8%(444 个)县市区上升了 10—20 个百分点,13.7%(385个)县市区上升了20个百分点以上。上升最快的地区在中南,其次是华东和西北地区,10年间各县市区平均升高了15、9和8个百分点。

表3—15　1990—2000年全国2802个县市区出生
人口性别比差异随各大区的分布

性别比差异	华北	东北	华东	中南	西南	西北	合计
-25—-10	11	1	22	4	5	3	46
-10—0	121	63	133	54	108	70	549
0—10	219	211	269	219	289	171	1378
10—20	55	17	88	151	75	58	444
20—30	17	1	61	88	13	29	209
30—40	2	0	31	59	2	15	109
40—	0	0	26	33	0	8	67
合计	425	293	630	608	492	354	2802
平均	3.82	2.97	8.71	14.72	4.48	8.30	
标准差	7.80	4.56	13.68	14.27	6.74	11.38	
95%的估计区间	3.08—4.57	2.45—3.50	7.64—9.78	13.58—15.86	3.88—5.07	7.11—9.49	

从全国各省市资料来分析(表3—16),出生人口性别比上升最严重的在中南的湖北、湖南、河南、海南、广东,华东的安徽、江西、江苏和西北的陕西9个省市。

表3—16　1990—2000年全国2802个县市区出生性别比差异随各省市区的分布

性别比差异	-25—	-10—	0—	10—	20—	30—	40+	合计
北京	0	3	15	0	0	0	0	18
天津	0	3	12	3	0	0	0	18
河北	2	35	84	35	14	2	0	172
山西	6	38	60	12	1	0	0	117
内蒙古	3	42	48	5	2	0	0	100
辽宁	0	14	74	11	1	0	0	100
吉林	0	8	51	0	0	0	0	59

续表

性别比差异	−25—	−10—	0—	10—	20—	30—	40+	合计
黑龙江	1	41	86	6	0	0	0	134
上海	0	0	19	1	0	0	0	20
江苏	0	13	61	15	5	3	8	105
浙江	4	35	47	0	1	0	0	87
安徽	0	18	44	11	16	8	9	106
福建	1	13	25	27	8	3	3	80
江西	0	0	29	25	21	17	6	98
山东	17	54	44	9	10	0	0	134
河南	2	18	49	28	26	24	4	151
湖北	0	6	43	14	11	7	16	97
湖南	0	8	47	33	17	11	5	121
广东	0	8	29	39	17	14	7	114
广西	2	14	47	29	11	1	0	104
海南	0	0	4	8	6	2	1	21
重庆	0	4	26	7	3	0	0	40
四川	0	43	105	19	1	1	0	169
贵州	1	2	44	34	3	1	0	85
云南	0	25	83	12	6	0	0	126
西藏	4	34	31	3	0	0	0	72
陕西	0	10	30	30	17	11	8	106
甘肃	1	13	34	22	12	4	0	86
青海	1	15	23	4	0	0	0	43
宁夏	1	7	13	2	0	0	0	23
新疆	0	25	71	0	0	0	0	96
全国	46	549	1378	444	209	109	67	2802
%	1.64	19.59	49.18	15.85	7.46	3.89	2.39	100

第五节　小　结

现代医学研究表明,新生婴儿的性别决定于精子进入卵子的那一刹那。受精胚胎性别比为第一性别比,由于男性胚胎死亡率高于女性胚胎,胚胎死亡性别比大致为 130—140;出生时人口性别比为第二性别比,迅速下降为 102—107。

(一)历史上我国成人性别比、0—4 岁儿童性别比都高

公元 1382 年(洪武 14—15 年)湖南永州 7.3 万户,儿童性别比是162。1392 年我国江西部分地区的 65 万人的总人口性别比为 132,而在全国各地区 243 万人的总人口性别比也高达 123 之高。以永州的资料推算,江西、全国儿童性别比估计分别为 170、158,都高于今天儿童性别比。

1912 年以后我国有了较可靠的人口年龄性别记录。1911 年京师内外总人口性别比为 200,山西省总人口性别比高达 135.5。1912 年我国1486 万 5 岁以下人口性别比为 126.6,我国 2.2 亿总人口的性别比为121.8,性别比高于 120 的地区占 40%左右,当年 0—4 岁人口性别比偏高。1930 年河北总人口性别比为 115.8,1931 年河南为 114.5,山东 1933年为 117.7;用 1912 年全国资料,可推算河北、河南、山东婴幼儿(0—4岁)性别比分别为 120.3、119.0 和 122.3,大致相当于 21 世纪初期我国的真实水平。1947 年第 1、2 季度我国出生人口性别比分别为 110.1、107.4,上半年为 108.7,都高于世界平均水平。

(二)我国历史上的溺婴现象严重,对男孩偏好强烈,婚嫁人口性别比不平衡

除了古代男尊女卑的思想外,贫穷是我国女婴被溺的直接原因。封建社会的经济因连续不断的战争以及战争破坏而陷入匮乏之境,本已脆弱不堪的小农经济受战乱、灾荒的打击濒临崩溃。农民终日劳作,不得温饱,还要承受政府差派的苛捐杂税,生活几近赤贫。由于缺乏抚养子女的必要的经济条件,而又没有控制生育的观念和手段,唯一的办法是溺婴,溺死的不仅是女婴,迫不得已时男婴也一样被溺死。女儿出嫁需要一笔嫁妆,还意味着家庭财产的外流。当经济和儿女二者不可兼得时,多数家庭会优先保留男孩,而溺杀女婴或虐待女孩。在辽宁省农村,0—4 岁的女孩死亡率比男孩高 20%。但是成年以后,男性的劳役兵役,从事繁重的劳动,死亡率高于女性。

古代我国青年人口性别从来就不是平衡的,一夫多妻的家庭与多夫一妻家庭同时存在。广大穷人娶不起妻子,或者无妻可娶,于是出现了多

夫一妻现象,借腹生子、兄弟合妻,同时社会上娼妓业发展以此化解婚嫁人口性别比失调。各地女婴堂、保婴会等慈善机构设立,收养大量女婴,以减少女孩的抚养费用,从而减少溺女行为。当时民间采取家庭层次上的经济互助行为——买卖婚、早婚、童养媳以避免和减少溺弃女婴现象。

对古代贫困百姓而言,婚嫁人口性别比失调严重。然而,生命是第一重要的,其次才能考虑生活、婚姻,只有生活过得安定太平了,才能思考婚姻大事,才能考虑生育下一代问题。所以,当年出生人口性别比始终未作为问题而被提出。

(三)近 60 年我国出生性别比变化的几个阶段

1950—2008 年的 59 年间有效样本 59 个,我国平均出生性别比为111.1,高于国际标准107,按 95% 的区间估计,我国出生性别比总体平均为 109.7—112.5。中位数为 108.8,即历史上有一半年份高于该值,同时有一半年份低于该值。出生性别比最低、最高分别为 102.5、123.6,出现在 1968 年、2001 年。中国出生人口性别比的变化大致可分三个阶段,1982 年前是波动期,出生性别比有升有降,基本稳定在 107 附近;1983—2000 年是急剧升高期,1983 年出生率下降,同时受选择性流产和溺弃女婴的影响,出生人口性别比从 1983 年的 107 迅速上升到 2000 年的 120附近;2000 年以后是高位稳定期,随着人们的重视,性别比在高位盘整,基本稳定在 120 附近。1982 年以前我国出生人口性别比基本正常,都在107 以下,1984—1990 年大致在 108—112 之间,1992—2000 年出生人口性别比大致为 112—116,而在 2000—2004 年性别比升高为 116—120。即出生人口性别比 1983 年以前基本正常,提高第一个 4 个百分点花费了6 年时间,提高第二个 4 个百分点花费了 8 年时间,而提高第三个 4 个百分点仅花费了 4 年时间。

(四)2000 年我国 0—4 岁人口性别比地区变化特点

2000 年我国省级行政区出生人口性别比分布表明,我国出生人口性别比失调严重的地区分布很有规律,主要是在我国中南地区,从海南到两广、两湖、安徽。全国 346 个地市级单位分析表明,0—4 岁人口性别比最高的在湖北鄂州、江苏连云港、广东茂名和湖北黄冈。全国出生人口性别比很高(130 以上)的地市占 18%。从我国 2869 个县市区出生人口性别比分析可见,全国有 26% 的县市区人口性别比在 114—124 之间,有 18%

的县市区人口性别比在 124 以上。出生人口性别比偏高的地区主要集中在广东、湖北、湖南、安徽和陕西等省市。

2000 年 0—4 岁性别比偏高的地区主要有 5 大片地区。甘肃中部，甘东陕西北，鄂豫东皖苏北鲁南部，湘南赣东南，桂东南粤西北海南。而性别比偏低的地区大致也有 4 大片，晋北冀西、长三角、胶州半岛、成都平原。

1982 年出生人口性别比最高值出现在皖豫和粤桂，1987 年进一步扩大到江浙，1990 年呈现出江浙皖豫和粤桂海两大片，2000 年江浙退出而两湖异军突起，全国呈现粤桂海和鄂湘皖两大片。由此可见，近 20 年来皖、粤、桂、海、豫一直是我国出生人口性别比最高的地区。而藏、新、云、贵、宁、蒙等边远少数民族地区一直是我国出生人口性别比相对最低的地区。1990—2000 年 10 年间平均每个县市出生人口性别比升高 8 个百分点。出生人口性别比上升最快的在中南的湖北、湖南、河南、海南、广东，华东区的安徽、江西、江苏和西北的陕西 9 个省。

（五）相关分析

2000 年全国 300 个以上地市相关分析表明，高出生人口性别比的地区，主要发生在少数民族人口比重低、15—64 岁劳动年龄人口比重低、三产人口比例低、城市化发展落后的地区，以及 15—50 岁妇女生育子女数多、一产人口比例高、大家庭比例大的地区；低出生人口性别比的地区则相反。

第三章　意愿生育性别偏好

新生婴儿出生性别比(102—107)恒定且不受外部环境影响,这似乎已被大量的统计数据证明是一条"铁律"。① 那么,出生性别比偏高的直接原因是人工流产,以及与之密切相关的"B超声波检查仪"。影响出生性别比失调的直接原因是医学因素,而非社会学因素。但是,社会因素又是十分重要的,其影响妇女生育性别偏好,从而间接影响出生人口性别比。如社会养老保障机制的不完善,计划生育政策的考核偏误,管理监管不力导致B超的误用,社会对于B超的管理水平和社会对于人工流产的态度,也都是出生人口性别比例偏高的重要原因。

20世纪80年代以来,出生人口性别比的异常升高,从根本上反映了人们对男孩的性别偏好,人们热切地渴望拥有一个或更多的男孩。不孝有三、无后为大,其中的"后"专门是指男性子孙,由此可见儿孙在家庭中的地位。无子则无后、无家,则断根,多少人为盼儿子而烧香拜佛,多少家庭为生儿子而离婚再婚,多少妇女为生儿子而生死离别。多少年过去了,我国中西部某些乡村仍较闭塞,一旦生育率降低,在有限的选择中,要男孩的愿望反而变得更加强烈。而我国东部城市人口受国外思潮的影响,生育观和世界观变化较大,有些城里人认为儿女各有优势。"儿子如滑雪衫、女儿如棉毛衫"、"生男孩是名气,生女孩是福气"、"女儿是父母的小棉袄",其寓意是女儿很贴心,和父母关系很近,而生儿子虽风光、外表很好看,但抚养成本高、与父母较疏远,对家庭贡献不一定大。在城市中,除了正常的孩子生活教育费用,以及为子女就业的投资,如果养育一个男孩,作为父母亲还要为儿子的婚嫁准备一套价值

---

① 李欧:《生男,生女?》,《中国统计》2005年第1期。

30 万以上的住房;而女方的父母亲对于婚嫁仅需要准备一份价值可大可小的嫁妆。显然,相同经济发展水平家庭对于男孩的投资远远高于对于女孩的投资,但是投资回报男孩却低于女孩。然而,大部分乡村居民并不如此思考。

第一节　意愿生育性别偏好研究的意义

意愿生育是人们的一种意愿表达,提供一个家庭实际生育情况的可能性。随着科学技术的发展,医疗水平的提高,人们掌握的节育、检验、引产等技术越来越多,也日趋科学;借助于网络技术,传播速度也越来越快。生育的神秘属性日渐弱化,人们逐渐可以根据自己的意愿来决定实际生育子女的性别。

性别偏好本身应该是中性的,社会上喜男孩和喜女孩人数应该是差不多的,但社会经济的发展经常会导致性别歧视、重男轻女和男女地位的不平等。在现阶段生育行为中的性别偏好包含着心理和行为两个不同的层次。心理层次反映的是对男孩或女孩的偏爱心理或思想,是一种个人好恶,取决于个人的经历、想法、气质、教养、审美观,以及对于男孩或女孩的未来期望和设想。在现代文明社会里,大多数人对男孩或女孩的偏好态度和行为是中性的,即不带任何歧视和不平等的意识。如果未能如愿拥有自己期望的男孩或女孩时,人们一般不会对自己孩子冷漠和歧视,只不过是引为遗憾而已,或者因遗憾而激发出想通过再生育达到最终拥有自己希望性别的孩子。行为层次反映的是对女孩的性别歧视行为。由于再生育的行为受到压抑,或家庭经济不许可,某些人为要个男孩,不惜触犯道德、法律底线,采取流产、弃婴,或采取软性遗弃手段(虐婴、漠视婴儿健康),对孩子性别进行选择。性别偏好的心理选择较行为选择更容易为社会所理解或接受。实际上,现阶段无论在城市还是农村地区,有不少人是在心理层次上实践着他们的性别偏好。

一、妇女意愿生育性别比的定义

意愿生育性别比，又称意愿生育子女性别比或生育性别偏好，是指本地区妇女或家庭意愿生育的男孩总数与意愿生育的女孩总数之比。

$$意愿生育性别比 = \frac{X_{1男孩} + X_{1男1女} + 1.5 \times X_{3孩以上} + 2 \times X_{2男孩} + \cdots}{X_{1女孩} + X_{1男1女} + 1.5 \times X_{3孩以上} + 2 \times X_{2女孩} + \cdots} \times 100$$

$$(1)$$

其中 $X_{1男孩}$、$X_{1女孩}$ 为希望生育 1 个男孩、1 个女孩的妇女人数，余类似。

二、意愿生育性别比研究的意义

在人口自由流动、科学技术高度发展、B 超分布密度极高（仅 1 个县、市、区就有 50 台以上）的社会状态下，出生人口性别比显然是与意愿生育性别比密切相关。要研究出生人口性别比，就有必要先回顾一下哪些因素影响意愿生育子女性别比，是社会、经济、管理、文化因素，还是自然环境等因素。

（一）意愿生育性别偏好与出生人口性别比

从技术层面而言，意愿生育男孩的人群可以通过如下三种途径来影响胎儿或婴儿性别：在妇女怀孕前到胎儿性别形成前，人们可以采用各种各样的方法、传统方法来影响胎儿性别，比如某些食用特定的食物或某些中医药，性生活前某些特殊的处理，虽然这些行为对于胎儿性别的形成作用和机制尚无定论；在胎儿性别形成以后，人们可以采用超声波等现代科学技术，了解胎儿性别，再通过人工流产或引产，留下自己想要的男婴；在婴儿出生以后，如果发现婴儿性别不是自己或自己家庭所欢迎的，则可能会采用漠视婴儿健康等方法"溺杀"或"遗弃"婴儿。婴儿出生后其性别已经决定，似乎和出生性别比无关，但是我们统计的是 0 岁组出生人口性别比，而非出生时人口性别比，其影响是肯定的。

（二）意愿生育性别偏好和意愿生育子女数的差异研究

妇女生育意愿包括妇女意愿生育子女数和妇女意愿生育性别偏好两个方面，长时间以来，人们重视对意愿生育子女数量的分析和讨论，而往往忽视了对意愿生育性别偏好的研究；习惯于用对意愿生育子女数的研究和控制方法,来研究和控制意愿生育性别比。但实际上,这两者是完全不一样的。

意愿生育性别比和意愿生育子女数是有关系但又有所不同。第一,它们都容易受调查环境所改变,都是对调查对象的主观认识,而且都有相对理想的标准,子女数为 2 个,子女性别为 1 男 1 女。但生育子女数,无论在技术上还是在政策上,通过避孕、结扎等技术很容易得到控制。而要获得理想的子女性别,在技术上控制难度大。正是该原因,有些人在生育性别意愿调查中大胆而违心地回答。其次,对于我国近 30 年的计划生育宣传和教育,人们对于生育子女过多的危害有了较为一致的认识,但对于性别比过高的危害长期以来认识不足。大多停留在将来有多少男人找不到妻子的角度,或者从社会和谐稳定的政策角度,并不是从保护妇女儿童的生命权高度认识问题。

此外,妇女意愿生育性别研究要比理想子女数的研究难度大。首先,意愿生育性别偏好必须结合生育孩子数量进行研究。希望子女数是可数的自然数,大部分人希望 1、2、3 个孩子,比较容易调查;而意愿生育性别调查必须附属于希望子女数的调查,没有子女数就没有喜欢的性别。意愿生育性别没有专门的调查。如果生育两个孩子,最理想的性别组合就是一子一女,问题如果仅能生育 1 个孩子,如何选择;再如虽然可以生育 2 个孩子,已生育 1 个女孩(男孩)后,对于下一个男孩(女孩)需求迫切性,又如何研究。其次,希望子女数准确的是指假如没有生育政策,假如没有孩子,自己希望的孩子数;类似的意愿生育性别,准确的是指假如没有生育政策,自己希望孩子的性别。实际上,妇女的希望生育子女性别与已存活子女性别密切关联。填表人总是或多或少地结合已有子女的性别,来考虑希望子女的性别。俗话说"妻子(丈夫)是他人家的好,孩子是自己家的好",这就出现了已有女孩(男孩)的仍希望生育女孩(男孩)的虚假现象。正是以上这些原因,调查的妇女意愿生育性别偏好一般低于实际出生人口性别比,历次调查的各种妇女意愿生育性别离差也比较小,如何在微小的差异情况下探索哪些妇女更喜欢生育男孩还是女孩。同时,我们也无法用传统的出生人口性别比正常值 107 及其以下,来判断妇女意愿生育性别偏好是否正常;而更多地考虑其间统计差异是否显著。就如研究理想生育子女数时,并不能认为希望子女数低于 2 个孩子就视为正常,而不加以比较研究。

第二节　国外意愿生育性别研究进展

国外人口学者较早就注意到了妇女意愿生育性别问题。国际人口科学研究联盟于 20 世纪 70 年代在韩国、中国台湾、马来西亚和菲律宾,欧洲匈牙利,美国,南美哥伦比亚 7 个国家和地区进行了广泛的调查。下面介绍其研究成果。

一、国际人口科学研究联盟(IUSSP)研究结果

1973—1977 年间国际人口学家在 7 个国家和地区进行了妇女意愿生育性别的调查①,与我们调查不同的是,他们巧妙回避了 1 男 1 女理想生育性别组合问题。

(一)调查方法设计

他们设计的问题是②:假如生育 3 个孩子,请问您对孩子的性别组合选择:

(1)3 个女孩　(2)2 女孩 1 男孩　(3)2 男孩 1 女孩　(4)3 个男孩

如果选择第(1)或(4)答案,分别为强偏好女孩(IS1)或强偏好男孩(IS7),则调查结束。如选择第(2)个答案,则进一步询问,若不能实现,您是否选择:

(5)3 个女孩　(6)2 男孩 1 女孩

如果选择第(5)个答案,属弱偏好女孩(IS2),调查结束。如果选择第(6)个答案,则进一步询问,如果不能实现,是否选择:(7)3 个女孩(8)3 个男孩。

如果选择第(7)或(8)个答案,则分别为弱偏好女孩(IS3)、无性别偏好(IS4),调查结束(图 4—1,下图应该为图 4—1)。

---

① Cooms, L. C. Preference for Sex of Children Among U. S. Couples [J] . Family Planning Perspectives. 1977, (6).

② C. Coomb, L. C. Coombs and G. McClelland, "Preference Scales for Number and Sex of Children" Population Studies, 29:273, 1975.

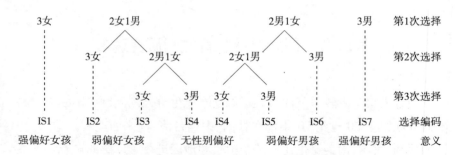

图4—1　IUSSP妇女生育意愿性别比问卷调查

　　类似,若选择第(3)个答案,则进一步询问,若不能实现,是否选择:
(9)2女孩1男孩　　(10)3个男孩

　　如选择第(10)个答案,则是弱偏好男孩(IS6),调查结束;若选择第
(9)个答案,则进一步询问,如果不能实现,是否选择:(11)3个女孩
(12)3个男孩。

　　如果选择第(11)或(12)个答案,则分别为无性别偏好(IS4)、弱偏好
男孩(IS5)。

　　(二)调查结果分析

　　全世界7个不同文化的妇女意愿生育性别偏好调查表明(表4—1),
对于男孩的偏好是世界各地非常普遍存在的现象,世界16464名妇女仅
有16%妇女无性别偏好、64%的妇女分别偏好男性①,即偏好男孩的妇女
是偏好女孩妇女的3倍以上。尤其在韩国和我国台湾地区,95%、89%的妇
女偏好生育男孩,自愿生育女孩的仅占1%。1973年美国家庭变化状态调
查(National Survey of Family Growth)表明,6897个15—44岁已婚育龄妇女
有49%的已婚妇女存在明显的男孩偏好,32%的妇女偏好女孩,无性别偏
好的妇女仅占19%,即偏好男孩的美国妇女比偏好女孩妇女多50%以上。
美国没有出现出生性别比偏高的问题,主要是美国实行严格的禁止引流产
法律——引流产等同于杀婴或等同于杀人;其次,普通人可以通过多生孩
子达到性别选择的目的;此外,美国是多元化社会、人口文化素质较高,其

————————

　　① 　如果仅能生育1个孩子,并且都能如愿生育想要的儿女,则出生人口性别比可高
达263。

他发展、选择机会也比较多,父母亲不值得为此小事而花费很大代价。

表4—1　不同文化妇女的性别偏好

国家、地区	偏好女孩	无性别偏好	偏好男孩	样本量	调查年份	参加调查妇女
合计	19.32%	16.43%	64.25%	16464	1973—1976	
韩国	1%	4%	95%	285	1974	已婚40+
中国台湾	1%	10%	89%	5471	1973	已婚40+
马来西亚	13%	19%	68%	386	1974	20—39岁
匈牙利	21%	19%	60%	2524	1974	新娘35+
美国	32%	19%	49%	6897	1973	15—44岁
菲律宾	36%	33%	31%	671	—	
Davao地区	33%	34%	33%	229	1976	
Capiz地区	43%	25%	32%	85	1976	
马尼拉地区	36%	34%	30%	357	1974	
哥伦比亚	42%	28%	31%	230	1975	
女儿	37%	31%	32%	115	1975	未婚20+
母亲	46%	24%	30%	115	1975	年龄未限

资料来源:L. C. Coombs,"Are Cross-Cultural Preference Comparisons Possible?" A Measurement Theoretic Approach, IUSSP, Paper No. 5, 1976。

　　美国调查资料进一步表明,丈夫经济收入与意愿生育性别关系密切(低收入偏好男孩),宗教、种族与意愿生育性别有关(天主教偏好女孩;非裔喜欢男孩,西班牙裔相对喜欢女孩),而妻子受教育程度与意愿生育性别偏好关系似乎不大(表4—2)。

　　调查还表明,妇女工作与否能影响意愿生育性别比,无工作较有工作的妇女更愿意生育儿子,而且几乎各个年龄组都是如此。30岁以下的妇女比30岁以上妇女更希望生育男孩。工作时间长短、结婚前后与意愿生育性别的关系不明显。妇女在工作中的角色与意愿生育性别的关系也不明显。

表4—2　1973年美国15—44岁已婚育龄妇女生育意愿调查(%)

	强偏好女孩	弱偏好女孩	无性别偏好	弱偏好男孩	强偏好男孩	平均*	样本量
合计	11	21	19	29	20	4.27	6897

续表

		强偏好女孩	弱偏好女孩	无性别偏好	弱偏好男孩	强偏好男孩	平均*	样本量
妻子受教育	1—8 年	13	16	21	24	27	4.39	571
	9—11 年	12	20	22	26	21	4.26	1440
	12 年	11	22	20	28	19	4.23	3328
	13—15 年	10	20	16	33	20	4.36	927
	16 年以上	7	26	20	33	15	4.25	631
丈夫收入	<US $5000	11	17	19	28	25	4.42	1216
	5000—9999	10	20	20	30	20	4.32	2353
	10000—14999	11	22	21	28	19	4.24	1991
	≥US $15000	12	25	17	29	17	4.15	1337
宗教	2 个天主教	13	25	19	27	17	4.13	1266
	1 个天主教	11	20	19	30	20	4.31	813
	0 个天主教	10	20	20	29	20	4.31	4818
妇女种族	非裔	12	14	22	25	27	4.45	1938
	欧裔	11	22	19	29	19	4.25	4898
	西班牙后裔	17	23	20	20	19	4.01	351
	墨西哥	20	17	18	21	25	4.14	163

注：* 平均值为 4 时表示无性别偏好，最高、最小值为 7、1。数值越大，男性偏好越强烈。

二、后续国外研究进展

2000 年美国拉美后裔为 2230 万人,是美国人口最多的少数民族,9% 的拉美妇女生育了 12.5% 的孩子。1997 年 Unger 分析了低社会经济层次拉美妇女的性别偏好和家庭大小[1],美国洛杉矶地区 432 位 18—50 岁拉美妇女调查表明,妇女意愿生育 2.8 个男孩和 0.1 个女孩。年龄大、受教育少的妇女,离婚、分居、寡妇、多孩家庭对男孩的期望更高,特别是西班牙为母语的妇女对男孩的期望是英语为母语妇女的 10 倍,这点和 1973 年调查结果(表 4—2)有所不同。

---

[1] Unger J. B. , Molina G. B. , Desired Family Size and Son Preference Among Hispanic Women of Low Socioeconomic Status, Family Planning Perspectives,1997(6) pp. 284 – 287.

（一）孕妇饮食的热量（饮食文化）对出生婴儿性别比的影响

1984 年，James 发现春夏季节当食物丰盛的时候，男婴出生的比例为大。[1] 1986 年 Clutton Brock 发现[2]，怀孕母亲热量摄食量、营养好坏可直接影响受精卵的发育状态，进而决定子代性别。弱的、不成熟的受精卵经常发育成雄性，而营养好的、成熟的受精卵经常发育成雌性，哺乳动物大都如此。[3] 但是，Clutton Brock 研究了每人热量供应和出生人口性别比的关系，发现完全不同的规律。他发现孕妇的体重与婴儿重量有关，婴儿重量与婴儿性别有关，孕妇体重与孕妇营养，尤其是热量摄食量密切相关。[4] 孕妇热量摄食量高、营养条件好，则孕妇的体重重，胎儿重量重，生育男婴的可能性大。1992 年 Williams[5] 计算了 1976—1977 年 60 个国家人均热量摄食量与 1977 年出生性别比的相关关系（ r=0.140），相关关系不显著；1979—1980 年 58 个国家人均热量摄食量与 1980 年出生人口性别比的相关关系（ r=0.365, p<0.01），相关关系显著；1982—1984 年 46 个国家人均热量摄食量与 1984 年出生人口性别比的相关关系（ r=0.369, p<0.01），相关关系显著；世界 49 个国家人均热量摄食量年际变量与出生性别比年际变量的关系（ r=0.524, p<0.01）。其中，1975—1980 年 222 个国家的人均热量摄食量来源于 1983 年世界银行出版的"World Table"，1967—1986 年男女出生婴儿数源于 1986 年联合国人口年鉴。研究中仅考虑出生人数超过 600 人、人均热量摄食量 3 年变化小于 5% 的国家。综合上述，大部分情况下该统计关系是成立的，即若人均热量摄食量高，出生性别比高，生育男孩可能性大。

中国民间传统认为"酸男碱女"，但是存在两种不同的解释：其一，若想生男婴，男性应适当多吃些酸性食物，而女性则应多吃一些

---

① James, W. H., 1984. Seasonality in the sex ratio of U. S. blak births. Ann. Hum. Biol. 11:67 – 69.

② Clutton-Brock T. H. 1986. Sex ratio variation in Birds. Ibis 128:317 – 329.

③ Clutton-Brock T. H., and G. R. Iason. 1986. Sex ratio variation in mammals, Quart. Rev. Biol. 61:339 – 374.

④ 当然，动物和人很多方面是不一样的，如小鳄鱼和小乌龟的雌雄取决于它们的卵（蛋）孵化时的温度。

⑤ Williams R. J., Gloster S. P. Human Sex ratio as it relates to caloric availability. Soc Biol 1992;39:285 – 291.

碱性的食物;其二,父母喜酸性饮食宜生男孩,经常用碱性饮食宜生女孩。比较多的是第二种解释,若经常食用蔬菜、甜食、水果、豆制品、牛奶和奶制品多的,身体呈现弱碱性,生女婴的可能性大一些,而若日常食用酸性食物,如肉类、鱼、禽、蛋、米麦类制品、罐头、玉米、蛋白、酸味水果、巧克力、饮料,身体呈现弱酸性,生男婴的可能性大一些,即出生人口性别比与饮食有关①,通过一段时间的饮食调理,创造有利于含 Y 染色体的精子与卵细胞结合的环境。需要提醒的是,长期只摄入酸性或碱性食物,都会使身体处于亚健康状态,所以仍要注意营养均衡,只需适当偏向即可。这样或许可以解释西方人、富人为什么生女孩多,东方人、穷人为什么生男孩多,同样也解释了我国西藏、内蒙古、新疆等地少数民族为什么生女孩多,而我国东部汉族人口大多生男孩。那么,是否尿酸高、嘌呤高的妇女生育男婴多? 显然,进一步需要医学证据。

(二)父亲的职业对出生婴儿性别比的影响

男性的职业若是长时间开车的司机(例如出租车司机、货车司机)、空服员或飞行员、麻醉科医师,久坐的、长期处于电脑辐射的办公室从业人员等,生女孩的几率都特别高。那是因为睾丸受到高温、气压或辐射的强烈变化,或是吸入过多有毒的麻醉气体,导致生命力较不强韧的 Y 精子先行死掉,造成生女孩的机会特别多。丹麦心理学家研究表明,男性长期受到精神压力也会使精子数目减少,不利 Y 精子存活,生女孩的机会增加。若女性工作紧张、压力太大会产生强烈的碱性环境,怀孕多为女孩,这也解释了为什么在移民中女婴比例较高。

1950 年 1 月 1 日到 1989 年 9 月 30 日在英格兰西北部 Cunbria 地区

---

①　下面是一些日常食物的酸碱性分类:强酸性:蛋黄、奶酪、白糖、西点、柿子、乌鱼子、柴鱼、牛肉、猪肉、鸡肉、金枪鱼、牡蛎、比目鱼、奶酪、米、麦、面包、酒类、花生、薄肠、糖、饼干;中酸性:火腿、鸡肉、鲔鱼、猪肉、鳗鱼、牛肉、面包、小麦、奶油、马肉等;弱酸性:白米、花生、啤酒、油炸豆腐、海苔、文蛤、章鱼、泥鳅、鸡蛋、龙虾、鱿鱼、荞麦、豌豆、鳗鱼、河鱼、巧克力、葱、空心粉等。弱碱性:红豆、萝卜、苹果、甘蓝菜、洋葱、豆腐、马铃薯、卷心菜、笋、香菇类、油菜、南瓜、豆腐、苹果、梨、香蕉、樱桃等;中碱性:萝卜干、大豆、胡萝卜、番茄、橘子、番瓜、草莓、蛋白、梅干、柠檬、菠菜;强碱性:葡萄、茶叶、葡萄酒、海带、天然绿藻类、牛乳、茶、柿子、黄瓜、柑橘类、芋头、无花果、葡萄干等。

共出生了263949个活产婴儿,1997年作者研究了253433活产婴儿的性别比与其父亲367种职业的关系。[1] 分析发现,其中14种(4%)职业 x^2 检验的P值小于0.05,表示有显著性意义,若删除了婴儿样本少于100人的4种职业后可见,装配工、流水线工人和农工、农民、农业机械工人喜好男孩;而清洁工、家政服务和公共汽车、电车驾驶员则喜好女孩(表4—3)。1985年McDowall利用1931年、1978年、1980—1982年资料发现[2],有些职业对应出生性别比偏高(生男多),如废品收购商、装配工、流水线工人、机械工程师、街道清扫、环境清洁工;而有些职业对应人口性别比偏低(生女多),如家政服务、机械操作员、专职驾驶员、管道工、加热、通气工程师。McDowall对比1931年17种父亲的职业、1978年26种父亲的职业,分析职业是否会造成出生人口性别比的异常。分析发现,职业与出生性别比的统计关系能够通过显著性检验的很少,或者说,很少有职业能够持续稳定地影响出生性别比。

表4—3　不同父亲职业与出生婴儿性别比的关系

职业编码	父亲职业	出生婴儿	性别比	x^2 检验 P 值
851	装配工、流水线工人	168	147.1	0.034
902	农工、农民、农业机械工人	389	132.9	0.024
733	废品收购商、废金属	474	126.8	0.047
300	实验室技术员	973	123.7	0.014
211	机械工程师	1504	122.5	0.004
581	屠夫、肉店商人	1375	119.3	0.024
532	管道工、加热、通气工程师	3696	97.3	0.013
899	其他设备和机械操作员	2005	96.5	0.039
873	公共汽车、电车驾驶员	1669	94.1	0.018
958	清洁工、家政服务	298	82.8	0.036

资料来源:DickinsonH,Parker L.,Sex ratio in relation to fathers' occupation. Occup Environ Med 1997;52:869。

---

[1] Dickinson H.,Parker L.,Sex ratio in relation to fathers' occupation. Occup Environ Med 1997;52:868-872.

[2] McDowall Me. Occupational Reproductive epidemiology, studies of medical and Population subjects, London:Her Majesty's Stationary Office, Office of Population Censuses and Survey, 1985:50.

分析认为,男性的职业若是长时间开车的司机、飞行员、潜水员等心理压力大的职业,以及长期电脑辐射等都将严重影响 Y 精子的活力,生女孩的几率比较高。这是因为睾丸受到高温、气压或水压的强烈变化,导致生命力弱的 Y 精子先行死掉。而女性的职业若从事工程师或会计之类的男性化职业,则生育男婴概率增加,如果从事教师或护士等女性化职业,那么生育女婴可能性大。当然,这仅是一种未得到证实的说法。

(三)其他影响

国外研究表明①,若父母都是吸烟者,且在受孕期间继续吸烟,他们生男孩的几率会下降近一半。父母吸烟可能把男性胎儿"扼杀"在子宫中。若仅是父亲抽烟,那些生活在吸烟环境中的被动吸烟者,出生女孩比例高。吸烟使母亲的机体出现某种变化,如雌激素分泌减少、子宫病变等,而男性精子中对生男孩有决定性作用的 Y 染色体对这种变化十分敏感,会受到"伤害",怀上男婴的机会就会降低。② 因此,想生男婴,应注意劳逸结合,养精蓄锐,避免过度疲劳,创造有利于 Y 精子与卵子结合的微碱性环境,提高男性 Y 染色体精子的活力,从而达到提高生男孩几率的目的。要生女婴,可适当增加活动量,包括熬夜、烟酒应酬。

国外研究还发现,母亲在家的权威程度③等都与出生性别比有关。父亲年龄偏高则男婴出生比例低,而男婴出生比例随母亲年龄变化不明显④;在战争中、战争结束后,出生性别比高⑤;父亲心理压力强时,生育男婴比例低⑥;夫妻性生活频繁时,生育男婴比例

---

① Fukuda M., Fukuda K., Shimizu T. Parental Periconceptional smoking and male：female ratio of newborn infants. Lancet 2002；359：1407－1408.

② 《备孕须知:八种状态下最易生女儿》,2011 年 3 月 22 日凤凰网,http://baby. ifeng. com/haoyun/beiyun/detail_2011_03/22/5289892_2. shtml。

③ Grant V. J., Yang S. Achieving women and declining sex ratios. Hum Biol 2003；75：917－927.

④ James, W. H., and J. Rostron,1985. Parental age, Parity, and Sex Ratio in Births in England and Wales 1968—1977, J. Biosoc. Sci. 17：47－56.

⑤ MacMahon, B., and T. F. Pugh. 1954. Sex ratio of white births during the Second World War Amer. J. Hun. Genet. 6：284－292.

⑥ Little, B. B., C. H. Rigsby, and L. R. Little. 1987. Pilot and Astronaut offspring：possible G-Force effects on human sex ratio. Aviation, Space, Environ. Med. 58：707－709.

高。[1] 生育胎次增加,或者多胎生育中男婴比例低。印度调查表明,第2孩的出生性别与婴儿母亲文化程度有关,母亲文化程度较高,有更多的知识和技能生育男婴;而与宗教信仰没有显著性关系,孩子性别比随不同宗教变化很少。显然,这些问题随民族、时间而异。

第三节　我国意愿生育性别比的调查研究

我国人口学界十分重视对于意愿生育性别偏好的研究,政府和专家曾进行过多次大型调查。如果我们了解了哪些特定的人群有性别偏好,在什么情况下容易产生性别偏好,那么,就能有的放矢地纠正生育性别偏好,减低我国出生性别比。下面仅介绍几次近期由国家人口和计划生育委员会举行的大型调查。

一、2003 年意愿生育性别比调查结果

2003 年国家人口和计划生育委员会对当前农村人口生育意愿和意愿生育性别比进行了专项调查[2],其结果如下。

1. 男性更愿意生养男孩。全国农村居民意愿生育性别比为 121.7,与实际情况十分相符。其中农村男、女性居民意愿生育性别比分别为126.6、116.4,男性更愿意生养男孩。

2. 高学历者似乎更愿意要男孩。小学以下文化程度、初中、高中以上文化程度人们的意愿生育性别比分别为 121.4、121.7、122.1,即高学历的更愿意要男孩,但不同文化程度之间对愿意生育性别影响不大,统计意义不显著。

3. 经济收入高的人群更愿意要男孩。年经济收入 0.3 万元及其以下、0.3—0.5 万元、0.5—1.0 万元、1 万元以上经济收入人群的意愿生育

---

① James, W. H., 1987. The human sex ratio. Part 2; A hypothesis and a program of research. Hum. Biol. 59:873－900.

② 莫丽霞:《当前我国农村居民的生育意愿与性别偏好研究》,《人口研究》2005 年第2 期。

性别比分别是 119.8、120.9、120.8、121.9,即经济收入高的人群更愿意要男孩,但不同年经济收入对愿意生育性别比影响也似乎不大,统计意义不显著。

4. 不同生育目的的人群对子女性别比的期望不同。以传宗接代、养老送终、情感寄托、义务责任、天经地义为生育目的的人群,意愿生育性别比分别是 153.6、128.6、91.1、99.6、112.9。皮尔逊 X^2 计算值为 21.1,显著性水平为 0.002,统计意义十分显著。即以传宗接代和养老送终为生育目的的人群,喜好男孩;以情感寄托和义务责任为生育目的的人群,喜好女孩。

5. 希望生育一孩、二孩、多孩夫妇的意愿生育性别比分别是 159.2、106.6、125.4,显然适当提高生育二孩的比例,有利于降低出生人口性别比。皮尔逊 X^2 计算值为 13.5,显著性水平为 0.005,统计意义十分显著。

由此可见,被调查人群的性别、生育目的和希望生育子女数对意愿生育性别比可能影响较大。

二、2005 年已婚育龄妇女调查结果

2005 年 6 月,国家人口计生委对北京、河北、吉林、江苏、山东、河南、湖北、广东、四川、云南和甘肃等 11 个省市 109 个县市区 117 个乡镇计划生育技术服务站的 100761 个育龄妇女,进行宫内节育器避孕效果调查,调查对象是 2000—2005 年使用 IUD 的已婚育龄妇女,内容包括育龄妇女的希望生育子女数和意愿生育子女性别基本问题。通过该资料,可研究我国妇女的生育现状和生育意愿。

本次调查表明,大部分妇女(80.1%)对子女性别持无所谓的态度,其中包括喜欢 1 男 1 女,2 男 2 女,要 3 孩,或者不要小孩;有 12.2% 的妇女喜欢男孩,而有 7.6% 的妇女喜欢生育女孩。如仅考虑喜男与喜女两个数量之比,喜男与喜女人数之比高达 159.9。2005 年年中我国平均每个育龄妇女实际生育 1.16 个孩子,包括 0.53 个女孩。仅生育 1 个孩子的妇女(独生子女家庭)84555 人,占参加调查妇女的 83.9%(其中独男户比例 49.3% 比独女户比例 34.6% 高近 15 个百分点);生育 1 男 1 女的妇女占 9.1%;生育 2 女、2 男的妇女分别占调查总数的 4.1%、2.3%,生育 3 个及其以上多孩的妇女为调查总数的 0.4%。妇女意愿生育性别比

低于目前登记的出生人口性别比。

1. 妇女年龄与意愿生育性别。2005 年平均每个妇女希望生育男孩 0.55 人、女孩 0.51 人,对子女性别无所谓的 0.48 个,平均每个妇女希望生育 1.56 个孩子。统计表明,妇女年龄与意愿生育性别比高度相关,可信程度为 100%(表 4—4)。调查发现,妇女的年龄越低,生育男性的意愿越高,反之亦然。24 岁以下妇女意愿生育性别比为 111.2,25—29 岁妇女意愿生育性别比为 107.6,30—34 岁、35—39 岁意愿性别比迅速降为正常,大致为 104、101。可能是未育年轻妇女表达了真实的生育意愿,年龄大和已生育过的妇女,则不然。

表 4—4　被调查妇女年龄与意愿生育孩子数量和性别

希望子女	24 岁以下	25—29 岁	30—34 岁	35 岁以上	合计
调查妇女人数	9239	43549	28541	19374	100703
希望生育男孩	7299	33535	21114	13709	75656
希望生育女孩	6564	31155	20229	13625	71572
意愿生育性别比	111.2	107.6	104.4	100.6	105.7

注:希望生育男女孩的皮尔逊 X^2 计算值为 35.37,自由度为 3,显著性水平为 0.000。

2. 妇女受教育程度与意愿性别比。希望生育一男一女的妇女比例占调查总数的 42.5%,不要子女的妇女占 1.1%,希望生育一男、一女孩的分别占 11.3%、6.4%,希望生育 3 孩及其以上的妇女仅占调查妇女总数的 1.3%。如果仅能生育 1 孩,则愿意生育男孩的妇女比愿意生育女孩的妇女多 75.7%。调查同时表明(表 4—5),文化程度越低,希望子女数就越多,高中文化程度的妇女希望子女数为最低 1.41 个,而文盲半文盲希望子女数最高为 1.70 个;类似,文化程度越低,意愿生育性别比越高,文盲半文盲最高为 111.3。

表 4—5　被调查妇女受教育程度与意愿生育孩子数量和性别

	文盲、半文盲	小学	初中	高中	大专以上	合计
调查妇女数	5423	24665	56204	10640	3815	100747
希望男孩	4362	19728	42585	7468	2723	77041
希望女孩	4857	21216	44531	7534	2808	81132

	文盲、半文盲	小学	初中	高中	大专以上	合计
希望子女数	1.70	1.66	1.55	1.41	1.45	1.57
意愿性别比	111.33	107.54	104.57	100.88	103.12	105.31

注:希望生育男女孩的皮尔逊 X^2 计算值为20.21,自由度为4,显著性水平为0.000。

3. 民族与意愿性别比。受汉族妇女生育观念的影响,近年来少数民族妇女的生育观念发生了很大变化。调查表明,少数民族妇女希望生育子女的数量比汉族妇女高(1.79,1.56),意愿生育性别比较汉族妇女低3个百分点(102.54,105.42)(表4—6)。实际上,少数民族妇女受儒家文化影响比较少,有些民族没有继承父姓的传统,对女孩的歧视相对较小;其次,少数民族生育政策仍比较宽松;此外,就客观条件分析,我国西部大多数少数民族生活相对贫困,生存条件差,B超机器少。然而事过境迁,2005年1%全国人口抽样调查资料分析发现,受汉族生育观念及生育政策的影响,一些少数民族随着出生子女数量的下降、大量B超引进,出生性别比也超过了正常范围。

表4—6　不同被调查妇女的民族与意愿生育孩子数量和性别

	汉族	少数民族	合计
调查人数	97225	3469	100694
希望生育男孩数	72987	2658	75644
希望生育女孩数	68982	2580	71561
希望生育子女数	1.58	1.81	1.59
意愿生育性别比	105.8	103.0	105.7

注:希望男女孩的皮尔逊 X^2 计算值为1.07,自由度为1,显著性水平大于0.25,差异不显著。

4. 妇女职业与意愿性别比。各种职业妇女的希望子女数和意愿生育性别比是不同的。农民希望子女最多、意愿生育性别比高;从事家务劳动的妇女希望子女次多、意愿生育性别比最高(表4—7);而女性工人、服务员、农民工希望生育子女较少。这说明农村妇女外出打工,提高妇女就业率有利于妇女生育观念的转变。值得指出的是,农民和农民工生育观念差异较大,希望生育1男1女的比例,农民为45.7%,而农民工仅为

34.3%;农民工希望生育女孩的比例高于农民的比例,而农民工希望生育男孩的比例低于农民的比例。即农民工的意愿生育性别比要明显低于农民的意愿生育性别比,这可能是入城后农民工的社会经济地位的改变,促使他们改变了所受的传统文化。

表4—7 被调查妇女职业与希望子女性别和子女数量 (单位:人)

	农民	农民工	工人	家务	服务业人员	机关企事业干部	技术人员	其他	合计	%
3孩以上	906	67	99	145	41	30	12	35	1335	1.32
2女孩	774	43	38	108	27	9	5	15	1019	1.01
1女孩	3382	682	613	835	372	292	130	152	6458	6.41
1女1无性别	148	5	29	28	8	3	4	2	227	0.23
1男1女	28792	2919	2272	5134	1226	1243	456	754	42796	42.47
0孩	514	95	89	232	97	30	25	41	1123	1.11
1孩无性别	12556	2849	3125	2916	1284	1009	428	628	24795	24.61
2孩无性别	7354	681	638	1216	323	205	83	202	10702	10.62
1男1无性别	303	40	43	29	11	8	7	3	444	0.44
1男孩	6784	716	827	1806	499	358	138	222	11350	11.26
2男孩	368	28	24	68	9	3	4	4	508	0.50
合计	61881	8125	7797	12517	3897	3190	1292	2058	100757	100
%	61.42	8.06	7.74	12.42	3.87	3.17	1.28	2.04	100	
希望男孩数	49059	5911	5359	9128	2700	2315	919	1508	76899	
希望女孩数	51807	5952	5557	10023	2795	2375	928	1558	80994	
希望子女数	1.63	1.46	1.40	1.53	1.41	1.47	1.43	1.49	1.57	
意愿性别比	105.6	100.7	103.7	109.8	103.5	102.6	101.0	103.3	105.3	

注:皮尔逊 X^2 计算值为3815.45,自由度为70,显著性水平为0.000。

希望生育男女孩的皮尔逊 X^2 计算值为17.41,自由度为7,显著性水平为0.025。

5. 劳动强度与意愿性别比。劳动强度与生育意愿的关系表明(表

4—8），脑力劳动者希望子女数为最小，为1.45人；重体力劳动和家务劳动的妇女晚年生活无保障，希望生育子女数最多，分别为1.70、1.54；而从事轻体力劳动的妇女希望孩子为1.58。从事重体力劳动、家务劳动的妇女意愿生育性别比高（喜欢男孩），而从事脑力劳动的妇女意愿生育性别比低（喜欢女孩），仅为102。这说明希望子女数和意愿生育性别比与社会发展、人们晚年的社会保障程度密切相关。

表4—8　　被调查妇女劳动强度与意愿生育孩子数量和性别

	家务劳动	脑力劳动	轻体力劳动	重体力劳动	合计	%
3孩以上	322	53	743	217	1335	1.33
2女孩	300	19	562	138	1019	1.01
1女孩	2202	535	3309	409	6455	6.41
1女1无性别	50	15	126	36	227	0.23
1男1女	13323	2189	23185	4088	42785	42.47
0孩	420	77	548	78	1123	1.11
1孩无性别	7929	1955	13413	1496	24793	24.61
2孩无性别	2612	425	5955	1708	10700	10.62
1男1无性别	102	16	253	73	444	0.44
1男孩	3777	643	5980	948	11348	11.26
2男孩	168	6	248	86	508	0.50
合计	31205	5933	54322	9277	100737	100.00
%	30.98	5.89	53.92	9.21	100.00	
希望子女数	1.54	1.45	1.58	1.70	1.57	
意愿性别比	105.85	101.94	105.20	106.17	105.31	

注：皮尔逊 X^2 计算值为1722.32，自由度为30，显著性水平为0.000。

　　出生性别比的显著性检验得到，皮尔逊 X^2 计算值为0.1178，无显著性差异。希望生育男女数也未能通过皮尔逊 X^2 检验，X^2 计算值为2.87。

　　6. 初婚时间与意愿性别比与历年调查不同，2005年调查发现初婚时间长短似乎与希望生育子女数多寡无关，而与意愿生育子女性别比有关。初婚5年内和结婚25年以上的妇女意愿生育子女性别比都偏高（在106以上，喜男孩），而结婚5—24年的妇女意愿生育子女性别比相对偏低。

　　实际孩子与意愿生育子女数比较发现表明，54.8%的妇女对目前生育子女数量比较满意,2.9%的妇女愿意比现在少生育一些孩子,而42.3%的妇女愿意比现在更多生育一些孩子,后者绝大多数的妇女(98.4%)愿意多生育一孩。但如果生育政策调整,这些妇女希望子女数可能仍有一些增加。就犹如人民币对美元的升值,会使人产生一种预期或错觉,期望人民币对美元的进一步升值。而这种期望就像人的欲望一样,往往是无底的。

调查同时表明,已有子女数与意愿生育性别比是有关系的,2005年调查的10万妇女中,而无子女妇女的意愿生育性别比为104.5,最接近平均值;已有一孩妇女的意愿生育性别比最高(喜男孩),为107.8;已有二孩妇女的意愿生育性别比最低(喜女孩),为95.6;已有三孩妇女的意愿生育性别比又趋于平均值,为99.6。这和实际情况十分接近。

表4—9 已有子女数与意愿生育性别比

已有子女数	0	1	2	3	合计
调查样本量	164	84555	15610	432	100761
希望生男孩	110	61036	15163	467	77055
希望生女孩	115	65797	14496	466	81139
希望子女数	1.37	1.50	1.90	2.16	1.57
意愿性别比	104.5	107.8	95.6	99.6	105.3

注:意愿生育男女孩数的皮尔逊 X^2 计算值为87.43,自由度为3,显著性水平为0.000。

当然,希望生育子女数和意愿性别比在学术界本身尚有争议。首先,其信度较低。间隔很近的两次调查,调查环境不一样结果差异可能很大。其次,希望生育子女数和意愿性别比受生育政策、生育的社会环境影响十分大。一旦生育政策改变,周围邻居、同事生育数量上升、男孩多了以后,自己的希望生育子女数和意愿性别比很快也随之发生变化。再次,若对同一批人进行类似问题调查多次,容易滋长不耐烦的情绪,少数被调查人员容易顺着调查人员的意志说官话、大话、假话和套话,以迎合调查人员的需求。

2005年春,笔者有幸随某旅游团游览三峡、参观四川省丰都鬼城,在鬼城中有一片空旷地,导游介绍这是下一辈子投生的性别选择地,想为男性的走左边,下一辈想投女性者请走右边。没有人号召、没有人强迫,也没有人引导,所有旅游者几乎都是相互不认识。但全队数百号人,不管老的还是少的、也不管男的还是女的,90%以上的人群走了左边,即下一辈子愿意投生于男性,笔者连续观察了几批次都是如此。中国人对于性别的选择和偏好程度竟如此地一致,在这种情况下出现出生性别比失常是顺理成章的事。我国经历了长时期的农耕社会,形成的对男孩的偏好不能在短时间消除。

我国是个法制国家,但是在基层很多问题不能靠法律,而是靠道德和良心解决,少数地方甚至靠拳头、靠武力。有些人关心的是儿子数量,女儿数量再多恐怕也难以抵上一个儿子。"家有三儿,抵上派出所所长。"儿子多,在乡村势力强,不受他人欺负,甚至可称霸一方,高出生性别比后面隐藏我国法制的不健全。儿子代表着后裔、血统、血脉,代表着延续的根,没有儿子被认为是断子绝孙,甚至被认为是上辈子做了缺德事而断根。而女儿代表着无形的水,替丈夫家寄养的人,或丈夫家的生育机器。在中国,没有儿子的家庭所受到的社会压力是很大的,这不仅是有形的财产、基因或姓氏继承问题,而且是无形的家庭圈缩小,本人和家族在社会上的消退。因此,更重要的是通过儿孙来"表现"自己的品行、道德、作为和成就,"断子绝孙"是中国民间最毒的咒骂语言。中国有名家庭——孔家、孟家、皇家等有着数千年的家谱记录,但无一例外家谱仅记载着男性,女性作为妻子才予记录。完全破除重男轻女的传统文化不是短短几年能够完成的。

第四节　小　结

国外家庭和妇女是否对孩子有性别比偏好?为何他们就没有出现出生性别比失常问题?实际上,古希腊、古罗马时代也存在着严重的重男轻女思想。古罗马人信仰多神教而且崇拜祖先,他们认为,家族的最大灾害与不幸是"无后",如不生育男孩,就不能使家族世系和财产得以继承,而被视为不幸。[1] 如 Coulangers 指出的,在古罗马社会中,"个人不属于他

---

[1]　齐晓安:《西方生育文化发展研究》,《人口学刊》2006 年第 2 期。

自己,而属于他的家庭,他只是一排人中的一个环节,而这一排绝不可以在他那里停止。人不是偶然出生的,而是为了家族崇拜而被诞生的"①。为了使家族世系和财产延续下去,人们希望生男孩。男孩成年时要举行重大庆祝活动。直到文艺复兴时代,传统婚育观念才逐渐被现代婚育观念所取代。

今天,西方家庭观念、婚姻观念的开放性,生育成为人们自愿行为,西方社会妇女更加追求个性、个人价值,注重为自己、为自由、快乐而真实地生活,而不是为"家族"、为"家庭"而生活。因此,西方社会的生育多元化,受道德、政策、强制性因素干扰较少。1975 年 30 岁以下的已婚妇女中有 80% 未生育过孩子,同时早婚早育、未婚先育也比较普遍。其次,人工流引产在大多数西方国家内是非法的,大月份人工引产是严格禁止的,谁也不敢去冒此风险去进行性别选择。再次,西方国家服务业十分发达,妇女就业机会相对偏多。西方国家生育孩子的数量不受政府控制,只要个人有经济能力,可以生育足够多的孩子,因此也有足够的机会选择孩子的性别。这些就是国外妇女意愿生育性别比高而实际生育性别比正常的主要原因。

美国前任总统克林顿仅有 1 个女儿、上任总统布什仅有 2 个女孩、现任总统奥巴马也仅有 2 个女孩,首任总统华盛顿根本就没有直接生育子女,但并不影响总统本人的声誉,也不影响他们家族的盛衰。按照中国某些人的看法他们都将绝后,大不孝而无脸面见祖宗,这实际上真实地反映了美国人的生育观和世界观——对于生育子女数量和性别的选择,那就是尊重现在、而不是不确定的将来,尊重个性发展、而不是不确定的家族利益,慎待生命哪怕仅仅是胎儿或者是动物。

本章研究了 2003 年、2005 年我国妇女意愿生育子女性别比,分析表明,城镇妇女意愿生育性别比偏高(生男意愿强),男性居民意愿生育性别比高于妇女,年轻妇女意愿生育性别比高于年龄大的妇女,汉族妇女意愿生育性别比高于少数民族妇女,农民、从事重体力劳动妇女和从事家务劳动妇女的意愿生育性别比高于其他妇女。而妇女经济情况、受教育程

① [奥地利]雷立柏:《古希腊罗马与基督宗教》,社会科学文献出版社 2002 年版,第113 页。

度对意愿生育性别比的影响调查结果尚有争议。体力劳动强度似乎与意愿生育性别偏好有关,劳动强度大的人们生男孩的可能性较大,而从事脑力劳动的人们生女孩的可能性较大。

国外研究发现,意愿生育性别偏好受婴儿母亲生育年龄的影响、受胎次孩次的影响、受育龄夫妇对子女性别主观偏好的影响;而出生人口性别比较少受家庭经济收入水平、城市化水平的影响,较少受育龄夫妇社会地位的影响,较少受育龄夫妇文化程度的影响,较少受宗教信仰的影响;意愿生育性别几乎不受时间的变化,不受家庭所在社区经纬度地理、地形高度的影响,不受家庭所在社区天气气候的影响。

然而,注意到生育性别意愿调查,调查的是人们思想观念,调查的性质决定了这是一种信度较低的社会测量手段。所谓社会测量的信度是指运用相同的测量手段重复测量同一对象时所得前后结果的一致程度。人们的思想观念及生育性别意愿多变,在不同的社会背景、不同场合、不同身份、经历不同的事件,会产生不同的生育性别偏好,所以调查样本要有一定的数量要求,而且分类研究中,每个类型也必须有一定的数量要求。只有这样,才能去除偶然性,呈现出“人的生育观念”和“人所处社会经济环境”的若干规律。

那么,影响妇女意愿生育性别偏好的因素,是否也是影响出生人口性别比的主要因素呢?在下面相应章节中,我们将讨论影响出生人口性别比的各种因素和影响途径,具体包括文化、经济、妇女社会地位、生育水平等因素,并且采用家庭规模、产业人口比例、非义务教育男女比例差异、妇女总生育率等为代表性指标。

第四章　出生性别比资料来源及可靠性研究

探索出生人口性别比的影响因素,首先要弄清数据的可靠性、数据的来源。出生性别比的数据来源不同于人口计划生育领域其余数据,其来源多、涉及面广、而对数据要求高。因此,对于人口统计数据的质疑一直在持续。

20世纪90年代学术界普遍认为,我国出生性别比高出正常值的50%—70%是由女婴漏报和瞒报造成的①②。21世纪初,学术界认为,出生性别比偏高是产前性别鉴定和性别选择终止妊娠为主因,漏报等因素也有一定的影响。这似乎"盖棺定论",可以从存疑到求解了。③ 然而,2007年有人认为,"我国实际的出生性别比至少要比2000年普查的出生性别比低7个百分点","2000年普查的出生性别比偏高部分中有70%左右是女婴漏报所致的"。④ 并由此推出2000年普查中国实际出生性别比不是119而应该是在110以下。2009年进而发现⑤,2000年0岁组出生性别比资料明显偏低,普查人员少报出生男性,同时1—4岁组出生性别比资料明显偏高,居民少报出生女孩。

数据误差大的后果之一,就是我国出生人口数量不清,出生性别比偏高情况真假不明。如果出生性别比偏高"虚假的",是由于户口管理、计

---

①　涂平:《我国出生婴儿性别比问题探讨》,《人口研究》1993年第1期。

②　曾毅、顾宝昌、涂平等:《我国近年来出生性别比升高原因及其后果分析》,《人口与经济》1993年第1期。

③　杨云彦:《中国出生人口性别比:从存疑到求解》,《人口研究》2006年第1期。

④　陈卫、翟振武:《1990年代中国出生性别比:究竟有多高?》,《人口研究》2007年第1期。

⑤　翟振武、杨凡:《中国出生性别比水平与数据质量研究》,《人口学刊》2009年第4期。

划生育罚款、统计技术等因素造成女婴大量漏报、瞒报。这部分女性婴儿事实上已经存活于世，只是在人口普查统计中没有被反映出来，她们会在离调查时点较远的时间点逐渐显现。如果出生性别比偏高"真实的"，是由于女婴死亡率偏高或产前性别鉴定和性别选择引产的缘故，造成女婴少于男婴，即实际出生的男性婴儿的确比女性婴儿多。那么就必须正视这些"出生性别比偏高"问题，寻找对策。

我国每年的出生人口、死亡人口数是按照人口抽样调查推算，然后根据普查资料进行订正。具体是全国（尾数非 0、5 年）每年抽取 1‰的样本，使用这些资料根据调查的出生和死亡人数，由此推算出全国总人口及出生率、死亡率，发表在历年统计年鉴。由于抽样调查有误，一般要等待10 年一次的普查资料对出生率、死亡率资料进行订正。但是，普查资料既有漏报也有重报，本身也需要进行订正。2000 年人口普查中，仅 0—9岁年龄组估计漏报 3000—3400 万，同时 20—45 岁估计重报 1000 万人左右①，这些人口的构成不清，往下摊派到各省市区，成为"无结构人口"。因为这些人口的年龄性别结构无法进行修正，于是出现很多不合理，难以解释的逆转和中断性统计数据。如 1999 年全国及各地老年人口比例竟高于 2000 年比例，并不排斥少数部门为突出问题的严重性，修改数据，夸大问题的严重性。此时，若用人口普查数据推算或估计非普查年份数据或其他重要人口指标，缺乏坚实准确的对比基础。

第一节　出生性别比资料主要来源

出生人口性别比对于数据要求非常高，正常区间为 103—107，仅为 5个点，允许误差大致为 2—3 个点，4—5 个点就足以造成性别比异常，而统计抽样一般允许误差为上下 5%。北京大学人口研究所乔晓春认为②，统计抽样的允许误差 5%，出生子女数或居民至少应超过 3000 人或 30万，这实际上仅是抽样最低要求，普查数据则不受该条件限制。于是，

①　张为民：《对我国人口统计数据质量的几点认识》，《人口研究》2008 年第 5 期。

②　乔晓春：《关于出生性别比的统计推断问题》，《中国人口科学》2006 年第 6 期。

出生数量少的地区,比如 2005 年 1% 人口抽样调查中,有北京、天津、上海、内蒙古、吉林、海南、云南、西藏、宁夏、青海 10 省;再如该年 23 个省的分市镇乡出生性别比不能满足该项要求,原则上不能计算出生性别比,但实际工作中又要使用该指标,于是这就形成了出生性别比数据误差不一,或者数据失实现象。

一、统计部门数据

按照相关文件规定,当数据资料对外申报,以国家统计局资料为准。大多数出生性别比来源于人口普查资料,普查资料 10 年一次,间隔时间太长,以至于 1990 年就发生的出生性别比偏高现象(实际上,安徽等局部发生时间更早),专家为出生女婴偏少是"漏报还是被引流产所致"争论了 10 年才有基本结论。

统计数据的失实源于客观和主观两个方面。从客观角度来讲,除了人口普查资料之外,我国还有每年一次的 1‰ 人口抽样调查和每 5 年一次的 1% 小普查,由于抽取样本过少,仅能说明国家层面、少数省级层面的出生性别比,无法解释省以下地市县的出生性别比。例如,2005 年我国 1% 人口抽样实际抽取 161109 婴儿进行调查(很多地方未能抽取 1% 的样本而没有完成任务)①,其中有 10 个省区直辖市出生人口低于 3000 人,这样的抽样偶然性仍很大,难以估计省辖各地区、各省分市镇乡、各省分孩次的出生性别比情况。尾数非 5 非 0 年需抽取 1‰ 样本,但 2007 年全国实际抽取 0.9‰ 的样本,调查了 2006 年 11 月 1 日到 2007 年 10 月 31 日出生婴儿 12169 人。就是抽那么多样本,也没有完全按照随机的原则组织调查——往往是问题严重或社会经济条件好的地区抽取样本比较多。而从主观角度来讲,统计局数据虽可检测到出生性别比的变化,但需要大量的人力物力,在没有获得地方大量财力支持,及调查人员"趋利避害"心理作用下,抽样比"缩水或打折"——没有抽取足够多的样本;以及抽样对象被"调包"——不是按原来严格的随机抽样原则进行,而是由经济落后地区换成经济发达地区、由大的抽样地区换成小的抽样单位、由边远地区换成交通方便的地区、由调查

---

① 国家人口计生委关爱女孩行动办公室专家组:《2005 年分省(区、市)出生性别比升高态势研究报告》,《人口与计划生育》2007 年第 11 期。

难度大的地区或样本被换成调查难度小的地区或样本。

实际调查资料中,有时是男性调查数据少、年轻人调查数据少、贫困地区调查数据少,而被调查的老年小孩人数多,有闲、无利害关系的被调查人数多,由此产生调查数据的严重失真或偏差。

二、人口计生委数据

国家、省、市、县各级人口和计划生育部门机构网络健全,他们全程管理、记录、跟踪、服务于各地妇女的怀孕过程和生育健康,似乎最清楚出生子女的性别分布情况,其数据应该具有较高的准确性,实际则不然。由于体制和制度上的缺陷,省市人口计生委人手很少,且以宣传、服务和管理为主,并不直接掌握本地出生人口确切数量,更不清楚分性别婴儿人数。对此,人口计生委营造自己的全员数据库和育龄妇女数据库以及时了解居民的最新信息,但是这和公安系统数据库高度重合,数据库的建立和更新都需要花费大量的人力、物力和财力,加大了基层工作压力。作为出生性别比的主要考核单位,人口和计划生育委员会所承受的社会压力非常大,工作上基本上是一票否决。我国历年公布的出生人数和出生性别比都是由统计局通过每年一次的抽样调查推算出来的,出生人口和出生性别比资料上报是一回事,实际情况又是一回事。2005 年全国 1% 抽样调查数据表明全国出生性别比超过 120,而按照计划生育报表统计,全国出生人口性别比仅为 110,多数地区数字"正常"。[①] 其间客观差异就是大量的流动人口,现在人口流动性大,对孕妇登记和服务相对容易,计划生育服务对象的跟踪就十分困难,要想了解服务对象生育婴儿的确切性别则更难,现在就是公安局找人也不容易! 计生委要求妇女流入后 1 个月建立档案、3 个月进入计算机,实际难度大。

三、卫生部门数据

随着经济发展、医疗卫生事业的进步和出生数量的减少,医院和计划生育管理部门对于孕妇的检测、孕检面扩大,孕妇在医院分娩的比例越来

---

① 陈胜利、顾法明、蔡菲:《2005 年 1% 人口抽样调查对综合治理出生性别比工作的启示》,《人口研究》2008 年第 1 期。

越高,出生医学证明及时发放比例越来越高,尤其是在我国东部和中部地区,在医院分娩不仅可以降低母婴死亡率,而且可以减少婴儿先天性疾病。据2009年《中国卫生统计年鉴》记载,2007年、2008年我国产妇的住院分娩率已达91.7%、94.5%,而城市更是高达95.8%、97.5%,就是农村也为88.8%、92.3%。2008年我国产妇产前检查率、产妇的产后访视率也高达91.0%、87.0%(表5—1)。这说明我国新生儿出生医学证明发放基本是齐全的,新生婴儿性别资料基本也是齐全的。所以,我国最完整、最原始的出生性别比的资料应该来源于医院。遗憾的是,我国医院出生证明和住院分娩数据资料没有汇总、过程没有公开,同时也缺乏有效社会监督。

表5—1　我国妇幼保健情况　　　　　　(单位:%)

年份	住院分娩率			产前检查率	产后访视率
	总计	市	县		
1985	43.7	73.6	36.4	—	—
1990	50.6	74.2	46.0	—	—
1995	58.1	70.7	50.2	78.7	78.8
2000	72.9	84.9	65.2	89.4	86.2
2005	85.9	93.2	81.0	89.8	86.0
2006	88.4	94.1	84.6	89.7	85.7
2007	91.7	95.8	88.8	90.9	86.7
2008	94.5	97.5	92.3	91.0	87.0

资料来源:中国卫生统计年鉴(2009)。

　　我国卫生部门负责医院及卫生事业的管理,似乎应该有完善的出生性别人数及性别构成资料。卫生系统的资料也确实能很好地反映各地区出生人口性别比。而且因为是医院资料,可以排除女婴的虚报、漏报和瞒报。1987年国家卫生部就编辑发表《全国卫生统计年报资料》,各省相应出版了各省的《卫生统计年报资料》,但都是内部刊物。2002年卫生部刊物改名为《中国卫生统计年鉴》公开发行,2006年以后资料进行上网公布。然而,省级及其以下地区卫生统计资料仍对公众保密。《中国卫生统计年鉴》虽有出生人数及医院数据,但没有分性别进行统计汇总,直到2006年,卫生部才开始分性别统计和汇总出生人数。而省级及省以下资料一直属内部资料难以获得。为研究工作的需要,笔者曾持单位介绍信,去江苏省卫生厅某处协商,某负责人先是避而不见,后又提出要省人大、省政府介绍信方予接待或提供资料,否则绝不提供资料。由此可见,我国信息公开渠道不畅通,很多应该公开的数据资料没有及时公开,更谈不上接受社会监督。

当然,卫生部门资料仍存在着一些问题。2006 年以前卫生系统没有收集出生性别资料,当时认为男婴和女婴都是一样的生命,没有必要分开来统计。其后,由于很多农村和小集镇妇女在城市生育,出生性别资料的城乡分布不清。此外,卫生统计中包括了大量现住地妇女生育孩子数,即含有大量外地妇女在本地生育的婴儿;其二,部分在家出生的婴儿,难以获得出生医学证明和参加统计;其三,虚假信息的出现,婚外生育或计划外生育的妇女及家庭不愿提供真实的家庭背景信息,而从救死扶伤、人道主义的角度出发,医务部门又从不追查。但是,这些问题是可以逐步解决的。

四、公安户政数据

《中华人民共和国户口登记条例》第七条规定:"婴儿出生后一个月内,由户主、亲属、抚养人或者邻居向婴儿常住地户口登记机关申报出生登记;弃婴由收养人或者育婴机关向户口登记机关申报出生登记。"其中,婴儿常住地一般是指父亲或者母亲户籍所在地。计划生育部门将户口登记作为控制计划外生育的重要手段,一般不允许婴儿户籍的异地(出生地)申报。随着社会的发展,流动人口数量不断增加,不许异地出生登记的政策,使越来越多的婴儿无法申报户口。尤其在长三角、珠三角和环渤海湾地区,流入人口多,流动人口生育的婴儿数量多,由此造成出生性别比的登记严重失准,大多是偏高。

其次,出生登记不及时,虽有立法——规定孩子出生 30 天内进行有效登记,但执法不严,没有具体的处罚条文。西安交大调查发现①,城市儿童出生后 1 个月进行登记的仅为 20%,3 个月内进行登记的水平为 60%,1 岁内进行登记的比例为 74%。而在农村 717 个儿童出生登记调查中,有 43.6% 的儿童在出生 1 岁内登记,在 6 岁(入学前)登记的比例

---

① 李树苗、刘晓兵:《中国儿童出生登记探索与实践》,社会科学文献出版社 2008 年版,第 116—167 页。

为90.7%。按照我们的调查,由于常住地与户籍地的差异,江苏地区周岁内婴儿户口登记的比例仅为80%—90%。这种现象不仅影响数据质量,而且给管理人员造成可乘之机,在检查或普查当年少报出生男孩,以造成普查时出生性别比正常的假象。这些严重影响数据的登记质量。

此外,很多抱养儿童因为办理领养证明的手续复杂,条件严格,孩子到上学年龄才得以落户。

最后,我国基层户籍管理力量不足,户籍管理中普遍存在执法不严的情况。户籍管理警力严重不足已难以适应社会发展的要求,特别是相当一部分农村派出所干警只有3—5人,仅能应付突发的刑事、治安案件,对面广量大的户籍管理工作缺乏系统的研究,缺乏解决问题的新办法。人口信息传递系统薄弱,户口迁出、迁入地派出所之间横向联系不够,使户口迁出、迁入工作不能有效地衔接,出现大量的"未定"户口,与现行的人口流动量大,变化频繁不相适应。户籍警对人口变动等情况,不能及时掌握、传递,更谈不上及时登记、变更。

公安户政负责本地户籍及常住人口的登记和管理工作,包括新生婴儿的统计工作,公安户政处登记的户籍记录具有法律效应,是权威而全面的统计资料。我国出生登记制度是服从于户籍制度并为之服务的,出生登记管理工作在防范和打击各种犯罪活动、维护社会治安,以及确保公民受教育权利、劳动权利和享受社会保障权利等方面发挥了重要作用。

同时,户政登记属于户籍人口资料,即只有户籍地居民生育子女后才有资格进行登记①,出生婴儿登记程序复杂、需要各类证明较多(户口本、

---

① 按照南京新生婴儿户口登记指南规定:父母双方均为本市居民的新生婴儿在出生后一个月内,由婴儿父母或监护人凭出生医学证明、出生医学证明副页、婴儿父母的结婚证和户口簿,向婴儿父亲或者母亲常住户口所在地的派出所申报出生登记(随父报出生的,必须携带母亲的居民户口簿、居民身份证)。

外省市妇女与具有本市常住户口的居民结婚,2003年8月7日以后出生的婴儿可以在父亲常住户口所在地户口登记机关申报登记常住户口。此类户口由公安派出所审核后办理出生登记。需审核的证明材料如下:婴儿父母的结婚证;婴儿的出生医学证明,父母的居民户口簿、居民身份证。

非婚生婴儿随父或随母在本市申报出生登记,由公安派出所受理,公安分(县)局审批。需审核的证明材料如下:申请人父亲或母亲要求婴儿申报本市常住户口的书面申请;婴儿的出生医学证明;随母申报常住户口提供产前医院检查证明,随父申报常住户口提供亲子鉴定证明;父或母的居民户口簿、居民身份证。

结婚证、准生证、出生医学证等,若未在医院生育则需村委会证明或社区证明去换之);计划外生育还要交纳高额社会抚养费,流动人口生育、非婚生育、婚外生育和计划外生育需要证明则更多(表5—2)。此外,由于出生登记和社会福利分离,一些未婚生育、非婚生育因为办理证明的手续复杂,条件严格,婴儿父母亲缺乏出生登记的意识,认为出生户籍登记没有用;少量家庭将申报户口的机会留给了男孩,有些孩子到快上学时才上户口。

表5—2　南京市出生登记所需基本材料

婴儿父母婚姻状态	婴儿户籍登记地	婴儿户籍登记所需材料
本地居民婚姻、生育	母亲户籍地申报	婴儿的出生医学证明和出生医学证明副页、婴儿父母的结婚证和居民户口簿
本地居民婚姻、生育	父亲户籍地申报	除了以上文件,外加婴儿母亲的居民身份证
外来妇女与本地男性结婚生育	父亲户籍地申报	婴儿的出生医学证明;婴儿父母的结婚证、居民户口簿和居民身份证
非婚生育	父亲户籍地申报	书面申请;婴儿的出生医学证明,亲子鉴定证明;父亲居民户口簿和居民身份证
非婚生育	母亲户籍地申报	书面申请;婴儿的出生医学证明和产前医院检查证明;母亲居民户口簿和居民身份证

实地调查表明,现在人口流动性很强,很多外出妇女因为生育地和户籍地分离难以给孩子登记户口。因此,婴儿出生登记和户口登记应该分离。现在电脑及网络通讯十分发达,允许并鼓励异地进行出生登记,即在婴儿出生地进行出生户口登记,而后将相关信息转移到婴儿父母户籍所在地落户,进行户口登记。这样既方便了流动人口,同时不会对我国户籍登记政策产生任何影响。而且可以帮助摸清本地出生的人口数、出生性别比,及外地出生的人口数和出生性别比。

五、教育部门数据

我国中小学学生入学率比较高,各地教育部门也具有各学校各年级男女学生基本资料。但是,这仅是若干年后的出生性别比资料。农村和边远地区的孩子上学时间比较迟,城市有些孩子则往往提前上学。因此,年级与年龄并非一一对应,不能以年级来完全取代学生周岁年龄;其次,学生的流动容易造成重复统计;再次,学校统计的是到 9 月 1 日或 7 月 1 日时的周岁年龄,而人口统计的是 11 月 1 日周岁年龄,这两年龄显然是有差异的。所以,教育部门数据质量也常被质疑,认为相关资料欠规范。

六、不同来源资料的可信区间估计

不同数据来源的资料,95% 可靠性程度置信区间不同,若区间大则数据质量较差。具体是根据出生性别比(SRB),可以计算出男性比例 MB[=SRB/(1+SRB)];再根据男性比例,可计算出标准误 SP[=SQRT(MB×(1−MB)/n)];由此计算出男性比例的可信区间(a,b);及出生性别比的可信区间[a/(1−a)×100,b/(1−b)×100]。其中 SQRT 表示是开根号,n是调查样本量。[①]

结合实际情况:假设 2009 年江苏为 7400 万人,人口出生率为 15‰,每年出生 111 万婴儿(实际 2007 年、2008 年全省出生人数为 71.08 万、71.40 万;粗出生率为 9.37‰、9.34‰);出生性别比都为 115,则男婴比例为 53.49%。考虑如下几种情况:(1)每年国家统计局进行 1‰抽样调查,调查新生婴儿为 1110 人,95% 的可信程度下出生性别比为 102.2—129.5;(2)每 5 年国家统计局进行 1% 抽样调查,调查新生婴儿 1.11 万人,95% 的可信程度下可推算出生性别比为 110.8—119.4;(3)若使用公安户政登记资料,该资料登记本年度出生婴儿为 60%,即调查新生婴儿66 万人,在同等情况下可推算出生性别比为 114.4—115.6;(4)若使用卫生系统出生医学证明登记资料,2008 年住院分娩率为 95%(表 5—1),则统计登记婴儿为 105 万,可推算出生性别比为 114.6—115.4。由此可见,作为省级数据,卫生、公安资料都能满足研究需要,而统计局资料则十分困难。类似 2009 年江苏有 13 个地市,各地市出生人口估计为 7 万人;江苏 100 个县(区),出生人口估计为 1 万人。出生性别比为 115,若按照95% 的可信程度,地市级资料仅有公安户政登记数据和卫生部门的出生医学证明基本能够满足统计要求(表 5—3),而县(区)级资料仅有卫生

---

① 马瀛通等:《出生性别比新理论与应用》,首都经济贸易大学出版社 1998 年版,第16—21 页。

部门的出生医学证明基本能够满足统计要求。

表5—3　不同统计登记情况下市、县出生性别比区间估计

		每年1‰抽样	每5年1%抽样	公安户政登记	出生医学证明
市级	登记婴儿数	70人	700人	42000人	66500人
	估计总体	71.8—187.1	99.2—133.6	112.8—117.2	113.3—116.8
县级	登记婴儿数	10人	100人	6000人	9500人
	估计总体	29.2—541.2	77.7—172.2	109.3—121.0	110.5—120.0

综上可见，除了10年一次的人口普查资料以外，卫生部门的出生医学证明是最好的选择，2008年我国住院分娩率已经达到95%，其覆盖面广泛，可进行各省、市、县各层次和各区域的分解。公安户政登记数据虽然需要一系列户口、出生医学证明，但是其覆盖面比较广泛，也是出生性别比研究很好的资料。

第二节　出生性别比资料质量比较

有比较才有鉴别，下面仍以江苏资料为例，进行出生性别比资料的比较。

一、1%人口抽样调查资料与公安户政登记资料

2005年全国进行了1%人口抽样调查，江苏实际抽取0.77%，若将其和公安户政处登记资料进行分析（表5—4），则表明：（1）两者有较大差异，江苏调查了0.5万0岁婴儿、1.9万0—4岁婴幼儿性别比分别为124.8、123.5，而公安厅户政处登记了68万新生婴儿，登记出生性别比为112，差异为11—13个点。谁对谁错，可能需等2010年第六次人口普查江苏资料的结果才有基本结论（2011年6月仍未见到）。（2）若从调查登记的人口数量来说，公安厅户政处登记的数量远多于省统计局的调查人数，或者说前者数据的可靠性可能要大于后者。（3）从2005年抽样资料而言，江苏各地区无论是0岁人数还是0—4岁人口远低于3000人，显

然 2005 年全国 1% 人口抽样调查资料不足于准确估计各地区的出生性别比。正是因为这个原因,国家统计局至今未公布 2005 年全国各地市出生性别比。(4)统计口径不一致,公安系统户政登记的是本地户籍妇女生育的婴儿;而抽样调查资料登记的除了户籍人口,还包括外地来本地工作、经商的常住人口。在发达地区,外来人口生育子女数量占本地人口生育的 25%—40%(2005 年苏州市占 35%,同年北京占 47%①)。(5)江苏 13 个地市 0 岁性别比与 0—4 岁性别比的相关系数为 0.6346;而 0 岁性别比、0—4 岁性别比与公安户政登记的出生性别比相关系数分别为 0.2500、0.6294,总体相关系数临界值为 0.532。这说明,2005 年全国 1% 人口抽样调查资料中,江苏各地区 0—4 岁性别比不仅与 0 岁性别比资料比较一致,而且与公安户政登记资料中的出生性别比高度相关。(6)就登记数量多的公安户政出生性别比资料进行分析,容易发现经济发达地区的资料比较一致,如无锡、南京和南通等,而在经济欠发达地区徐州、连云港和宿迁等地统计局资料与公安户政资料差异很大。这就说明在发达地区抽取样本比较多、外出流动人口少,数据较准确性。(7)无论统计局资料还是江苏省公安户政资料,随时间变化的趋势基本是一致的。2000 年省公安厅户政处统计资料比五普资料低 10 个点,如果系统性误差稳定,由此可推算,2005 年江苏的出生人口性别比应该为 120 左右,而非 125(表 5—5)。

表 5—4　2005 年江苏省 1% 人口抽样和公安厅户政处登记的出生性别比

地区	实际抽样比,%	0 岁,1% 抽样		0—4 岁,1% 抽样		0 岁,公安
		人数	性别比	人数	性别比	性别比
江苏省	0.767	5242	124.8	18613	123.5	111.95
南京市	0.771	451	118.9	1526	108.8	105.69
无锡市	0.800	335	120.4	1290	103.9	103.75

---

　　① 2005 年北京市流动人口已达 357.3 万人,占户籍人口的 30%。同时,流动育龄妇女生育婴儿数逐年升高。2005 年流动人口在北京住院分娩数的 5.6 万名,是 10 年前的 7 倍,占北京住院分娩人数的 47%,十分接近户籍人口出生数(孙红:《我国"地下 B 超市场"初探——以北京市为例》,兰州大学硕士毕业论文)。

续表

| 地区 | 实际抽样比,% | 0 岁,1% 抽样 | | 0—4 岁,1% 抽样 | | 0 岁,公安 |
		人数	性别比	人数	性别比	性别比
徐州市	0.727	645	132.9	2265	149.6	119.58
常州市	0.947	338	118.1	1059	120.3	105.69
苏州市	0.839	490	140.2	1743	113.3	102.82
南通市	0.776	405	94.7	1599	107.5	105.55
连云港市	0.710	380	127.5	1403	141.9	121.76
淮安市	0.725	435	116.4	1564	124.6	111.32
盐城市	0.732	571	136.9	1887	122.4	116.32
扬州市	0.788	309	120.7	1273	124.4	108.61
镇江市	0.739	178	107.0	582	119.7	105.75
泰州市	0.748	288	114.9	1073	113.3	116.75
宿迁市	0.684	417	159.0	1349	153.4	110.24

表 5—5　2000—2008 年江苏省公安户政登记的出生性别比

年份	2000	2001	2002	2003	2004	2005	2006	2007	2008
江苏省	106.99	110.59	109.98	109.15	108.73	111.95	118.23	117.08	115.45

二、人口计生委资料与公安户政登记资料的比较

苏州市人口计生委统计了 2005 年 48477 个本地出生的婴儿和 16916 个外地在苏州出生的婴儿,出生性别比分别为 102.82、120.66[①],全市出生性别比为 107.15。注意到前者与公安户政数据完全一致,说明人口计生委较认可公安户政登记的数据。

公安户政登记数据覆盖面比较广,在时间上具有连续性,在空间上具有可分解性,但该数据严格保密制度制约了该数据的使用,影响了对于出生性别比的深入研究和开发;同时该资料未能包括父母户籍在外地、在本

---

①　苏州市人口计生委、苏州市统计局:《苏州市人口发展数据手册》(2005 年),第 5—25 页。

地出生的孩子,也难以及时统计父母户籍在本地、而在外地出生的孩子。换言之,公安户政登记数据未能覆盖外来流入人口的生育子女数量和性别,可能形成统计局资料不一致。由此引起的争议一直未停,一些学者认为2000年我国人口出生率偏低,普查人口偏少,主要就是人口流动数量大,其申报数据质量差所致。既然出生数量可以少报,出生性别的错报也是不难理解的。由此导致外来流入人口出生性别比偏低。2005年全国1%人口抽样调查资料分析表明,当地居民、外来流入人口出生性别比分别为122.0、113.81,流入人口出生性别比竟比当地居民还低7个基本单位。其间解释有二:一是调查数据可能有误,统计力量比较强的三个直辖市——上海、天津和北京都呈现与全国相反的情况,流入人口出生性别比高于当地居民的情况(分别高18、3和1个基本单位);二是调查数据可能是真实的,外来人口实行的是"一孩半"政策,他们对于第一孩子女性别抱着无所谓的态度。根据江苏的具体情况,笔者个人倾向于第一种解释。

类似,福建对于全国1%人口抽样调查中出生性别比数据认可程度也比较低,2005年1%抽样调查中,福建省出生性别比接近126,但是在具体讨论出生性别比与经济关系时,学者认为其为112。[1]

由此可见,公安户政资料登记本地新生人口,因其覆盖面大、每年连续登记、各地区可分解,是出生性别比研究的重要参考资料。但是,并非所有居民都在规定时间(婴儿出生后1个月内)进行登记的,这些问题将在第十二章中继续讨论。

第三节　小　结

我国出生性别比资料来源虽然较多,但连续、准确、权威的资料却不多。目前使用较多的是统计部门资料,其历史长、公开程度高但数据质量欠佳。而卫生部门和公安户政统计数据覆盖面大——几乎是100%的数

---

① 汤兆云:《我国出生性别比问题研究》,中国言实出版社2008年版,第104—115页。

据,而且分地区数据比较齐全、连续,数据质量相对较高。

　　实际上在很多情况下,我国应该保密的事情不保密,而不该保密的却严格保密。计划生育初期(20 世纪 80 年代),出生性别比是研究的禁区,那时人口数量控制是个压倒一切的大任务,漠视了人口数量控制以后可能出现问题的研究。而由于一票否决权,现在仍有很多部门,包括卫生部门、公安户政部门对出生性别比数据十分敏感、严加保密。各自都有自己的资料收集系统,资料的收集范畴不同,都因保密的缘故,缺乏社会有效的监督。由于缺乏有效的资料,学者在 1990 年为性别比失调的原因是女婴漏报还是女婴出生数量少,争论了整整 10 年。这 10 年使得出生性别比从 1991 年的 113.5 上升到 2001 年的 123.6。当时,若利用公安户政或卫生系统的出生性别比资料进行旁证和分析,事情可能不会如此糟糕。政府信息的不公开使得目前出生性别比仍然模糊不清,尤其是每年 1‰ 抽样调查的出生性别比,迫切需要各部门(公安、卫生)收集的出生性别比资料进行验证和补充,以发挥资料应有的检测和监督作用。

　　一般认为,抽样调查资料质量优于登记资料。但抽样调查就必然存在抽样误差,不管谁来主持抽样都一样。我们仅希望抽取足够的样本,并能够严格按照随机原则组织抽样。其次,我国人口普查涉及 13 亿人,其中 2 亿流动人口,再加政策、经济上的缘故,有些被调查者逃避调查、有些部门则出于自身利益考虑未能如实反映情况,调查人手少、经费紧张,调查难度十分大,资料有这样那样的问题是难免的。各国各种调查都遇到类似的问题。到目前为止,人口普查数据仍然是中国最权威最重要的反映国情国力资料,国内找不到类似指标可以替代,本书后面相关章节都将使用全国第五次人口普查资料。本书提出数据质量问题,仅希望注意这些资料的误差范围和使用场合。

第五章 传统文化对出生人口性别比的影响分析

出生人口性别比是否受社会、经济、文化、人口发展等因素的影响，又如何受这些因素影响是个有争议的话题，很多学者持不同观点。有人认为出生性别比主要由生物因素决定[1]，有人认为出生人口性别比是一种民众与生育政策的博弈[2]，计划生育推行以后人们生育数量的空间被压缩，人们不得不以孩子性别的选择来满足自己的生育欲望。通过孩子性别选择和政府进行博弈，在有限的生育权限内，争取自己认为的最佳子女性别组合。[3] 我们认为，在目前生育政策的大背景下，中国各地区的妇女社会地位、经济发展和传统文化变量等则通过现代医学技术潜在、间接或直接地影响出生人口性别比。

第一节 传统文化对出生性别比影响的理论分析

文化是指人的思维成果及其表现。据英国文化史学者雷蒙德·威廉斯考证，18 世纪以前，西方语言中"culture"一词主要指"自然成长的倾向"以及引申出的"人的培养过程"；到了 19 世纪，后面这种把文化作为培养某种东西的用法发生了变化，文化本身变成了某种物质、具体的东西。它首

---

[1] Chahnazarian. Determinants of the Sex Ratio at Birth, Review of Recent Lierature. Social Ecology ll-Winter；1988.

[2] 袁政：《我国农村家庭生育的博弈行为分析》，《南方人口》2002 年第 4 期。

[3] 李若建：《性别偏好与政府博弈：广东省出生人口性别比时空变迁分析》，《中山大学学报》2005 年第 3 期。

先指"心灵的某种状态或习惯",与人类完善的思想有密切的关系,后用来指"一个社会整体中知识发展的一般状态",再后来又表示"各类艺术的总体"。到了19世纪末,文化开始泛指"一种物质上、知识上和精神上的总的存在方式"。英国人类学家爱德华·伯内特·泰勒是在文化定义上做出重要贡献的人,他对文化概念的界定是比较权威的经典定义之一。泰勒在《原始文化》"关于文化的科学"一章中写道:"文化或文明,就其广泛的民族学意义来说,是包括全部的知识、信仰、艺术、道德、法律、风俗以及作为社会成员的人所掌握和接受的任何其他的才能和习惯的复合体。"①泰勒对文化的界定成为人们定义文化的起源,引领了文化研究的深入发展。

我国是一个文化历史悠久的文明古国,对文化的研究博大而精深,有本土化的文化概念。就词源而言,汉语"文化"一词最早出现于两千年前西汉经学家刘向的《说苑·指武篇》:"圣人之治天下,先文德而后武力。凡武之兴,为不服也;文化不改,然后加诛。"后来,南齐王融在《三月三日曲水诗序》中写道:"设神理以景俗,敷文化以柔道。"从这两个最古老的用法上看,中国最早"文化"的概念有"文治和教化"的意思。在古汉语中,文化就是以伦理道德教导世人,使人"发乎情止于礼"。我国现代出版的《辞源》中对于"文化"是这样解释的:"人类社会历史发展过程中所创造的全部物质财富和精神财富,也特指社会意识形态。"在《辞海》中,对文化概念的解释是:"从广义来说,指人类社会历史实践过程中所创造的物质财富和精神财富的总和。从狭义来说,指社会的意识形态,以及与之相适应的制度和组织结构。"②两个权威性的解释基本是一致的,文化被视为物质财富和精神财富的总和,但侧重于社会意识形态。

我国现代学者对文化内涵的揭示不尽相同,有学者根据社会的物质文明、政治文明和精神文明三部分相应提出物质文化、政治文化和精神文化。也有学者根据社会生产构成指出,文化是由"与人类生产三大基本形式(物质生产、物质性人口生产、精神生产)紧相关联的三大部分构成的:(1)作为物质生产能力和创造的物质财富总和的物质文化;(2)作为物质性人口生产能力和创造的人口财富总和的物质性人口文化;(3)作

---

① 〔英〕爱德华·泰勒:《原始文化》,连树声译,上海文艺出版社1992年版,第1页。
② 《辞海》(1979年版)缩印本,上海辞书出版社1980年版,第1533页。

为精神生产力和创造的精神财富总和的精神文化"①。而从文化专业角度来看,文化可以分成意识文化、制度文化和物质文化等三个不同层次。② 第一层次,意识文化,又称精神文化、观念文化。意识文化包括纯意识文化、对象化意识文化两部分。前者包括心理、心态、观念、思想、价值观、认知方式、传统习俗等。对象化意识文化,又称理论化意识文化,包括哲学、伦理、道德、宗教、美学、音乐、诗歌、文学、绘画等。第二层次,制度文化。制度文化包括反映社会形态的基本制度、具体制度和一般规章制度三部分。基本制度反映社会形态,包括封建制度和资本主义制度;具体制度包括政治、法律、经济方面的制度,家庭、婚姻等方面的制度;一般规章制度包括各种管理条例、奖惩条例、文字传记。第三层次,物质文化。指含有意识文化要素的物质产品,具体包括建筑、园林、服饰、饮食等包括文化内涵的物质产品,这些物质文化在不同程度上是意识文化的载体。意识文化、制度文化和物质文化三个层次的文化是互相渗透的。而传统文化在三个层次中都占有一席之地,传统生育观念属于精神文化,传统生育制度、生育观念属于制度文化,而生殖器物属于物质文化。传统文化属于一种意识文化、一种制度文化。文化是抽象的、虚无缥缈,大音希声、大象无形,很难找到代表性指标。同时,传统文化又是实在的,每时每刻都在影响着人们的世界观、生育观、消费观。那么,在数字化时代,能够客观衡量、能够影响各地区意愿生育性别偏好的代表性传统文化指标是什么? 我们遇到的困难首先是,能够如实反映意愿生育性别偏好及其变化的指标往往无法定量给出,无法定量分析,而能定量分析的指标则往往不能客观地反映意愿生育性别比及其变化。于是,在实践中只能权衡其必要性与可能性了。

宗教是文化的重要组成部分,在西方国家几乎每个人、每个家庭都有其相对固定的宗教信仰。西方国家没有政治思想课程,也没有个人修养课程,取而代之的是宗教教育。每个星期六家长什么事都不干,就带着孩子到教堂接受牧师的教诲。所以,从小孩起他们就尊教信教。而有些宗教(比如天主教)高度尊崇生命,反对人工流产,不赞成人工终止妊娠。

---

① 肖君和:《论人口文化与人口文艺》,黑龙江教育出版社 2004 年版,第 4 页。
② 胡兆量、阿尔斯朗、琼达:《中国文化地理概述》,北京大学出版社 2006 年版,第 3—4 页。

于是,这些国家即便经济发展落后,农业人口多,胎儿性别鉴定和人工终止妊娠极易获得,这些国家的人们虽有较强男孩偏好,但是宗教阻止人们进行人工流产,出生性别比基本正常。在中国,长期提倡辩证唯物主义,认为宗教是唯心的,是腐蚀人们灵魂工具,部分人对宗教采用"实用主义"的态度,宗教对于我国人工流产和出生性别比影响小。

如果从生育目的来考察,其大致有三:传宗接代、养儿防老、天伦之乐。传宗接代反映的是一种传统文化,人们对自己的祖宗负责,保证姓氏和家族精神文化、财产的延续;养儿防老反映的是一种家庭经济需求和社会性别平等;天伦之乐反映的是通过生育子女来获得精神享受,是一种发自人性的亲情友好,重在生育、养育子女的过程,而不在乎结果的价值。在我国传统社会中,大多通过生育来绵延个体生命,通过生育来完成个体有限生命的无限延续,并通过香火观念来加强传宗接代本身的宗教价值,这就使人们生育男性后代的愿望极强。此时,在强大的传宗接代生育理念下,养儿防老和天伦之乐的重要性都变成生育的附加功能了。与此相比,西方基督教社会因为存在一个超越性的上帝,个体的有限生命可以不需要生育来延续,生育中的传宗接代相对较弱,而养儿防老和天伦之乐功能得以强化。[①] 西方社会生育的最大功能是获取"天伦之乐",而抱养子女及喂养宠物也可以获得这种"天伦之乐"。如果生育代价太高就不如抱养孩子,若养育子女成本太高就不如喂养宠物,显然西方社会比中国社会有高得多的抱养孩子比例和喂养宠物比例。中国又是"大一统"社会,社会保护的是大多数人的利益,少数人的观点和舆论很少获得社会尊重,于是"传宗接代"思想在农村很容易占据统治地位。

第二节　传统文化对出生性别比影响的定性分析

2002 年有人对我国出生人口性别比进行系统的总结[②],对 63 篇论文

---

① 贺雪峰:《生育行为折射出宗教观念差异》,《中国社会科学报》2009 年 8 月 13 日第 3 版。

② 明艳:《我国性别偏好研究的回顾与展望》,《人口学刊》2002 年第 1 期。

进行综合分析后认为,对性别偏好的原因研究有 15 篇之多,而对原因的分析更多地集中在文化方面,对其他诸如社会经济等方面的影响原因研究相对较少。

在源远流长数千年的中华传统生育文化中,以男性为主宰的传宗接代观念构成了最为核心的内涵,一并培育并强化了人们以重男轻女、男尊女卑为性别取向的生育观念。《诗经》上就有"生男弄璋、生女弄瓦"之说,一些汉字明显带有性别歧视,妖孽、嫉妒、贪婪、奸诈、奴婢等都与女性有关。"养儿防老"、"不生儿子不罢休"的现象在国人心中根深蒂固,生育观念并不因为"生男生女都一样"、"女儿也是传后人"的宣传而改变,文化有很大的滞后性。

自我国实行计划生育政策以来,由于各级党政机关强有力的措施,经过全国上下 30 多年的艰辛努力工作,我国人口增长速度已趋平稳,每年人口增长数量基本控制在一定范围内。但我国的计划生育是在行政和政策干预下进行的,通过外力干预人口生产过程并达到预期目标,如果没有综合配套措施与之协调,一段时间后它的负面效应就会暴露出来,即目标实现后的代价问题,如独生子女教育问题、人口老龄化、出生性别比偏高等问题都是我国人口控制目标下的代价。一般而言,依靠政策强制力能在较短的时间内取得明显绩效,但其很难促进人们思想意识的改变,很难取得持续稳定的效果。中国目前的出生人口性别比问题,原因既有我国实行计划生育政策留下后遗症的方面,又有我国传统生育文化传承与影响方面的缘故。如果没有传统生育文化中的多子多福、养儿防老、传宗接代等重男轻女的生育文化因素,即使国家实行计划生育政策也不会出现出生人口性别比偏高问题。因此,只有从传统文化因素来剖析我国实行计划生育政策背景下的出生人口性别比问题,才有可能找到解决出生性别比问题的办法。

一、传统生育文化的特点

传统文化是一种独特的、人类创造性的劳动生产成果结晶,可表现为器物文化和精神文化两种形式。传统生育文化是指在一定物质生产条件下形成的有关生育的传统价值观念和传统行为规范,以及为实现这种价值观念的组织形式和制度形式,主要表现为对生育目的和意义关联的生育态度,对子女性别的价值取向偏好和对子女数量与质量的期望等。传统生育文化与传统婚嫁文化、传统性文化、传统家庭文化、传统孝文化、传统养老文化和传统丧葬文化等密切相关,是一种关于传统生育习俗、传统生育制度、传统生育契约、传统生育器物的文化。生育文化是人类社会在历史实践过程中创造的精神财富,体现了一个民族有关生育的思想观念、价值取向、风俗习惯、行为规范、宗教信仰、伦理道德、社会文明、公众舆论、政策法令、制度形式、民族精神和人的心理素质等,是一个民族对生育的信仰、观念、礼俗等地域性和时代性的集中反映。传统生育文化处于民族文化的内核,体现着民族传统文化的精髓。由于它是一个民族对生命本原的看法和对生命价值的认识,传统生育文化或隐或显地存在于人们的社会生活中,直接或间接地影响人们的生育行为,因为生育关联着人类自身整体繁衍,影响着一个民族群体发展与个体发展,所以传统生育文化总是人类从产生至今最为关心的重要问题之一。传统文化有如下几个特点。

(一)不同的社会习俗、道德规范产生不同的传统生育文化

生殖是一种生物现象。然而,人类生育不仅是个体生命的延续、基因的保持和种族的繁衍,而且意味着血缘、亲情的连接,人类的生殖具有文化意义。马林诺夫斯基曾指出:"生殖作用在人类社会中已成为一种文化体系。种族的需要绵延并不是靠单纯的生理行为及生理作用而满足的,而是一套传统的规则和一套相关的物质文化设备活动的结果。这种生殖作用的文化体系是由各种制度组织成的,如求偶活动、婚姻、亲子关系及氏族组织。"①不同时期、民族生殖系统所依赖的文化背景存在差异,便由此产生出各具特色的生育文化。米歇尔·沃尔德罗普更直接地指出,生育问题是"在特定的社会习俗、神话和道德惯例下形成的,具有自我连贯性的特有形式的一个部分。而且,每一种文化都有不同的特有形式"②。不同传统文化背景的民族有不同的发展历史,也形成了不同特色

①　[英]布鲁尼斯诺·K·马林诺夫斯基:《文化论》,商务印书馆1940年版,第26—27页。

②　[美]米歇尔·沃尔德等:《复杂》,生活·读书·新知三联书店1997年版,第20页。

的传统生育文化,即一个民族生育文化能折射出该民族对种族繁衍、对生命价值的认识。在人类发展的过程中这种认识代代相传,保证了各民族种族的繁衍、多样化基因的保持和人类自身演进与发展。

（二）涉及生育的社会结构、社会制度构成了生育文化的主体

传统生育文化,一方面是人类社会在长期发展演化中沿袭下来,普遍存在与生育相关的文化习惯、民间风俗和固有的生育观念的高度综合;另一方面人类通过社会组织、社会政策等,是生育意愿主观对客观的认识和反映,是生育需求在社会化过程中的具体体现。换言之,传统生育文化主要包括在传统社会背景和环境下长期形成的关于生育的思想观念体系、社会制度和风俗习惯等。传统文化通过其所处时代的社会结构、社会制度等内容,影响人们的生育数量、生育子女的性别、生育时间,以及对所生育子女素质的关注程度等。显然,生育文化就是社会结构、社会制度等内容对生育的规定化与模式化,不同时代的生育文化对人们生育行为有不同的影响与指导作用。传统中国社会的宗族制度、教育制度、婚姻制度、服役制度、税赋制度等,给人们有限的空间权衡自己的生育行为,并渐渐养成一些生育习俗,这些习俗指导人们的生育行为,并在长期实践中不断积累符合社会需要生育风俗以规范其生育行为。因此,传统生育文化表面上是一种生育的思想观念、价值取向、风俗习惯,实质上是对一定时代社会结构、社会制度等内容的反映。当社会需要对人们的生育行为产生某种特殊要求,或要求人们调整生育状态时,人们常常在外力影响下修正自己生育行为以达到与社会需要相一致的目的。事实上,国家为了其社会发展和人口管理目标的实现,对百姓的生育行为时而表现出迁就、时而表现出强求,更多的时候国家会组织相关专家研制出一种符合社会发展要求的生育制度,以要求人们改变其生育行为。政策力量大,不仅对当代人产生影响,而且还会延及以后几代人,如我国重男轻女的观念,与周朝及以后历代统治者倡导的生育政策就有着密切关系,并一直绵延至今。

（三）传统生育文化的演进具有传承性和阶段性

生育文化是与传统文化相联系而存在的,人类自身及其世代延续的生育活动是生育文化得以存在和发展的载体,在本质上具有历史传承性和历史纵贯性,但不同历史时期的生育文化又受到特定社会环境和制度变迁的影响,其生育观念、生育行为也会随之发生变化,使生育文化的演进呈现出阶段性和间断性。虽然生育文化是整个社会文化系统的一个组成部分,但每一文化可被当做自成体系的事物,它具有自己的生命和规律。① 生育文化有自身发展的特点与规律,在特定的社会条件下,只要对生育现象的表征进行深层次分析,就可以找到这种生育现象的渊源,发现生育问题的症结。同时,在源远流长社会环境下孕育产生并逐步形成和发展的生育文化具有惯性支配力量,它使人们生育行为长期保持特定的形式,并致使人口增长与人口素质维持一个近乎稳定的状态。所以说,生育文化随着时代变迁发挥不可逆转的根本性转变,是传承性与阶段性的统一,是一个缓慢、渐进和不断波动的过程,是一个从周围物质文化基础和制度组织文化的外环境逐步向意识观念文化的心理内核侵蚀的过程,是一个从文化背景改变,制度文化变化,到生育心理因素、价值取向和生育观念发生根本性变化的过程。② 传统生育文化是对各历史阶段人们生育行为发生正面效应与负面影响进行纪实和评述。

　　传统文化是传承的,既是"过去"的,也是"现在"的,生育文化亦不例外,今天的生育文化总是直接或间接地残存着传统生育文化的影子。在众多传统生育文化中,儒家文化对生育和人口性别问题论述最集中。儒家生育文化以重"多"重"后"为主要特色,以此指导人们生育行为,难免会出现诸如人口增长速度过快、男女性别比例不当、肆意溺杀和遗弃女婴等诸多弊端。

二、传统文化的基本观念——儒家文化思想的影响

　　唯物主义认为,要"以一定历史时期的物质经济生活条件来说明一切历史事变和观念、一切政治、哲学和宗教"③,儒家文化生育观念对国人生育行为的影响时间长、范围广、程度深,是由中国特殊的自然环境、历史背景和人文心理决定的。殷周以来,自给自足的自然经济、宗法制以及重后心理的中国封建社会现实共同构筑了一个系统而又稳固的"尊尊亲

---

① ［美］怀特:《文化科学——人和文明的研究》,浙江人民出版社 1998 年版,第 118 页。

② 潘贵玉主编:《中华生育文化导论》,中国人口出版社 2002 年版,第 663 页。

③ 《马克思恩格斯选集》第 2 卷,人民出版社 1972 年版,第 537 页。

亲"与"奉先思孝"生育理论,儒家文化中所有的价值观念与行为规范都是围绕家族、孝、亲来运作的,其生育文化具有较强的血缘性、等级性、世俗性、农耕性、封闭性。① 由于有肥沃的社会支持土壤,儒家文化畸形的生育价值观才有可能逐渐演变为一种成型的文化规范力量并成为几千年人们一贯的生育行为指南。

（一）儒家文化最基本的生育观念是"传宗接代"

封建宗法制下社会家族的兴旺和绵延对生育子女有特别的要求。封建宗法制社会的家族是家庭和个人的物质生活和精神生活的支柱和载体,也是统治阶级有效地实现其统治的基础。为保证家族兴旺和绵延不绝,有理由要求每一个家庭成员承担起传宗接代的神圣使命,因此,以家族为核心的儒家生育文化首先提倡的就是早生贵子、多子多福。儒家经典《礼记》认为:"婚姻者合二姓之好,上以事宗庙,而下以继后世也。"即婚姻的目的是有序生育,是为了人类的某一群体,即家族在肉体与精神两个方面后继有人,绵延不绝,也就是通常所说的"传宗接代"。按照儒家文化解释"门前车马不为贵,家有儿孙最得意",有后才有福,绝后就是祸。家族本位、孝悌至上、敬奉祖先的儒家社会伦理道德高扬的是"传宗接代"和"不孝有三,无后为大"等传统生育观念。儒家文化中的"孝",对女性来说,生育是尽"孝"的重要表现形式,以生育的数量、生男的多少为衡量"孝"的标准;对男性来说,生育是"上以事宗庙,下以继后世"的大事。儒家文化孝文化严格规约后代生育责任与义务,只有生育才能延续父母、祖先的生命,才能使家系绵延不断,正如《孝经·圣治》说的,"父母生之,续莫大焉"。妇女不能生育后代是对祖先的大不敬,为此,《大戴礼记》把"无子去"列为《妇人七出》离婚的理由之一。

（二）儒家文化的后续主体是指父母的嫡男子

儒家文化在强调多子女、传后等生育理念的同时,还对生育子女的性别赋予特别的价值判断和偏好,极力宣扬重男轻女思想,并视"男尊女卑"为天经地义的信条,主张唯有男子才是后续主体。受儒家生育文化熏陶,不仅普通百姓,而且历史上很多仁人名士也将生子传嗣作为最根本的生育目的。苏轼中年以后虽屡遭贬黜,晚年又被流放,生活流离颠沛,

---

① 宇汝松:《道家文化生育文化论》,《宗教学研究》2003 年第 4 期。

但由于他子孙繁衍,故在流放期间常常自慰地感慨,"无官一身轻,有子万事足"。①苏轼认为如无子嗣,即使高官厚禄在身,富贵荣华享尽,也是人生的最大悲哀。另一著名宋代诗人梅尧臣在他一首诗中也表露"生男众所喜,生女众所丑"重男轻女思想。历史上像这类事例不胜枚举。

(三)儒家文化歧视女性

儒家文化轻视女子,造成女性社会身份低下,如在魏晋南北朝时期晋傅玄的《苦相篇豫章行》就反映了身为女子受到社会诸多歧视和诸多痛楚:"苦相身为女,卑陋难再陈。男儿当门户,堕地自生神。雄心志四海,万里望风尘。女育无欣爱,不为家所珍。长大避深室,藏头羞见人。垂泪适他乡,忽如雨绝云。"②儒家对女子歧视与对女子严格规约是一致的,如儒家文化规定女子不仅要遵守"三从"——未嫁从父,既嫁从夫,夫死从子,而且女子还要有"四德"——妇德、妇言、妇容、妇工。这就是说,妇女品德要好,不能随便说话,说话时要得体,不可大声而露齿,仪态要大方,女工还要好。儒家文化规范认为,男人可以三妻四妾,甚至妻妾成群,而妇女没有离婚的自由,必须从一而终,否则就是"有伤风化"、"死了会被锯成两半"。儒家文化对女子歧视,导致女子社会地位低下,使社会杀害女婴现象普遍,宋代有"平民生女多杀之"的现象;近代作家赛珍珠在《我的多元世界》(*My Several Worlds*)自传中,提及她曾与中国11位妇女聚会,了解到除了其中2位妇女外,每个家庭都至少有一次勒毙女婴现象。③受到儒家文化歧视女子思想影响,中国自古至今仍存在溺杀女婴的事实,只是手段有些不同罢了。

三、传统文化的习俗——文化民俗与出生人口性别比

民俗文化是一个地方民众在长期的生产与生活中形成的风尚、习惯。在乡土中国,民俗文化不是法律,但比法律更具有约束力,其潜在规范制约着人们的伦理道德和作风行为。民俗文化"从某些方面记载了人类历史的某些活动,但并不见得符合历史的真实,它神化了历史。它可能经不

---

①　王文浩辑注:《苏轼诗集》卷四二《借前韵贺子由生第四孙斗老》,中华书局1982年版。

②　徐陵:《玉台新咏》卷二,上海辞书出版社2004年版,第94页。

③　Pearl S. Buck. *My Several Worlds*. N. Y. : JohnDay,1954. p. 146.

起科学的验证,但往往让民众笃信不疑,左右着人们的意识形态和信仰心理"①。有关生育方面的民俗文化往往成为人们生育多少孩子、生男孩还是生女孩,以及男孩和女孩成长生活等的实际环境,人们在民俗文化规约下自觉地遵循其潜在规则进行人口再生产。尽管不少地方民俗文化与当时政府法律法规存在一些矛盾,但民俗文化有时却用不同方式挑战国家法规。虽然民俗文化在与国家法规较量中那么经不起比较验证,表现得很脆弱,但它却能顽强地在民间生存着,并植根于乡土百姓的生育意识中,除非有国家强制力管制,否则它就是人们生育行为的实际指南。我国不同地方生育民俗文化不尽相同,但除了极个别少数民族外,对生育男孩的愿望表现却高度一致,有着强烈生男偏好,祈求和尊崇生育男丁是各种民俗文化最刻骨铭心的内容。民俗文化的"丁崇拜"在婚姻、丧葬、祭祖、拜神等仪式中表现最突出。

(一)婚姻习俗

民间婚姻习俗的最高祈望是添子增丁。浏览各地婚俗礼仪,最重要的内容不外乎寓意早生贵子多添丁。为此,婚姻中的各种仪式都贯穿着对"丁"的祈求。早生贵子多添丁是光宗耀祖的事,是世世代代传下来的惯例观念,乡土社会中的人们把结婚能否生儿子与上辈子是否做了好事善事、是否积德联系起来,生育儿子不仅向社会昭示自己上辈子是好人,做了好事的本性善的一面,而且还能获得熟人社会的认同,求得社会对自己的身份尊敬和社会地位的承认,这样结婚仪式免不了要有祈求生丁内容。结婚祈丁仪式首先体现在新婚贺联上,如"喜见红梅多结子,笑看绿竹又生孙"等婚联在中国农村极为普遍,它既反映了人们对新婚夫妇的美好祝愿,又迎合了周围人,尤其年轻夫妇及其父母求子的心意。其次是在洞房布置上。不少地方至今还存在着生过男孩的女人为新婚夫妇铺床,床脚垫砖必摆成"丁"字,新婚床上放一些枣子、莲子、瓜子、橘子、花生、石榴、桂圆等果品等寓意早生贵子早添丁,寓意婚后必生男丁风俗。祈丁风俗在多数少数民族也很普遍,如朝鲜族在举行婚礼时,男方要在送给女方家的礼物箱子的四角里放进又尖又长的红辣椒,红辣椒象征男性生殖器,意思是希望新婚夫妇第一胎生男孩子;在为新婚夫妻举行"见舅

---

① 关秀芳:《"丁崇拜"对广东妇女生育观的影响》,《人口研究》1997 年第 5 期。

姑礼"时,婆婆要往媳妇的怀里扔栗子,以期望生儿子等。① 如果结婚以后较长时间没有生男孩或没有孩子,作为结婚仪式延伸的仪式就是向各路"主管"生育的送子观音、送子娘娘、送子张仙、保生大帝等神仙烧香礼拜,以祈求神佛菩萨满足他们生儿子的心愿。

(二)丧葬仪式和习俗

丧葬仪式中男丁是主要角色。从古至今丧葬存在着不同的仪式,形成了各式各样、变化万千的丧葬风俗习惯和礼仪,但无论哪一种丧葬仪式,都伴随着一整套传统的风俗、习惯、仪式和禁忌。法国人类学家列维-布留尔在《原始思维》一书中认为:"有关死亡和死人的风俗也许是一切风俗中最持久的。因此,当社会环境、制度和信仰改变了,这些风俗只是很慢地跟着改变。就是在它们的意义逐渐模糊起来甚至丧失时,它们也继续被遵守着。"②在我国各地无论丧葬仪式怎么变化,但男子在其仪式中的角色始终没有变化,并且是不可替代的。传统丧礼是从儿子为老人送终开始的。不少民间风俗认为,如果老人死时儿子不在身旁,即使这位老人有儿子,但他到冥界也等于没有儿子。其次,买水浴尸、扶棺、挑幡竹引灵上天、捧香炉(有的地方称捧祖公牌)接续香火等主要角色都由"丁"承担,没有儿子的,宁可要侄儿也不能让女儿来担任,因为女儿是外姓人,而侄儿却是本姓家里人。没男丁挑幡竹、捧香炉就意味着无子送终、无丁接续香火,这就是"绝嗣",意味着祖宗血脉断了。在民间,出嫁了的女儿是她丈夫家传宗接代的工具,一个家庭只有女儿没有男儿的家庭是"无后"的"绝户"。如果说乡土熟人社会对夫妇生了女孩还可以忍受,但一个老人死时没有儿子、孙子为他送终,那无疑将会遭到乡亲们的怜悯,甚至是嘲笑。人们如此看重丧葬仪式中的男丁角色,这实际是给无丁传宗接代的纯生女户套上了沉重的精神枷锁,许多生不出男孩的妇女因此产生罪孽感。佛争一炷香,人争一口气,很多夫妇抱着不生儿子誓不罢休的心愿,想方设法要生男孩。有这样观念的存在,旧中国城乡酿造出一幕幕出妻、纳妾、借腹生子、借"种"生子的悲剧就不足为怪了。

(三)"祭神"、"酬神"仪式和习俗

"祭神"、"酬神"仪式由男性主持。在中国乡村,"祭神"、"酬神"仪

---

① 廉松心:《朝鲜族生育文化述略》,《黑龙江民族丛刊》2004年第2期。
② [法]列维-布留尔:《原始思维》,商务印书馆1981年版,第298—299页。

式自古有之,其目的是为了祈求神明庇佑全村或全家合境平安、风调雨顺、五谷丰登、添丁发财。民间拜神活动可以归纳和概括为民间信仰,具体指正式宗教之外的民间拜神活动。民间信仰是有别于基督教、佛教这类意义上的宗教信仰,它不存在信仰组织和规约,无信仰的至高偶像,无支配信仰的神威和固定的神职人员,是一种不自觉的信仰意识,是原始泛灵崇拜的延续。① 虽然民间"祭神"、"酬神"是一种自发的、松散的活动,没有教义,但是具有一定的认同习惯,如崇拜对象及其主题、信仰习俗活动等。乡村的"祭神"、"酬神"活动一般是在家族范围内进行,是乡村每年开展的盛大活动,其壮观、神圣、严肃的场面是乡村任何其他活动都无法类比的。乡村社会里"祭神"、"酬神"仪式的认同习惯是由家族男性老年人把持并严格遵守,家族里经济或政治精英按照家族老年人指派轮流主持每年的各种集体神事活动,但主持人只有男丁才有资格担任,妇女一般只是服从指挥的祭神者,顶多参加祭礼中各种琐碎的后勤工作。在乡村"祭神"、"酬神"中没有男孩家庭只有出钱的份,甚至一些保守的农村人认为神事活动是神圣的,不允许无男丁的家庭出钱,也不同意他们参加其活动。乡村神事活动强化了乡村重男轻女观念。

儿子是老人死后"享祭"的依托。多数中国农民没有严格意义上的宗教信仰,但他们的朦胧意识里对前生、来世,对天上、人间、地狱却有着独特的理解:做好事的人死后将进天堂,做坏事的人要下地狱,但无论天堂还是地狱,其生活方式都将与人间相似。乡土民俗文化还使他们明白:人死后将到阴间去生活,但衣食住行用等一切花销都要靠阳间儿孙供给。不少地方在老人辞世后的"七七"内,儿孙要烧祭供阴间使用的住房、衣衫鞋帽、床桌椅凳、钱银吃食等一切生活用品。不仅如此,每年在清明、"七月半"、冬至等重大冥界节日里,有的地方还在老人忌日里为死去的人添加钱物,还有一些地方在春节过年时,把死去了的老人灵魂请回来享受儿孙拜祭。死去的老人是家神,拜祭家神并祈求他们保佑全家活着的人平安发财升官。由于出嫁的女儿从夫居,她是丈夫家庭成员,不能拜娘家家神,即使遇到娘家人拜家神,也要回避,她只能在夫家拜丈夫的家神。

———————————

① 谢明礼:《闽台民间信仰文化旅游资源的空间差异及开发》,《亚太经济》2003 年第4 期。

当然,一些地方出嫁了的姑娘是可以在清明、冬至时到死者坟头拜祭,但在有些农村对姑娘这样的拜祭方式也很忌讳。由此可以看出,民俗中养儿不仅是为了养老送终,更重要的还可以死后"享祭"。

由于受到儒家文化生育文化对乡村社会和民众长期影响与熏陶,中国各民族在长期生活与生产积累中形成各具特色的有关生育方面的民俗文化必然带有明显的重男轻女色彩,也就是说,我国关于生育民俗文化往往就是儒家生育文化的再生或翻版。其保留了儒家生育文化"精髓",是儒家文化具体实施的细则。因此,儒家生育文化与民间生育俗文化共同铸造了我国普通百姓的生育性别观念。

传统文化本身是在不断地适应社会需求而变化的。中国传统社会是个农业社会,小农经济盛行,城市化水平比较低,人们长期向往的是"三亩地一头牛,老婆儿子热炕头"。对农民而言,生育儿子寄托了他们对于生命意义的深刻理解,是人生成就感的重要标志,是生活信念和未来希望之源泉,同时还是感情慰藉与家庭和谐的必要保证。这些无不反映出一种顽强的文化习惯力量。

可以想象,传统文化强的地区大多是封闭落后、城市化水平偏低、非农人口比例低、平均家庭人数多、一代户家庭比例少的地区。用这些指标作为传统文化的代表,来衡量出生人口性别比状态。当然,这本身是有争议的。例如城市化水平、非农人口比例本身也是经济发展指标,经济发达地区城市化水平高、非农人口比例大。

第三节　传统文化对出生性别比影响的定量分析

在中国传统社会,在许多人身上往往依附人格有余而独立人格不足,重先天给定有余、而后天努力不足。许多人在思维方式和行为方式上善于依傍古人,拘泥经典,趋共性趋古性很强,结果养成了"面向着过去,背向着未来"的向后看和守旧的习性,造成了一种崇祖法古的文化心理模式;在价值取向方面热衷仕途,委身皇权,注重天定和给定,不要求人去独立思考与行动,如主张"听天由命、富贵在天"。很少有人提出质疑和反思,这种重先天给定和依附的人格,与传统的大一统国家制度和源远流长的宗法家族制度有着密切的关系。这种制度要求宗法家族制度把家族利益看得至高无上,而个人利益和独立人格则微不足道。受宗族文化影响大的民族,容易受他人思想、习惯、风俗、行为的影响,一旦邻居选择了男孩,自己也要求生育男孩,否则就像吃了亏似的。

　　传统文化对人们思维习惯的塑造和生育行为的影响是根深蒂固的,力图克服旧有传统的束缚而迈向现代社会的历程中,引导、加快人们生育观念的转变是人口控制事业中艰巨而长远的任务,省市县各级人口计生委也一直不遗余力地批判人们头脑中存在的陈腐、落后的生育观念,宣传先进的生育理念。国内外许多学者已从不同的角度,充分利用现有统计资料,对出生性别比异常升高的现象进行了深入、细致的探讨。

　　传统文化代表性指标很少,尤其是全国的代表性指标,而传统文化对于出生性别比的影响十分大。相比较而言,非农业人口比例和家庭规模作为传统文化影响因素较好的代表性指标。主要理由是现代文明主要是城市文明和工业文明,农村相对闭塞、传统和封建。由于城市户口与社会保障和公共建设设施密度相连,我国的城市化落后于工业化,同时落后于世界平均水平,和国外不同的是我国城乡界限清楚。2005 年以前我国农业人口比重大的地区往往是外来人口少,工业化程度低、经济发展慢和传统文化盛行的地区;反之亦然。家庭规模也是如此,传统家庭往往是大家庭,家庭人口多;现代家庭大多是小家庭。本书通过非农业人口比重与家庭规模两个维度来定量分析传统文化对 0—4 岁人口性别比的影响。

一、非农业人口比重对 0—4 岁人口性别比的影响

　　许多研究成果已经概括出[1][2][3],我国出生性别比的基本特征之一是出生性别比存在着城乡差异。总的来看,农村高于城市,镇的出生性别比偏高。然而,2000 年 2869 个县市资料分析表明,793 个城区出生人口性别比最低为 114.4,标准偏差为 11.4;1679 个县最高为 117.5,出生人口

　　[1]　涂平:《我国出生婴儿性别比问题探讨》,《人口研究》1993 年第 1 期。
　　[2]　高凌:《中国人口出生性别比的分析》,《人口研究》1993 年第 1 期。
　　[3]　李涌平:《婴儿性别比及其和社会经济变量的关系:普查的结果和所反映的现实》,《人口与经济》1993 年第 4 期。

性别比标准偏差为 14.4；而 396 个县级市居中,出生人口性别比为 117.4,标准偏差为 14.8 最大。这说明我国出生人口性别比失调主要发生在县和县级市,而非城区。若将非农人口比例或城市化水平作为自变量,而将全国出生性别比作为因变量。则城市化水平与出生性别比的关系相关分析表明(表6—1左),非农业人口比例与出生性别比呈负相关,非农业人口比例高、工业化城市化水平高,出生人口性别比偏低;反之亦然。这种情况在西北、中南地区最为显著,而在有些地方却不明显。这说明传统文化对性别比的影响,农村地区交通比较闭塞、受现代文明冲击较少,生育观念变化不大。因此,应该提倡农民走出乡村,打工就业、旅游参观,接受外来文化的冲击和洗礼。

我国城市也出现出生性别比偏高的现象(2005 年,115.2),但是和农村性质及表现都是不一样的(2005 年乡、镇平均为 122.9、119.9)。城市实施的是一孩生育政策,一孩出生性别比偏高;而农村实施的是一孩半政策,二孩出生性别比明显偏高。其次,统计局调查的城市人口出生性别比,其中包括了大量的流入人口,因此流入人口生育数量及其生育子女性别比影响城市的出生性别比。

同时,考虑到出生人口正常的那部分样本可能不受非农业人口比重的影响,我们将正常样本删除,仅考虑全国及各大区 0—4 岁人口性别比偏高的那部分样本,同样计算了相关系数(表6—1右),全国 2159 个县市区的相关系数为-0.316。这说明 0—4 岁人口性别比偏高的那部分人群,其 0—4 岁人口性别比受非农业人口比重影响更大,尤其在全国、西北和中南等地区。出生性别比偏高的情况大多发生在非农业人口比例低、城市化水平低的地区。

表6—1　非农业人口比重与0—4岁人口性别比的关系

地区	0—4 岁人口所有样本			0—4 岁人口性别比偏高样本		
	样本量	平均	相关系数	样本量	平均	相关系数
全国	2869	38.4	-0.243(＊＊)	2159	38.4	-0.316(＊＊)
华北	429	36.9	-0.352(＊＊)	290	30.5	-0.304(＊＊)
东北	294	60.7	-0.284(＊＊)	217	59.2	-0.274(＊＊)
华东	645	44.8	-0.293(＊＊)	551	43.6	-0.319(＊＊)

地区	0—4 岁人口所有样本			0—4 岁人口性别比偏高样本		
	样本量	平均	相关系数	样本量	平均	相关系数
中南	636	40.5	−0.320（＊＊）	594	40.7	−0.354（＊＊）
西南	507	23.3	−0.108（＊）	281	23.1	−0.308（＊＊）
西北	358	28.4	−0.259（＊＊）	226	29.2	−0.361（＊＊）

注:平均是指各大区非农人口平均水平(比例或比重)。

　　＊＊相关系数显著性水平<0.01，＊相关系数显著性水平<0.05。

　　以中南地区为例,我们进行了频数分析。2000 年中南地区有 594 个县市区的 0—4 岁人口性别比高于 107,其中特别高(大于 120)的有 360 个县市区,占 60%左右。分析发现,非农业人口比例高于 28%的 171 个县市区,有 59.6%的县市区(102 个)0—4 岁人口性别比大多在 107—119 之间,而非农人口比例低于 28%的 423 个县市区,有 68.8%的县市区(291 个)0—4 岁人口性别比大多在 120 以上。由此可见,非农人口比例越高,城市化水平越高,出生人口性别比异常(高)的地区越少。

表6—2　中南地区非农业人口比例与0—4 岁人口性别比频数分布

		0—4 岁人口性别比		总和
		107—119	120 以上	
非农人口比例	28.0%及以上	102(59.6%)	69(40.4%)	171
	28.0%以下	132(31.2%)	291(68.8%)	423
合计		234	360	594

二、家庭规模对 0—4 岁人口性别比的影响

　　传统家庭比较大,家庭人数多,家庭代数多,家庭关系复杂,这种传统的大家庭对于子女性别的期望大多是男性;而新型小家庭、核心家庭期望性别比则较低。我们计算了家庭户规模、1 人户比例、一代家庭户人口比例、三代及其以上户人口比例与 0—4 岁人口性别比的相关系数。分析发现,平均家庭人数越多,表示传统文化影响越强烈,出生人口性别比越高(表6—3)。这种情况在华东地区最显著,645 个县市区的相关系数高达 0.597,在华北、东北、中南地区也分别高达 0.496、0.358、0.303。而在西

南、西北地区则呈现很强的负相关关系。分析进一步指出,小家庭、核心家庭户所占比例也与出生人口性别比有较强的负相关关系,尤其是在华东、华北和东北等地,一代家庭户所占全体家庭户比例高,说明传统文化影响较小,出生人口性别比则低;反之亦然。

表6—3　各县市区家庭户规模、家庭户比例与0—4岁人口性别比的关系

地区		样本量	0—4岁性别比	家庭户规模		一代家庭户比例		三代以上户比例	
				平均数	相关系数	平均数	相关系数	平均数	相关系数
全部样本	全国	2869	116.6	3.55	0.157(**)	8.2	-0.152(**)	19.1	0.111(**)
	华北	429	111.9	3.48	0.496(**)	6.8	-0.322(**)	16.4	0.397(**)
	东北	294	109.8	3.16	0.358(**)	6.1	-0.235(**)	14.5	0.371(**)
	华东	645	119.2	3.32	0.597(**)	9.1	-0.424(**)	17.8	0.210(**)
	中南	636	126.0	3.61	0.303(**)	8.8	-0.099(*)	20.0	-0.033
	西南	507	111.0	3.82	-0.240(**)	9.5	-0.349(**)	23.8	-0.139(**)
	西北	358	114.6	3.86	-0.024	7.2	-0.196(**)	20.1	0.254(**)
0—4岁人口性别比>107的样本	全国	2159	120.8	3.54	0.330(**)	8.0	-0.245(**)	19.1	0.178(**)
	华北	290	115.5	3.59	0.419(**)	6.6	-0.389(**)	17.8	0.306(**)
	东北	217	111.4	3.19	0.310(**)	6.0	-0.254(**)	15.1	0.286(**)
	华东	551	121.7	3.37	0.574(**)	8.8	-0.472(**)	17.9	0.256(**)
	中南	594	127.5	3.63	0.285(**)	8.8	-0.137(**)	19.8	0.007
	西南	281	117.5	3.65	0.079	8.6	-0.236(**)	22.1	0.114(*)
	西北	226	120.9	3.82	0.076	6.7	-0.145(*)	21.7	0.175(**)

注:＊＊相关系数显著性水平<0.01,＊相关系数显著性水平<0.05。

图6—1则进一步给出了华东地区645个县市区的平均家庭户规模与出生人口性别比的关系。由图可见,平均家庭户规模越大、家庭人数越多、传统观念越强,则0—4岁人口性别比越高,反之亦然。

同时,一代家庭户比例与出生性别比成反比(表6—3),尤其在华东、华北和东北地区最为显著。这说明,一代家庭户比例高的地区则出生人口性别比则低,反之亦然。当然,这里仍然存在若干争议,一代家庭户不仅与传统文化有关,而且与地区经济发展因素有关,如果经济不发展没有那么多住房,那么大家庭无法分开。因此,一代家庭户比例是传统文化和经济的综合影响。

如果舍去0—4岁人口性别比在107及其以下、正常的710个县市

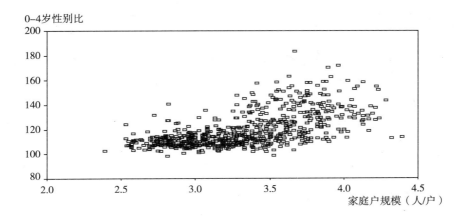

0—4岁性别比

家庭户规模（人/户）

图6—1　华东地区平均家庭户规模与出生人口性别比的关系（645个县市区）

区,计算了其余样本(人口性别比偏高)的家庭户规模、家庭户比例与0—4岁人口性别比的相关关系。并将此结果与全国2869个县市区全部样本的相关系数进行比较后发现,就三代家庭户比例而言,全国的相关系数(0.111到0.179)和华东地区的相关系数(0.210到0.254)有一定提高。

华东和全国频数(表6—4)分析指出,华东地区家庭规模每户小于3.5人时,有77%的县市区0—4岁性别比在107—120之间,相反,如果户均人口大于等于3.5人时,有72%的县市区0—4岁性别比在120之上。全国2159个县市区家庭规模每户小于3.5人时,有78%的县市区0—4岁性别比107—120之间,相反,如果户均人口大于等于3.5人时,有55%的县市区0—4岁性别比在120之上。类似,华东地区三代户比例小于17%时,有69%的县市区0—4岁性别比在107—120之间;相反,如果三代户比例大于等于17%时,有51%的县市区0—4岁性别比在120之上。

表6—4　华东地区及全国家庭户比例、三代户比例
与0—4岁人口性别比频数分布

0—4岁人口性别比	华东		华东		全国	
	家庭户规模（人/户）		三代户比例		家庭户规模（人/户）	
	<3.5	≥3.5	<17%	≥17%	<3.5	≥3.5
107—119	263(77%)	62(28%)	189(69%)	136(49%)	794(78%)	514(45%)

0—4 岁人口性别比	华东		华东		全国	
	家庭户规模（人／户）		三代户比例		家庭户规模（人／户）	
	<3.5	≥3.5	<17%	≥17%	<3.5	≥3.5
120 以上	69（23%）	157（72%）	85（31%）	140（51%）	219（22%）	632（55%）
合计	332（60%）	219（40%）	274（50%）	276（50%）	1013（47%）	1146（53%）

第四节　小　结

从文化专业角度来看，文化可以分成意识文化、制度文化和物质文化三个不同层次。第一层次，意识文化又称精神文化、观念文化。第二层次，制度文化包括反映社会形态的基本制度、具体制度和一般规章制度三部分。第三层次，物质文化是指含有意识文化要素的物质产品，具体包括服饰、饮食等文化内涵的物质产品，这些物质文化在不同程度上是意识文化的载体。而传统文化在三个层次中都有不同的表现。

中国目前的出生性别比问题，原因既有我国实行计划生育政策留下后遗症方面，又有我国传统生育文化传承与影响方面的缘故。传统生育文化是春秋战国后期形成的以儒家思想为主导的文化，在春秋战国以前，特别是在母系社会，生育文化中的性别歧视成分可能很少。

传统生育文化是指在一定物质生产条件下形成的有关生育的价值观念和行为规范，以及为实现这种价值观念的组织形式和制度形式，主要表现为对生育目的和意义关联的生育态度，对子女性别的价值取向偏好和对子女数量与质量的期望等。传统生育文化或隐或显地存在于人们的社会生活中，直接或间接地影响人们的生育行为，因为生育关联着人类自身整体繁衍，影响着一个民族群体发展与个体发展，所以生育文化总是人类从产生至今最为关心的重要问题之一。中国具有几千年的悠久历史，传统文化的因袭很难断然割裂的，传统文化难以一纸行政命令而变更。传统生育行为中对男孩强烈的性别偏好已经扎根、积淀于人们思维意识的深处，并逐渐发展成为一种具有强大生命力的心理习惯和社会习俗。

　　儒家生育文化对中国人民生育行为的影响时间长、范围广、程度深，是由中国特殊的自然环境、历史背景和人文心理决定的。殷周以来，自给自足的自然经济、宗法制以及重后心理的中国封建社会现实共同构筑了一个系统而又稳固的"尊尊亲亲"与"奉先思孝"生育理论，儒家文化中所有的价值观念与行为规范都是围绕家族、孝、亲来运作的，其生育文化具有较强的血缘性、等级性、世俗性、农耕性、封闭性。以家族为核心的儒家生育文化首先提倡的就是早生贵子、多子多福。儒家文化还对生育子女的性别赋予特别的价值判断和偏好，极力宣扬重男轻女思想，并视"男尊女卑"为天经地义的信条，主张唯有男子才是后续主体。儒家文化轻视女子造成女子社会身份低下。

　　民俗文化是一个地方民众在长期的生产与生活中形成的风尚、习惯。在乡土中国，民俗文化不是法律，但它比法律更具有约束力，其潜在规范制约着人们的伦理道德和作风行为。我国不同地方生育民俗文化不尽相同，但除了极个别少数民族外，对生育男孩的愿望表现却基本一致，祈求和尊崇生育男丁是各种民俗文化最刻骨铭心的内容。民俗文化的"丁崇拜"在婚姻、丧葬、祭祖、拜神等仪式中，"非男莫属"表现最为突出。

　　此外，在中国传统社会，国人往往是依附人格有余而独立人格不足，重先天给定有余而重后天努力不足。许多人在思维方式和行为方式上善于依傍古人，拘泥经典，趋共性和趋古性强；在价值取向上热衷仕途，委身皇权，注重天定和给定，不要求独立思考与行动。这种是与传统的大一统国家制度和源远流长的宗法家族制度有着密切的关系。该制度要求宗法家族制度把家族利益看得至高无上，而个人利益和独立人格则微不足道。

　　实证分析指出，非农人口比例与出生人口性别比成反比，城镇人口中非农人口比例高，出生性别比低，农村人口的出生性别比高。其次，传统文化影响小的地方，平均家庭人数少，小家庭、核心家庭及一代家庭户所占比例高，则出生性别比低，这种情况在华东、华北、东北、中南地区最为显著；反之，出生性别比高。同时，一代家庭户比例与出生性别比成反比，即某地区一代家庭户比例越高则出生性别比越低，反之亦然。

　　应该说明的是，什么代表文化，文化的代表性指标又有哪些？我们面临着能够很好说明文化内涵的指标无法定量化处理，或者是难以调查、收集数据资料；而能够调查、收集到资料的指标又不能十分贴切地反映文化内涵。由此反映的文化和出生性别比的关系也隔了一层神秘的面纱。此外,宗教对于妇女生育及避孕堕胎是有影响的。事实上,佛教、道教、基督教、天主教、伊斯兰教等各大宗教都有自己的婚姻观、生育观和人口观,这些教义都比较一致地认为婚姻是神圣的,反对人为地限制生育,主张增殖人口,堕胎则被看做是一种残忍的"杀生"行为。尽管中国宗教势力比较薄弱,但对于农民和农村地区还是有一定影响的。其对人口的影响既有反对堕胎和流产积极的一面,又有反对限制生育消极的一面。

第六章　妇女社会地位对出生性别比的影响分析

1983 年,Cleland 认为妇女地位低的地区,男孩偏好强烈。[①] 1993 年 Mead 认为劳动力的性别分工、就业市场的性别构成、财产继承制度、宗教规定的性别行为规范,以及婚姻和家庭组成的规则决定了妇女的经济地位,并从而决定社会的性别偏好。[②] 显然,在妇女生育偏好的背后是社会经济利益的性别冲突。人们对于子女的性别偏好,实际上是对社会男女性别不平等的抗争。重男轻女的观念,表现在招工、提拔、上大学、责任田分配等的性别倾斜。性别偏好对家庭或家族而言,是考虑男孩、女孩对于家庭家族在经济、精神、社会地位方面的贡献;性别偏好对社会而言,反映的是男孩、女孩在社会上的分工、作用和贡献。因此,男女性社会地位差异是影响出生人口性别比的直接因素。本章首先考虑妇女社会地位对于出生性别比的定性影响,其次考虑其定量影响。

第一节　妇女社会地位对出生性别比影响的定性分析

中国妇女被誉为"半边天",但实际妇女地位则不高。美国连续出现

---

① J. Cleland, J. Verrall, and M. Vaessen. Preferences for the Sex of Children and their Influence on Reproductive Behaviour. Voorburg: WFS Comparative Studies, 1983(27).

② Mead T. Cain, Patriarchal Structure and Demographic Change, Women's Position and Demographic Change. Clearendon Press-Oxford. 1993.

三任女国务卿,马德琳·奥尔布赖特、康多莉扎·赖斯和希拉里·克林顿。印度、英国、澳大利亚、菲律宾、韩国、智利、阿根廷、芬兰、立陶宛、利比里亚和哥斯达黎加等很多国家出现过女总统。在德国、法国、加拿大、澳大利亚、韩国、冰岛、印度、新西兰、芬兰、以色列、孟加拉、斯里兰卡、巴基斯坦、乌克兰、斯洛伐克等国出现过女总理。在西欧、北美女性部长都占10%以上,尤其在芬兰、挪威、瑞典等国该比例超过了30%,就连非洲的塞舌尔、拉美的委内瑞拉该比例都超过10%,1994年中国女部长占部长总数的6%。[①] 2000—2002年我国县级及以上领导干部中女性比例,省部级领导干部中女性比例较低,仅为8%左右,地市厅级女性比例为10%—12%,县处级女性比例为15%—16%(表7—1)。各级党委和政府领导班子中,女干部配备率低,除了省级党委外,大致仅在60%—70%之间。这说明,我国各级政府领导班子中女性比例低,到形式上性别平等还有相当一段路要走。

表7—1   2000—2002年我国县级及以上领导干部中女性比例

		2000年	2001年	2002年
领导干部中女性比例,%	省部级及以上	8.0	8.1	8.3
	地市厅级	10.8	11.0	11.7
	县处级	15.1	15.5	16.1
领导班子中女干部配备率,%	省级党委	77.4	93.5	96.8
	省级政府	64.5	61.3	64.5
	地级党委	59.2	66.7	71.2
	地级政府	65.1	65.7	69.4
	县级党委	61.6	61.6	67.4
	县级政府	59.8	59.9	70.0

资料来源:国家统计局人口和社会科技统计司:《2004年中国社会中的女人和男人——事实和数据》。

---

①   崔凤垣、张琪:《妇女社会地位评价指标体系研究》,中国妇女出版社2003年版,第33、36、63页。

近60年我国召开了10届人大和10届政协,但是其中女性人大代表仅占人大代表总数的12%—23%,大多数年份仅占20%左右,近几年还出现下降趋势;我国女性全国政协委员更是凤毛麟角,仅占我国政协委员总数的6%—17%。从吕后到武则天,从慈禧到江青,在中国传统文化社会女性一直被妖魔化,被描绘成"头发长见识短",女性就应该"三从四德",女性执政者一直受到社会的质疑,中国女性中优秀的从政人才、社会活动家和科学家比例很低。因此,提高女性地位、真正实现社会性别平等,必须从政府机关、从领导干部做起,应该提高中国女性执政、议政的比例和地位。只有这样,才能真正转变人们的生育观念中的男孩偏好,提倡生男生女都一样。

表7—2　历届全国人大代表和政协委员中女性比例　　（单位:%）

届别	召开年份	全国人大	全国政协
第一届	1954	12.0	6.1
第二届	1959	12.2	11.4
第三届	1964	17.9	8.1
第四届	1975	22.6	8.9
第五届	1978	21.2	14.7
第六届	1983	21.2	13.8
第七届	1988	21.3	14.5
第八届	1993	21.0	9.2
第九届	1998	21.8	15.5
第十届	2003	20.2	16.8

资料来源:同表7—1。

2002年全国各地省级人大代表和省政协委员的女性比例同样显示,31个省区直辖市的人大代表女性比例仅为22%、政协委员仅占18%（表7—3）。进一步分析指出,各省区直辖市人大代表和省政协委员中女性比例与当地社会经济文化状态无关,其与当地0岁性别比相关系数分别为0.2683、0.2511,说明其间存在弱线性相关关系。

表7—3　2002年全国各地省人大代表和省政协委员的女性比例

（单位:%）

地区	省人大代表	省政协代表	地区	省人大代表	省政协代表
北京	20.9	15.0	湖北	26.7	17.9
天津	19.8	18.8	湖南	21.1	17.1
河北	23.5	16.5	广东	20.1	17.5
山西	26.0	19.2	广西	19.6	13.5
内蒙古	20.3	16.4	海南	30.8	28.1
辽宁	22.9	17.1	重庆	24.8	20.8
吉林	20.8	16.7	四川	17.2	17.7
黑龙江	23.7	18.0	贵州	22.0	15.3
上海	22.8	21.1	云南	19.6	16.7
江苏	16.9	19.1	西藏	22.0	16.5
浙江	19.9	23.8	陕西	25.8	16.5
安徽	24.4	19.0	甘肃	21.8	17.5
福建	19.7	17.1	青海	24.1	23.5
江西	22.7	18.4	宁夏	22.6	13.0
山东	22.4	17.5	新疆	24.5	20.2
河南	19.1	16.3	平均	22.2	18.1

资料来源:国家统计局人口和社会科技统计司:《2004年中国社会中的女人和男人——事实和数据》。

相关分析同时指出,1995年我国各省区直辖市的党政机关与社会团体中的女性比例,1996年从事技术与管理女性比例,与我国各地区出生性别比存在着弱的负相关关系(-0.3182、-0.3293, $n=30$, $0.05<P<0.10$)。这说明党政机关与社会团体中的女性比例高或者从事技术与管理的女性比例高,则表示妇女地位高、出生性别比低;反之,出生人口性别比高。

代表妇女社会地位的指标很多,如妇女参政率、妇女就业率、妇女就业结构、妇女受教育程度、妇女死亡率、妇女离婚率等。其中,尤以妇女就业率涉及大多数妇女的切身利益,然而我国缺乏各省市县妇女就业率基础数据。就目前所有资料,本节将讨论2000年妇女就业水平、就业结构和受教育程度对出生性别比的影响。

一、妇女就业水平、就业结构对出生性别比的影响

我国妇女在经济管理领域取得大量的成就。近 60 年我国妇女就业人数不断增加，女性就业率高。2010 年胡润研究院公布了全球最富有女性的排行，全球 20 位拥有 10 亿美元、白手起家的女富豪中，有 11 位来自中国。2010 年胡润百富榜中全国身家过百亿的富豪 97 人，女性为 13 人，占 13.4%。我国妇女在业比例在世界上名列前茅。1949 年，新中国刚刚成立时，全国职工总数为 850 万人左右，其中女职工仅占职工总数的 7.5%。1953 年我国开始实施第一个五年计划建设时，女职工有 213.2 万人，占职工总数的 11.7%；1978 年全国全民、集体所有制企业中的女职工达 3128 万余人，占职工总数的 32.7%；1982 年女性在业人口占总在业人口的 43.7%；1990 年占 45%；到 1995 年，我国城镇企事业单位女性从业人数达到了 5755 万，妇女在业人数比 1949 年增长了 80 多倍。① 第五次全国人口普查表明，2000 年全国城镇人口就业率为 62.1%，其中女性就业率为 53.8%，男性的就业率为 70.4%，即每 100 个男、女性城镇劳动适龄人口中分别有 54、70 人就业，女性就业大致占就业人口的 43%。女性就业水平、就业率往往通过妇女地位、妇女生育意愿，而间接影响人口性别比。下面分析就业水平、就业结构对妇女意愿生育子女性别的影响机制。

首先，妇女就业水平在一定程度上反映了妇女的社会地位。妇女的就业率高，某种程度上代表妇女社会参与程度高、妇女自主性强、社会地位高；社会经济地位的高低，直接决定着女性的独立程度，决定其对社会及家庭各类资源的支配、控制能力，进而决定妇女在社会中的自主性和独立性；妇女只有在社会劳动中才能确立自身的人格尊严和价值。因此，妇女就业的比例往往成为衡量妇女社会地位的重要尺度。②

妇女社会地位的高低必然影响人们的生育意愿。妇女社会参与程度高、女性地位高，女性受歧视不明显，人们的生育行为中在性别选择上就没有明显的偏好；而如果妇女社会地位低，社会参与率低，女性受歧视明

---

① 帕丽达·克力木：《中国城镇妇女就业问题初探》，《实事求是》2003 年第 2 期。

② 徐丽红、颜华、徐雁敏：《就业水平——妇女地位提高的重要标志》，《中国职工教育》2003 年第 7 期。

显,在社会发展中受到较多方面限制,那么人们就会更希望生男孩,就出现了性别偏好。女性地位偏低是生育行为中男孩偏好的深层次原因。从社会性别视角来分析,便会发现人们之所以借助 B 超进行产前胎儿性别鉴定、发生"流女保男"溺婴、弃婴现象,是因为在现实生活中,相对男性而言,女性的总体地位偏低,农村女性地位则更低,农民在生养男孩中得到的预期价值远远高于生养女孩。① 同时,农村生养男孩的家庭成本低。与新中国成立前相比,广大农村妇女的政治地位有明显的提高,她们一样享有选举权和接受免费教育的权利。但现实社会经济的作用和传统文化思想的影响,在很多农村地区,妇女依然处于"次要"的位置,她们绝大部分从夫居,就业范围窄,提升机会少,地位相对较低,生活、生产多依赖男性。因此,农村妇女认为,要想维系婚姻和提高在夫家的地位,唯有符合现实要求,遵从道德舆论,生育男婴,从而也强化了生男偏好。②

其次,我国一些法律政策的制定与实施本身也缺乏性别平等视角,如对男女公务员和男女员工不同年龄退休的规定、劳动力市场上某些用人单位拒绝录用女性、农村出嫁女、离婚女的户口、责任田及土地补偿费等得不到公正对待,都给女性的生存与发展带来许多障碍,人们能够感知到的事实就是生儿要比生女好,生儿子的收益比生女儿的高。这种法律政策上的性别不平等,使本已存在的男孩偏好的生育观念更加根深蒂固。由此,人们想尽办法,如做产前性别鉴定和引流产的行为也就在所难免了。③

就业率对出生人口性别比是有影响的。就业率高,出生人口性别比低;就业率低,出生性别比高,两者之间大致呈负相关关系。然而,我国城乡就业人口中包括大量的农村就业人口,农村人口大多是自然就业的。于是,女性就业率高并不代表妇女社会地位高,反之亦然。1995 年我国各地区就业人口中的女性比例分析表明,安徽、广东、广西、海南出生性别比严重失调的地区,妇女就业人口比例高达 46.8%、45.7%、46.9% 和

① 祝平燕、郑美琴:《从生育行为中的男孩偏好看女性的生存发展状况——对出生性别比偏高现象的社会性别解析》,《中华女子学院学报》2005 年第 4 期。

② 王翠绒、易想和:《农村出生性别比失衡问题研究》,《甘肃社会科学》2004 年第 1期。

③ 马焱:《从性别平等的视角看出生婴儿性别比》,《人口研究》2004 年第 5 期。

46.6%,而出生性别比正常的辽宁、吉林、黑龙江分别仅为 43.2%、42.5%和 39.6%。显然,就业人口中的女性比例高低难以说明女性地位高低,更难以说明出生性别比高低。关键要研究妇女的就业结构,尤其是高端职业和行业妇女就业比例。

(一)妇女就业结构不合理、就业层次低

从我国范围来看,妇女就业层次普遍较低、就业结构不合理。在市场经济条件下,妇女虽然比以往获得了较多的就业选择自主权,但由于受主客观各方面因素的制约,事实上妇女的职业选择权是极为有限的,由此造成了妇女就业层次较低。从全国范围看,就业妇女有 83% 是体力劳动者。[①] 妇女在第一产业中的从业人数多于在第二产业的从业人数,而在第二产业中的人数又多于在第三产业的从业人数。妇女在农村地区从事简单劳动的多,在城镇从事管理和技术性劳动的少。女性在业人口的职业构成表现为从事体力劳动的多,从事脑力劳动的少。1994 年情况表明(表 7—4),国家机关、党群组织和企事业单位负责人中,女性仅占11.5%,男性占 88.5%;办事人员女性占 25.6%,男性占 74.4%;仅在服务性行业是女性工作人员比例(51.6%)略高于男性。1999 年资料分析表明(表 7—5),科学研究和综合技术服务业及国家机关、政党机关和社会团体中女性比例24%低于男性比例76%,地质勘探业、水利管理业女性仅占 26.4%,交通运输、仓储及邮电通信业女性占 28%,仅在卫生、体育和社会福利业的女性(57%)略高于男性(43%)。

表 7—4　1994 年我国各种职业就业人口中的女性比例

职业门类	女性比例
国家机关、党群组织、企事业负责人	女占 11.5%,级别越高,女性越少。如中央一级领导干部,男为女的 11 倍
各类专业技术人员	女占 45.2%,其中护士、药剂师、幼儿教师、图书资料、档案管理等女性多
办事人员	女占 25.6%
商业工作人员	女占 46.7%,其中售货员、营业员女性最多,为男性的一倍,其余均低于男性

---

① 李艳梅:《关于妇女就业问题的思考》,《前沿》2004 年第 9 期。

续表

职业门类	女性比例
生产运输工人	女占35.7%,其中女性最多的工种为裁剪缝纫工(占82.7%)、纺织印染工(79.4%),较多的有:橡胶、塑料、皮革、印刷、食品、烟草等工种……
服务性工作人员	唯一女性多的门类,女占51.6%,除浴室服务员、理发员、殡葬人员、园林工、修理工男略多于女外,其余女略多于男
农林牧渔业劳动者	女占47.9%

资料来源:谭深:《当代中国妇女状况的分析与预测》,《社会学研究》1994年第3期。

表7—5　分行业城镇单位女性从业人员占从业人员比重(1999年)

产业	按国民经济行业分组	女性从业人员所占比例,%
第一产业	农林牧渔业	37.6
第二产业	制造业	43.4
	采掘业	26.5
	电力、煤气及水的生产和供应业	32.1
	建筑业	18.5
第三产业	批发和零售贸易、餐饮业	46.3
	社会服务业	44.4
	地质勘探业、水利管理业	26.4
	其他	36.3
	房地产业	33.8
	金融、保险业	42.7
	交通运输、仓储及邮电通信业	28.0
	卫生、体育和社会福利业	56.9
	教育、文化艺术和广播电影电视业	43.4
	科学研究和综合技术服务业	32.9
	国家机关、政党机关和社会团体	24.1

资料来源:国家统计局人口和社会科技统计司编:《中国社会统计资料,2000》,中国统计出版社2000年版。

　　1980年、1990年及2000年我国各种职业的性别构成(表7—6)可见,女性在第三产业虽有增长,但相对于男性速度缓慢。女性比例由1980年的10%上升到2000年的18%,而男性比例由13.5%增加到2000年的21%;在第二产业中,女性比例由1980年的13%下降到2000年的

11.8%,而男性比例由18.5%增加到2000年的19.3%。在第一产业中女性劳动力所占比例稳定在70%以上,明显偏大,而男性在60%以下。

第三产业妇女就业比例是否能说明妇女社会地位呢?第三产业是个行业众多、范围广泛、门类齐全的多边产业,既有劳动密集型行业,又有知识密集型以至高智型行业,既有传统的商业、饮食、服务行业,又有新兴的专业性极强的高智商型咨询行业。第三产业的优质高效服务要求有大批量、多层次的知识性、经验丰富且职业道德兼优的服务人员。从统计角度而言,第三产业可以分为四个层次:第一层次是流通部门,包括交通运输业、商业等;第二层次是为生产和生活服务的部门,包括金融保险业、房地产、居民服务业等;第三层次是为提高科学文化水平和居民素质服务的部门,包括教、科、文、卫、体和社会福利事业等;第四层次是为社会公共需要服务的部门,包括机关、团体、军队、警察等。这四个层次对职工的文化素质、思想素质要求都不一。显然,仅第三产业妇女就业比例本身就难以代表妇女社会地位,也难以说明出生性别比高低的原因。

表7—6 1980年、1990年和2000年各职业类别性别构成比例

(单位:%)

年份	性别	国家机关、党群、企事业单位负责人	专业技术人员	办事人员和有关人员	商业工作人员	服务性工作人员	生产工人、运输工人和有关人员	农林牧渔劳动者	不便分类其他劳动者
1980	男	2.50	5.60	1.80	1.70	1.90	18.50	67.90	0.10
	女	0.40	4.40	0.70	1.90	2.40	13.00	77.10	0.10
1990	男	2.60	6.00	2.30	2.90	2.10	17.20	66.80	0.10
	女	0.50	5.00	1.30	3.10	2.70	12.00	75.30	0.10
2000	男	2.59	6.39	3.55	5.42	3.05	19.31	59.60	0.10
	女	0.62	5.10	2.03	6.33	3.79	11.75	70.30	0.10

资料来源:转引自吕红平、陈胜利主编:《社会性别与人口发展》,中国人口出版社2005年版,第206页。

(二)就业机会与收入水平的不平等

在管理技术岗位就业中性别限制和性别歧视现象严重,很多单位在用人中存在明显的性别歧视,拒收女性和女性大学生造成女性就业困难;在待遇方面也存在明显的不平等。首先,女性就业机会少,在应聘求职过

程中,有些用人单位在招聘录用新员工时,明确规定"只招男性"或"男性优先",下岗失业女职工和妇女生育前后常被拒绝录用。从离职过程来看,妇女是用人单位的经济性裁员和解雇的首选对象。女性就业者较多聚集于农林牧渔和低技能和职业声望相对较低的服务行业和劳动密集型行业,长期低报酬、工时长、提升机会少。其次,男女两性收入有拉大的趋势,在我国 2820 万贫困人口中,有 60% 是妇女。妇女贫困与人口控制之间存在相互制约的关系,我国历次调查显示,贫困地区妇女是多胎多育最主要的人群。①

　　有资料反映,女性经济收入低下是国际社会普遍存在的社会现象。20 世纪末世界各国男女性工资收入差异比较显示,韩国女性收入差异最大,仅相当于同工种同职位男性工资的 62.6%;马来西亚、日本和新加坡男女性工资差异次大,分别为 63.0%、66.8% 和 72.3%;菲律宾男女性工资差异最小,为 96.6%;美国、英国和法国工资性别差异次小,分别为81.0%、82.6% 和 86.6%。中国估计在日本、新加坡之间,为 70% 左右,主要在蓝领和民营企业中。各国都存在经济收入的男女差异,为何中国出现持久、广泛的出生人口性别比失调呢? 这大概只能用社会、文化、制度等其他方面的差异来解释了。

　　综合可见,近几年我国女性就业人数和就业率提高了,但女性社会地位并未真正提高,男女地位尚不平等。实际上,妇女就业层次还比较低,第二、三产业就业机会也较男性少,经济收入水平也比男性低,所以女性在就业方面与男性相比还是存在着明显的弱势。男性能给家庭和个人带来更高的物质报酬,这就导致人们生育中偏向男孩,从而导致出生性别比偏高。这与我们前面的理论假设也是吻合的。

二、受教育程度的性别差异对出生性别比的影响

　　随着城市化不断推进,第二、三产业不断发展,人们对教育的重视程度越来越高,第二、三产业从业人口的受教育程度也在不断提高。另外,非义务教育成为居民,特别是农村居民的一大经济负担。在有限的家庭

---

　　① 祝平燕、郑美琴:《从生育行为中的男孩偏好看女性的生存发展状况——对出生性别比偏高现象的社会性别解析》,《中华女子学院学报》2005 年第 4 期。

财力下,是否对儿子、女儿进行同样的投资,是否让儿子、女儿接受同样的非义务教育,是否让女儿上大学,这是摆在每个农村居民家庭的一个大问题。传统家庭认为,女儿是嫁出去的人,泼出去的水,女儿没有养家、养老的义务,同时没有分家产的权利,自然女儿在娘家是没有投资的价值。而现代(大多是子女偏少)家庭认为,女儿出嫁仍有养家、养老的义务,同时享有分家产的权利,儿子和女儿在法律上具有相同的权利和义务,只要女儿有潜能、有需求,女儿就有投资价值。女儿接受非义务教育,不仅是对女儿本人的未来负责,而且是对社会负责。所以,接受非义务教育的性别差异,实际反映了男女性社会地位的主要指标。

2000年人口普查资料分析发现,15岁以上女性平均上学年数为6.1年,比男性低1.5年。而农村女性受教育水平为更低,与男性相比差距也更大。农村女性文化程度为初中以上的比例是42.3%,比男性低20.8个百分点;58.8%的女性只有小学以下文化程度,比男性高21.9个百分点;女性文盲率为13.6%,比男性高9.6个百分点。长期以来我国女孩的受教育程度是由家庭决定的,是父母出于家庭经济或其他方面考虑而决定的。由于女性都要出嫁而离开其父母的家庭,这种预期限制了女孩的受教育水平。女孩在很小的时候就开始在农田劳动赚取微薄收入,以维持家庭经济。影响农村妇女受教育水平提高的主要原因是家庭对女儿受教育期望偏低,很多父母仅让子女接受义务教育,尤其不愿为女孩做过多的投资。20世纪90年代的调查显示,未能继续上学的农村女性中,由于父母阻止上学的占36.8%,比男性高8.9个百分点。[①] 家境困难是农村父母不让子女继续上学的主要原因,但父母认为女孩上学没用(找不到好工作)的也占相当比例。

三、不同性别退休年龄和土地使用权益对妇女权益的影响

我国城镇男女职工不同龄的退休制度,虽然政策制定的初衷是考虑到当时工作劳动强度较大,女性家务劳动负担重,让女性提前退休实际上是一种"福利"。然而,随着社会经济的发展和人均预期寿命的延长,女性的平均预期寿命超过男性,而且生活条件的改善和社会服务业的发展,

① 冷毅、凌寒:《改革开放中的第三产业》,经济科学出版社1993年版,第38页。

也极大程度上将女性从繁重的家务劳动中解脱出来,男女退休年龄有别的退休政策,客观上已造成了性别间的经济、政治和社会权益的不平等。一方面,由于退休年龄、工作年限与退休金关系紧密。对于同龄同期参加工作的男性和女性干部而言,仅仅由于退休年龄的不同,就会造成退休后待遇的差别——工作满35年的,职务工资、级别工资两项之和按88%计发;工作满30年不满35年的,两项之和按82%计发;工作满20年不满30年的,两项之和按75%计发。另一方面,提前退休使女性教育培训、职业发展和岗位晋升等方面的机会明显减少,很大程度上影响了女性参政议政及其他社会权力的实现,也制约了优秀女性人才的选拔。①

　　土地分配与使用状况也影响了人们意愿生育性别。在农村,妇女的土地权益往往得不到保障,中国政府已经在土地法中规定男女享有平等的土地权益,但是由于缺乏具体的可操作细则和有效的保障措施,加上我国农村传统的"嫁娶式"婚姻仍为主导的婚姻模式,使得农村妇女因婚姻关系而迁居别村时,将失去其对迁出地的土地使用权,而又在很长一段时间内不可能获得迁入地土地的使用权,即在土地资源的配置和使用上女性明显处于劣势,这就容易形成性别不平等或女性地位低下的观念,进而导致农村人口在生育行为存在明显的男孩偏好。② 土地管理对生育意愿也是有影响的,农村中少数基层干部自身就存在严重的重男轻女思想,这对周围群众起到负面的示范、引导作用。

第二节　妇女社会地位对出生性别比
影响的定量分析

　　采用什么指标来表示妇女地位,理论上考虑,可以选择公务员中男女比例、各种职业、行业的男女比例,重要职业、行业的女性比例高则表示妇

---

① 宋健:《中国出生人口性别比偏高问题的政策回应与效果》,《人口研究》2009年第4期。

② 闫健辉:《对贫困地区农村性别偏好的经济学分析》,《人口与计划生育》2004年第4期。

女地位高。然而,受研究资料的限制,难以进行如此研究。1990年人口普查资料分析提示,出生人口性别比与妇女文化程度呈正相关。[①] 全国公开发表的各县市普查资料中,有分性别指标非常少,1995年前几乎没有,2000年及其以后仅有婚姻资料和受教育程度有分性别资料,而其中能够解释出生性别异常的因素或变量则更少。于是,本研究选择使用女性受教育水平、受教育程度性别差异和死亡率性别差异等几个方面指标进行分析。

一、妇女受教育程度对出生人口性别比影响的定量分析

妇女的社会地位、社会生活状态是影响出生人口性别比的重要原因之一,但其对于出生性别比的影响是有很大时间滞后效应。如城市具有发达的第三产业,妇女就业水平、收入水平高、妇女生活状态好,人们对于女婴女孩歧视就少一些。由于出生性别本质上属于医学指标,社会因素直接影响机制尚不清,本书仅能讨论其统计层面上的联系。

(一)男女性受教育程度的差异

2000年人口普查资料计算表明,全国2869个县市区男女性平均受教育时间分别为8.0年、6.9年,15岁以上男女性人口文盲率分别为6.8%、16.5%,15岁以上男女人口接受高中及以上教育的人数比例分别为21.6%、16.3%(表7—7),女性受教育程度明显低于男性。相关分析表明,15岁及其以上成人,特别成人女性中具有高中及其以上文化程度的人口占该年龄段人数比率,与该地出生人口性别比具有显著性负相关关系(全国相关系数为-0.220)。这说明某地区成人高中及以上文化程度人口比例高,则该地区出生人口性别比偏低;反之,某地区成年女性高中及以上文化程度人口比例低,则该地区出生人口性别比偏高。这说明文化程度提高,人的综合素质高,有利于出生性别比降低。

各地区资料分析同时表明,高中以上文化程度的人口比例对出生人口性别比影响大,在各地区都为一致的负相关。除西南部地区外,各地高中以上学历人口比例高,则出生人口性别比低。因此,地区文化水平的提

---

① 冯占联:《出生性别比异常的非统计含义:一个社会学解释》,《人口研究》1995年增刊。

高有利于出生人口性别比的下降;这种关系是女性情况高于男性,华东、中南地区好于西北、西南地区。

表7—7　成人文盲率、成人高中及以上文化程度的人数比例与
出生人口性别比的相关关系

地区	样本量	成人文盲率			高中以上文化程度人口比例		
		合计	男性	女性	合计	男性	女性
平均水平		11.49%	6.76%	16.47%	19.04%	21.63%	16.33%
全国	2869	-0.134(＊＊)	-0.171(＊＊)	-0.110(＊＊)	-0.170(＊＊)	-0.119(＊＊)	-0.220(＊＊)
华北	429	0.081	0.157(＊＊)	0.023	-0.305(＊＊)	-0.287(＊＊)	-0.317(＊＊)
东北	294	0.068	0.021	0.086	-0.233(＊＊)	-0.227(＊＊)	-0.238(＊＊)
华东	645	0.152(＊＊)	0.190(＊＊)	0.125(＊＊)	-0.312(＊＊)	-0.289(＊＊)	-0.334(＊＊)
中南	636	0.277(＊＊)	0.207(＊＊)	0.284(＊＊)	-0.314(＊＊)	-0.285(＊＊)	-0.339(＊＊)
西南	507	-0.275(＊＊)	-0.308(＊＊)	-0.244(＊＊)	-0.071	-0.043	-0.102(＊)
西北	358	-0.081	-0.135(＊)	-0.052	-0.143(＊＊)	-0.076	-0.203(＊＊)

注:＊＊表示相关系数的显著性水平为0.001以下,＊表示相关系数的显著性水平为0.05—0.001,无＊的表示相关关系不明显,下表同。

　　表7—8给出了全国各地区男女性人口平均受教育年限与0—4岁人口性别比的相关关系。15岁以上人口平均受教育年限虽然综合考虑了各种受教育程度人口比例,但就全国而言,与出生人口性别比相关并不显著。而就全国六大地区而言,在华东、中南等地区平均受教育年限与出生性别比呈现高度负相关,即平均受教育年限长,则出生人口性别比低;尤以女性平均受教育年限与出生人口性别比关系为最好。在西南、西北地区与出生人口性别比相关不显著。西南、西北地区情况比较复杂,平均受教育时间延长,可能使人们有足够的知识或经济能力来使用B超进行选择孩子的性别,所以,出生人口性别比高。

表7—8　各地区受教育年限与0—4岁人口性别比的相关关系

平均水平	样本量	合计	男性	女性
		7.43年	7.96年	6.87年
全国	2869	0.000	0.033	-0.031

续表

平均水平	样本量	合计	男性	女性
		7.43 年	7.96 年	6.87 年
华北	429	−0.233(＊＊)	−0.230(＊＊)	−0.226(＊＊)
东北	294	−0.216(＊＊)	−0.213(＊＊)	−0.216(＊＊)
华东	645	−0.307(＊＊)	−0.297(＊＊)	−0.315(＊＊)
中南	636	−0.305(＊＊)	−0.283(＊＊)	−0.320(＊＊)
西南	507	0.208(＊＊)	0.247(＊＊)	0.164(＊＊)
西北	358	0.048	0.100	0.005

表7—9 进一步给出了 15 岁以上成人中女性高中以上人口比率与 0—4 岁人口性别比的统计关系。① 由表可见,除出生人口性别比最低的 1 个组(低于 100)外,成人女性中高中以上人口比例越高,出生人口性别比则越低,男婴出生比例相对少。例如成人女性高中以上比例在 9.19%—10.45% 之间的地区,出生人口性别比在 140 以上,出生男婴占 58%;而成人女性高中以上比例在 18.20%—19.84% 之间的地区,出生人口性别比在 100—109 之间,男婴占 51%。显然,文化程度高的人们,比较容易接受科学进步的新生事物,接受新的生育观念。具有高中及其以上文化程度的 15 岁及其以上女性人口占该年龄段妇女人数比率(%),与 0—4 岁人口性别比也是密切相关的。

表7—9 女性高中以上人口比例与0—4 岁人口性别比的分布

		0—4 岁人口性别比				
		99 以下	100—109	110—119	120—139	140+
成年女性高中以上率,%	平均	8.83	19.02	18.45	11.81	9.82
	下限	6.56	18.20	17.49	11.10	9.19
	上限	11.01	19.84	19.40	12.52	10.45
样本量		63	1116	839	617	234

注:＊上、下限分别是指95%的置信区间的上、下限。

———————

① 样本量是 2869 个县市区,显著性水平为 0.05 的相关系数为 0.036。

卫生部—联合国儿童基金会资助的"10省46县农村初级卫生保健"项目①,分析了1996—2005年我国西部,包括新疆、青海、宁夏、内蒙古、甘肃、广西、江西、云南、四川、重庆10省(市、区)的46个贫困县农村父母亲不同文化程度情况下0—3岁婴幼儿性别比(ISR)。分析表明,随着母亲文化程度的提高,婴幼儿性别比呈现下降趋势(表7—10)。高中以上文化程度的母亲与初中以下文化程度的母亲,婴幼儿性别比差异明显,但文盲组的婴幼儿性别比反而比较低。调查还发现,不同文化程度母亲的婴幼儿性别比均高于2000年人口普查所得的相应的中国农村人口婴幼儿性别比。随着父亲文化程度的提高,婴幼儿性别比变化规律就不太明显。大致是随着父亲文化程度的提高,婴幼儿性别比先升高,父亲文化程度为初中组最高,为136.19,其后降低。

表7—10　不同文化程度的父母亲的婴幼儿性别比

	文化程度	46县ISR	婴幼儿数	95%CI,低	95%CI,高	全国农村ISR
母亲文化程度	文盲	134.09	6969	127.89	140.63	107.52
	小学	135.89	17555	131.89	140.03	123.67
	初中	134.33	15070	130.07	138.75	122.58
	高中	124.47	2431	114.94	134.89	117.51
	≥大学	121.36	487	101.63	145.37	112.80
父亲文化程度	文盲	124.40	2244	114.50	135.26	—
	小学	134.68	14374	130.31	139.22	—
	初中	136.19	20650	132.49	140.01	—
	高中	129.90	4375	122.39	137.94	—
	≥大学	127.49	869	111.60	145.95	—

类似,2005年利用第3次国家卫生服务调查中家庭健康调查资料②,分析1998—2002年有过生育史的妇女,抽取样本57023户,调查15—49岁妇女51988人和8575个活产婴儿。调查发现,母亲为文盲、半文盲的

①　刘彦芳、颜虹、王全丽:《1996—2005年我国46县农村婴幼儿性别比分析》,《南方医科大学学报》2008年第10期。
②　黎楚湘等:《1998—2002年中国人口出生性别比》,《中国初级卫生保健》2005年第11期。

出生婴儿性别比为 132.1，母亲文化程度为小学、初中的出生婴儿性别比分别为 125.3、121.0，母亲文化程度为高中以上，出生婴儿性别比为 117.5，即随着母亲文化程度上升，出生性别比不断下降。

（二）各种学历人口性别比与 0—4 岁人口性别比

全国第五次人口普查资料提供了 15 岁以上各种文化程度分性别的人口数量。表 7—11 给出了 2869 个县市 6 岁以上人口中具有小学、初中、高中、中专、大专、本科文化学历的学生性别比，及其与 0—4 岁人口性别比的相关关系。由表可见，我国各级学生中性别比严重失调，学历越高男性毕业生比例越高，女性毕业生比例越少。女性本科生、大专生、高中毕业生分别占总人口的 20.2%、30.5% 和 34.8%。高中文化程度（非义务教育）人口性别比与 0—4 岁人口性别比有明显的正相关关系。如果具有高中学历的女性毕业生比例低，反映了妇女社会地位较低，则当年 0—4 岁性别比也同时偏低。这种相关关系在华东、华北、中南等地都有很好的应用，而在西南、西北相对较差。

表 7—11　具有各种文化程度人口的性别比与出生人口性别比的相关关系

地区	样本	小学	初中	高中	中专	大专	本科
女性比例		42.5%	37.3%	34.9%	38.9%	30.5%	20.2%
全国	2869	-0.230（＊＊）	0.040（）	0.380（＊＊）	0.051（＊）	0.241（＊＊）	0.199（＊＊）
华北	429	-0.408（＊＊）	0.037	0.455（＊＊）	-0.081	0.139（＊）	0.071
东北	294	-0.034	0.177（＊＊）	0.315（＊＊）	0.255（＊＊）	0.202（＊＊）	0.094
华东	645	-0.225（＊＊）	0.404（＊＊）	0.475（＊＊）	0.347（＊＊）	0.412（＊＊）	0.339（＊＊）
中南	636	-0.104（＊）	0.171	0.420（＊＊）	0.203（＊＊）	0.308（＊＊）	0.192（＊＊）
西南	507	-0.228（＊＊）	0.132（＊）	0.139（＊）	-0.068	-0.046	0.207（＊＊）
西北	358	-0.260（＊＊）	-0.062	0.319（＊＊）	0.062	0.234（＊＊）	0.044

注：（）、（＊）和（＊＊）分别表示相关系数的显著性水平 $\alpha<0.05$，$\alpha<0.01$ 和 $\alpha<0.001$。

事实表明，传统文化具有很强的传递性，出生人口性别比与儿童性别比、与少年性别比成正比，而儿童性别比、少年性别比又分别与小学生性别比、初中学生性别比成正比。因此，出生人口性别比应该与该地小学生文化程度人口的性别比，及初中文化程度人口的性别比成正比。

二、受教育程度性别差异对出生人口性别比影响的分析

非义务教育程度性别差异更能说明妇女的社会地位。非义务教育不是国家规定,而是由每个家庭根据自己的社会经济条件自由决定的,所以更能体现社会和家庭对女性受教育权益和妇女社会地位,尤其是在经济不富裕的情况下。严格而言,非义务教育应该包括幼儿园教育和高中以上学校教育,由于资料的缘故这里仅指后者。非义务教育阶段男女性差异小,则说明家庭和社会对妇女歧视较少,社会性别歧视不严重,女性社会地位高;相反,则认为社会性别歧视严重,女性社会地位低。

若分别计算全国及各地区15岁以上男、女性高中及以上文化程度的人口比例,计算其性别差异,则可进而计算非义务教育程度性别差异及其与0—4岁人口性别比的相关系数,全国为0.380。由表可见(表7—12),2000年我国男性非义务教育比例比女性高4.4个百分点,性别差异较大的出现在华东和中南地区,华北、东北则差异较小,即华东和中南地区0—4岁人口性别比高,华北、东北地区0—4岁人口性别比低。从全国2869个县市区而言,非义务教育程度男女性别差异大则0—4岁人口性别比高;男女性别差异小则人口性别比低。这种关系在西北、华北和中南地区最为明显,相关系数最高。

表7—12　非义务教育比例的性别差异与0—4岁人口性别比的相关关系

	样本量	性别差异(%)	0—4岁性别比	相关系数
全国	2869	4.39	116.65	0.380(＊＊)
华北	429	2.80	111.87	0.243(＊＊)
东北	294	2.85	109.77	0.043
华东	645	6.05	119.23	0.070
中南	636	5.45	126.01	0.237(＊＊)
西南	507	2.89	111.03	0.155(＊)
西北	358	3.92	114.60	0.550(＊＊)

注:(＊)、(＊＊)分别表示相关系数的显著性水平 $\alpha<0.01$ 和 $\alpha<0.001$。

三、婴儿死亡率性别差异与出生性别比的关系

男(女)婴死亡率是男(女)婴出生一周岁内死亡占男(女)婴总人数

的比例。死亡婴儿性别比是指每 100 个死亡女婴中所对应的死亡男婴人数。在大部分国家男婴死亡率远高于女婴死亡率,死亡婴儿性别比大于100。如第二章所示,出生前胎儿死亡性别比为 130—140,即男性胎儿死亡率比女性胎儿高 30%—40%;正常状态下婴儿死亡性别比为 110—140。由此可见,妇女受歧视实际不仅侵犯了女性的发展权益和受教育权益,更重要的是侵犯了女性的生命权益。

(一)1982 年、1990 年和 2000 年全国婴儿死亡率情况

1982 年我国第三次人口普查时,每 100 个死亡女婴中所对应的死亡男婴人数 115 人(114.6),北京、天津、上海、云南、贵州、四川分别为118、119、135、127、119、111,即死亡男婴人数多于死亡女婴人数。但是1990 年情况发生逆转,死亡女婴人数多于死亡男婴人数。1990 年全国婴儿死亡性别比迅速下降到 94.3,尽管北京、天津、上海三个直辖市仍分别为 132、126、142,但都在正常范围之内。2000 年全国死亡婴儿性别比进一步下降为 84.3,在江西、广西、广东、海南、福建婴儿死亡性别比更是低于 80,即男性婴儿死亡人数比女性婴儿低 20% 以上,而在河北、安徽、云南、贵州、甘肃和陕西的婴儿死亡性别比也是在 80—90之间。这在世界上 100 多个国家和地区中是十分少见的。这反映了女婴受到虐待、漠视或冷暴力,大量女婴丢弃了生命。由此可见,女婴死亡数量,甚至女性胎儿死亡数相对增多与出生性别比偏高几乎同时发生。

(二)各地具体登记和调查的死亡婴儿性别比

从 2002 年安徽省人口与计划生育统计汇编资料来看[①],死亡的婴儿政策内二孩和政策外婴儿性别比(60.5、90.9)远比政策内一孩(138.8)低(表 7—13);婴儿出生后即死性别比(88.4)和出生后少于 30 天死亡性别比(87.1)明显偏低,死亡女婴偏多;终止妊娠胎儿(67.5)性别比明显偏低,死亡女性胎儿多。这两组数据说明非正常死亡的婴儿和终止妊娠的胎儿中,女性远高于男性。

---

① 陈兆钧:《安徽省出生性别比问题分析》,《人口研究》2004 年第 5 期。

表7—13　安徽某市政策内和政策外死亡婴儿性别比

	合计	政策内婴儿死亡	政策内一孩死亡	政策内二孩死亡	政策外死亡婴儿
死亡男婴	259	249	168	81	10
死亡女婴	266	255	121	134	11
性别比	97.4	97.7	138.8	60.5	90.9

资料来源:2002年安徽省人口与计划生育统计资料汇编。

　　浙江大学人口研究所周丽苹调查发现,浙江某市区从1996—2002年生育过一孩的妇女曾在生育二孩前做过流(引)产的379人中,第一胎是女孩的255人,占67.3%;而据该市某区的中心医院统计,在1990—1999年自动来院做流(引)产手术者中,女婴流(引)产占到全部流(引)产的90%。由此可见,导致出生性别比升高的"症结"为二孩及二孩以上多孩生育,尤其是农村普遍推行独女户允许再生育一个子女的政策规定,客观上为性别选择提供了藏身之所,使偏好男孩的有目的的性别选择,得以在政策规定允许的"合法"外衣下悄然进行。①

　　北京大学人口所穆光宗调研发现,2001—2002年海南省琼海市2万多例引产中,有78%是女婴,这一时期女婴引产比例最高的县可达88%—89%。检查发现,女性主动找人口计生部门以各种各样理由,要求流引产;检查是男性,就千方百计闯关。"流女留男"的弊端客观上与生育期四年间隔的规定存在着内在的关联。基层在工作中有一个规律,计划生育工作抓得越紧,出生人口性别比问题就越突出。这实际反映了国家生育政策和人们生育观念之间的差异。②

　　(三)2000年我国女婴死亡率与出生性别比

　　2005年国家人口计生委张二力研究了全国345个地市女婴死亡率偏高与出生性别比偏高的关系。③ 作者发现2000年女婴死亡率偏高基

　　① 周丽苹:《解决出生性别比升高要有新的思路》,《社会科学战线》2005年第2期。
　　② 穆光宗:《出生人口性别比异常偏高与生育政策有关吗?》,《人口与发展》2008年第2期。
　　③ 张二力:《从"五普"地市数据看生育政策对出生性别比和婴幼儿死亡率性别比的影响》,《人口研究》2005年第1期。

本正常(偏高25%以下)、中度偏高(偏高25%—100%)和严重偏高(偏高100%以上)地区人口大致分别占全国的21%、51%和28%,这些地区出生性别比分别为110、114、125。在农村实行1.5孩生育政策地区99.9%的地市出现女婴死亡率偏高,而在农村实行二、一孩生育政策地区分别有57%、41%的地市出现女婴死亡率偏高。全国女婴死亡率偏高比例为83.6%,女性幼儿死亡率偏高23.6%。这充分说明,农村实行1.5孩生育政策导致女婴死亡率偏高,而女婴死亡率偏高进而造成出生性别比偏高。

若从2000年31个省区直辖市角度分析而言,在甘肃、云南、广西、江西和贵州等地女婴死亡性别比较男婴高16个单位(千分点)以上(表7—14);而在安徽、河南、海南、广东、湖北、陕西、湖南、河北和福建等省女婴死亡性别比较男婴高5—16个单位。出生时婴儿生命是十分脆弱的,女婴生病时不能获得及时医治、女婴的吃喝需求未能获得及时满足,女婴被家长和家庭遗弃、女婴被拐骗,甚至被作为商品进行买卖,都会大幅度增加女婴的死亡率。我国社会福利院收留了大量被遗弃的儿童,其中女性占绝大多数比例,男婴及男孩仅在患不治之症时才被遗弃。美国及其他发达国家每年来我国社会福利院收养大量孤儿,其中绝大多数是女孩,都说明了同样的问题。

若将我国1982年、1990年、2000年31个省(区、市)的0岁人口性别比(表7—14)与其前一年的死亡婴儿性别比计算相关系数,其分别为-0.725、-0.673和-0.505。在0.01显著性水平下存在着负相关关系。这表明我国死亡婴儿性别比低的地区,死亡女婴多于男婴,存活的女婴大幅度减少,于是出生人口性别比偏高。这从统计上说明,民间存在大量虐待女婴的现象,我国女婴的生存状态不容乐观。

表7—14 2000年各省男女婴儿死亡率及历次普查婴儿死亡率性别比

合计	男婴	女婴	男婴—女婴	婴儿死亡率性别比		
年份	2000	2000	2000	1982	1990	2000
北京	3.79	3.82	-0.03	118.4	132.2	110.0
天津	4.42	4.45	-0.03	118.7	125.8	112.6
河北	15.31	21.51	-6.20	125.4	111.3	82.5

续表

合计	男婴	女婴	男婴—女婴	婴儿死亡率性别比		
年份	2000	2000	2000	1982	1990	2000
山西	17.83	21.09	−3.26	112.8	111.3	94.7
内蒙古	30.25	34.02	−3.77	123.8	100.0	96.6
辽宁	10.90	11.45	−0.55	125.4	114.3	107.7
吉林	17.78	18.20	−0.42	125.0	119.8	108.6
黑龙江	11.59	10.28	1.31	137.0	131.8	123.0
上海	4.23	4.59	−0.36	135.2	141.9	102.1
江苏	13.28	16.02	−2.74	101.2	110.6	98.6
浙江	11.09	12.90	−1.81	95.3	93.4	97.7
安徽	26.78	42.07	−15.29	94.5	101.8	81.9
福建	17.74	26.59	−8.85	119.1	85.4	79.9
江西	31.36	78.50	−47.14	109.2	81.1	49.3
山东	13.54	16.88	−3.34	109.0	86.3	90.7
河南	17.65	30.29	−12.64	104.9	84.7	94.9
湖北	17.22	22.63	−5.41	118.6	112.5	98.3
湖南	24.50	33.50	−9.00	118.4	112.2	92.3
广东	13.20	22.37	−9.17	112.5	95.7	77.9
广西	22.98	41.36	−18.38	108.5	47.7	70.2
海南	17.37	32.77	−15.40	113.8	96.8	73.0
重庆	21.55	21.98	−0.43	114.5	101.9	114.3
四川	21.12	22.09	−0.97	111.0	98.6	110.8
贵州	58.00	74.90	−16.90	119.0	101.0	85.0
云南	61.77	79.71	−17.94	126.6	114.4	85.1
西藏	43.67	42.34	1.33	140.0	134.3	105.8
陕西	26.62	41.01	−14.39	111.3	102.1	80.5
甘肃	45.11	62.13	−17.02	121.6	94.4	84.3
青海	49.05	52.21	−3.16	128.7	123.4	103.7
宁夏	27.67	26.95	0.72	132.5	121.6	112.6
新疆	42.41	37.64	4.77	126.1	120.0	119.7

第三节　小　结

妇女生育率降低并不会直接导致出生人口性别比的升高。在我国要降低出生人口性别比,必须要转变人们的生育观念中的男孩偏好,提倡生男生女都一样。同时,还要进一步完善相关法律法规,树立男女平等的社会风气,严禁性别鉴定和人工引产。

1995 年第四届世界妇女大会以后,妇女与发展的问题受到了政府重视。全国妇联妇女研究所刘伯红认为,在中国社会经济的发展过程中,男女两性的社会地位虽然都有了一定的提高,但是中国妇女除了教育程度增长的幅度赶上男性外,其他指标都落后于男性,这就意味着,社会性别鸿沟依然存在,并且在许多方面男女两性的鸿沟都在扩大。随着农村大量剩余劳动力向城市或非农部门的转移,农村中的农业生产越来越依靠"三八(妇女)"、"六一(儿童)"、"六五(老人)"部队。在国有企业改革中,女工首先面临下岗的危险。在劳动就业上,在收入分配上,在家庭、社区和社会的地位上,中国妇女所面临的机遇小于男性,风险却大于男性。中国出生性别比异常偏高是男性中心文化的最深刻的表现。①

应该指出的是,妇女地位和妇女婚姻状态密切相关。其中,妇女离婚率代表妇女婚姻自主程度,直接反映了妇女经济社会地位。在传统社会里,妇女不仅没有离婚权利,而且没有工作和离婚的经济基础。离婚率高、妇女经济社会地位高,则出生性别比低。

(一)就业水平与就业结构对出生人口性别比的影响

妇女就业水平在一定程度上反映了妇女的社会地位,妇女社会地位直接决定着女性的独立程度,决定妇女对各类资源的控制能力,进而决定其在社会中的自主性和独立性;妇女只有在社会劳动中才能确立自身的人格尊严和价值。妇女地位提高了,男女平等了,人们才不会有重男轻女的思想,才会消除男孩偏好。现实生活中的男女不平等是导致人们生育意愿中偏爱男孩的深层次原因。

---

① 　解振明:《引起中国出生性别比偏高的三要素》,《人口研究》2002 年第 5 期。

实证分析表明,城镇人口就业率高并不能真正代表妇女的地位高,还得研究妇女就业的结构和层次。我国妇女就业率较高,但就业结构和就业层次不合理。由于女性人力资本投资少,女性受教育程度低,所以造成女性从业结构不合理,大多只能就业于劳动技能要求不高、技术含量低、就业竞争力、劳动报酬少的行业。2000 年我国大致有 70% 职业妇女集中于第一产业,从事简单劳动或体力劳动,真正从事脑力劳动或管理的妇女很少。这就决定了妇女在经济收入上远远不及男性,进而造成女性对男性的经济依附和社会依附。

(二)受教育水平对出生人口性别比的影响

男女不平等是导致人们性别偏好的深层原因,要提高女性的地位,使得男女在经济、政治、社会等方面机会平等。女性在上学、就业、从政、遗产继承等方面应该与男性机会均等,实行同工同酬,使生育女孩的妇女不受歧视,建立对女孩的家庭奖励扶助制度,从根本上转变人们的生育观念。

1. 相关分析表明,15 岁及其以上成人,特别是成人女性中具有高中及其以上文化程度的人口占该年龄段人数比率,与该地出生人口性别比具有显著负相关关系。这说明某地区成人女性高中及以上文化程度人口比例高,则该地区出生人口性别比偏低。

2. 在华东、中南等地区平均受教育年限与出生性别比呈现高度负相关,即平均受教育年限长,则出生人口性别比低;尤以女性平均受教育年限与出生人口性别比关系为最好。在西南、西北地区与出生人口性别比相关不显著。

3. 高中文化程度人口性别比与 0—4 岁人口性别比有明显的正相关关系。如果具有高中学历的女性毕业生比例低,反映了妇女社会地位较低、则当年 0—4 岁人口性别比也同时偏低。这种相关关系在华东、华北、中南等地区都有很好的应用,而在西南、西北地区相对较差。

4. 全国非义务教育阶段男女性差异与 0—4 岁人口性别比的相关系数高,即非义务教育程度男女性别差异大则出生人口性别比高;性别差异小则出生人口性别比低。这种关系在西北、华北和中南地区最为明显。

第七章 生育水平对出生性别比的 影响分析

生育政策、生育管理水平、实际妇女生育水平,直接影响着人口控制和计划生育工作。国家生育政策代表着国家政府、社会主流对当地人口发展和计划生育工作的看法和意见,而生育管理根据国家政策,地方政府在行政许可的范围内采用激励、鼓励或批评、教育、组织处理的原则,鼓励先进鞭策落后,以达到国家人口控制的既定目标。妇女实际生育水平作为民众对国家生育政策和地区生育管理的直接反馈和执行结果。那么,生育水平对出生性别构成是否有影响呢? 如果有,其影响的大小及路径又是什么。这是本章所要研究的问题。

第一节 生育政策、生育水平对出生性别比 影响的研究进展

党中央、国务院高度重视出生人口性别比升高问题,国家先后制定了一系列法律、行政法规,提供了有利于治理出生性别比升高的法制环境。

一、治理出生性别比偏高相关政策的梳理

早在 1986 年,卫生部、国家计生委就联合转发北京市计生委、卫生局《关于不得任意进行胎儿性别预测的通知》,1989 年卫生部又发布《关于严禁用医疗技术鉴别胎儿性别和滥用人工授精技术的紧急通知》,1990 年全国第四次人口普查出生性别比资料发布以后,1993 年卫生部、国家计生委发布《重申严禁进行胎儿性别预测的通知》,1994 年

我国颁布了《母婴保健法》，要求严禁非医学需要的胎儿性别鉴定和非法进行终止妊娠手术。然后，我国人口学界围绕普查资料，针对我国出生性别比偏高是女婴遗弃、女孩漏登，还是女性胎儿被流引产的原因进行了广泛的讨论。

　　2000年3月中共中央、国务院在《关于加强人口与计划生育工作稳定低生育水平的决定》中提出今后十年内实现"出生婴儿性别比趋于正常"的目标；2001年颁布的《中华人民共和国人口和计划生育法》第三十五条规定"严禁利用超声技术和其他技术手段进行非医学需要的选择性别的人工终止妊娠"；2002年11月18日中共中央宣传部、国家人口计生委、教育部、公安部、民政部、劳动社会保障部、农业部、卫生部、国家统计局、国家药品监督管理局和全国妇联等7部1委2局1会联合签署发布了《关于综合治理出生人口性别比升高问题的意见》，在该文件中明确综合治理出生人口性别比升高问题11个部门的各自职责。同月29日，国家人口计生委、卫生部、国家药品监督管理局联合发布《关于禁止非医学需要的胎儿性别鉴定和选择性别的人工终止妊娠的规定》（以下简称《规定》），提出了可供具体操作的20条条例，对胎儿性别鉴定和人工终止妊娠双管齐下，进行全方位的综合治理。2003年11月12日国家人口计生委、卫生部、国家药监局三委部局的办公厅联合发文，对各地区对以上《规定》执行情况进行督查。2003年和2004年胡锦涛总书记、温家宝总理在中央人口资源环境座谈会上对综合治理出生性别比工作分别做了重要指示，提出要力争经过3—5年的努力，遏制出生人口性别比升高势头。2004年国家人口计生委又下发《关于出生人口性别比升高问题综合治理工作基本要求（试行）》等文件。这些文件都对综合治理出生人口性别比提出了明确要求，也为开展关爱女孩行动创建了良好的法制环境。对违反本规定者将受到党纪国法的严肃处理。同时，为解决"治标不治本"的问题，国家人口计生委于2004年积极开展了群众性宣传教育活动，宣传先进的结婚生育观念，开展了"关爱女孩行动"和保护妇女儿童基本权益的活动，以求改变人们传统的生育观念。2005年国务院办公厅转发人口计生委等部门《关于广泛开展关爱女孩行动综合治理出生人口性别比偏高问题的行动计划》，强调了综合治理出生性别比升高问题的重要性，明确了相关部门的责任分工，提出了具体目标要求。2006年7月11日，国务院召开了全国关爱女孩行动综合治理出生人口性别比偏高问题电视电话会议,省地县三级党政领导、相关部门和人口计生系统负责人近 10 万人参加了会议。2006 年 12 月中共中央国务院下发了《关于全面加强人口和计划生育工作统筹解决人口问题的决定》,指出要通过开展婚育新风进万家活动和关爱女孩行动,进一步做好综合治理出生人口性别比升高工作。2007 年中央办公厅组织有关部门督察中央《决定》落实情况,把综合治理出生人口性别比问题作为其中一项重要内容。

采取如此大力度的宣传和展开社会治理活动,在新中国成立 60 年历史上还是不多见的。遗憾的是,所有这些行动效果似乎不是十分满意,出生人口性别比仍然在高位盘旋,下降趋势不明显。2000 年、2005 年出生性别比分别高达 116.9、120.49,2008 年出生性别比仍为 120.56,2010 年出生性别比为 118.1。

二、生育政策与出生性别比

出生性别比偏高与计划生育政策是否有关系是个有争议的问题,主要观点有两种。有学者认为,中国出生性别比偏高与计划生育政策没有直接的关系,二者没有必然因果关系。[①] 主要根据是在韩国、我国台湾、印度等未提倡计划生育政策的地区,都出现过出生性别比偏高问题。然而,大多数学者认为,出生性别比偏高与计划生育政策密切相关。从时间上讲,出生性别比偏高出现时间与计划生育开展时间十分一致;从政策内容上讲,政府一直强调的是出生孩子数量的控制,对出生孩子的性别监管不力,一直到 21 世纪初连准确的全国及各地区性别出生数据都没有;从流引产政策而言,长期作为计划生育的补救措施,一直到 20 世纪 90 年代才发现有人利用其进行性别选择;从农村生育政策而言,现在发现"一孩半政策"本身存在严重的设计缺陷,如果第一孩是女孩就可以再生育一个,强化百姓对于女孩的歧视;从计划生育工作上讲,计划生育工作难度大,工作抓得比较紧的地区,出生性别比高。认识比较一致的是,计划生育政策加速了人口转变的实现,促进了中国低生育

---

① 原新、石海龙:《中国出生性别比偏高与计划生育政策》,《人口研究》2005 年第 3 期。

时代的早日来到,间接地影响了出生性别比;如果适当放宽生育政策,则有利于出生性别比的下降,但是下降到正常状态(107 以下)仍需要较多时日。

郭志刚利用"五普"10% 抽样资料计算了实行不同生育政策的人群的出生性别比。结果表明,在实行"第一个孩子为女孩时,间隔几年可以生育第 2 个孩子"政策(简称 1.5 孩政策)的人群中性别比失常最严重;政策越宽松,性别比越接近正常。① 由于人们生育子女的数量受到限制以后,人们不得不对子女的性别进行选择。在我国农村普遍(70% 以上人口)实行的是 1.5 孩政策,这本身是国家针对农村情况、考虑农民的切身利益所作的政策上的考虑。我们到安徽南部、湖北西部实地调查发现,很多农民认为生女孩是一种吃亏,让生育二胎是国家的补偿,如果第二胎不生男孩就是浪费资源。他们认为,农村"一孩半"政策本身就承认了女孩的弱势地位,本身就是对男女平等的一种否定。

调查表明,在 1.5 孩政策生育地区,出现出生性别比失调现象最严重。原国家计生委规划统计司张二力研究了政策生育率与出生性别比关系后发现(表8—1)②,在政策相对宽松的 2 孩以上政策生育地区,出生性别比(112—113)最接近于正常;而在 1.5 孩政策生育地区,出现了严重的出生性别比失调现象(119—122),尤其是其中第二孩出生性别比(162);在 1 孩政策生育地区,出现了一孩出生性别比失调现象(111)。这说明计划生育政策和出生性别比关系密切。另外,在出生性别比高于 120 的地区,有 62% 属于 1.5 孩政策生育地区,32% 属于 1孩政策生育地区;在出生性别比在 113—120 之间较高地区,有 59% 属于 1.5 孩政策生育地区,31% 属于 1 孩政策生育地区。这就说明,严格的生育政策,人们不得不降低生育子女数量,同时对生育子女性别进行选择。

---

① 郭志刚等:《从政策生育率看中国生育政策的多样性》,《人口研究》2003 年第 5 期。

② 张二力:《从"五普"地市数据看生育政策对出生性别比和婴幼儿死亡率性别比的影响》,《人口研究》2005 年第 1 期。

表 8—1　不同生育政策下的出生人口性别比

主要 特征	合计	1 孩政策人 口大于60%	农村主要实 行1.5孩政策	农村主要实 行2孩+政策
本区人口占全国比例%	100	19.5	70.1	10.4
本区含"地市"数	343	52	226	65
本区出生性别比(100%全部)	116.9	115.6	118.2	111.8
本区出生性别比(10%长表)	119.9	117.3	122.2	112.6
本区一孩性别比	107.1	110.7	106.7	104.4
本区二孩性别比	151.9	147.7	162.1	121.0
本区政策生育率	1.46	1.10	1.47	2.08

资料来源:张二力:《从"五普"地市数据看生育政策对出生性别比和婴幼儿死亡率性别比的影响》,《人口研究》2005年第1期。

其次,实行1.5孩政策的人口比例越高的地市,其出生性别比和婴儿死亡率性别比失常越严重;出生性别比主要是2孩性别比的失常。实行较为宽松的生育政策的地区,出生性别比失常趋弱。计算表明,地市实行1.5孩政策人数比例与出生性别比偏高比例均呈正相关,相关系数为0.40(样本 n=226)。这是因为按照政策,只有第一个孩子是女孩的才允许生第2个孩子,生第2个孩子是他们最后一次可能生男孩的机会。因而,这些地方主要是第2孩出生性别比失常。全国实行1.5孩政策的地市,其人口占全国的70%。

不少学者有十分类似的看法。2005年,广东李若建教授认为[1],计划生育工作被称为"天下第一难",其最根本原因是民众的生育观念与政府政策之间存在相当大的距离。政府从整个国家的长远利益考虑,需要控制人口数量,相当一部分民众从自身利益和偏好考虑,希望在生育子女的数量与性别结构上符合自己的期望,因此出现了政府与民众在计划生育上的博弈行为。正是这种行为,产生了所谓的"超生游击

---

[1]　李若建:《性别偏好与政策博弈:广东省出生人口性别比时空变迁分析》,《中山大学学报》(社会科学版)2005年第3期。

队"，也产生了当前的出生性别比问题。所以，出生性别比失调是政府（政策）和民众博弈的结果，是人们的一种不得已的选择。在1992年第一次修订《广东省计划生育条例》之前，广东出生人口性别比没有超过120.0；1997年实行"一孩半"政策之前，出生人口性别比没有超过130，实行"一孩半"政策后，问题就出现了。广东如此，湖北、湖南、广西大多也是如此。当计划生育政策比较松的时候，可以用多生来获得"儿子"；计划生育政策紧的时候，为了少生而不违法，B超、人流、羊水检验、土法、洋法一起全用上了，目的就是一个："生个儿子"。这时出生性别比不正常是十分自然的事了。然而，就广东而言，2005年出生性别比反而下降到119.9，低于全国平均水平120.5。有人又因此得到结论，从一孩半政策不一定使出生性别比升高。笔者个人觉得，2005年是1%人口抽样调查，数据有较大的抽样误差，"一孩半"政策对出生性别比是有影响的。[1]

2007年穆光宗提出"外生正常"和"内生正常"两种观念。[2] 前者是"表面正常"，反映的只是统计数据的正常，其实还存在内在的行为约束与性别歧视冲突，所以是靠外部约束形成的正常。"内生正常"反映的是出生性别比生成机理的正常，不仅统计正常，而且是在男女平等的观念下自发形成的正常。在一些地方，我们所看到的只是"统计正常"与否。在经济不够发达、传统文化影响深重的地区即便出现了暂时的"统计正常"，也不能掉以轻心。这可能离稳定的"内生正常"还有很大距离。

我们认为，国家计划生育政策和民众对子女数量和性别的需求是有距离的。经过说明教育，如果人们逐渐心服口服地接受了先进的生育观念，那就不会出现性别比失调的问题；事实上，人们仍然难以接受国家生育政策，口服心不服或者是阳奉阴违地敷衍，既不敢明目张胆地违反国家计划生育政策，又要做些"小动作"以捍卫自己的"合法"权益，再加上地

---

① 石人柄：《对"二孩政策"实施效果和生育控制作用机制的思考》，顾宝昌、王丰：《八百万人的实践》，社会科学文献出版社2009年版，第422—423页。

② 穆光宗、余利明、杨越忠：《出生人口性别比问题治理研究》，《中国人口科学》2007年第3期。

方政府对于 B 超和人流管理不严。于是,出生性别比失调就成为事实了。所以,真正出生性别比正常的地区,都是经济社会管理较完善的地区,人们能够比较自觉接受生育政策而少生;或者是经济社会管理较差的边远地区,国家对于他们采用较宽的生育政策,他们可以用多生子女选取希望子女的性别。所以,出生性别比失调实际上是旧的生育平衡——数量平衡被打破,而新的生育平衡——性别平衡、新的生育理念和思想未建立起来的过渡时期。

三、胎次、孩次与出生性别比

1934 年有人发现①,妇女 34 岁结束生育的 677 个新型家庭比 5466 个传统家庭(包括离婚丧偶的妇女)出生人口性别比低 3 个百分点(108.8,112.0);在传统家庭中,最后一个孩子的性别比(117.4)明显偏高于孩子平均的出生性别比(109.3)(表 8—2)。即新型家庭(结束生育偏早)出生性别比低于传统家庭。

表 8—2　1930 年美国不同家庭类型的出生人口性别比

	所有家庭	新型家庭	传统家庭		
			最后一个孩子	不包括最后一孩	包括最后一孩
出生性别比	105.6	108.8	117.4	109.3	112.0
生育儿子+女儿数		889+817	2952+2514	5377+4920	8329+7434

资料来源:Winston ,S. Birth Control and Sex Ratio at Birth[J]. American Journal of Sociology,1932(2),225 – 231。

笔者还发现 2 孩出生人口性别比最高(121.3),其次为 1 孩(117.1),出生人口性别比随着家庭孩子数量增加迅速减少到正常状态(5 孩以上,106.2);但是,最后一个孩子出生性别比基本上都是高于全部孩子出生性别比(表 8—3)。

---

① 　Winston,S. Birth Control and Sex Ratio at Birth[J]. American Journal of Sociology,1932,(7),1933,(5).

表8—3   不同家庭孩子数的出生人口性别比

家庭孩子数		1	2	3	4	5+
样本量		1166	1463	1223	820	794
出生性别比	所有孩子	117.1	121.3	112.8	110.3	106.2
	最后孩子	117.1	133.1	115.9	105.5	107.6

资料来源:Winston ,S. Birth Control and Sex Ratio at Birth[J]. American Journal of Sociology,1932,(2),229。

　　1998 年印度 110 万已婚妇女生育史调查表明①,意愿性别比与以前生育子女的性别有关,已有 1 个或 2 个男孩的妇女想要女孩的愿望十分强烈,期望孩子性别比为94.2、88.3;而已有 1 个或 2 个女孩的家庭,则妇女想要男孩的愿望十分强烈,期望孩子性别比为 136.8、144.5(表 8—4)。这与中国情况十分相像。

表8—4   1998 年印度已有孩子数量性别与下一孩子性别期望

已有孩子		无孩	1 男	1 女	2 男	2 女	1 男 1 女	3 孩+	合计
期望孩子	男	20760	8749	10517	2608	4008	6089	18935	71666
	女	17417	9289	7686	2954	2774	5323	16629	62072
性别比		119.2	94.2	136.8	88.3	144.5	114.4	113.9	115.5

　　儿女双全是家庭永久的向往、家庭幸福的象征,也是人之常情,尤其在发展中国家。如人们未能达到“儿女双全”这一目标,在法制健全的国家里,尽管医学科学发达、超声波检验技术成熟、引流产技术很便捷,但人们受教育程度高,一般不愿意冒着“违法”的风险,追求个人家庭的美满和幸福;另外,他们可以通过多生育来达到选择孩子性别的做法。但若法制不健全、生育数量又受到严格限制的地区,由于经济落后、医疗卫生条件差,在未能采用 B 超进行检验、未能使用人工引流产以前,出生性别比基本上仍然是正常的;在经济发展以后,大量的 B 超引入,医疗技术的发展,人工引流产变得十分安全便捷,这时受教育程度偏低、传统生育观念

　　①　Prabhat Jha, Rajesh Kumar, etc. Low male to female sex ratio of children born in India: national survey of1.1 million households, Lancet 2006;367:211－218.

强的欠发展地区立即出现大量的出生性别比失调现象。于是,发展中国家或地区进行大量的法制建设,同时希望转变人们的生育观念,杜绝非医学目的的人工引流产。

2008 年有人通过卫生部—联合国儿童基金会资助的"1999—2005 年10 省 46 县农村初级卫生保健"项目调查资料①,分析我国西部 10 省(市、区)不同孩次母亲的 0—3 岁婴幼儿性别比发现(表 8—5),一孩次的婴幼儿性别比相对较低,为 120,二孩及以上孩次的婴幼儿性别比均远远高于一孩次。统计学分析,二孩次、三孩次、四孩次与一孩次的性别比有统计学显著性差异。其次,一、二孩次婴幼儿性别比值均高于 2000 年普查所得的中国农村人口相应的婴幼儿性别比,这说明,我国西部贫困农村地区出生性别比也在悄悄升高。

表 8—5　不同孩次与婴幼儿性别比(ISR)

孩次	婴幼儿数	46 县 ISR	95% CI,低	95% CI,高	全国农村 ISR	概率 P
一	25082	119. 94	117. 00	122. 96	105. 65	—
二	14711	159. 18	154. 00	164. 57	152. 14	<0. 001
三	2916	146. 28	135. 92	157. 59	158. 20	<0. 001
四	541	149. 31	126. 04	177. 93	157. 65	0. 013
≥五	182	145. 95	109. 23	198. 31	146. 98	0. 194

全国农村 ISR 为各年《中国人口统计年鉴》中提供的全国农村各年0—3 岁婴幼儿性别比。2005 年利用第三次国家卫生服务调查中家庭健康调查资料②,有人分析 1998—2002 年有过生育史的妇女,调查抽取了57023 户 15—49 岁妇女 51988 人和 8575 个活产婴儿。调查发现,随着孩次增加而出生性别比升高十分明显,第一孩出生性别比为 110.3(95% 可靠性估计为 104.5—116.4),第二孩、第三孩及其以上出生性别比分别为141.3(130.9—152.8)、168.2(144.6—196.9)。此外,已有孩子性别结

---

① 刘彦芳、颜虹、王全丽:《1996—2005 年我国 46 县农村婴幼儿性别比分析》,《南方医科大学学报》2008 年第 10 期。

② 黎楚湘等:《1998—2002 年中国人口出生性别比》,《中国初级卫生保健》2005 年第 11 期。

构对下一孩子性别构成影响明显,已有 1 个、2 个男孩,下一个孩子的性别比低达 99.6(87.3—113.6)、87.8(55.3—137.5);相反,已有 1 个、2 个女孩,下一个孩子的性别比高达 178.6(160.6—199.2)、334.8(242.2—493.5)。即已有男孩的盼望生育女孩,已有女孩的盼望生育男孩,男女双全是永恒的主题。但是,已有 1 男孩下一个生女孩的比例或欲望(199.6—1071),低于已有 1 女孩下一个生男孩的比例或欲望(1178.6—1071),即人们容易接受生育两个男孩的家庭,但难以接受生育两个女孩的家庭;中国已有 1 女孩下一个生男孩的比例(178.6)高于印度比例(136.8),这说明中国的男孩偏好强于印度。

四、婚后或产后受孕时间间隔与出生人口性别比

Smits 分析 2001 年 7 月到 2003 年 7 月生育第一孩的 5283 个荷兰妇女后发现[1],婚后或产后受孕时间超过 12 个月的 498 个(9.4%)妇女,容易生育男孩,生育孩子性别比高达 136.2;而婚后或产后 12 个月内受孕的 4785 个妇女,生育孩子性别比 104.5,即容易生育女孩,两者之间存在显著性差异。即婚后或产后受孕间隔与出生人口性别比呈正相关关系。婚后或产后受孕时间平均晚 12 个月,生育孩子性别比相应高 15—20 个点,生育男婴的可能性大。我国提倡晚婚晚育,婚后 12 个月内受孕的妇女比例很高,但一孩出生性别比并不低,女孩比例小;同时两孩间隔 4—5 年生育,是否就增加生育男孩的比率呢? 但是我国控制孩子出生间隔,最严格的是在 20 世纪 90 年代初期,而我国出生性别比失调最严重的时间是在 20 世纪末。显然,受孕间隔与生育孩子性别比之间的因果关系和影响机制尚不清楚。

不同研究表明,出生人口性别比还与孕妇体重、营养、夫妻性生活频率、妇女受孕季节、孕妇抽烟喝酒与否、妇女受孕与排卵的时间差等有关。而母亲怀孕时的内分泌(激素水平)状态[2]、母亲受孕的时间和年龄[3]也

---

①　Smits L. J. , de Bie R. A. , Time to pregnancy and sex of of fspring: cohort study. BMJ 2005;331;1437－1438.

②　James WH. Evidence that mammalian sex ratios at birth are partially controlled by parental hormone levels at the time of conception. J Theor Biol 1996;180;271－286.

③　Smits L. J. , de Bie R. A. , Time to pregnancy and sex of offspring: cohort study. BMJ 2005;31;1437－1438.

直接影响出生性别比的变化。具体而言,这似乎是个未曾解决的医学课题,而非社会学研究课题。

五、管理因素对出生性别比的影响

生育管理对出生人口性别比的治理,分治标和治本两种方法。治标方法是针对出生人口性别比升高采取具体的近期"高效"或"高压"的管理措施,是一种"头痛医头"的治标方法措施,如针对 B 超机器进行"双锁双人签字管理",对孕妇进行孕期专人责任制登记访问,对流动在外的妇女进行 1 年 4 次的孕情追访调查,对每一个死亡婴儿进行追踪和回顾性调查,公安、检察部门对于"两非"(非法 B 超非医学需要鉴定胎儿性别、非法选择性终止妊娠)案件的立案、追踪、公诉、审判等。治本方法是针对出生人口性别比采取的长期、带有根本性、比较宽松的管理措施,其立足点是宣传先进的结婚生育观念,关爱女孩,将先进的婚育理念送进千家万户,同时做好流动妇女生殖健康服务,提高人民群众遵守国家生育政策的自觉性。治标方法往往治理性别比失调的效果快而好,但容易引起人们的反感,难以持久。治本方法难以很快治理出生人口性别比升高的问题,然而对人们生育思想观念的影响是深远的。大多数基层人口计生委同时采用治标和治本两种方法,但具体执行力度不一样。在实践中,出生人口性别比持续偏高或问题严重的农村地区主要采用治标的方法;出生人口性别比偶尔偏高或问题不大的城市或经济发达地区常采用治本的方法。

皖鄂赣边界地处大别山的末端,一直是国家级贫困地区,也是 2000 年我国出生人口性别比最高的地区之一。由于地区领导高度重视,组织了皖、鄂、赣三省九县(区)综合治理出生人口性别比协作区,每年由地方政府出面,人口计生委主办,辖区相关地区的公安、民政、卫生、检察、纪检监察、妇联等多个部门协办,共同研究存在的问题,协调解决相关问题。通过几年的艰苦奋斗和努力工作,该地区出生人口性别比有了明显的下降(表8—6),尤其是湖北鄂州市、黄梅县等。

表 8—6　2000—2005 年湖北、安徽部分地区的 0—4 岁性别比

地区	2000 年	2001 年	2002 年	2003 年	2004 年	2005 年
鄂州市鄂城区	191.8	195.5	171.4	140.0	134.6	127.0

续表

地区	2000 年	2001 年	2002 年	2003 年	2004 年	2005 年
湖北黄梅县	191.1	179.1	168.0	144.6	133.3	120.7
安徽宿松县	171.5	184.4	182.2	169.8	182.4	158.2
鄂州梁子湖区	163	176	159	135	132	132

计划生育管理实际上是一种对内服务,对外协调。计划生育管理不是单兵团作战,必须有当地公安户籍管理部门、卫生妇幼保健部门、民政婚姻登记部门等多部门的支持和配合。2000 年出现如此大的出生性别比失调现象,但整整 6 年后,卫生系统才反应过来,开始收集医院生育婴儿的性别资料,部分卫生部门不接受社会监督,对专家甚至对同级计划生育委员会高度保密,延误了对策研究的时间,这实际上是一种失职和渎职行为。

农村改革开放、机构变革后,农村基层干部压力很大,"三农"问题和农村计划生育问题得到社会普遍的关注。其中,既有政策上的原因,也有干部管理上的原因。基层干部往往抱怨客观的困难,如机构改革是减下不减上;基层干部是责任大权利小;计划生育经费不足,宣传教育方面的投入是个无底洞;计划生育没有实现城乡一体化。这些都是事实,但是否管理人员就可以无所作为了呢? 管理是服务。现在的工作条件、群众觉悟比 20 世纪 80 年代好得多了。

管理本身带有一定的负面影响,管理是个劳民伤财的事。传统的管理是将被管理人员作为对手,事无巨细,事事过问,被管理者积极性不容易被调动起来。这样的管理涉及面广量大,需要较多的人力、物力和财力,同时管理本身难以从根本上改变人们的思想观念。从政府层面而言,政府事务繁多,每个部门都有自己的工作对象、重点任务、人员紧凑、经费缺失,要那么多部门集中办公解决出生人口性别比失调问题,有时是十分困难的。从百姓角度而言,按原来流出地管理规定,每年每个 1 孩外出育龄妇女要回家孕检 4 次,1 年仅路费就要 1000 元以上,如果连续 30 年,所产生费用 3 万元要多于再生育 1 个孩子所上缴的社会抚养费。这样从经济上鼓励人们进行计划外超生。改为按流入地管理以后,我们又发现,流出地配合不够,流入人口基本生育状态往往不能及时提供。其次,人口计划生育部门在地方上权限十分有限,没有地方第一把手挂帅,相关涉及多个部门的事务难以协调处理,而现在地方第一把手重视抓经济问题、抓市政建设、抓发展等大事。再次,出生人口性别比管理有个区域或全国协调问题,尤其在目前人口大流动的情况下。大月份引产手术本地不能,省城能否做,港澳台能否做,需要协调。从制度层面而言,计划生育(包括人工流产、人工引产、妊娠检查、避孕节育等)都必须在法律的框架下、在人权的框架下进行管理,计划生育既然是为了美好的明天——为了人们生活质量的进一步提高,那么就必须用文明、科学,至少人们能接受的方法进行管理。计划生育一票否决,否决的时间长度和区域范围必须界定。计划生育一票否决的做法在一定程度上挤压出了被逼作假,统计水分,怨恨和对立情绪等。在政策高压下,出生性别比的治理不能重蹈"强迫命令"覆辙,因为这与落实科学发展观和构建和谐社会的大潮流相悖。

科学的管理应该是少管理——所谓的"纠偏管理"、"无为而治",应该是一种以奖励为主,而不是以处罚为主的管理,人们在得到褒扬的同时接受了教育,得到了管理。管理对象也是管理者的朋友,真正违反计划生育政策始终是少数。我们的目的是共同的,是建立一个"民主法治、公平正义、诚信友爱、充满活力、安定有序、人与自然和谐相处的社会"[1],要善于让人们群众自我教育、自我学习、自我反省、自我治理。提高群众思想水平和执行国家计划生育政策方针的自觉性,让群众自觉遵法、守法,按章办事,管理者的任务是协调和疏导。国家人口和计划生育委员会在全国人口控制主要任务完成后,就应该推行"奖励少生"的措施,而非"惩罚多生",毕竟二孩内的生育选择是合乎常理的。

第二节　生育水平对出生人口性别比影响的定性分析

出生率指某地区人口在一定时期内(通常为一年)活产婴儿数与同期平均人口数之比。出生率反映了人口出生的强度,能较准确地反映生

---

[1]　本书编写组:《"八荣八耻"学习讲话》,中国言实出版社2006年版,第7页。

育对人口总数增长的影响,是计算人口自然增长率的重要组成部分。

总生育率,又称育龄妇女生育率或者一般生育率,是指育龄期(15—49 岁)妇女平均所生孩子数,某年生育的活产孩子与 15—49 岁育龄妇女人数之比。

新中国成立以后的十多年,中国人口出生率一直保持在 30‰以上(除个别年份以外)。由于受到晚婚晚育、少生优生、避孕节育等国家计划生育政策因素的影响,同时受到经济发展、非农业人口比率等社会经济因素的影响,自 20 世纪 70 年代初期开始,中国的出生率、妇女总生育率有了显著下降。

出生率、总生育率对出生人口性别比有着显著的影响,育龄妇女生育率的下降往往伴随着出生人口性别比的上升。① 1993 年中国人口信息研究中心"出生性别比研究"课题组提出,出生人口性别比随着生育率的迅速下降而日趋升高,其归因与生育率下降速度关系密切。出生性别比失常是中国和其他一些男孩偏好强烈的国家和地区,在生育率迅速下降的过程中所面临的一个共同问题。相反意见表明,出生率、妇女总生育率对出生人口性别比并没有直接影响,生育水平和出生性别比本是不相关的两个指标,中国出生人口性别比失调是客观存在的事实,不是所谓的生育率迅速下降的产物。20 世纪 70 年代中国创世界生育率下降奇迹,其出生人口性别比就应失调,且失调程度也应比现在严重。但当时出生人口性别比却基本稳定,平均为 106.3。10 年内生育率下降了一半的日本,其

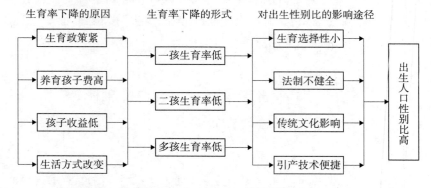

图 8—1　生育率下降原因、形式及其对出生性别比影响途径示意

---

① 陆淑珍:《育龄妇女生育率的下降和出生人口性别比的上升——以广东省为例》,《南方人口》2004 年第 4 期。

出生人口性别比也十分稳定。① 显然,出生率、妇女总生育率与出生人口性别比是有一定关系的,但这些关系比较复杂,不是一句话一张图一个公式所能说明的,而往往需要通过以上一系列中间环节对出生性别比间接地产生影响。生育率对出生人口性别比的影响:首先,出生性别比与生育率下降的原因和速度有关;其次,生育率下降的形式不同对出生性别比影响也不同;再次,生育率的下降将对出生性别比造成不同的影响途径(图8—1)。

一、出生率、生育水平下降与出生性别比的关系

陕西省社科院社会学研究所"陕西省人口战略研究"课题组和海南省人口计划生育委员会的研究一致表明②,出生人口性别比失调呈现三大特征:一是政策规定可生子女越少,夫妇们获得生男孩的机会越小,他们想生育男孩的意愿就越强烈;二是政策允许生育的数量越少的人口群体,生育男孩的意愿越强烈,出生人口性别比就越高;三是社会地位、经济收入高的人口群体,在对胎儿性别进行鉴定选择时,用权力或金钱与生物学技术进行了交换,导致出生性别比升高。

(一)出生率下降的事实

20世纪70年代以来,由于受国家计划生育政策和社会经济文化的影响,中国的生育率迅速下降,总和生育率从1970年的5.81减至1974年的4.50以下,1983年生育率水平进一步下降到2.50以下。出生率、生育率的下降使得育龄夫妇生育孩子的数量明显减少,生育孩子数量、生育时间的选择空间变得狭小,只能选择生育孩子的性别。同时,出生率、生育水平的下降还导致家庭规模的缩小,复合家庭解体,核心家庭成为社会主流。目前,中国妇女的生育水平已经保持在更替水平以下十多年,少生孩子已经成为全国大多数人们的选择。2000年人口普查表明,城市家庭的平均规模只有3.0人,城镇家庭为3.2人,农村乡村家庭也只有3.4人,而且3/4的城镇家庭和2/3的农村家庭的规模在2—4人之间。小型

---

① 马瀛通:《出生人口性别比失调与从严控制人口中的误导与失误》,《中国人口科学》2005年第2期。

② 《性别比失调警报升级》,《法制文荟》2007年8月1日第6版。

化、核心化、简单化已经成为城乡家庭共同的特征。①

（二）出生率、生育率下降的两种缘由

出生率、生育水平的下降有两种缘由：一种是社会经济发展影响为主导，比如孩子养育费用过高、孩子不愿意抚养老人，年轻人生活方式改变，年轻人追求事业发展或幸福生活，不愿过早结婚、不愿生育；另一种是政府号召、政府政策为主导，生育率的下降主要是由于国家政府的号召，虽然与社会经济发展有关。前者以印度、美国等为例，政府对于人们生育进行指导，用社会经济进行软控制；后者以我国为例，以政府号召为主，在结婚时间、生育时间、生育数量、生育子女性别、养育孩子成本等方面，人们可以选择的余地不大，这样就可能造成一种人们的生育需求与政府政策不完全一致，人们生育行为无法与政府政策公开抗衡，只能在政策允许的范围内，对生育孩子时间、生育孩子性别等方面进行适当地选择。于是有人认为，生育子女性别选择实际是民众与政府的博弈。

以上两种情况，对年龄别生育率的影响是不一样的。社会经济发展影响为主导，主要减少的是三孩以上多孩生育率，即人们不愿生育过多的孩子；而政府号召、政府政策为主导的情况，生育孩子数量出现全面下降，无论是一孩、二孩还是三孩，尤其是一孩、二孩生育比重增加，三孩生育比重减少。

（三）二孩试验区的出生性别比

如果适当放松生育政策能否造成我国出生性别比下降？2007年中国人民大学对1980年以来经上级批准实行"一对夫妻可以生育2个孩子"政策的地区——河北承德、湖北恩施、山西翼城和甘肃酒泉进行了全面的考察和评估。这些评估包括"控制人口数量"、"改善干群关系"、"优化人口年龄结构"和"保持出生性别比正常"四个方面。研究表明，在前两个方面都得到了有效的改善和控制，四个地区十分一致；在优化人口年龄结构方面，承德和翼城没有讨论，恩施和酒泉认为是有效的。而在保持出生性别比正常方面，虽然，执行二孩政策地区的出生性别比都略低于周边对照地区（表8—7），但具体各地区反映不一。恩施和酒泉认为，"二孩政策"对保持出生性别比在正常值范围起着积极作用，承德认为"二孩政

---

① 原新、石海龙：《中国出生性别比偏高与计划生育政策》，《人口研究》2005年第3期。

策"并没有表现出降低出生性别比的作用,而翼城认为出生性别比降低和稳定与"二孩政策"是否有因果关系,还需要进一步证据支持。

表8—7　2000年二孩政策及对比地区出生性别比

	酒泉	甘肃	恩施	十堰	承德	邯郸	翼城	临汾
出生性别比	108.2	119.4	110	119	116.1	120.4	106	110

资料来源:顾宝昌、王丰:《八百万人的实践——来自二孩生育政策地区的调研报告》,社会科学文献出版社2009年版,第417页。

2009年石人炳分析认为[①],没有足够证据证明,"二孩政策"能够保持正常出生性别比。(1)广东1998年以前实施的是普遍"二孩政策",但广东省一直是我国出生性别比偏高最早、最严重的地区之一。1982年、1990年、2000年广东省分别为110.4、112.0、130.3,分别比全国平均水平高1.9、0.7、13.4个单位,而实行"一孩半"政策7年后的2005年,广东反而接近全国平均水平118.6(119.0)。(2)如果采取沿用"一孩半政策",生育两个女孩"嫁一留一,招婿上门","二孩政策"相对于"一孩半政策"并没有优势。(3)出生性别比与生育胎次有关,如果认为初育妇女第一孩出生性别比为106,生育第一孩为女(男)的妇女生育第二孩的性别比为108(102),则计算出"一孩半政策"和"二孩政策"的出生性别比分别为106.65和105.43,都在正常范围之内,仅高一个单位,十分有限。此外,如果采取"二孩政策"又要保持性别比平衡,可能需要重启B超胎儿性别检验,这样势必造成政策的不连续和不稳定,形成失信于民。

参考我国台湾、韩国和新加坡等地情况,笔者认为,快速生育率下降、过低的生育率、长久的"一孩半"政策、狭窄的生育选择是生育不和谐的根源,也是造成我国出生性别比偏高的元凶。适当增加二孩生育率、增加人们的生育选择是降低出生性别比的重要途径。逐渐开放生育政策,有利于保持计划生育政策的连续性、长期性和稳定性。现在人口控制比较好的地区中,绝大多数省区直辖市的城市都实行了"双独(夫妻都是独生

---

① 石人炳:《对"二孩政策"实施效果和生育控制作用机制的思考》,顾宝昌、王丰:《八百万人的实践——来自二孩生育政策地区的调研报告》,社会科学文献出版社2009年版,第416—425页。

子女)生二孩"、农村"单独生二孩"的政策,以后可以逐渐放开政策优惠面,扩大两孩生育的政策,提高政策生育率,最终实现全面的"二孩化"生育政策。从试点地区而言,放松生育政策不一定导致出生性别比完全正常(107以下),但几乎肯定会有不同程度的下降。

二、生育水平对于出生性别比影响的途径

生育水平下降以后,对于出生人口性别比的影响主要有如下几个方面。

首先,出生率、生育率的下降使得育龄夫妇生育孩子的数量明显减少,生育孩子数量、生育时间的选择空间变得狭小,人们只能选择生育孩子的性别。如果人们的生育数量是个人根据自己的社会经济状态选择的结果,那么他可以通过适当增加生育孩子数量来达到选择孩子性别的目的。

其次,如果是严格的法制社会,如果没有传统文化的影响,生育水平下降以后也不会导致出生性别比上升。正是由于法制不健全和传统文化的影响,加上医学诊断技术发展、人工引产技术使用便捷,使得性别比升高变成现实。

显然,出生率、妇女生育水平与出生性别比是有着一定联系的,它们在一系列条件的综合作用下对出生性别比产生影响。在以往高生育率背景下,人们可以通过多生孩子来达到对孩子性别选择的要求。现在低生育率的限制下,人们的生育选择空间变小,然而,中国传统生育文化依然具有较大的影响力,重男轻女思想仍然严重。在对孩子素质要求提高,投入增加的情况下,人们往往会比较孩子经济和感情收益,认为男孩能给家庭带来更大收益,从而产生强烈的生男偏好,并且通过性别检测和人工引产技术的帮助实现其生男愿望,进而导致出生人口性别比偏高。或者说,出生率、妇女总生育率与出生性别比可能存在负相关关系。

第三节　生育水平对出生人口性别比
影响的实证分析

妇女的生育意愿决定着生育水平和出生人口性别比,而生育水平也影响人们的生育意愿和出生人口性别比。由于资料的缘故,本节从定量

角度分析出生率、妇女生育水平对出生人口性别比的影响。

一、活产子女、存活子女数与出生人口性别比

如果假设,15—50 岁妇女活产、存活子女数与出生人口性别比是有关系的。活产、存活子女数多的家庭大多是农村家庭,他们的生育观念转变得相对缓慢一些,意愿生育子女性别比相对城镇妇女高一些。活产、存活子女数与 0—4 岁人口性别比是否存在线性相关呢? 2000 年 11 月全国 2869 个县市区的妇女平均活产子女 1.38 个,平均存活子女 1.34 个。计算表明,2000 年我国 15—50 岁妇女平均活产、存活子女数与出生性别比存在着较强的线性相关关系(表 8—8),尤其是在华东和中南地区,这种相关关系更为明显,而在西北地区略微差一些。研究进一步指出,全国 15—50 岁妇女平均存活子女数在 1.0 以下,0—4 岁儿童性别比平均为 110.9;存活子女数为 1.0—1.3 时 0—4 岁儿童性别比平均为 111.0;存活子女数为 1.3—1.5 时儿童性别比平均为 117.2;而存活子女数在 1.5 以上时 0—4 岁儿童性别比平均为 123.14。表 8—9 具体给出了粗出生率、15—50 岁育龄妇女生育率与 0—4 岁人口性别比的频数分布,皮尔逊 X^2 分析表明,粗出生率、育龄妇女生育率与 0—4 岁人口性别比之间关系确实存在。高出生性别比地区的人口出生率大致在 10‰—20‰,15—50 岁育龄妇女生育率大致 40%—80‰。不少研究指出,高出生人口性别比地区的不是发生在独生子女比例高的地区,也不是发生在二孩比例高的地区,而是发生在生育 1.5 孩比例高的地区,即生育率中等偏高的地区。只有这些地区的妇女对于生育孩子的性别有足够的选择空间。

表 8—8　妇女活产、存活子女数与出生人口性别比相关关系

		平均活产子女数	平均存活子女数
平均水平		1.38 个	1.34 个
全国	2869	0.298(* *)	0.341(* *)
华北	429	0.239(* *)	0.245(* *)
东北	294	0.206(* *)	0.207(* *)
华东	645	0.579(* *)	0.588(* *)
中南	636	0.389(* *)	0.397(* *)

续表

		平均活产子女数	平均存活子女数
西南	507	0.220(＊＊)	0.274(＊＊)
西北	358	0.0863	0.167(＊＊)

注:(＊＊)表示显著性水平低于0.001。

二、出生率、总生育率对出生人口性别比影响的实证分析

出生性别比是否与出生率有关一直是个有争议的问题,无论计划生育政策、孩子存活率提高,还是孩子抚养费用上升,现代社会发展都导致出生子女数量下降。出生子女数量的下降就有可能对子女性别进行选择,尤其是在 B 超检验仪和人工流引产易得的情况下。1950—2002 年全国人口出生率与出生性别比有着非常密切的线性关系,相关系数为 -0. 6227(n = 52)。计算进一步表明,出生率每下降一个千分点出生性别比将增加 0. 355 个基本单位,仅此一个变量就可解释出生性别比变异的 39% 。如果仔细权衡,出生性别比随着粗出生率下降呈现指数增长,决定系数 R^2 高达 46% 以上(图 8—2)。由图可见,根据其间实际的关系,当我国出生率在 15‰以下时,出生性别比大致在 120 左右;出生率在 20‰时,出生性别比迅速下降到 110‰左右。即过低的生育率可能诱发人们对于男孩的选择。

表8—9　出生率、育龄妇女生育率与0—4 岁人口性别比的频数分布

		99 以下	100—109	110—119	120—139	140 以上	合计
粗出生率分组	4. 99‰以下	2	129	65	13	6	215
	比例,%	0.9	60.0	30.2	6.0	2.8	100.0
	5. 0‰—9. 9‰	5	383	264	119	50	821
	比例,%	0.6	46.7	32.2	14.5	6.1	100.0
	10. 0‰—14. 9‰	17	386	398	374	132	1307
	比例,%	1.3	29.5	30.5	28.6	10.1	100.0
	15. 0‰—19. 9‰	18	160	91	100	45	414
	比例,%	4.3	38.6	22.0	24.2	10.9	100.0
	20. 0‰以上	21	58	21	11	1	112
	比例,%	18.8	51.8	18.8	9.8	0.9	100.0

右上角：续表

		99 以下	100—109	110—119	120—139	140 以上	合计
育龄妇女生育率分组	19.9‰以下	2	174	112	20	5	313
	比例,%	0.6	55.6	35.8	6.4	1.6	100.0
	20‰—39.99‰	8	492	360	215	71	1146
	比例,%	0.7	42.9	31.4	18.8	6.2	100.0
	40‰—59.99‰	17	287	280	294	124	1002
	比例,%	1.7	28.6	27.9	29.3	12.4	100.0
	60‰—79.99‰	15	104	64	72	31	286
	比例,%	5.2	36.4	22.4	25.2	10.8	100.0
	80‰以上	21	59	23	16	3	122
	比例,%	17.2	48.4	18.9	13.1	2.5	100.0
合计		63	1116	839	617	234	2869
比例,%		2.2	38.9	29.2	21.5	8.2	100.0

注:皮尔逊 X^2 值是 361.35、350.23,自由度为 16,显著性水平为 0.000。

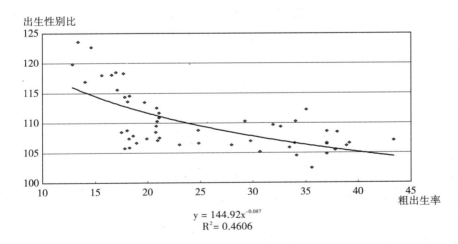

$$y = 144.92x^{-0.087}$$
$$R^2 = 0.4606$$

图 8—2　1950—2002 年中国大陆出生性别比随粗出生率的变化

　　若以没有实行计划生育政策的台湾为例,其生育率和出生子女数的下降完全是由于社会经济文化的综合影响。同时没有受到"文化大革命"的冲击,台湾的传统文化保存的比较好。大陆和台湾同宗同源,台湾地区在 1966 年以前出生性别比完全正常,在 107 以下,1966—1982 年徘徊在 107 附近,1983 年以后就稳定地高于 107,且在 2004 年出现最高值 110.6(附件 2)。分析同时表明,1952 年台湾出生人口为 37.29 万下降到 2008 年的 19.87 万,同时伴随着出生性别比由 1952 年的 105.37 上升到 2008 年的 109.64。即我国台湾出生人口(万人)与出生性别比呈现高度显著性相关关系(-0.8152),或者说台湾出生性别比偏高原因的 66.45% 都可以由出生人口下降来解释。计算进一步表明,台湾出生人口每减少 10 万人,出生性别比将升高 1.912 个单位(图 8—3)。这说明没有计划生育政策地影响,只要出生率下降,传统文化就会造成出生性别比偏高;如果性别比正常值为 106,则传统文化对于出生性别比偏高的贡献大致为 3—5 个点。

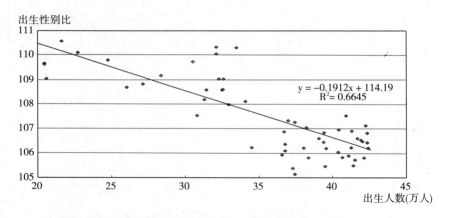

图 8—3　1952—2008 年我国台湾出生性别比随出生人数的变化

(一)出生率、总生育率与出生人口性别比的相关分析

从全国 2869 个县市范围来看,粗出生率、育龄妇女生育率与出生性别比之间存在微弱的正相关关系(表 8—10)。粗出生率、育龄妇女生育率高,出生人口性别比就高;反之,出生率、育龄妇女生育率低,出生人口性别比就低。具体而言,出生率、育龄妇女生育率平均每上升一个千分点,全国出生性别比分别上升 0.062、0.044 个百分点。由于我国国土很大,情况也比较复杂,西南、西北和中东部社会经济生育政策差异很大,生育水平对出生人口性别比的影响方向也不一样。区域分析表明,在华东、

东北、中南地区育龄妇女生育率高的地区,0—4 岁人口性别比亦高;反之,则偏低,相关系数分别为 0.458、0.406、0.311,显著性水平分别超过了 0.001。而在我国西南、西北地区出生率、育龄妇女生育率与出生人口性别比之间呈现负相关关系。也就是说,在西南、西北这两个大区,出生率、育龄妇女生育率高,出生性别比就低;反之,出生率、育龄妇女生育率低,出生性别比就高。为什么我国东西部地区之间存在如此的差异呢?数据分析表明,在西北西南大区,经济欠发达,少数民族人口比例比较高、政策生育率高、妇女实际生育率相对高,二孩家庭比例高,孩子性别选择的余地相对较大,生育率降低可能造成出生性别比偏高。而在华东、华北、东北、中南大区,人口密度高、经济发达,妇女生育率较低,人们对于孩子数量选择余地小,大多数家庭只有一个孩子,孩子数量的增加、妇女生育率增加,有利于出生人口性别比升高。研究表明,对大家庭而言,满足任何一种孩子性别组合的概率已足够大。① 所以,在西北、西南大区出生人口性别比与出生率、生育率呈现负相关关系,在我国其他地区出生人口性别比与出生率、生育率呈正相关关系。

表 8—10　2000 年出生率、生育率与 0—4 岁性别比的相关关系

	样本量	粗出生率	育龄妇女生育率
平均水平		11.73%	42.95%
全国	2869	0.018	0.056(＊)
华北	429	0.126(＊)	0.148(＊)
东北	294	0.352(＊＊)	0.406(＊＊)
华东	645	0.405(＊＊)	0.458(＊＊)
中南	636	0.279(＊＊)	0.311(＊＊)
西南	507	−0.092( )	−0.041
西北	358	−0.402(＊＊)	−0.357(＊＊)

注:( )、(＊)、(＊＊)分别代表显著性水平低于 0.05、0.01、0.001(下文同)。

实际上,我国东西部自然生态、产业结构、生育政策等各方面差异都

① 刘爽:《生育率转变过程中家庭子女性别结构的变化——对人口出生性别比偏高的另一种思考》,《市场与人口分析》2002 年第 5 期。

十分大。首先,我国西部地区沙漠化、严重缺水、表土流失、森林破坏等问题给经济的可持续发展带来了困难,使西部的生态环境处于严重的失调中。地理自然环境差异导致投资分配政策、产业结构、基础设施、雇用环境、人力资源等方面的差异。西部人口密度低,2000年西北地区人口密度(71人/公里^2)为华东地区(715人/公里^2)的10%左右。妇女生育率高,人口出生率高,人口年自然增长率($10.1‰$)是华东地区($4.6‰$)的两倍以上。其次,西部地区远离世界和国内的经济中心,西部资本、人力、信息的空间移动产生费用高、效率低下、市场化水平低。西部地区以军工和资源型产业为主,效率较低的国有企业占据了大半壁江山,效率较高的非国有经济发展缓慢,资源配置效率低下。2000年西北地区的人均GDP和农民人均纯收入(5157元/人、1541元/人)不足华东(12951元/人,3343元/人)的50%。受经济发展的影响,西北地区的B超检验引进少和人工引产普及程度低。最后,我国西部地区少数民族比例高,2000年西北少数民族占当地人口的30%,而华东则不足1%,少数民族接受多子多福的传统生育文化影响相对小,政策生育率高,理论上可以通过多生来选择男婴。

另外,我国出生性别比偏高主要出现在1.5孩政策生育人群,如果仅能生育一个,小夫妻还来不及考虑就怀孕了,不管是男是女就不得不接受这一现实。如果能生育二孩,男女双全是几乎所有家庭的最佳选择。问题是1.5孩政策生育人群,生了女孩还要男孩,而且一定要选择男孩,否则养育成本高。因此,西部妇女政策生育率和实际生育水平高,对于出生孩子性别有比较大的选择权。对于已经较高的生育率或者已经有了男孩,如果再增加生育,可能导致出生性别比下降。而我国东中部地区完全不一样,传统生育文化影响大,政策生育率低,大多是一孩、一孩半政策生育区,很多家庭根本没有男孩,若生育率提高,就让他们增加对出生孩子的性别选择机会,出生性别比随之提高。

(二)分孩次的出生性别比分析

大量数据显示,我国的出生性别比随孩次升高而升高(表8—11)。尤其农村地区表示要生一个男孩的家庭比例较高,要求生有一男一女的家庭仍占据大多数。由于多数(70%)农村地区的生育政策是,已有一个女孩的夫妻可允许生第二孩,因此,孕妇第一胎做性别检测的比例较少。

即使第一胎性别检测为女,大多数也是生下这个女孩并如实申报,但对所生第二孩却非要等到胎儿检测为男性时才生;由于生育政策不允许已有一个男孩的夫妻生第二孩,部分家庭为了再生一个,要么将男婴上报为女婴,要么干脆瞒报出生。少数已经生育两个女孩的家庭,为了生有一个男孩,采用瞒报出生,逃避处罚,直到他们认为相关政策对自己适宜(如人口普查)时,才去申报出生。 由此可见,人为胎儿性别选择及引产,既是致成第二孩及以上出生性别比严重失调,并随孩次升高而升高的成因,也是致成第二孩及以上各孩次出生性别比远高于第一孩出生性别比的成因。① 中国 20 世纪 80 年代、90 年代分孩次性别比分析表明,出生性别比随着孩次数而增加,一孩出生性别比最低,四孩及其以上最高。

表 8—11　20 世纪 80—90 年代中国大陆各孩次情况下出生人口性别比

	年份	合计	一孩	二孩	三孩	四孩及以上
中国	1982	107.2	106.5	105.0	109.4	111.9
	1983	107.7	107.5	107.2	108.2	109.3
	1984	108.3	102.1	113.6	112.6	122.2
	1985	111.2	106.1	116.1	114.3	121.5
	1986	112.1	105.2	116.8	123.2	124.7
	1987	110.8	106.7	112.6	118.9	121.2
	1989	111.3	104.9	120.9	124.6	131.7
	平均	109.8	105.6	113.2	115.9	120.4
	年份	合计	一孩	二孩	三孩及以上	
中国	1991	116.1	110.8	122.6	124.4	
	1992	114.2	106.7	125.7	126.7	
	1993	114.1	105.6	130.2	126.1	
	1994	115.6	106.4	141.1	154.3	
	2000	116.9	107.1	151.9	159.4	

资料来源:1991—1993 年中国资料来源于顾宝昌、罗伊(Krishna Roy)《中国大陆、中国台湾和韩国出生婴儿性别比失调的比较分析》,《人口研究》1996 年第 20 卷第 5 期;1994 年、2000 年中国数据来自于 1995 年全国 1% 人口抽样调查、全国第五次人口普查数据。

---

①　马瀛通:《出生人口性别比失调与从严控制人口中的误导与失误》,《中国人口科学》2005 年第 2 期。

（三）一孩半政策生育率与出生人口性别比

按照我国农村地区的计划生育政策,我国北京、天津、上海、江苏的全部和四川、重庆部分地区普遍实行的是提倡生育一孩,边远少数民族地区可以生育二孩,其余大多省份可以生育 1.5 孩,即第一孩是女孩可以生育第二孩,第一孩如是男孩则不可继续生育。不少文章分析认为,出生性别比高的地区都在计划生育政策生育率为 1.5 孩的地区,如海南、江西、湖南、湖北、陕西、安徽等,他们已经有了一个女孩,盼望生育男孩的心情十分迫切,千方百计抓住尚存的最后一个生育机会。

若利用 2000 年调查的 2869 个县市区妇女总和生育率,及总和生育率与 1.5 孩离差的平方,计算这两个变量和出生人口性别比的线性相关关系。分析表明(表8—12),总和生育率越高,则出生性别比越高,这两者呈正相关关系;总和生育率越接近 1.5 孩,出生性别比越高,两者呈现负相关关系(−0.166)。都超过了显著性检验水平,而且似乎后者与出生性别比的关系更密切一些。以上事实说明,生育子女数量越接近 1.5 孩,则 0—4 岁性别比越高;而生育子女数量越多,0—4 岁人口性别比越高。或者说,生育接近 1.5 孩的夫妻及生育子女数量多的夫妻选择子女性别的可能性较大。

表 8—12　总和生育率及其和 1.5 孩离差平方与 0—4 岁人口性别比的相关关系

		总和生育率	（TFR−1.5）**2
全国	2869	0.093（＊＊）	−0.166（＊＊）
全国除西南	2362	0.238（＊＊）	−0.233（＊＊）
华北	429	0.235（＊＊）	−0.256（＊＊）
东北	294	0.348（＊＊）	−0.260（＊＊）
华东	645	0.420（＊＊）	−0.305（＊＊）
中南	636	0.313（＊＊）	−0.157（＊＊）
西南	507	0.074	−0.089（）
西北	358	−0.273（＊＊）	−0.193（＊＊）

第四节　小　结

出生性别比是在生育率下降过程中出现的问题,国家人口计生委对出生性别比问题是十分重视的,先后出台了大量的文件,也做了大量的疏导和宣传教育工作,但是收效并不大,原因是多方面的。

出生性别比治理是个社会系统工程,需要综合治理。目前,我国经济收入的城乡地区差异要大于性别差异,也掩盖了性别差异。儿女受教育程度高、有出息、有份好职业好工作、经济收入高、生活质量高,儿子养老、女儿同样也养老;儿女没有出息,自顾不暇,还顾得了老人?!因此,关键是要注重培养孩子的质量,提高孩子的成才率,从小就要增加对于孩子的经济投入和情感投入。而这些对于乡村贫穷地区而言,生活都是十分困难的,何来高额的学费供养和培养儿女。另外,现在的读书、考试、就业都要靠父母的社会关系,乡村贫穷地区或山区的农民在陌生的城市里是两眼摸黑,没有关系网,关键时候子女得不到家长的及时指导和帮助,影响儿女成才和成长。因此,对经济落后地区而言,首先是要转变观念,注重孩子素质的培养;其次,要创造一种公平公正公开的社会竞争环境,凭本事而不是靠关系和权利,任何就学、就业方面的歧视,如年龄歧视、性别歧视、出生地歧视、城乡歧视、民族歧视都是违法的,应该予以惩处。

胎次、孩次是否与出生性别比有关是个有争议的话题。三维理论认为,出生人口性别比与前一子女孩子性别有关;与之相反的是,独立概率说认为,当前胎次的出生性别将不受前一胎次的出生孩子性别所影响。前者从社会角度而言,后者从生理角度或数学角度而言。1934 年有人发现,在传统家庭中最后一个孩子的性别比明显偏高于孩子平均的出生性别比。1998 年印度 110 万曾婚妇女生育史研究表明,意愿性别比与以前生育子女的性别有关,已有 1 个或 2 个女孩的妇女想要男孩的愿望十分强烈。Smits 分析发现,婚后或产后受孕时间超过 12 个月的妇女,容易生育男孩,生育孩子性别比高达 136.2;而婚后或产后 12 个月内受孕的妇女,容易生育女孩,两者之间存在显著性差异。婚后或产后受孕时间平均超过 12 个月,生育男婴的可能性大。从医学角度而言,出生人口性别比还与孕妇体重、营养、夫妻性生活频率、妇女受孕季节、孕妇抽烟喝酒与否、妇女受孕与排卵的时间差等有关。而母亲怀孕时的内分泌(激素水平)状态、母亲受孕的时间和年龄也直接影响出生人口性别比。

(一)出生性别比与计划生育政策

中国出生性别比偏高与计划生育政策没有直接的关系,二者没有必然因果关系,但计划生育政策促进了中国低生育时代的早日来到,加速了人口转变的实现,间接地影响了出生人口性别比。

生育管理对出生人口性别比的治理,分治标和治本两种方法。治标方法是针对出生人口性别比升高而采取的近期具体管理措施,是一种"头痛医头"的治标方法措施;治本方法是针对出生性别比偏高采取的长期、带有根本性、比较宽松的管理措施,同时做好流动妇女生殖健康服务,提高人们群众遵守国家生育政策的自觉性。治标方法往往治理性别比偏高的效果快而好,但容易引起人们的反感,难以持久;而治本方法难以很快治理出生性别比升高的问题,然而对人们生育思想观念的影响是巨大的。在实践中,出生人口性别比持续偏高或问题严重的农村地区主要采用治标的方法;出生人口性别比偶尔偏高或问题不大的城市或经济发达地区常采用治本的方法。

(二)生育水平对出生人口性别比的影响

近52年中国大陆出生性别比与出生率的关系分析,其间有较强的线性负相关关系,即出生率下降与出生性别比升高有关。出生率每下降一个千分点将导致出生性别比升高0.355个基本单位。而我国台湾出生人口(万人)与出生性别比呈现高度显著性相关关系(-0.8152)。台湾出生性别比偏高原因的66.45%都可以由出生人口下降来解释。计算进一步表明,台湾出生人口每减少10万人,出生性别比将升高1.91个单位。这说明,由于传统生育文化的存在,无论出生率或者出生人数下降都将导致人们性别选择比例加大,人们对于男孩的追求增加。

(三)生育水平对出生人口性别比影响的实证分析

2000年我国育龄妇女平均活产、存活子女数与出生性别比的线性相关系数分析可见,妇女平均活产、存活子女数与出生人口性别比存在着较强的相关关系,尤其是在华东和中南地区,这种相关关系更为明显,而在西北地区略微差一些。从全国2869个县市的县级资料来看,粗出生率、育龄妇女生育率与出生性别比之间存在微弱的正相关关系,粗出生率、育龄妇女生育率高,出生性别比就高;反之,出生性别比就低。区域分析表明,在华东、东北、中南地区育龄妇女生育率高的地区,0—4岁人口性别比亦高;反之,则偏低。而在我国西南、西北地区出生率、育龄妇女生育率与出生人口性别比之间呈现负相关关系。

2000 年全国 2869 个县市区总和生育率与 1.5 孩离差的平方,和同期出生性别比的线性相关关系分析表明,我国出生性别比高主要集中在 1.5 孩生育地区。

(四)建议

通过以上讨论,能否在全国若干地区进行试验,终止"一孩半"生育政策,或者采用"放开二孩生育政策",或者"对独女户家长用较高的农村社会养老保险制度取而代之",这样既能控制农村人口的增长、控制意愿生育性比,又能促进农村社会养老保险事业的发展,还能平衡今后劳动力的需求。国家人口计划生育委员会和财政部已经搞了一个农村部分计划生育家庭奖励扶助制度试点,对农村独生子女和双女孩家庭,父母年满 60 周岁,每人每年不低于 700 元的奖励扶助,夫妻两人一年可拿到 1400元。这种做法就是由家庭子女养老向社会养老过渡的开始。只是,奖励扶助资金应该随着物价水平变动而变动。2003 年国家人口计生委在全国范围内选择 11 个县开展"关爱女孩行动"试点工作,连云港市东海县成为江苏省唯一的试点县。这几年该县建立健全关爱女孩的政策体系,制定了《人口和计划生育奖励办法》,通过为农村独女户家庭免费提供养老保险,免除农村合作医疗个人应纳费用,提供救助资金,免费进行科技和致富技能培训等措施,促进了传统生育观念的转变,营造了女孩健康成长的良好氛围。对于农村独女户父母如果达到退休年龄以后,也可享受较高的社会养老保险,基本生活有保障,这将从制度上、从物质层面上有力地促进人们生育观念的根本改变。由于政府的大量财政投入,江苏东海县 2000 年出生性别比为 159.1,到 2006 年、2007 年、2008 年分别降低到 116.87、114.5、114.0,低于江苏省及连云港市平均水平。我们期望东海县出生性别比治理经验能够进一步总结和推广。然而,不幸的是"按下葫芦浮起瓢",据最新调查发现,东海县没有起到应该有的示范作用,周边县区出生性别比不降反升。这是否是由东海出生男孩转移到周边地区所致? 没有调查研究也没有发言权,但至少说明出生性别比治理工程是个系统工程,往往牵一发而动全身,绝非短期或孤立政策可以解决的。

第八章 造成出生性别比升高的 经济因素分析

经济发展是社会进步和人口增长的巨大动力。经济增长对人口发展的影响表现在如下三个方面。直接影响：经济发展了，就能够容纳更多的劳动力和需要更多的生产者和消费者，更多的劳动力和消费者又推动了社会进步和经济发展。韩国、新加坡、日本、我国香港和台湾地区等这些经济发达国家和地区，没有显性地推行计划生育，重要原因是其经济的快速发展，促进本地劳动力需求，失去限制人口增长的意义。间接影响：在经济快速发展的同时促进人们观念的改变，人们的受教育程度提高、生育的机会成本和经济成本迅速提高，人们逐渐感到没有必要生育过多的子女，这就是社会自调节功能。潜在影响：经济发展推动了生产方式变革和生产力发展，后者又推动了社会政治制度、宗教文化、法律法规、社会观念和社会政策等变迁和更新，社会保障和社会保险的发展，由此解除了人们的后顾之忧，影响了生育意愿和生育偏好。如经济的快速发展推动社会保险制度的全面展开，社会养老保险制度的建立，新社会观念和新文化元素，又会推动生育观念与生育文化的变革。

经济发展不仅影响生育子女的数量，而且影响生育子女的性别，对出生性别比偏高产生正面或负面影响。正面影响是快速发展的经济推进了城市化进程，城市化又给女性带来更多的"办公室"和"白领"就业机会和妇女更大的发展平台。当不存在男女不平等，在人人都能享受社会养老保障的情况下，传统的男尊女卑思想就逐渐会失去市场，出生性别比容易下降。在我国京、津、沪等大城市，在我国经济发达的长江三角洲、环渤海地区，出生性别比就相对较低。近年来略有提高的原因，主要是由于流入人口问题，如2005年苏州本地居民的出生性别比仅为102，而外来人口出生性别比为 120,苏州市性别比为 107;上海情况类似。由此可见,经济发展水平与出生性别比是有关系的。对出生性别比失调产生的负面影响是,大企业的发展,贫富两极分化、富裕者家庭财产的大量增加,迫切需要培养企业和家庭的接班人,合适的接班人需要从多人中选择,从而对独生子女政策和男女平等提出了"挑战"。在传统文化中仅有男性才能成为接班人,而优秀的接班人必须在竞争下产生,因此最少在 2 人中才能胜出。在东南亚地区就曾出现华侨"娶婿不嫁女"、"嫁女不嫁财",为的是稳定壮大家族企业。国内有些企业家,为了培养接班人,不惜多生超生和生男孩而甘付高额"社会抚养费",也有到国外、境外怀孕、性别检验、流引产和生育,逃避政策监管。另外,经济发展推动了医疗技术和医疗器械的发展,而后者又使得胎儿性别的鉴定和胎儿流引产技术越来越成熟、安全、价廉。于是,促使更多的人使用胎儿性别的鉴定和引产技术,同时使出生性别比失调从想象到现实。

以上事实表明,经济因素对于出生性别比的影响是十分复杂的。而在实际情况下,社会发展和经济发展有时是很难区分的。

第一节　影响我国出生性别比升高的经济因素定性分析

社会主义社会的根本任务是发展生产力,科学发展观就是要坚持以发展为中心、推动社会经济全面进步。生产力决定生产关系,有什么样的生产力决定有什么样的生产关系。生产力是经济基础,社会的发展离不开生产力的作用。同时,社会主义社会又是全面发展、全面进步的社会。要正确认识和处理社会发展和经济建设的关系,首先是要坚持以发展为中心,经济基础决定上层建筑。

1993 年李涌平论述了婴儿性别比及其与社会经济变量的关系[1],发现城乡居住地和农业非农业家庭、女性受教育程度、女性职业等都与出生

---

① 李涌平:《婴儿性别比及其和社会经济变量的关系:普查的结果和所反映的现实》,《人口与经济》1993 年第 4 期。

性别比有关。屈思敏、梁树春分析发现,广西出生人口性别比失调问题产生的原因是多方面的,农村社会保障体系滞后,农村社会经济发展缓慢、生产力不高,就学就业对女性的歧视等经济因素是造成性别比失调的主要原因。吕红平等论述了我国出生性别比偏高的经济学背景①,黄娅等从经济学的角度分析贵州出生人口性别比失调的原因②。经济发展水平对人们的生育观念,特别是对出生性别比失调产生的影响,大致可以从宏观和微观两个层面来分析和论述。

一、宏观经济因素对于出生性别比的影响机制

经济发展水平的提高对于出生性别比的影响是双刃剑,经济发展对应着医疗设备的更新、人工性别选择技术等科技水平提高,这些可能有利于出生性别比升高;而经济发展造成城乡差异减小、受教育程度的提高、社会保障程度提高等,这些因素都将降低出生性别比。2006 年有人认为③,经济对于出生性别比的影响主要表现在如下四个方面:(1)农村社会保障体系滞后是性别比偏高的重要因素。(2)农村经济发展条件和环境使得男孩偏好突出。(3)经济奖罚机制不完善是性别比偏高持续的原因。(4)经济上歧视女性是影响性别比平衡的根本。实际上情况更为复杂,有的地方将经济奖罚机制和农村社会保障体系结合起来,提出将给予独女户父母社会养老保险的待遇,然而从生育到享受社会养老保险时间间隔可能有 30 年之久,这 30 年全国及地方将发生什么样的变化,谁也无法估计。如果经济发展快,社会养老保险将作为农村人群的基本要素,人人都可享受,这时独女户父母是否仍会感到吃亏;如果经济发展慢,农村社会养老保险仍作为昂贵的奢侈品,那么,政府还能否实现其庄严的承诺也是问题。

另外,我国的教育制度和社会保障制度要求社会公平、公开和公正,

---

① 吕红平、董项楠、何颖玉:《我国出生性别比偏高的经济学研究》,《经济论坛》2009年第 8 期。

② 黄娅、张敏、彭华:《从经济学的角度浅析贵州出生人口性别比失调的问题》,《法制与社会》2008 年第 10 期(上)。

③ 屈思敏、梁树春:《广西出生人口性别比失调的经济因素分析》,《广西财经学院学报》2006 年第 3 期。

不管是否实行计划生育政策。孩子出生以后就是中华人民共和国的公民,享有计划内生育孩子一样的权益和义务,"父债不能子还"。计划外生育家庭发生经济困难,民政还得帮助,学校教育和民政扶助考虑更多的是社会公平,而不考虑其是否计划内生育。这种普惠制的社会制度就造成对实行计划生育人群思想的冲击。

这些事情也已发生在计划生育实践者身上。当时为了促进各地居民实行计划生育政策,国家相关部门曾慷慨地承诺,当事人若执行国家计划生育政策,退休后获得的退休金将比非计划生育者高 5 个百分点。以平均退休金为 3000 元,退休后平均生存为 20 年计算,1 人可以比非计划生育者多获得 3.6 万元。但实际在江苏调查发现,到了这批独生子女父母实际退休时,仅有行政机关和事业单位的退休者可勉强享受如此待遇,大多数人企业单位退休者仅能领取社会养老金,一次性按地区经济发展水平不同而享受 2400—3600 元不等的象征性补贴(为原来承诺的 6%—10%)。即使如此,在经济欠发达地区,仍有少数提前下岗、城乡结合部人员、单位破产的退休者、自谋职业者等领不到该项费用,还有一些经济效益差的单位,退休后若干年内才能领齐。此外,计划生育执行比较好的地区,因为奖励费用问题使地方财政负担沉重,严重影响地区经济和社会发展,如江苏省南通市若干县区的财政上入不敷出。于是,政府普惠政策条件下人口计划生育奖惩政策的执行,如何使计划生育政策践行者不吃亏和不后悔,如何确保我国计划生育的利益导向,成为新研究课题。

(一)城乡差异是影响出生性别比的重要因素

我国农村社会生产力发展水平相对较低,社会经济发展相对缓慢,生产效率不高,机械化耕作水平较低,生产工具原始,大量的户外生产劳动依然靠手工完成,而且户外、无保障的重体力劳动依然是目前农村劳动的特点。另外,农作物剩余价值低,投入多而利润小,生产过程对劳动强度的要求较高。女性劳动力受生理、身体等多方面的影响,难以从事繁重、特殊的生产劳动,经济收入一般较低,也就难以挑起"养家糊口"的重担。而男性劳动力凭借自身的身体优势,能胜任繁重的传统农业劳动,男性劳动力是家庭的主要经济来源。正是由于在体力劳动上客观存在的性别差异,大多数的繁重农活只能靠男性劳动力才能完成,从而男性劳动力在农业经营生产活动中发挥着主导作用。男性劳动力是我国农村家庭的主要经济支柱,客观上强化了偏好生育男孩的观念。

特别是实行家庭联产承包制以来,生产单位缩小到以家庭为主,农村家庭可耕土地面积少,使用大机器成本高,农业生产劳动仍是繁重的体力劳动,男性劳动力成为农村家庭这个"单位"的主体,同时也是外出打工主要劳动力。男性劳动力成为农村家庭的重要经济来源,农村家庭需要身强力壮的男性,而男孩也是解决家庭劳动力来源和经济需求的基本要素。然而,具有讽刺意义的是,20世纪80年代以后全国数以亿计的农民剩余劳动力流动到城市就业,其中男性占很大比例,农村留下了大量的孩子、老人和妇女,由于大量采用了机械化、集成化操作,我国主要农作物不仅没有减产,而且连续十多年大丰收。

另外,城市给第三产业创造了较大的发展空间,从而大大扩大了妇女就业的机会。妇女就业提高了生育的机会成本和经济成本,从而减少了生育数量;妇女就业同时提高了经济收入水平和自身社会地位,减少了男女性社会差异。此外,高密度的居住形式,便利的交通,促进了城市开放程度和文明程度,城市法制建设保证了妇女的社会权利和经济权利。而城市规模越大、妇女就业机会越多,男女性社会差异越小。

(二)社会养老保险是影响出生性别比的根本

在传统社会,养儿子的重要目的是防老。历史上,我国长期采用"反哺式"养老模式——父母在子女年幼时照料子女,当父母老了以后,子女义务为父母提供经济和精神上的帮助。这对于传统大家庭、人口流动量小的社会确实有其很大的合理性。然而,对于现代小家庭而言,生育子女数量少,人口流动量大,子女难以为父母提供经济和精神上的帮助。此时,城市老人依赖年轻时的剩余价值进行积累,加上国家政策补贴,可开展社会养老保险,采用"传递式"的养老模式——在子女年幼时父母照料子女,当父母年龄老了以后,由社会保险养老,即家庭养小不养老。但是,社会保险需要大量的投入,城市劳动生产率比较高,可以采用自己缴纳一部分、所在单位缴纳一部分,国家投入一部分来解决。

我国农村生产力低下,农作物剩余价值低,农业现代化水平低,体力付出在劳动收益中所占份额大。农民在年轻时,国家实行的是对主要农作物统购统销政策,农民在经济上很少有积累,无论是自己还是集体都难以缴纳社会保障需要缴纳的部分费用。改革开放后,家庭联产承包责任制在农村的实行和农村经济体制的改革,过去农村实行的以集体为主体的保障体系逐渐消失。在新的社会保障体系尚未建立的情况下,农民的各种风险主要由农民家庭独自承担。随着农民进入老龄期,生、老、病、死、伤、残等风险不断增加,对于各种风险,经济基础极为薄弱的农民家庭是难以抵御的。"病有所医,老有所养"是农民面临的一个最现实问题,农村中因各种意外风险而返贫的现象不少,致富后的农村人口因病而贫困的例子屡见不鲜。[1] 而同时我国农村的婚俗传统是"嫁出去的女儿,泼出去的水",女儿生是夫家的人,死是夫家的鬼。长期随男家生活,难以照顾年迈的父母,致使赡养父母的责任多是男孩承担,老人依赖生活在身边的儿子养老,因此农民企望生儿子,生儿子就意味着给自己购买了一份养老保险。

农村养老保障体系的缺失,传统的家庭养老模式就无法根本转变。"养儿防老"的观念不仅仅是农民父母的情感渴望,更是年老后的经济生活需求。在城镇,大部分老年人可以享受退休金或社会保障和其他福利待遇,子女的养老效用大大下降,对生育子女性别选择的意愿并不强烈。但是在农村情况就大不一样了,子女的养老保险效用仍然很大,尤其在经济欠发达地区,由于生产力低下,农业现代化水平低,体力付出在劳动收益中所占份额大,人们选择生育男孩的内在驱动力十分强大。由此可见,社会保障体系的缺失,传统的家庭养老方式没有得到改变,养儿防老思维不改变,是构成社会养老保险的巨大城乡差异,也是构成农村出生性别比失调的重要经济原因之一。可喜的是,各级政府都已认识到这一问题。2002 年 10 月 29 日中共中央、国务院发表了《关于进一步加强农村卫生工作的决定》,提出逐步建立新型合作医疗制度,从 2003 年 6 月到 2008 年参加人数达 8. 15 亿人,参合率达 91. 5%;2007 年国务院下发了《关于在全国建立农村最低生活保障制度的通知》,随后各省市自治区相继出台了农村低保政策文件,2777 个涉农县全部建立了农村低保制度。2009 年国务院将推行农村老年人口"普惠制"基础养老金,最低为每月 55 元,由各级财政负担。山西省从 2009 年 7—9 月开始在长治、太原、临汾、大

---

[1]　屈思敏、梁树春:《广西出生人口性别比失调的经济因素分析》,《广西财经学院学报》2006 年第 3 期。

同、晋中、阳泉市的 22 个县(市、区)推进参保扩面工作。在这些试点单位,60 周岁及其以上的农村居民,只要未享受其他养老保险待遇,政府按月支付 30 元基础养老金直至身故,受益农民高达 51 万余人,这些资金来源于省、市、县三级财政。① 江苏省东海县对农村独女户家庭进行社会养老保险全额补贴,以免除其家长养老之忧。苏州、无锡等发达地区对"未享受其他养老保险待遇"的老年居民实行了基础养老补贴,大致每月60—120 元。这种普惠式社会保险,既减轻了老人和子女的经济负担,又推动了经济发展与和谐社会建设。于是,2010 年全国出生人口性别比也出现了明显下降的趋势。

二、家庭经济因素分析——生育子女的成本效益分析

家庭生育行为应该是以追求"效用最大化"为基本准则的经济理性行为,这种行为是在比较生育子女的成本和收益关系后作出抉择的结果。

生育子女的成本效益主要包括社会成本、经济成本及社会效(收)益和经(收)济效益。但是,社会成本和社会效益是难以直接估量和计算的,经济成本和经济效益在家庭成员之间,有时也是难以严格分开计算的。

(一)生育成本分析

生育子女的孩子经济成本可分为家庭支付成本和社会支付成本,前者又可分为直接成本和间接成本。直接经济成本是指从母亲怀孕至将子女抚养成为成人支出的衣、食、住、行、恋爱、通讯、医疗、教育、婚姻等所有费用,即直接花费在孩子身上的货币支出;间接经济成本是指父母为抚养一个孩子所遭受的各种其他间接损失,包括生理成本、心理成本、发展机会成本和活动限制成本等;社会支付成本是指个人家庭生育子女的数量对环境资源产生影响,如果生育数量大于社会所能承载的能力,将造成对环境资源的压力,如造成耕地和水资源的短缺、环境恶化;造成学校、医院、交通等公共基础设施过度拥挤;同时还会造成劳动就业困难,人均则富占有量下降等,这些成本虽与家庭生育孩子的多少有关,但都由社会来

---

① 王斌:《基础养老金 9 月底前足额发》,《山西晚报》2009 年 8 月 6 日第 6 版。

承担,故称之为社会成本。①

(二)孩子生育的效益分析

孩子的家庭效用,也称生育子女的家庭效益,是指父母从子女身上得到的精神慰藉和经济收入,前者包括精神享乐的效用、稳定婚姻家庭效用等;后者包括直接经济收入和劳务价值的总和,如孩子劳动收入效用、养老经济保障效用等。一般认为,男孩能比女孩为家庭提供更多的劳动力,挣更多的钱,为父母老年后提供更多支持。结婚后,儿子为家庭带来了媳妇,媳妇既为家庭提供生产和服务,同时带来了嫁妆。而第一个孩子是夫妻间情感的需要,第二个孩子往往从"经济人"或"社会人"的角度考虑,当生育子女的成本大于收益时,作为一个理智人,往往会作出放弃生育下一个孩子的抉择;反之,则会作出生育下一个孩子的抉择。由于在我国受传统家庭模式的影响,男孩和女孩在家庭的地位,及父母的经济状态大不相同,尤其是农村依然存在养老靠儿子的观念,人们从儿子身上得到的收益大于从女儿身上得到的收益。因此,子女对于父母来说,经济价值的差异也成为强化生育中的男孩偏好的重要因素。②

家庭养老的经济需求,其中养老经济保障效用在广大农村地区表现得更为明显。当前我国社会养老保障体系的不足,特别是农村养老保障体系的缺失,意味着传统的家庭养老模式没有得到根本转变。"养儿防老"的观念不仅仅是父母的情感渴望,更是年老后的经济生活需求。在城镇,大部分老年人可以享受退休金或社会养老和医疗保障和其他福利待遇,子女的养老保险效用大大下降,对生育子女性别选择的意愿并不强烈。但是,在农村情况就大不一样了,子女的养老保险效用仍然很大,尤其在经济欠发达农村地区,生产力低下,农业现代化水平低,体力付出在劳动收益中所占份额大,人们有选择生育男孩的内在驱动力。

由此可认为,城市或经济发达地区年轻人生育子女大多是为了社会目的,为了增加夫妻感情或家庭和睦;而农村经济欠发达地区年轻人生育子女大多可能是为了养老或经济的目的。然而,随着人口流动增多、城市

---

① 黄娅、张敏、彭华:《从经济学的角度浅析贵州出生人口性别比失调的问题》,《法制与社会》2008 年第 10 期(上)。

② 吕红平、董项楠、何颖玉:《我国出生性别比偏高的经济学研究》,《经济论坛》2009年第 8 期。

化水平提高,加上孩子的养育成本提高,社会养老保险普及程度越来越高,人们的生育观念不断改变,为了经济缘故而生育子女的人已经越来越少。

第二节　影响出生性别比升高经济因素的实证分析

中国区域大,社会经济状态对人口的影响不一。从普查资料分析,2000 年全国 343 个地市经济资料相关分析表明,对出生人口性别比影响最大的是少数民族人口比重、15—50 岁妇女平均存活子女数;其次是 14 岁以下少年儿童比例、非农业户口人口比重、总人口性别比、第三产业人口比例;再次是文盲率、第一产业人口比例、80 岁以上人口比例、家庭规模等。由此可见,高出生性别比的地区,主要发生在少数民族人口比重低、妇女生育子女数多、城市化发展落后的地区,以及第三产业人口比例低、第一产业人口比例高、传统大家庭比例高的地区,反之亦然。

应该说明的是,少数民族人口比重对于出生性别比影响机制十分复杂。主要影响因素大致有四个。首先,政策因素。为了保障少数民族的稳定、兴旺和发展,我国对于少数民族实行特殊且较为宽松的生育政策。1984 年 4 月中共中央批转的国家计划生育委员会党组《关于计划生育工作精神的汇报》中说:"对少数民族的生育政策,可以考虑,人口在一千万以下的民族,允许一对夫妇生育二胎,个别的可以生育三胎,不准生四胎⋯⋯"根据该文件精神,我国各省区直辖市都建立了少数民族生育政策,其大致分为三种,少数民族集中的省区生育政策、少数民族集中的州县生育政策和少数民族散居的生育政策(附录 13)。

其次,少数民族本身的风俗习惯。我国有姓氏的少数民族主要为回族、白族、裕固族、羌族、维吾尔族等 38 个;只有名而没有姓氏,有蒙古族、傣族、门巴族、布朗族、拉祜族、高山族、普米族等民族,他们外出工作或读书时可以借姓。泸沽湖摩挲族实施的是"走婚"制,还有一些实行的是"嫁男"从妻居和从母姓习俗。他们对姓氏的继承概念淡薄,从而淡化了对子女性别意识,包括藏族、瑶族等。

再次,受汉族的影响。长期和汉族的接触,有些少数民族传统汉化严重,汉族人的思维方式、传统文化、生活方式影响着少数民族。虽目前仍保留 80 多种少数民族语言和 19 种文字,但已呈现萎缩趋势,受国家计划生育政策和思想影响很大,同时受到汉族多子多福传统文化的影响也很大。2005 年少数民族也出现了出生性别比偏高现象。

最后,受经济发展水平的影响。少数民族大多处于经济欠发达地区,B 超和人工引产设备仪器比较少。2007 年北京大学人口研究所穆光宗到贵州某少数民族贫困县考察时发现,在这个明显存在男孩偏好的地区,出生人口性别比却基本正常,原因是因为当地 B 超市场极不发达,有限的几台 B 超完全掌控在政府部门手中。[①] 而一旦地区经济改善以后,出生性别比就出现明显提高。

前两个因素对出生性别比起着抑制作用,后两个因素对出生性别比起着提高作用。不幸的是随着时间的推移,随着我国经济发展水平的全面提高、流动人口的大量增加,少数民族妇女生育男孩愿望也越来越强烈,2005 年我国少数民族出生性别比出现了全面的上升。

一、2000 年全国各地市影响因素的相关分析

从资料来源而言,普查资料源于全国统一组织的 10 年一次性调查,登记资料来源于全国省地县各级统计部门每年收集的日常经济社会文化资料,刊登于每年一册的中国统计年鉴和各省统计年鉴。从人口登记资料分析,1999 年全国 6 大行政区 326 个地市社会经济人口变量,与 2000 年出生性别比的相关系数(表 9—1)分析表明:(1)中南地区处于我国东西部交界处,情况最为复杂,几乎没有一个相关变量能够准确完整说明出生性别比升高的原因,而华东地区各变量与出生人口性别比的相关最密切。(2)产业结构与出生性别比也有关,第一产业人口和产值,与出生人口性别比呈正比。第一产业人口多、产值高,则出生人口性别比高,尤其在西南、西北地区。(3)华东地区也是如此,第一产业人口比重、产值比重与出生人口性别比呈正比,而第二产业人口比重、第二产业产值比重与出生人口性别比呈反比。即农业人口比重大、产值比重大;工业人口比重

---

① 穆光宗:《出生人口性别比异常偏高与生育政策有关吗》,《人口与发展》2008 年第 2 期。

少、产值比重小,则出生人口性别比高,反之亦然。(4)在华东地区,人均
GDP、农民居民人均经济收入、城乡居民人均定活期存款和职工平均工资
都与出生人口性别比呈反比。即人均 GDP 高、农民经济收入高、居民存
款多、职工平均工资高,则出生人口性别比低;反之,出生人口性别比高。
(5)职工平均工资对西南、西北出生性别比影响不一,前者为负相关、后
者为正相关,其间原因将进一步探讨。此外,失业率与华北地区出生性别
比也呈现负相关关系。

表 9—1   全国各地市社会经济人口变量与出生性别比的相关系数

	全国	华北	东北	华东	中南	西南	西北
地市样本数,n	326	38	36	79	80	43	50
人口密度	0.312	0.264	0.468	-0.103	0.176	0.446	0.421
一产人口(万人)	0.361	0.438	0.156	0.341	0.085	0.646	0.499
一产(人数比重,%)	0.05	0.036	0.155	0.437	0.055	-0.167	0.097
二产(人数比重,%)	-0.009	0.091	-0.086	-0.504	0.022	0.119	0.035
一产(产值,亿元)	0.295	0.341	0.043	0.070	0.161	0.429	0.357
一产(产值比重,%)	0.079	-0.005	-0.058	0.441	0.157	0.055	-0.182
二产(产值比重,%)	0.016	0.137	0.122	-0.373	-0.059	0.159	0.153
人均 GDP	-0.078	-0.089	0.026	-0.462	-0.030	-0.279	-0.185
农村居民人均收入	0.098	0.247	0.024	-0.360	0.057	-0.031	-0.014
城乡居民人均存款	-0.059	-0.057	-0.047	-0.476	0.019	-0.308	-0.184
职工平均工资	0.022	-0.037	0.112	-0.415	-0.102	-0.611	0.493
失业率(%)	0.075	-0.481	-0.338	-0.005	-0.219	0.196	-0.104
r(0.05)	0.113	0.325	0.325	0.220	0.220	0.304	0.273
r(0.01)	0.148	0.418	0.418	0.286	0.286	0.393	0.354

值得注意的是,第一产业——农业从业人员比例与出生性别比之间
存在高度显著的正相关关系。某地市农业从业人员比例越高,该地区出
生性别比越高,尤其在西南西北地区。第二产业——工业从业人员比例
与出生性别比之间存在负相关关系。某地市的工业从业人员比例越高,
该地市的出生性别比越低,尤其在华东地区。这说明农村人口是引起人
口出生性别比失衡的主要群体。准确地说,自给自足的小农手工劳动生

产方式是引起人们男孩偏好,并进行生育性别选择的主要原因。反之,某地区从事第二和第三产业人员越多,出生人口性别比越低,注意到从事第二和第三产业人员主要居住在城镇,说明城镇人口的男孩偏好,以及生育性别选择比例下降,或者说经济发展导致的人们生产方式与居住方式的改变,有助于降低人们的男孩偏好(以及生育性别选择)。这就从实证角度验证了前面描述性分析的正确性。

二、城市化水平与出生性别比

由于城乡社会、经济、文化发展的不平衡,不仅表现出城市、城镇、农村妇女生育数量不一样,同时出现其间出生人口性别比的较大差异。一般说来,从1982—2005年,城市出生性别比低于城镇,而城镇出生性别比又低于农村,而且其差距呈现不断扩大的趋势(表9—2)。2005年河南省妇幼保健院运用1997—2003年全省61个出生缺陷监测医院的住院分娩数据(大约每年5—8万婴儿)[1],出生婴儿性别比分析发现,城市118.42(110.92—125.92)明显低于农村133.08(125.17—140.99);30岁以下母亲生育的婴儿性别比118.16(110.92—125.39)明显低于30岁以上母亲生育的婴儿145.52(126.44—164.60)情况。住院分娩不存在漏报、溺婴等现象,但仍可能出现胎儿性别鉴定的可能,而母亲年龄实际说明了生育的胎次。

表9—2　1982—2005年我国市、镇、村出生人口性别比

年份	全国	城市	城镇	农村	村—镇	镇—市
1982	108.5	106.9	107.7	107.7	0.0	0.8
1987	110.9	110.5	113.4	113.6	0.2	2.9
1990	111.1	108.9	112.1	111.7	-0.4	3.2
1995	115.6	111.9	115.6	117.8	2.2	3.7
2000	116.9	114.2	119.9	121.7	1.8	5.7
2005	118.6	115.2	119.9	122.9	3.0	4.7

资料来源:1982年和1990年全国人口普查资料;1987年、1995年和2005年全国1%人口抽样调查资料。

---

[1]　赵悦淑、孙利环、王兴玲:《1997—2003年医院出生资料人口统计分析》,《中华实用中西医杂志》2005年第13期。

如果从 1990 年全国分市、镇、县来看,全国有 1/2 的城市、2/3 的城镇和 3/4 的县出生人口性别比高于 108。① 则 2000 年 2869 个县市资料分析表明,793 个城区出生性别比最低为 114.4,标准偏差为 11.4;1679 个县最高为 117.5,出生人口性别比标准偏差为 14.4;而 396 个县级市居中,出生人口性别比为 117.4,标准偏差为 14.8 最大(第 4 章)。这些事实充分说明,性别比失调的城市比例少于城镇比例,而城镇性别比失调的比例又略少于县(乡村或农村)的比例。换言之,城市化水平越高,出生性别比程度越低,这和我们的理论分析完全一致。城市化水平与出生性别比的关系相关分析表明(第 4 章),非农业人口比例与出生人口性别比呈负相关,非农业人口比例高、工业化和城市化水平高,出生人口性别比偏低;反之亦然。值得注意的是,随着外来妇女在城市、城镇生育数量的增多,近年来城市人口出生性别比上升也十分迅速。

从非农人口比例和 0 岁人口性别比的分布关系(表 9—3)分析可见,非农人口比例高(30% 以上)的情况下有 72% 的地市出生性别比偏低(低于 113);反之,非农人口比例低(20% 以下)的情况下,有 63% 的地市出生性别比偏高(高于 113)。

表 9—3 2000 年非农人口比例和 0 岁人口性别比的地市频数关系

		非农人口比例			Total
		20% 以下	20%—29%	30% 以上	
0 岁性别比	112.9 以下	58(37%)	39(45%)	73(72%)	170
	113.0 以上	99(63%)	48(55%)	28(28%)	175
	Total	157	87	101	345

2005 年有人分析 1998—2002 年 57023 户家庭及 8565 个活产婴儿。② 调查同样证实,城市出生人口性别比是低于农村的,但是在农村出生性别比出现"马鞍型"分布,即富裕地区和贫困地区农村出生性别比偏

---

① 高凌:《我国人口出生性别比的影响因素》,《人口研究》1995 年增刊。
② 黎楚湘等:《1998—2002 年中国人口出生性别比》,《中国初级卫生保健》2005 年第 11 期。

低、而小康和温饱地区出生性别比偏高(表9—4),这实际不仅是经济因素或城乡差异影响,还夹杂着生育政策、生育观念等的影响。贫困农村地区生育政策一般比较宽松,可以通过多生子女达到选择子女性别的目的;富裕农村地区一般和城市交流比较多,受城市生育观念的影响比较大。

表9—4　1998—2002 年不同类型城乡的出生性别比

	城市	农村	富裕农村	小康农村	温饱农村	贫困农村
活产男婴,例	899	3833	736	1001	1342	754
活产女婴,例	806	3851	594	768	1047	636
出生性别比	111.5	125.9	123.9	130.3	128.2	118.6
95%下限	101.4	120.0	111.3	118.7	118.3	106.7
95%上限	122.7	132.0	138.2	143.3	139.0	131.8

从经济社会发展规律来看,早期的农业社会由于绝大多数人都生活在农村,从事农耕手工生产劳动,这种经济环境会导致农民家庭具有较强的生育男孩偏好,但是由于缺乏有效的胎儿性别鉴定手段以及高风险和难以做到的人口流产,人们的男孩偏好通常是在自然多胎生育中得以实现,即使存在少量溺婴等现象,也不会对出生性别比产生影响,因此尽管这个时期社会存在强烈的男孩偏好,也不会对出生人口性别产生影响。现在,情况发生了巨大变化。首先,随着工业化社会和后工业化的信息社会的到来,作为第一产业的农业在国民经济总产值中的比例开始下降,而作为工业的第二产业和作为服务业的第三产业则迅速崛起,大量人口从农村转向城市,参与到城市激烈的工作竞争中,生产方式和生活方式发生巨大变化,这种环境变化导致城市家庭对男孩偏好的下降,只要城市人口比例足够高,社会整个人口群体的男孩生育偏好就会显著减弱,实质上会使出生性别比升高从源头上丧失基本的社会动力。其次,始发于20 世纪80 年代初的 B 超等胎儿性别鉴定和人工引产技术变得便携易得,这种技术的发展在男孩偏好和出生性别比升高之间架起了一座桥梁,只要人口中有一部分人有男孩偏好,那么只要当事人觉得多孩生育的代价太高(无论是从家庭经济约束的主观考虑,还是计划生育政策约束的客观原因),就很容易将男孩偏好转化为生育性别选择,进而就会推动出生人口

性别比升高。

三、经济发展变量(人均 GDP)与出生性别比

人均国内生产总值(人均 GDP)常常是最具有代表性的经济发展统计指标,但是人均 GDP 与出生性别比呈现的关系非常复杂。仅在华东地区(表 9—1)人均 GDP 与出生性别比两者之间才有较显著相关关系(-0.462)。

就在华东地区内部,仍有着较大差异。以江苏情况为例,2000 年江苏 58 个农业县市的人均 GDP、地方财政收入与出生性别比的线性相关关系分别为-0.4338、-0.2948,分别通过显著性水平为 0.01、0.05 的检验。散点图分析表明,人均 GDP 高的地区出生性别比低(图 9—1),人均 GDP 低的地区出生性别比高。这仅是统计情况,完全在直线附近的地区(点)并不多,尤其是经济收入低的地区,出生性别比地区间差异仍然比较大。

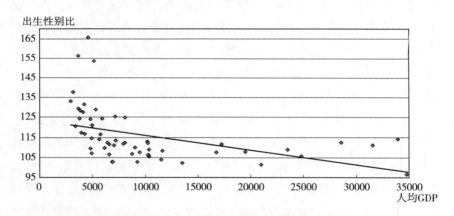

图 9—1　2000 年江苏农村 58 个县市出生性别比与人均 GDP 的关系

2004 年有人计算安徽 17 个地市农民人均纯收入与出生性别比、一孩性别比、二孩性别比的相关系数①,分别为-0.480、-0.109 和-0.340(图 9—2),农民人均纯收入与出生性别比十分接近显著性水平为 0.05 的临界值(-0.482),即农民人均纯收入与出生性别比相关显著。

---

① 　陈兆钧:《安徽省出生性别比问题分析》,《人口研究》2004 年第 5 期。

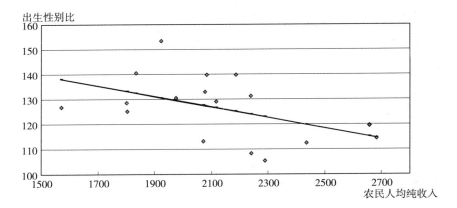

图9—2 2000 年安徽 17 地市农民人均纯收入与出生性别比的关系

2005 年国家统计局在全国范围内进行了 1% 人口抽样调查,俗称为"小普查"。为此,我们还研究了 2005 年全国 31 个省区直辖市出生人口性别比与当年人均 GDP 的关系,其间相关系数仅为 −0.094,虽仍为负相关,但未能通过显著性水平为 0.05 的临界限(图9—3)。这说明 2005 年人均 GDP 与出生人口性别比线性相关关系不显著。以上事实说明,经济发展和出生性别比的关系远比我们想象的复杂,总的说来,经济发展可以降低出生人口性别比,但其间关系并非一一对应,在经济欠发达的情况下仍然可以通过其他手段控制出生性别比。

利用卫生部—联合国儿童基金会资助的"10 省 46 县农村初级卫生保健"项目调查资料①,2008 年刘彦芳等分析 1996—2005 年我国西部 10 省(市、区)的 46 个贫困县农村 0—3 岁婴幼儿性别比。利用这些资料分析不同家庭经济收入情况下的婴幼儿性别比(表9—5)。调查发现,人均年收入随性别比呈现 U 型分布。随着人均年收入的增高,婴幼儿性别比下降,在年收入 1500—2000 元时达到最低;而后婴幼儿性别比上升。在经济状况较好和较差的家庭中,拥有男性婴幼儿几率更大。但是,家庭经济对于出生性别比影响很小,统计检验不显著。

---

① 刘彦芳、颜虹、王全丽:《1996—2005 年我国 46 县农村婴幼儿性别比分析》,《南方医科大学学报》2008 年第 10 期。

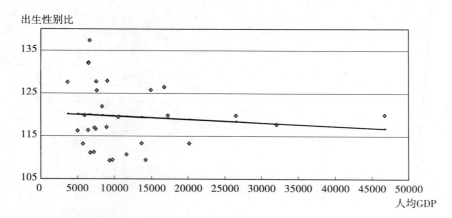

图 9—3　2005 年全国 31 个省区直辖市的人均 GDP 与出生性别比

表 9—5　不同经济收入下的婴幼儿性别比（ISR）

人均年收入	<500 元	501—1000 元	1001—1500 元	1501—2000 元	2001—3000 元	>3000 元
46 县 ISR	135. 07	133. 93	132. 51	130. 94	137. 32	145. 45
95% CI,低	130. 10	129. 47	126. 37	122. 55	129. 66	130. 02
95% CI,高	140. 26	138. 57	138. 99	139. 99	145. 51	163. 10
婴幼儿数	11119	13615	6924	3538	4737	1242

　　类似,2005 年黎楚湘等分析发现[1],低收入家庭出生性别比为 123. 6,中低收入、中等收入、中高收入分别为 125. 4、123. 2、121. 2,而高收入家庭出生性别比为 118. 4。即出生性别比随着家庭收入上升而下降,但是作用不明显,不能通过显著性检验。其余人也做过类似的工作[2],将中国的出生性别比与中国的人均 GDP 联系起来,求不同地区人均 GDP 与同一时期当地出生性别比的相关回归关系,结果证明它们之间仍不存在显著相关关系。显然,人们生育的动机并非完全是经济缘故,很

　　①　黎楚湘等:《1998—2002 年中国人口出生性别比》,《中国初级卫生保健》2005 年第 11 期。
　　②　申玉玺、梁鸿:《当前我国出生性别比异常的经济学思考》,《西北人口》2007 年第 4 期。

多是出于夫妻间情感交流、家庭和睦及社会和谐等原因。

四、不同生育政策情况下的经济发展与出生性别比关系

生育政策在我国出生性别比升高方面虽然不是主要变量，但也发挥了某种程度的"挤压"效应。为控制生育政策这一中间变量的影响，为减少不同生育政策对出生性别比可能造成的影响，下面将划分不同生育政策类别地区，讨论经济发展水平对于出生性别比的影响。

这里采用登记资料。在考察的 2064 个农业县中，根据生育政策不同大体可以分三类：第一类是农村生育政策基本是 1 孩的有 235 个县，第二类是农村生育政策为 1.5 孩的 1407 个县，第三类是农村生育政策是 2 孩及以上的 422 个县。在这三类地区中，农村生育政策为 1.5 孩的地区，2000 年 0 岁组的性别比平均值最高，为 118.5；其次是农村生育政策为 1孩的地区，2000 年 0 岁组性别比平均值为 113.9；至于农村生育政策为 2孩及以上地区，0 岁组的性别比平均值最低，为 109.1，仅比正常值范围的上限略高一点。总体上看，生育政策较为宽松的地区的出生性别比趋于正常，最严格的 1 孩生育政策地区的出生性别比虽然偏高，但与 1.5 孩生育政策地区相比，出生性别比偏高程度反倒有所降低。造成这种情况的原因之一，与实行 1 孩生育政策地区主要集中经济较发达的东部沿海省份——例如江苏、上海等地有关，由于经济比较发达，城镇人口多，人口总体上生育男孩的性别偏好可能有所降低。

按不同生育政策地区，考察地区经济发展水平与当地出生性别比的相关。本书使用的经济发展指标为：人均 GDP、人均城乡居民储蓄存款余额、三个产业的 GDP 占总 GDP 的比重、三个产业从业人员在总从业人员中的比例，以及人均三产产值等。出生性别比仍采用 0 岁组性别比，所有数据均为 2000 年数据，来自人口五普和统计局发布的经济社会统计公报。统计相关分析结果如下（表9—6）。

表9—6　不同生育政策地区经济发展水平与 0 岁组人口性别比相关分析

地区经济发展水平\生育政策	1 孩地区	1.5 孩地区	2 孩地区
县市数量，个	235	1407	422
0 岁组人口性别比	113.9	118.5	109.1

续表

地区经济发展水平\生育政策	1 孩地区	1.5 孩地区	2 孩地区
人均 GDP	-.229(＊＊)	-.113(＊＊)	.180(＊＊)
人均城乡居民储蓄存款余额	-.220(＊＊)	-.162(＊＊)	.134
一产 GDP 比例（一产 GDP/总 GDP）	.235(＊＊)	.101(＊＊)	-.127
三产 GDP 比例（三产 GDP/总 GDP）	-.281(＊＊)	-.042	-.043
一产从业人员比例,%	.243(＊＊)	.164(＊＊)	.056
二产从业人员比例,%	-.168(＊＊)	-.113(＊＊)	.019
三产从业人员比例,%	-.349(＊＊)	-.183(＊＊)	-.099(＊)
人均三产产值	-.374(＊＊)	-.151(＊＊)	-.140

注:＊＊ Correlation is significant at the 0.01 level (2-tailed)。

　＊ Correlation is significant at the 0.05 level (2-tailed)。

在 1 孩、1.5 孩生育政策地区,人均 GDP、人均城乡居民储蓄存款余额与 0 岁组性别比之间存在显著的负相关关系,即一个地区人均 GDP 越低、人均城乡居民储蓄存款余额越低,0 岁组性别比越高。这表明,一个地方的经济不发达、老百姓生活水平低,这个地方的出生性别比呈现升高趋势。类似地,一产 GDP 占总 GDP 的比例与 0 岁组人口性别比呈显著正相关,农业产值在国民经济总产值中的比例越高,这个地区的出生性别比越高;而三产 GDP 占总 GDP 的比例与 0 岁组性别比呈显著负相关:第三产业产值的占 GDP 产值的比例越低,出生性别比越高。统计结果还显示,从三个产业从业人员比例上看,一产从业人员比例与 0 岁组性别比呈现显著正向变化关系,即从事农业的人员在总就业人员中的比例越高,这个地方的出生性别比也越越高。反之,第二、第三产业从业人员比例与 0 岁组性别比呈现显著负向变化关系,即从事工业和服务业人员越多,该地方的出生性别比就会降低。这些分析结果表明:区域经济发展与出生性别比呈现反向变化关系,经济越不发达,出生性别比越高,反之,经济越发展,出生性别比越向正常范围接近。

对 2 孩及以上生育政策地区经济发展水平与出生性别比相关分析中,仅发现在第三产从业人员比例、人均三产产值与 0 岁组性别比之间呈现较强负相关关系以外,前面使用的其他经济发展指标与 0 岁组性别比之间均没有表现出明确的变化方向。分析认为,对于2孩以及2孩以上生育政策地区,出生性别比表现得仅比正常值上限略微高一点,是三类生育政策地区中最接近正常的地区。此外,注意到实行2孩及以上生育政策地区,基本上是我国西部经济比较不发达的县,主要分布在西部少数民族地区,这些地区的少数民族男孩偏好意识较弱,加之生育政策宽松,家庭生育数量较多,子女性别更容易满足家庭需求。因此,在这些地区中寻找经济发展与出生性别比之间关系时得不出明确的结果,就不是令人奇怪的事情了。

总之,对2000年我国县级人口、经济数据分析结果表明,在经济发展和出生性别比之间确实存在较为显著的正向变化关系,即一个地区经济越发展、从事工业和服务业的二三产业人员越多,这个地区的出生性别比就越趋向于正常。反之,一个地区经济发展越落后,从事农业的人员比例越高,这个地区的出生性别比就趋向升高。数据分析验证了关于经济发展对出生人口性别比有重要的正面影响的假设,从实证角度验证了前面描述性理论分析。

第三节　小　结

通过上面的讨论表明,经济发展对于出生性别比的影响是十分复杂的,其既有有利于出生性别比控制的一面,又有不利的一面。

1. 从2000年各地市角度分析,经济发展水平对华东地区出生性别比影响最大,其次为西南、西北地区,而经济发展水平对中南地区出生性别比影响很小。

2. 城市化对出生性别比是有影响的。非农人口比例高的城市地区出生性别比低,在农村地区出生性别比高。就农村地区而言,富裕农村和贫困农村出生性别比低,而在温饱和小康农村地区出生性别比高。

3. 2000年江苏58个农业县市人均GDP与该市出生性别比呈现显著性相关关系,但在安徽其间关系就不甚明显。其他资料显示,农民年收入高低与出生性别比关系不密切。

4. 若考虑政策生育水平,在1孩和1.5孩政策生育地区(县市),经济发展和产业构成对出生性别比影响较大,在 2 孩政策生育地区经济发展对性别比影响较小。

　　若从机理上分析,经济发展与城市化发展是一致的,但其对于出生性别比的影响是二元的。经济发展与城市化发展一方面是有利于出生性别比的下降(图 9—4)。首先,2010 年中国 49% 的人仍然生活在农村,而美国 1900 年农业劳动力为 41% ,1930 年、1970 年分别下降到 21.5% 和 4%。① 据统计,20 世纪 90 年代我国耕地面积的 67.5%、播种面积的 85.5% 和收割面积的 92.6% 是由手工完成的。② 农村落后的生产方式和小农经济体系,单一而传统的劳作方式,使大多数农民还只能从事着技能简单的体力劳动,这意味着体力越好,体力付出越多,经济收入就越高,这种体力劳动上存在的性别差异,使得目前农村男性的收入普遍高于女性,并促使农民想要生儿子。城市化使得从事第一产业人数减少,从事第三产业人数增加,这样对于人的劳动强度减弱,对于性别的要求随之减弱,于是女性有更多的工作机会,经济收入与男性的差距减小。其次,城市化提高了社会保障覆盖面,人们不为养老问题而担忧,儿子女儿一样可以养老,子女多少及子女性别与人们晚年生活质量无关,这样解除了人们后顾之忧。再次,城市是开放性的,和国外的交流多,人们受教育程度高、社会文明程度高,法制观念相对较强,非法的事不做,一切都在法律允许的框架内活动;而农村是个熟人社会,到处都凭关系——亲戚和熟人办事。最后,城市居民中性别意识淡薄,很多城市人认识到,女儿有自己的优势;很多人认识到"生儿子是名气、生女儿是福气","儿子是滑雪衫、女儿是棉毛衫",女儿和父母贴心、更善于照顾父母;而儿子比较粗心,不善于与父母亲交流。更重要的是,城市婚姻中男女性的负担和责任是完全不同的,一般男青年要准备 50 万以上的婚房(一般大中城市),而女青年只要准备万余元的床上用品就行;即使在婚后,女青年失业在家无任何压力;男青年却要在外打拼,若经济收入少则被认为是"吃软饭"。此外,按照"男主外、女主内"的传统模式,男性在外管挣钱,而钱如何使用全部女方说

---

　　① 黄季锟:《增加收入、市场化:美国农业补贴政策的历史演变》,《中国社会科学报》2009 年 8 月 13 日第 6 版。

　　② 李银河:《生育与村落文化》,中国社会科学出版社 1994 年版,第 88 页。

了算。于是真正"失血"的是男方家长,得"实惠"的是女方家长。在如此大前提下,生育儿子的城市家长大呼上当,生女儿的父母在旁"偷着乐"。

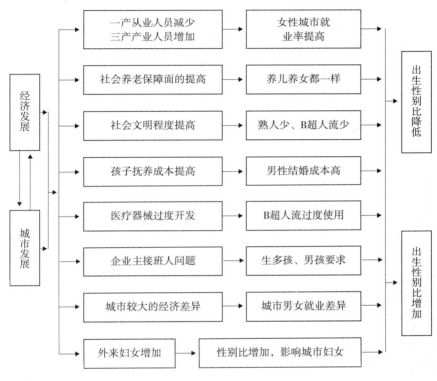

图9—4 经济发展对于出生性别比影响的路径示意图

另一方面,经济发展与城市化发展也可能造成出生性别比的上升。首先,经济和技术的发展,造成医疗器械、医疗技术的发展和普及,而医疗器械,尤其是B超声波仪器的普遍使用,使人们十分容易获知胎儿的性别,人工引产技术的普及,使得人们十分方便安全地将女胎引产掉,而保留男胎。因此如果失去对于B超和人流的有效管理,或者失去对其的道德约束,出生性别比失调很容易从想象到现实。事实上,从20世纪80年代初开始,B超等开始出现在各个医院,一开始是精度不高的黑白B超,到了90年代开始出现精度非常高的彩色B超,即使4个半月胎儿都可以看清楚性别,并且广泛散布在各个医疗机构——因为B超还有许多远比胎儿性别鉴定更重要的其他医学应用,与此同时这期间正是计划生育广泛开展的时期,人工引产技术不但广泛普及,而且技术质量越来越高,这就使得胎儿性别鉴定和人工终止妊娠变得十分方便易得,也几乎就在同时,我国出生人口性别比开始不断升高,到 21 世纪初,开始在 120 的高位徘徊。

其次,中国的出生性别比偏高几乎是和社会经济系统的改革开放和快速发展同步而行的。在新兴的工业化国家或地区,如日本、韩国、新加坡,及我国台湾和香港地区等,都曾经历或者正在经历出生性别比偏高。中国大陆虽然社会制度有所不同,但是私营经济的性质与这些国家和地区极其相似。经济发展在我国大陆产生了大量的有产阶级,有些演变为大企业家、大老板,合适接班人问题是他们共同面临的问题,"女性也是传后人"在我国仅是一种理论,如果长期实行一胎化政策,他们难以选择接班人。于是,超生、逃生、非法 B 超和引产难以避免。私有经济的基础是家庭和家族,儿子作为不改变家族姓氏的客观需要,是人们追求的目标。加之我国经济发展正处在起步阶段,尚未进入发达国家的行列,经济社会的发达程度还不足以改变人们的男孩偏好观念,儿子在家庭中有现实需求。

再次,城市和经济的进一步发展也暴露了男女性社会差异。女性被认为"头发长见识短",加上我国领导干部任期短,为了显示自己的工作实绩,企事业单位很少愿意招收年轻女性,因为未婚女性面临结婚生育事宜,已婚女性同样面临着养育孩子的事宜。实际上,我国男女平等是一种形式上的平等,女性就业率很高,但大多在农村,真正从事管理和技术的女性仍较少。我国正职省部级的女干部屈指可数,至于女的国务委员、中共中央政治局常委更为稀罕,高层次女性比例明显低于发达国家和发展中国家相应女性比例。在美国连着出现三个女国务卿,克林顿、小布什、奥巴马连续三任总统的子女全部都是女孩。中国这类榜样很少,上行下效,中国的男女平等应该从高层做起。从基层而言,城市男女社会经济差异仍然很大。女大学生毕业后就业难,城市工人下岗中女性多,女性获取升迁的机会少,"同工不同酬"现象较为普遍,这些在一定程度上成为影响男孩生育偏好的重要因素。

最后,经济发展吸引了大量的外来劳动力,随着外地劳动力的增加,外来妇女及外来生育的妇女也越来越多,外来妇女的生育数量、生育偏好和意愿生育性别和本地居民也会相互影响。在人口大流通的当今情况下,城市已经不是原来的城市了,当初上海人提出"宁要市区一张床,不要浦东一栋房",而随着人口的增多,交通的便利,特别是"1990 年 4 月党中央、国务院作出开发开放浦东的重大决策。浦东这片热土立即吸引了世界的目光。作为上海经济的新引擎,1990—2008 年浦东经济总量由 1990 年的 60 亿元飞跃至 2007 年的 2750 亿元,年均增速达到 18%。上海人观念完全改变了,真正的上海市区人搬到了郊区,大量的外地人住到了市中心,出现了一大批"都市里的村庄"。按照统计口径,到城市居住三个月以上,就可作为城市常住人口。上海市人口自然增长率连续十多年为负增长,经过政府批准的人口迁移速度也比较慢,但是不需批准的人口流动规模却非常大。外地妇女生育数量占上海本地的 25%—50%(江苏苏州市占 34.9%),外来妇女生育的性别比严重影响本地出生性别比,江苏这些情况也大量存在。

若以江苏为例按照时间进行分析,1978—2000 年 22 年间江苏农村劳动力从 1937 万减少到 1498 万减少了 23%,乡村人口由 5034 万减少到 4286 万减少了 15%。同期江苏城镇人口占总人口的比重分别由 13.7% 增长到 41.5%。若以每年 1—1.5 个百分点的城市化发展速度计算,2010 年、2020 年江苏城镇人口比重将达 56%、68% 左右。大量的外来人口进入城市,思想观念却滞后于城市人口,于是造成城市居民性别比的提高。苏州 2005 年仅登记的外来妇女生育孩子的性别比就使本地出生人口性别比由 102 提高到 107,至于未登记的外来妇女生育性别比的影响将更大。更重要的是,人们的生育观念是相互影响的,以前强调的是先进生育文化对传统文化的影响,实际上在我国生育观念尚未完全转变的情况下,传统生育文化同样会对现代生育文化产生影响,仅是影响大小不同而已。

表 9—7　1980—2005 年中国城市化水平　　　　　（单位:%）

年份	1980	1985	1990	1995	2000	2001	2002	2003	2004	2005	2006	2007	2008
中国	19.4	23.7	26.4	29.0	36.2	37.7	39.1	40.5	41.8	43.0	43.90	44.94	45.68
江苏	16.2	17.7	21.5	27.3	41.5	42.6	44.7	46.8	48.2	50.5	51.89	53.20	54.31

数据来源:国家统计局历年国家统计年鉴和历年统计公报。

　　以上事实说明,经济对于出生性别比的影响是复杂的。对于我国来说,实际上存在影响出生性别比的两种不同方向的力量,一种是削弱男孩偏好的经济力量;另一种是方便生育性别选择的技术力量越来越易得,以及增强男孩偏好的经济动机,再加上生育政策、城市化和社会的综合影响。这多种力量交汇的结果导致了出生性别比的偏高。

第九章　影响出生性别比的
"非常规"因素探讨

自 1982 年第三次全国人口普查开始,我国出生人口性别比持续偏高,特别是 1990 年第四次人口普查数据发表以后,中国出生人口性别比的异常升高更是成为国内外人口学家聚焦的热点问题之一。我国学界和政府曾研究了影响出生人口性别比偏高的社会、经济、政策等诸多因素,并采取了一定的措施,但成效不大,出生性别比并未因此而下降。因此,其中是否存在着以前没有考虑到的因素呢?

第一节　问题的提出

我国出生人口性别比持续处于较高水平,1982 年为 108,1990 年为 111,2000 年达到 117,2005 年除了西藏、新疆外,我国其余地区出生人口性别比都超出了正常范围,有的地方达到相当严重的程度。对于出生性别比偏高,20 世纪末部分专家认为是统计数据失实、出生女婴漏报所致;21 世纪初专家认为,出生性别比未得到遏制的重要原因是管理制度不完善,出生性别比管理涉及多个部门、涉及多部法律,管理环节有待于严密,需要进一步解决综合治理的可操作性问题。于是,政府出台了一系列政策和条例,但问题仍没有得到解决,2008 年仍然高达 120 以上。于是,本书提出除了管理问题,除了已经认识到的常规"B 超+人流"性别选择方法,探索是否在民间存在"非常规"的性别选择方法。做这个研究,我们是基于如下四个方面的考虑。

1. 国家三申五令严厉处罚,出生性别比不降反升。党中央国务院高度重视出生人口性别比升高问题,国家制定了一系列法律、行政法规(详见第六章),创造了有利于治理出生人口性别比升高的法制环境。采取如此大力度地展开社会治理活动,在新中国成立 60 多年历史上还是不多见的。遗憾的是,这些行动效果似乎并不满意,实际出生性别比不降反升,2005 年出生人口性别比再创新高。这在我国人口计划生育领域、在社会领域是十分少见的。其原因到底是什么呢?对比 1980 年 9 月发表的《中共中央关于控制我国人口增长致全体共产党员、共青团员的公开信》,总和生育率从 1982 年的 2.8 下降到 1992 年的 2.0,出生率下降 3 个千分点,同时一孩率上升、多孩率下降。

2. 从肇事者个人角度而言,违反相关规定将受到行政和刑事两个方面的严厉处理。在金融危机前提下,有谁敢冒天下之大不韪,愿帮人做胎儿性别鉴定或堕胎,而丢掉自己的饭碗和奋斗多年的前程?尤其是在经济文化发达的长三地区、环渤海湾地区。而且,这不是一次舞弊,其既包括"性别鉴定",还有"人工流产"的两次作弊。即使有,在全国也是少数现象,对全国出生性别比影响小。

3. 国际上认为出生性别比一般在 103—107 之间,但我国历史上确实存在大量年份出生性别比偏高,有些就属于医院记录,这些并非由 B 超和人工引产所致,也不可能全是由遗弃女孩所造成。

4. 第一胎的生育往往处于夫妻新婚不久,一旦怀孕还来不及反应就自然生育,其对于子女性别选择得最少。但是,我国的第一胎出生性别比也异常高,2000 年为 107.12,2005 年仍为 108.41。

这些问题很难用传统、常规的性别选择理论来解释。为了探索其中的原因,本书另辟蹊径,试从除 B 超加上人工引产外的"非常规"方法进行探讨和研究,力求解释以上事实。

出生人口性别比是科学问题还是伦理问题?子女的性别取决于其父亲还是母亲?现代科学使人类可上太空下海底,人类器官可以再造和移植、细胞可以进行无性克隆、哺乳动物生命可以无性培育和复制,那么人类能否在受精前就选择孩子性别?为回答这些问题同时回避伦理问题,本节先以哺乳动物为例进行讨论。

第二节　决定动物性别若干因素的探索

动物性别决定机理一直是胚胎学、发育生物学、繁殖学等学科的重大研究课题之一。低等动物生育子代的雌雄可能与环境也有关,如鳄鱼在高温下,受精孵化往往是雄性,在低温下受精孵化常是雌性;有些鱼类是雌雄同体,到一定时期进行雌雄转换,但这些仅是低等非灵长目动物。随着分子遗传学和发育生物学及其他相关学科的发展,在控制哺乳动物生育后代的性别方面,有了较深入的认识。目前,控制哺乳动物性别的方法很多,按照控制途径可分为两种:分离携带 X 染色体、Y 染色体的精子和早期胚胎性别鉴定。①

一、决定性别的性染色体

性别形成的机理是进行性别控制的基础。20 世纪随着孟德尔遗传理论的确立,人们提出性别由性染色体决定的理论。1923 年 Painter 证实了 X 和 Y 染色体的存在,指出当卵子与携带 X 染色体的精子受精,后代为雌性;与携带 Y 染色体的精子受精,后代为雄性。哺乳动物胚胎发育的早期阶段为性别未分化期,但已具备了有分化潜能的生殖器官的原始胚基。如果性染色体为 XX,那么性腺原基发育为卵巢,个体为雌性;如果性染色体为 XY,那么性腺原基发育为睾丸,个体为雄性。家畜性别的分化则是在性染色体基因和常染色体性别相关基因的复杂作用下的最终结果。1966 年 Jacobs 发现雄性决定因子位于 Y 染色体短臂上,Y 染色体的性别决定区(sex determining region of the Y,Sry)即为性别决定因子。性别发育以 Sry 基因为核心,Sry 基因在胚胎发育的早期开始表达,不同物种 Sry 基因表达时间也有区别。Sry 基因表达使性腺原基发育为睾丸,睾丸形成后,其间质细胞分泌睾酮产生雄性结构。而对于雌性胚胎(Y 染色体缺失或 Sry 基因缺失和突变),性腺原基发育为卵巢,由卵巢产生的雌激素能发育为雌性结构。

---

①　廖海艳:《哺乳动物性别控制的研究进展》,《湖南农业科学》2007 年第 1 期。

二、X 染色体和 Y 染色体分离技术

以上事实告诉我们,子代性别主要是由父代的精子决定的。由于精子母细胞经过分裂后产生两种不同类型的染色体,即 X 染色体和 Y 染色体。如果精子母细胞 X 染色体和卵子结合则产生雌性后代,若 Y 染色体与卵子结合则产生雄性后代。同时由于精子母细胞中 X 与 Y 染色体在物理特性(重量、大小、形态、活力、电荷)和化学特性(DNA 含量、表面抗原)上存在差别,根据这些差异,专家可以设计物理分离法、以长臂 Y 染色体为标记分离法、免疫分离精子法和流式细胞分离仪等对精子母细胞进行分离,从而达到控制和选择子代性别的目的。这些在家禽,尤其是乳牛繁育过程中已经得到了成功的应用。

三、控制动物性别的(Sex Control)技术

性别控制一直是生物科学研究领域一项重要课题,对畜牧业生产有着非常重要的意义,它可以按照社会需求控制家畜性别,以提高畜牧业生产的经济效益。家禽的性别控制主要从两方面进行研究,一方面是分离精子母细胞中 X 与 Y 染色体,以此决定受精时子代的性别;另一方面是通过鉴定胚胎的性别,以控制出生子代的性别比。

20 世纪 80 年代以来,人们对性别控制技术进行了大量的研究,如应用性激素、改变体液酸碱度、饲喂不同微量金属元素、改变生殖器阴道环境以及杀死携带某种染色体的精子等,这些方法有一定的效果,但不能达到完全控制性别的目的,并且这些试验结果常常不稳定或者缺乏可重复性。20 世纪末随着雄性携带的 Y 染色体短臂上的 SRY 基因的发现,性别控制研究才取得了长足进展,特别是在胚胎性别鉴定方面已经进入应用阶段[①]。

四、控制动物性别的技术进入商业化

哺乳动物的性别由生殖细胞内性染色体上的基因所决定。研究发现,公牛一次射精中平均有 8 亿~10 亿个精子,其中只有一个精子真正

[①] 黄河、李鑫:《LAMP 法鉴定胚胎性任生产中的应用》,《养殖与饲料》2004 年第 8 期。

与卵子受精。由于经济上的考虑,许多学者进行多种探索、做了大量工作,处于经济和商业的目的,奶牛养殖部门试图控制奶牛的性别。20 世纪后期有了很大突破,美国某公司与卡罗里达州州立大学合作研究,用细胞流量计数分类仪将公牛精液里的携带 X 染色体与携带 Y 染色体的精子分离。其基本原理为:携带 X 染色体中的遗传物质,即脱氧核糖核酸(DNA)比 Y 染色体的精子多 3.8%。人的肉眼虽无法辨别这种差异,但经特殊处理,运用激光技术和磁场效应,配备电子仪表和电脑帮助,能以每秒 3000—5000 个精子的速度将携带 X 染色体与携带 Y 染色体 2 种不同的精子区分开来。该公司于 2000 年研制的 MOFIO—5X 精子分离仪进入商业化应用。

第三节　影响出生人口性别的"非常规"因素探讨

按照胚胎学理论,借助于超声波人们可以清楚地观察到如下过程。男性射精后有 5 亿个精子进入女性阴道,但仅有 1% 能够存活穿越子宫颈,精子头部进入卵子形成受精卵(图 10—1),受精卵平均有 1/4 可能怀上胎儿;其后受精卵的细胞开始成倍地分裂发育。第 2、3 周末胚胎的脊椎和神经系统开始形成,第 3 周胚胎心脏开始跳动,血液循环开始;第 4 周胚胎长约 4—5 毫米;第 6 周胚胎所有的感觉器官开始形成。第 8 周胚胎长约 3 厘米;第 10 周初具人体形态,胚胎先长出胳膊,然后长出双腿,头和尾屈成一团,头部有耳、鼻孔和下巴,头约占身长的 1/3。生殖结节出现但无法分辨胎儿性别。第 11 周出现椭圆的手和脚,有五条深纹会形成指(趾)。头部两侧长出两眼,出现嘴唇和齿龈、尾巴消失。第 12 周胎儿的生殖结节增长(图 10—2),是女性则形成阴核,若是男孩则出现阴茎,胎儿虽然长约 10 厘米,但在超声波下仍然难以判别胎儿性别。一直到第 12 周,胎儿生殖器官形成,并可见于超声波。第 2、3 个月时所有器官原基基本上已经形成。其后只是内部细胞增殖使其体积增大。

因此,B 超声波加人工引产是最流行的出生性别控制方法,这也是控制出生性别比的常规方法,该方法以外的称为"非常规"方法。除了 B 超加人工引产外,是否有其他因素影响出生性别比?

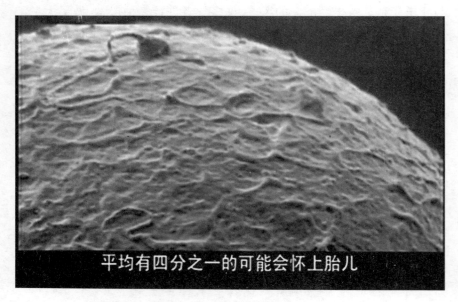

平均有四分之一的可能会怀上胎儿

图 10—1　婴儿性别的形成

　　现代科学技术的发展,传播十分迅速,如果没有伦理道德的限制,生物性别控制技术很快能应用到人类生育过程中。据英国《泰晤士报》报道①,在瑞士洛桑召开的欧洲人类生育和胚胎协会的会议上,与会的科学家透露了一爆炸性新闻:近200对夫妇曾接受了美国生育专家的特殊医疗程序,其中一对是英国夫妇,他们出于社会目的为自己将要出生的孩子做了性别的选择,这种选择婴儿性别的特殊医疗程序是美国的某诊所实施的。该诊所的医生使用了一种对婴儿父亲的精子预先分类的机器来增加所预想要的婴儿性别的可能性。通过这种性别选择机器,能使生育女孩的可能性高达92%,生育男孩的可能性也可到72%。这种性别预先选择的医疗程序是将婴儿父亲的 X 和 Y 的染色体分隔开来并贴上标签。经过这样分类的方法,使想达到预期婴儿性别的机会比以往任何时候都要高得多。

　　2000 年年初美国华盛顿的基因研究所宣称②,利用现代技术分离出

"Y 染色体精子"和"X 染色体精子",然后进行人工授精。改进了的胚胎性别选择甄别技术能够确保生男和生女的可能性分别达到70% 和90% 。此外,胚胎性别选择技术,美国在2001 年宣布一项能够决定生男生女的体外受精(IVF)技术合法化,这一名叫"胚胎植入前基因诊断"(PGD)的技术能够确保任何夫妻把希望生育的性别的胚胎植入妇女的子宫。他们声称生男生女的性别选择成功率已经达到了百分之百。但这两项技术由于费用昂贵,技术难度大,普及性低,在中国即使技术上没问题,费用之高,也恐怕难以为人们所接受。

　　除了这种微观因素外,影响和决定出生性别比的因素大致有遗传因素和环境因素。有时遗传因素是主要的,有时环境因素的影响是主要的。不同地域与人群间出生性别比差异与遗传因素和环境因素有关。环境因素可分非人为影响因素,如胚胎发育条件、怀孕时间、疾病、食物、水质等;人为可参与因素,如战争、人口流动、职业、人的疲劳程度等两大类。其中,人为可参与因素还应该包括社会、经济、文化等因素。当然,非人为因素和人为可参与因素有时是可以相互转换的。下面讨论具体影响因素及其影响途径。

一、非人为因素的影响

　　家族遗传因素——连续多代地生男或女。如英国的一个家庭[1],10代中的35 次生产,有33 次都是男孩,仅两次是女孩,一个早夭,另一个具有男性的特征。法国的一个家族,3 代72 次生育,全都是女性。而中国这类现象也屡见不鲜。

　　1. 水质与出生性别比。水质的软硬影响出生性别比,水中的金属镉也对性别比有影响。据1998 年3 月9 日中央人民广播电台午间新闻报道,福建省清流县高板村出生的孩子均为女孩,调查发现当地井水中镉的含量高而导致生育发生变化。因"镉"对精子活力产生影响,特别是使 Y染色体的精子活力降低,使 X 染色体的精子与卵结合机会增多而生女孩。此现象在英国威尔斯北部的戴姆斯的一个村中也曾发生过。科学家们已证实那里被称为"女儿村"的原因是当地锌矿流出的污水中含有镉,

---

① 王洪林:《出生性比研究》,《人类学学报》2000 年第1 期。

污染了当地饮用水源的结果。

2. 母亲激素水平与出生性别比。子代的性别决定于父代精子中 X 或 Y 染色体,但是母代在受精过程中对于精子的选择和淘汰率非常高。女性促性腺激素决定着受孕时性别比性。黑人妇女的促性腺激素水平高生育女孩的可能性大;妇女月经周期的长短、性交频率变化、战争状态和流动迁移状态影响促性腺激素的分泌,从而影响出生性别。此外,母体和胚胎间免疫功能的相互作用,甚至母亲血型也影响不同性别胎儿的存活率,从而改变出生性别比。如 ABO 血型的影响不同性别胎儿的存活率,从而改变出生性别比。也就是说,男性的 X 或 Y 染色体,必须经过女性的选择。有些情况下、有些女性比较容易接受男性 X 染色体,另外一些则容易接受男性 Y 染色体。对受孕时性别比的影响因素及胚胎存活机会的影响因素研究表明①,精子和母体生殖系统的综合生理特性决定了初始胚胎性别比。

受孕时精子多的易生男孩,精子少的易生女儿。若在排卵期前禁欲几天,使男性产生大量的精子,提高 Y 精子与卵子受孕的机会,容易生育男婴。而打算生女孩的话,则无须禁欲,保持正常的性爱频率(如每隔 3 天)即可,最好受孕日选择在排卵日的前 2 日。同时,避免性高潮也会降低怀上男婴的几率。②

3. 自然流产次数与出生性别比。由于男婴流产比例大于女婴,自然流产比例的减少则往往造成出生性别比升高。生活水平的提高和工作环境的改善有助于降低自然流产的比例,因此社会经济地位与出生人口性别比成正相关。③ 社会经济地位低的妇女自然流产可能性大,出生性别比低,生育女婴可能性大;社会经济地位高的妇女自然流产可能性小,生育男婴可能性大。但是,我国妇幼保健工作做得比较好,自然流产比例低,因此生育男婴可能性大。

4. 生育率变化与出生性别比。美国、法国、英国及智利的数据表明,当生育率下降时,高龄母亲生育子女数量迅速减少,死产胎儿的性别比也

① 徐毅:《出生性别比的研究现状》,《人口动态》1992 年第 4 期。

② 《备孕须知:八种状态下最易生女儿》,来源:2011 年 3 月 22 日凤凰网 http://baby. ifeng. com/haoyun/beiyun/detail_2011_03/22/5289892_2. shtml。

③ Chahnazarian. Determinants of the Sex Ratio at Birth, Review of Recent Literature. Social Ecology ll-Winter;1988.

下降,从而出生性别比有所上升。① 相反,生育率上升则出生性别比下降。对德国 Essen 地区的研究表明,妇女的生育率上升时,高龄母亲生育子女数量增多,伴随了出生人口性别比的下降。②

5. 乙肝表面抗元、表面抗体与出生性别比。表面抗元(HBsAg)为阳性表示该人血液中存在着乙型肝炎病毒(HBV),表面抗体(anti-HBs)为阳性表示该人曾受乙型肝炎病毒感染,并形成抗体。研究发现,患有乙型肝炎的希腊妇女,其子女的性别比高达 177;而无乙型肝炎妇女的子女性别比仅为 113。1978 年 Jean 在世界顶级杂志——Science 发表论文提出,乙型肝炎表面抗元、抗体与出生性别比有关③,夫妻表面抗元都为阳性、而抗体为阴性时,出生性别比为 250;夫妻表面抗元、抗体都为阴性,出生性别比为 146;夫妻表面抗元都为阴性、而抗体都为阳性时,出生性别比为正常 109。论文同时指出,如果夫妻双方表面抗元都为阴性且女方抗体为阴性时,出生性别比高(130);夫妻双方表面抗元都为阴性且女方抗体为阳性时,出生性别比正常(104);女方表面抗元为阳性且没有胎儿流产情况发生,则出生性别比特高(为 340);女方表面抗元为阳性且发生过胎儿流产情况,则出生性别比略高(111);男方表面抗元为阳性,则出生性别比为 186,作者也研究了其间的内在关系。鉴于中国是乙肝高发区,2005 年哈佛大学 Emily Oster 博士进而认为④,中国 75% 的少出生女孩是由于其父母乙肝感染的缘故。然而,笔者认为,他们的研究个案还比较少,缺乏一定的信服力,以上说法并未为中国人口学界所接受。

二、人为可参与因素的影响

出生性别比是环境选择还是自然选择的结果呢? 比如,艰苦的环境

---

① Cruz-Coke R. Demographical Evidences of the Relaxation of Natural Selection in Man. Revista Medica de Chile, 1997 July,107(7).

② Hoffmann F.. The Seasonal Fluctuations in The Sex Ratio of Newborns and the Influence of the Declining Birth Rate on the Sex Ratio. Gebirtshilfe and Frauenheilkunde, 1979, Mar.

③ Jean S. Drew,W. Thomas London, etc. Hepatitis B Virus and Sex Ratio of Offspring, Science, 1978, Oct. 687－692.

④ Emily Oster, Hepatitis B. and the Case of the Missing Women, journal of political economy,2005. no. 6,1164－1216.

比较适合于女性生活,经过上万年的自然选择,实际生育女性的比例比较高。

1. 生活条件。如第一章所云,肯尼思·坎梅耶研究发现,生活条件差及生活艰苦地方的人们,出生人口性别比往往偏低。我国西藏、青海、新疆就属于这种情况,自然环境艰苦,人生存困难,饮食以高脂肪性食物为主。

2. 酒精作用。既然胎儿性别取决于男性的 X 或 Y 染色体,那么男性似乎对胎儿的性别责任更大一些。在我国玉溪地区和云南的调查中发现[1],男性在生育期劳动强度大、过度疲劳、营养不良,以及一些人好酒,甚至酗酒,受酒精的毒副作用的影响等,使精子活力下降,多生女孩的比较高。这样或许可以解释为什么高原、艰苦地区出生性别比较低,而饮酒少的男性,生育男孩比例较大。

3. 产妇的年龄。由于高龄产妇自然流产比例高,产妇的年龄与出生性别比成负相关。即高龄产妇生育的女婴多,低龄产妇生育的男婴多。美国[2]、意大利[3]、日本[4]、巴基斯坦[5]、土耳其等许多国家的研究都表明,产妇的年龄和孩次与自然流产的比例成正相关。美国 1940—2002 年 62 年的平均资料也证实,15—19 岁妇女生育子女的性别比最高为 105.4(男婴多),20—29 岁为 105.2,30—34 岁、35—39 岁分别下降为 105.0、104.6,40 岁以后稳定在 103.8—103.9 之间(女婴多)。

4. 中医科学。现代医学和遗传学技术的进步,为那些希望进行选择性生育的人提供了技术条件。[6] 除了 B 超外,现代医学中羊水胎儿脱落

---

① 王洪林:《出生性比研究》,《人类学学报》2000 年第 1 期。

② Ruder A. Paternal-age and Birth-order effect on the Human Secondary Sex Ratio. American Journal of Human Genetics,1985 Mar.

③ De Bartolo G. The Sex Ratio at Birth: the Italian Case. Contribution of Italian Scholars to the IUSSP Conference, 1985, Rome, Italy.

④ Murate M. and Imaizumi Y. An Analysis of the Sex Ratio and Occupational Class in Japan. Journal of Biocoial Science, 1983, July.

⑤ Shami SA and Tahir AM. A study of relationship between Parental age. birth order and the secondary sex ratio in Human population of Punjab (Pakistan). Biologia 1978,24(2).

⑥ 孙一先:《关于中国人口出生性别比异常问题的综述》,《南昌航空工业学院学报》(社会科学版)2003 年第 4 期。

细胞培养染色体核查、羊水胎儿脱落细胞 X 染色质检查、手指血杆状细胞鼓体检查等技术,均可早期鉴定胎儿性别,进行性别选择;而基层的百姓用弱碱性溶液清洗,改善阴道环境以提高男婴受孕比率。有人认为是天方夜谭,文化程度低的农民能有什么方法进行性别选择,但实际情况并非如此。1996 年有学者提出[1],应重视传统医药对性别选择的影响。中医脉诊对辨别胎儿性别确有较重要的价值,中医脉诊及其他诊断方法在辨别胎儿性别上的应用对选择性人工流产的影响是值得注意的一个方面。而 2005 年中国人民大学的实地调查进一步指出,"在预知孩子的性别的方法中,除了 B 超,农民还摸索出了一系列的未经科学验证的'偏方',比如饮食控制、民间秘方以及房事时机选择等。调查对象不仅向作者详细地介绍了包括吃药,选择怀孕时机,以及许许多多的民间秘方;还诚恳地向作者传授了一些她们的切身经验,告诉怀孕后怎样感觉就生女孩,怎样的感觉就生男孩。甚至,还有人推荐了一种比 B 超还要高级的羊水胎儿性别鉴定法,据称这种方法比 B 超还要准确"[2]。由此可见,民间对于子女生育性别经验鉴定、生育性别经验选择绝不是空穴来风。我国几千年传统的中医中药,对于我国 B 超以前出生性别比失调,以及我国东部发达地区出生性别比的失调,是否负有一定的责任有待进一步分析。

　　我国 B 超在 20 世纪 90 年代才开始盛行,但是我国历史上出生性别比持续偏高。请看如下事实(参第二章第一节):1927—1935 年上海、北京、河北、江苏等地由医院登记和地区性人口登记等 7751 个出生人口,出生人口性别比为 114.2。1947 年第 1、2 季度我国各地区 20 万出生人口的性别比分别为 110.1、107.4[3]。1975—1978 年北京医学院第一附属医院产房记录出生第一胎的性别比为 112。谷祖善、杨淑芬收集了 1960—1981 年我国 19 个省市 88 个城乡医疗单位产房分娩登记出生婴儿为48.7 万人,出生性别比为 108。1982 年全国 28 个省区直辖市 1‰人口生

　　① 彭希哲、陶佩君、黄娟等:《中医脉诊与产前性别选择》,《人口与经济》1996 年第 6 期。

　　② 刘中一、潘绥铭:《从男孩偏好到出生性别选择》,《市场与人口分析》2005 年第 4 期。

　　③ 葛剑雄:《中国人口史》第 6 卷,复旦大学出版社 2001 年版,第 302—303 页。

育率抽样调查,1930—1981 年出生 81.9 万婴儿,出生性别比为 108.4。肖坤则 1986 年 10 月到 1987 年 9 月在 29 个省区直辖市的 945 所医院监测住院分娩的 124.2 万个围产儿进行观测,围产期性别比为 108.05,活产婴儿性别比为 108.0。[1] 住院分娩婴儿是由医院医护人员——记录在案的,不存在瞒、漏、错报等登记误差问题;在医院分娩是由医生护士接生护理,产妇与其家人也无法溺杀女婴。因此,住院分娩性别比可排除漏报与溺弃女婴的潜在影响。调查婴儿数量都多于 3000 人,又难以用随机抽样误差来解释。[2] 这些出生性别比都高于 107 的世界公认的临界数字,是否可以解释我国传统中医中药及民间方法在婴儿性别选择中所起的作用呢?

2008 年夏,我们到江苏省北部某私立中医院进行私访,医院是私人开的,怕卫生局及计生系统找麻烦,院方公开说法是,无论西医还是中医都没有生男的绝对把握,作为中医在这方面只是偶尔为之,把握性不很大。而内部知情人员私下却告之,他们医院的生男秘方的保险系数很大,去年找老中医配药的二十多人中,只有极少数几个生了女孩,其他全是生男孩。想生男孩的基本都是第一或连续二胎生育女孩的家庭,都是为了传宗接代通过熟人或亲戚关系来配药。药的价格也仅有几十元钱。具体的方法是:妇女月经期结束后即到本医院,医生现场配药;先问妇女的经期情况,然后配调理经期的药;吃完这些药后,再吃七粒紫色的大药丸,一天一粒;吃完药丸后,夫妻再同房。通过以上步骤,再加上同房前后夫妻饮食的调理,生男的几率大大增加。

2011 年 3 月 16 日晚上 8 点央视有线纪实频道"眼界"节目播出"换花草"之谜,该节目反映,贵州黔东南自治州从江县占里村近 300 年一直沿用一种"换花草"的中草药调节孕妇胎儿的性别,该村每户仅生育 2 个孩子,并且 98% 的家庭为 1 男 1 女。该村的结婚时间固定在每年农历的 2 月 16 日和 12 月 26 日,其余时间则不能结婚。第 1 孩性别一般不作控制,第 2 孩则由当地的一个"药师"调制汤药由孕妇服用后可调整胎儿的性别,准确率据说可达 90%—95%。为深入调查,电视台的记者亲临占

---

① 徐毅:《出生性别比的研究现状》,《人口动态》1992 年第 4 期。
② 乔晓春:《于出生性别比的统计推断问题》,《中国人口科学》2006 年第 6 期。

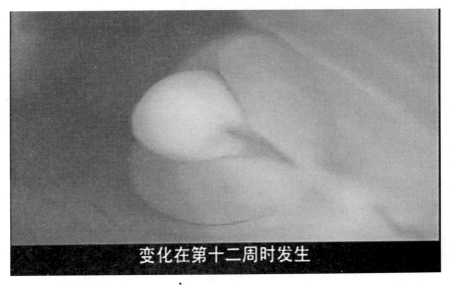

变化在第十二周时发生

图10—2 纪实频道"眼界"节目的"换花草"

里村进行调查,当地确有"换花草"和"药师",换花草根部不同效用不同,根部横着长的熬制服用以后大多生女孩。

"换花草"据说又称洋雀花、双肾草,该草的采集、配药和熬制仅由"药师"1人完成,"药师"是传女不传男,就是村长和"寨老"或"族长"也不知。记者采访了当地医生和计划生育委员会管理干部,对于"换花草"的效果,他们都未予否认,至于原理,他们也说不清楚,大致是通过服用该药,可改变妇女阴道的酸碱度,增强携有 Y 染色体精子的活力,并促使其加速。

调查也发现,该草仅对该地有效,若离开占里村使用,该药不一定有效。而且,服用该药同时必须遵循固定的结婚时间等具体规则等。而网络广告等宣传大都是为了其商业利益,结果不一定可靠。

5. 性别鉴定药网上热销。《京华时报》消息①,性别鉴定药网上热销,"验胎灵中文网"称"验胎灵"原理是"科学家通过分离特定的人体激

① 张少雷:《性别鉴定药网上热销,药监局工信部均称无权处罚》,《京华时报》2010年11月15日。

素,与专门的化学混合物发生反应,不同的反应结果可以显示出怀孕女性体内孩子的性别",这种售价780元的试剂"只需10分钟,通过怀孕6周以上孕妇的尿样,在家里便可以测出胎儿性别"。如果是橙色,就是女孩,绿色就是男孩,"准确率在90%以上"。从客户留言中可以看到,已经购买和有购买意图的顾客很多,仅留言就有1226条。其付款方式包括"支付宝即时到账"、"网上银行"、"电话银行或直接汇款"。国内一些育儿网站上也在打着"验胎灵"的旗号兜售所谓"美国宝宝性别鉴定剂",开价380元。其客服对记者宣称"每天销售都在2000盒以上",准确率达100%。对于发现的非法售药网站,药监局会在官方网站予以曝光,"我们没有处罚权,相关案件只有由药监局下设的稽查局移交给工商部门来处理"。而工信部新闻处负责人认为,"验胎灵"是不是违法,要由药监局来认定,如果违法,应由药监局牵头进行行政协商,需要找工商部门还是工信部门由他们确定,工信部没有认定违法的职责。从这件事来看,涉及药监、工信、海关、公安、计生等主管部门,看起来谁都在管,其实谁都没管住,这就是我国政府管理体系的尴尬。

国内某知名大出版社1980年出版《家庭日用大全》中的计划生育章节内,一口气介绍了6种胎儿性别的人工控制方法,系统总结了民间生育男孩的经验和秘方。其大致为:(1)受孕于妇女排卵初期还是后期。(2)掌握受孕期阴道酸碱度。(3)受孕前妇女的饮食和营养调理。(4)受孕前后性生活的频率。(5)掌握性高潮。(6)掌握受孕期间的活动或劳动工作量。这些方法很难说是迷信或没有科学依据的,由于我国计划生育与社会学、经济学、公共管理学结合紧,而与医学界联系少,实证分析难以获得管理方的配合。这些方法结合起来使用,即使没有绝对把握,生育男孩的相对可能性也大大增强。这些只要小学毕业文化程度的人,就能看懂、领会和操作。该书从1980年4月到1981年2月10个月时间内,印刷了4次,出版136万册,社会影响十分大。有趣的是该书出版的当时——计划生育初期,并未出现出生性别比失调;而在10年后,家庭出生子女出现大幅度降低,人们千方百计选择孩子性别时,我国才出现出生人口性别比失调问题。这仅是一本书的介绍,类似的教科书、科普书、专业性学术指导书还有很多。笔者曾经和南京市多位妇产科大夫分别探讨民间出生性别选择问题,她们的答案十分一致,性生活前洗一洗,不能保证也"十有八九"。由此可见,真正性别选择可能并非我们想象中的那么复杂和困难,民间自有很多应对的策略。

随着媒介和互联网的发展,人们获取相应"出生性别选择"知识的渠道越来越宽,越来越快,越来越便捷。如果在网上查"生男生女秘诀",就可以看到大量的网页介绍很多偏方。主要有如下几种:清宫表秘诀,民间食疗法、体位法、控制时机法、酸碱环境法等,这些方法看似迷信,有些是有一定科学道理,如果大量使用,会对出生性别比产生一定的影响。所以,如果没有道德的控制,人们生育男孩的愿望很容易转化为实际行动,换言之,即使不采用"B超+人工引产"方法,人们也可达到生育男孩的目的。因此,国家的信息、新闻等相关部门有必要对网络和出版业进行清理整顿。但是,关键是要提高人们性别平等的意识。

第四节　小　结

由此可见,子女的性别既取决于其父亲,同时也取决于其母亲,准确而言是取决于受孕前夫妻双方的身体状态。

1. 人口社会经济变量对出生性别比的影响是极其有限的。[1] 瑞典200多年以来,社会经济结构和家庭经济生活都发生了很大的变化,但出生登记数据表明,其出生性别比从18世纪中叶的104.4升至20世纪80年代的105.8,即在230年间仅上升了1.4个百分点。这个上升显然不是由于经济原因,而可能与流产率的下降有关,流产率的下降被解释为由于瑞典妇女营养改善的结果。[2] 可见其上升幅度很小。

2. 对哺乳动物的研究表明,决定动物性别的是精子携带的X或Y染色体,利用物理分离法或细胞分离仪可对染色体进行分离,从而达到控制子代性别的目的;而应用性激素,改变体液酸碱度,饲喂不同微量金属元素,改变生殖器阴道环境等方法也有一定的效果。

---

① 高凌、夏萍、刘小兰:《北京市人口出生性别比分析》,《人口研究》1997年第5期。

② Johansson, S. and Nygren, O. The Missing girls of China: a New Demographic Account. Population and Development Review, Vol. 17, No. 1.

3. 影响出生人口性别比的因素中,有非人为因素,如家庭遗传因素、母亲激素水平和流产次数,水质,人的表面抗元和表面抗体;也有人为因素,如生活条件、酒精、产妇年龄、中医中药等。

出生性别比的失调,在我国有着悠久的历史。出生性别比失调的原因是非常复杂的,出生性别比的治理更是个系统工程。影响出生性别比的机制至今未曾破解,很多涉及人们的思想、伦理、观念、传统、文化、政策和管理等,很难进行实际调查和实证分析。出生人口性别比偏高,既与妇女生育数量、妇女权益、B超地区分布数量、生育政策和传统文化等社会文化因素有关,又可能与"非常规"的民间性别选择技术有关。

考虑到信息传播速度加快和人们知识水平的提高,民间性别选择的成功概率越来越大,因此控制出生性别比的难度也越来越大。此时,提高人们性别平等的意识显得十分重要。

第十章 出生性别比的实地调查

各学派从不同角度来看待出生性别比偏高的问题，从而作出不同的解释（图11—1）。然而，不同的学派研究视角不同，对出生性别比偏高的解释有不够完善的地方，这就从另外一个侧面说明，出生性别比研究难度远比我们想象得还困难。

经济学采用"成本—效用"模式解释生育性别偏好行为，男孩养育成本低、效益高，于是人们都愿意生育男孩。但是，实际并非如此。父母养育男性孩子的经济成本远大于男性孩子能为家庭带来的收益；男孩的婚娶成本也可能高于女性。因此，男女孩的社会成本更基本一致，该逻辑不适用分析现阶段国人的生育性别偏好行为。

文化人类学采用"文化—实践"模式认为，"不孝有三，无后为大"等传统生育文化观念可以解释我国各地区的生育性别偏好。但几千年来，特别是近百年人们的价值观、世界观发生了根本性变化。孝顺已经不是褒义词，而是毋庸的代义词，开始时还羞羞答答地认为"忠孝不能两全"，先忠后孝；后来干脆认为，愚忠蠢孝。不孝已经不是一个贬义词，不养老甚至"啃老"对某些年轻人而言，成为一种时尚和习俗。所以，很少年轻人为了"忠孝"或族人减少原因而选择男孩，于是该理论难以解释出生性别比偏高的问题。

社会学采用"结构—行为"模式认为，养儿防老的家庭养老职能刺激了人们，以多生男孩作为自己年老时精神寄托和物质生活的保证。然而，我国社会养老保险覆盖面扩大是和出生性别比偏高几乎同时发展，人们对于生活的追求是多元的，吃饱穿暖难以满足人们日益增长的欲望，尤其是私人企业主对于儿子的追求。于是，社会学的模式也难以解释出生性别比偏高。

　　心理学采用"压力—从众"模式认为,人们在思想行为上,容易受同伴和同龄人的影响而产生趋同现象。但是,在多元化时代,各人的生活经历不同,社会经历不同,各人的世界观、价值取向和生育偏好都不同。而且,生育子女的性别,本身不是人们主观决定的。再说,是传统文化压力,还是经济压力,也需要论证。

　　政治学采用"博弈—妥协"模式认为,可以用民众和政府的博弈和妥协来解释出生性别比偏高问题。然而,民众和政府无论在生育数量还是在生育政策上都存在明显分歧,民众缺乏"代言人",社会缺乏对话机制,但很多问题不应该是针锋相对的,生育政策毕竟是利国利民。退一步而言,即使放开生育政策同样会出现出生性别比升高现象,我国台湾和印度、韩国同样出现性别比升高现象。

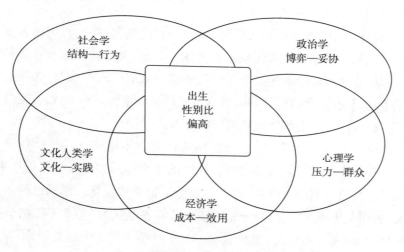

图 11—1　影响出生性别比的五种学派五种模式

　　因此,既然社会学、政治学、心理学、经济学、文化人类学都无法在理论上圆满解释该问题,考虑到实践出真知,我们进行了如下一系列的实地调查研究。

　　我们于 2008 年 8 月初到徐州睢宁县进行了问卷试调查,接着到江苏苏南、苏中、苏北三个点进行妇女生育观念的随机抽样调查。2008 年 8 月底的人口学专家德尔菲调查调查。2009 年 4 月在湖北蕲春县,7 月在山东潍坊和江苏连云港市,8 月在山西太原等地分别进行了社会调查。

在具体调查前,我们进行了精心组织,充分考虑调查的科学性,包括样本的随机抽取(而不是他人指派),调查人员全部由高校社会学专业高年级研究生完成,调查方案和调查问卷全部由专门从事调查研究的资深教授设计。问卷由附录8—12给出。尽管如此,由于调查时间短、调查样本有限,再加上调查涉及被调查者的生育思想和行为,调查信度和效度可能仍然欠佳,调查误差难免。

第一节 人口学专家参加的德尔菲调查

2008年8月21—23日中国人口学会在古都西安举办年会,以纪念"改革开放30年的中国人口与发展"。会议云集了我国一流的人口学家与各省区直辖市人口计生委主任,其中不乏对"出生人口性别比"深入跟踪研究的专家学者。利用这次机会,我们对与会的专家进行德尔菲(Delphi)社会学调查。具体参加本次调查的有:中国人民大学、北京大学、西安交通大学、南开大学等高等院校人口学理论研究专家教授、博导,也包括中国人口学会、我国东部若干省市人口计生委负责人等30人。

调查的目的在于:(1)估计出生人口漏报比例及其对出生性别比的影响。(2)假定影响性别比的因素有无法调查的人们思想意识形态因素;难以调查的人口计划生育和社会保障等政策因素;还有可调查的社会经济文化因素。本次调查需要了解出生性别比可研究和预测程度,及各因素所占比例。(3)各种可调查的社会经济文化因素中,每个具体因子的权重。具体问卷见附录8,调查结果分析如下。

一、出生人口漏报及其对出生人口性别比的影响

"官出数字、数字出官",统计数据失真在我国已经不是什么新鲜事了。很多与政绩关系不大的指标同样出现数据失真。数据失真原因无非为主观的"弄虚作假"和客观的原因——流动人口数量多,出生率和出生性别比对于资料要求高,实际调查难以满足数据分析需要。

(一)历史上数据失真的个例分析

按照国家统计局出版的《中国统计年鉴》,1990—1999年中国人口数

量增长大致为每年1272.6万人、增长率为1.07%,但是从1999—2000年人口不升反降,中国人口减少了1525万人,下降幅度高达1.21%(表11—1)。这是除了三年自然灾害以外从来未见到的,实际上就反映了2000年人口普查数据存在大量的漏报或者1999年以前中国人口统计数据存在大量的人口多报。国家统计局认可的是第一种说法,认为是由大量的流动人口造成人口的普查登记的缺失,并要求各省(区、市)增加虚无的人口指标。2010年人口普查继续了这种观点。

由于这些"增加的"人口既无年龄构成,又无性别构成。可以调整人的绝对数量,但是无法调整人口的各种相对结构。如中国老年人口比重,1990—1999年老年人口分别以每年1272.6万和0.203个百分点增长,但是从1999—2000年全国老年人口比重不仅不升、反而降低了0.67个百分点,这对于正处于老年人口急剧增长时期是完全不可能的。这说明了1999年前老年人口比重严重错报,全国31个省区直辖市中,仅有河北和西藏的老年人口变化数据资料比较真实。

表11—1　1999—2000年我国人口数和老年人口比重及变动

（单位:%）

	人口总数				65岁以上老人比重		
	1999年	2000年	年增万人	年增率,%	1999年	2000年	年增百分比
全国	125786	124261	-1525	-1.21	7.63	6.96	-0.67
北京	1257	1357	100	7.96	10.27	8.39	-1.88
天津	959	985	26	2.71	9.36	8.29	-1.07
河北	6614	6668	54	0.82	6.60	6.87	0.27
山西	3204	3247	43	1.34	6.41	6.19	-0.22
内蒙古	2362	2332	-30	-1.27	5.85	5.35	-0.50
辽宁	4171	4182	11	0.26	7.81	7.83	0.02
吉林	2658	2680	22	0.83	6.78	5.87	-0.91
黑龙江	3792	3624	-168	-4.43	5.42	5.42	0.00
上海	1474	1641	167	11.33	13.84	11.53	-2.31
江苏	7213	7304	91	1.26	9.83	8.75	-1.08
浙江	4475	4593	118	2.64	9.54	8.85	-0.69
安徽	6237	5900	-337	-5.40	7.43	7.45	0.02

续表

	人口总数				65 岁以上老人比重		
	1999 年	2000 年	年增万人	年增率,%	1999 年	2000 年	年增百分比
福建	3316	3410	94	2.83	8.04	6.54	−1.50
江西	4231	4040	−191	−4.51	6.71	6.11	−0.60
山东	8883	8997	114	1.28	8.61	8.03	−0.58
河南	9387	9124	−263	−2.80	7.08	6.96	−0.12
湖北	5938	5951	13	0.22	7.15	6.30	−0.85
湖南	6532	6327	−205	−3.14	7.98	7.28	−0.70
广东	7270	8523	1253	17.24	7.89	6.05	−1.84
广西	4713	4385	−328	−6.96	7.96	7.13	−0.83
海南	762	756	−6	−0.79	6.63	6.61	−0.02
重庆	3075	3051	−24	−0.78	8.84	7.90	−0.94
四川	8550	8235	−315	−3.68	8.33	7.44	−0.89
贵州	3710	3525	−185	−4.99	6.05	5.79	−0.26
云南	4192	4236	44	1.05	6.83	5.99	−0.84
西藏	256	262	6	2.34	4.08	4.58	0.50
陕西	3618	3537	−81	−2.24	7.14	5.94	−1.20
甘肃	2543	2512	−31	−1.22	5.60	5.00	−0.60
青海	510	482	−28	−5.49	5.46	4.25	−1.21
宁夏	543	549	6	1.10	4.47	4.45	−0.02
新疆	1774	1846	72	4.06	4.69	4.52	−0.17

资料来源:国家统计局;《中国统计年鉴》,中国统计出版社 2001 年、2002 年版。

　　这反映我国统计制度存在明显缺陷,我国人口包括出生人口都是由国家统计局进行 1‰人口抽样调查获得的,但是如此小的抽样比例存在难以避免随机抽样误差。若再用其来推算总体人口,显然是有问题的。大量的数据,包括历年人口数量、出生率、死亡率等都在十年一次人口普查的基础上进行订正。订正方法不一样,结果完全不一样。更重要的是,人口普查资料也不是完全准确的,若根据前一次普查资料按照同代人的理论进行分析,可以发现每次普查都存在不少问题。

　　(二)出生人口漏报

　　出生人口和出生性别比是各级政府非常敏感的统计指标,计划生育领域长期实行的是"一票否决制",即只要计划生育工作不合格,不管其他工作如何,都视为不合格。而出生人口漏报可以通过死亡人口和历年年初人口予以矫正,问题是死亡人口和年初人口本身不一定正确。更重要的是,即使出生人口数量弄清楚了,出现的问题大,无论地方行政官员还是计划生育管理干部任期都有限,任期内谁都不愿负责,于是干脆"难得糊涂"。于是,出现上报的计划生育率越来越高,同时计划外生育的孩子越来越多、越来越隐蔽。平时计划生育管理"优秀"地区,一次自然灾害"小三子"、"小四子"(第三孩、第四孩)全跑出来了。

20世纪90年代中期国内外学者对于我国出生人口性别比偏高问题"真假性"有着不同的看法。有些学者认为,出生性别比问题是由漏报或瞒报女婴所造成,即我国的性别比偏高是"假性"的,因为这部分漏报或瞒报的女性婴儿事实上已经存活于世,只是在人口普查统计中没有被反映出来,她们会在离调查时点较远的时间里逐渐显现。也有学者认为,性别比偏高主要是由于女婴死亡率偏高或产前性别鉴定和性别选择流产决定的,即我国性别比偏高是"真实"的,实际出生的男性婴儿的确比女性婴儿多。围绕这一问题,国内外学者进行了比较深入的研究,特别是利用2000年全国人口普查数据以及其他专项调研资料,对出生人口性别比的状况与趋势做了深入研究。综合近年来有关出生性别比研究的主要成果,中外学者的看法已经基本趋于一致——自20世纪80年代以来的出生性别比偏高,且在逐渐升高是中国已经普遍存在的客观事实:出生性别比偏高是多因素综合作用的结果,产前性别鉴定和性别选择终止妊娠为主因,漏报等因素也有影响。出生人口性别比问题的研究似乎从"存疑"进入到了"求解"的新阶段。[①] 但实际上出生性别比问题并未解决,女婴漏报数量为多少? 能否忽视不计? 2000年全国人口普查数据本身质量仍受到人们的质疑。2007年陈卫和翟振武利用教育统计数据重新估计2000年及20世纪90年代的出生性别比,认为我国实际的出生性别比并不像2000年普查数据反映的那样严重偏高,我国20世纪90年代实际的出生性别比和低年龄组性别比要比普查反映的水平低5个单位左右。[②]

----

① 杨云彦:《中国出生人口性别比:从存疑到求解》,《人口研究》2006年第1期。
② 翟振武、陈卫:《1990年代中国生育水平研究》,《人口研究》2007年第1期。

2009 年翟振武又通过对 2000 年、2005 年全国资料和 2007 年教育部数据的分析和比较后认为:第一,普查数据中 0 岁人口组性别比明显偏低,该年龄组的数据质量不可靠;第二,普查数据中(1—4 岁)低年龄组存在一定程度的女(婴)孩漏报的现象,导致低年龄组性别比一定程度的虚假性升高,影响了对我国真实出生性别比水平的判断。但是,即使扣除了这个因素,各个年龄组的性别比依旧远远高于正常值。所以,中国人口的出生性别比水平偏高的情况是真实的,只是真实的出生性别比水平并没有普查数据所显示的那么高。[①] 我个人同意上述看法,并调查了人口漏报的数量。

　　本次 30 位人口学专家估计为我国出生人口漏报大致为 3%—40%,平均为 18.2%。如果去掉 5% 的极大、极小值,则认为我国平均出生人口漏报、迟报率大致为 16%。我国出生人口漏报的原因是多方面的:首先,干部要政绩,百姓怕罚款。在 1.5 孩政策生育地区,第一孩若是男孩,有些农民就瞒着不报,因为是女孩就可生育第二孩;第一孩若是女孩,第二孩若仍是女孩,则往往会对第二个女孩瞒着不报以获得第三次生育机会;其次,流动人口管理不到位,很多怀孕妇女异地生育,未及时在户籍地及流入地申报出生;再次,社会经济落后有些农民而未能在医院生育,由于交通、信息传输等原因,出生申报困难。综合可见,我国出生漏报的男女婴都有,第一孩瞒报的往往是男婴,第二孩漏报的往往是女婴。

二、“社保换生育”对出生性别比的影响

　　21 世纪以来,我国生育政策有了重大调整,由原来的“惩罚多生”改为“奖励少生、适当控制惩罚多生”。于是,有些地方就提出“社保换生育”,即如果生育独女而放弃政策内继续生育的家庭,可以获得政府较高的社会养老保障,以减少年老后养老之忧。这样可以减少出生人口数量、同时降低出生性别比,而且扩大了农民社会养老保险。如果采用如此政策,出生性别比是否有较大幅度下降。专家认为,如果采用“社保换生育”政策,出生性别比将由目前的 120 基础上,下降 3—12 个百分点,平均

---

　　① 翟振武、杨凡:《中国出生性别比水平与数据质量研究》,《人口学刊》2009 年第 4 期。

下降 8 个百分点,即回到 110—115 性别比偏高的范围。即有一定作用,但影响有限。究其原因,其一,时间太长,农村妇女 22 岁生育,到享受养老保障有 30 年左右,其间发生什么变化谁也说不清;其二,农村养老社会保障是个大方向,不管是否实行计划生育政策,作为负责任的政府都不会撒手不管,随着我国经济的复苏和好转,政府正在制定"普惠制"的基础养老金,放弃"二孩生育"指标后,计划生育户到底能够获得多少实惠是未知数。类似的还有我国扶贫政策、教育政策,无论是小学、中学、大学,我国是"有教无类",但是真正扶助的大都是计划外生育家庭。就这些政策而言,我们认为并无不妥,出生前胎儿属于计划外生育,出生以后的婴儿就是中华人民共和国公民,享受公民平等的权利和义务。另外,计划生育优惠政策给企业和地方财政带来了很大的压力,且计划生育搞得越好的地区财政压力越大,以至于部分经济发达地区也出现地方财政赤字。"企业不愿承担,政府财政不堪重负",由此出现的效应不得不令人三思。①

三、出生性别比可研究程度

　　关于出生性别比研究难度很大,从 1990 年我国就发现出生性别比失调的问题,学者提出很多解决问题的方法,政府也出台了大量的政策制度,如关于 B 超声波检查的管理制度。但是,我国出生人口性别比不降反升。出生性别比影响的时间和空间长度远远大于专家的考虑和政府官员的设想。中国人口出生率在 1963 年到达最大 43.37‰,而后很快迅速下降到 1975 年的 23.01‰ 和 2003 年的 12.41‰。妇女总和生育率也是如此,1963 年妇女平均生育 7.5 个孩子,1975 年、2003 年分别下降为 3.6、1.7 左右,我国出生人口数量过多的问题很快得到了控制。1990 年人口性别比发现偏离正常值以后,尽管政府和专家重视、出了很多治理方法,但是效果很不明显。因此,人们反过来研究出生性别比的性质和可研究程度,为何该问题如此之顽固。

---

①　苏州吴中区人口计划生育局:《普惠制背景下的吴中区计划生育优先优惠政策研究,统筹解决人口问题:新阶段、新趋势、新机制》,《江苏人口高层论坛优秀论文汇编》,2009 年 11 月(内部刊物)。

影响性别比的因素很多,大致有无法调查的人们思想意识形态因素,难以调查的人口计划生育和社会保障等政策因素,还有可调查的社会经济文化因素。我们询问了专家的态度和意见。平均说来,这三者分别占28%、36%和36%。有36%的专家分别认为,出生性别比属于难以调查的政策因素和可以调查的社会经济文化因素;有28%的专家认为,影响出生性别比的是人们无法调查的思想意识形态因素。因此,影响出生性别比的因素实际并未完全弄清,尤其是人们思想意识形态调查非常困难。若删除5%的极大极小值后,影响出生性别比的社会经济文化、政策因素和思想意识因素平均权重分别为38%、36%和26%。

图11—2给出了选择社会经济文化、政策因素和思想意识因素的人数中位数(最长线段)、25百分点、75百分点的人数。这些事实说明,影响出生性别比的因素十分复杂,真正能够度量、能够调查的社会经济文化因素不足40%。

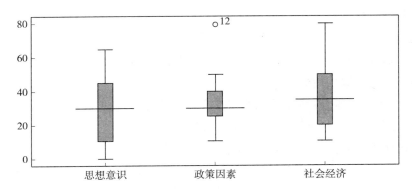

图11—2　出生性别比可研究程度

四、影响出生性别比的社会经济文化因素中各因子重要性分析

如果考虑,影响出生性别比的社会经济文化因素大致有,妇女社会地位、经济发展状态、传统文化和政府政策四个主要因素。其影响大小如何,假使影响最大的为9、最小的为1。分析表明,有50%专家认为传统文化对出生性别比影响最大,近20%的专家分别认为生育政策、经济发展状态对出生性别比影响最大(图11—3)。其中对生育政策对于出生性别比的影响争议(方差)较大。平均数计算表明,传统文化、妇女社会地位和生育政策影响都比较大,经济发展影响略微差一些。综合可见,传统

文化对出生性别比影响最大,生育政策影响次之,经济发展状态和妇女社会状态影响也不小。

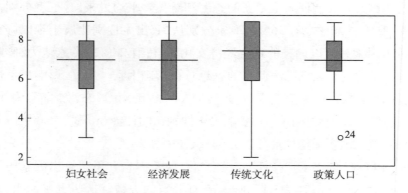

图11—3　影响出生性别比的社会经济文化因素

下面,我们就细分影响传统文化、妇女社会地位、传统文化和政策因素的若干子变量及其权重。这些因素内容丰富但十分抽象,能够操作化定量分析和表示的指标不多。尽管可能有人会对这些指标的效度和信度提出疑义和争辩,但相对各种可以接触到的资料和指标而言,我们提出如下维度或代表性指标表示。

（一）影响出生性别比的传统文化因素中各因子权重

传统文化强的地区大致是农业人口比例较高,家庭平均人数多、大家庭比例大、地区流入流出人口少;反之则比较接近现代社会。所以,传统文化选择农业文明（农业人口比重）、家庭平均人数和代数、流入人数和流出人数等维度。

问卷询问了这五个因素对于传统文化因素的代表性。从平均指数分析,专家认为农业文明影响最大,家庭人数和家庭代数其次,影响比较小的是流入人数和流出人数。60%的专家认为农业文明影响影响最大,1/3的专家认为家庭平均人数影响最大,其余认为流入人口数量最能代表传统文化水平。从中位数高低水平而言也完全一致,农业文明,家庭平均人数和流入人口数量最能代表传统文化。

（二）影响出生性别比的妇女社会地位因素中各因子权重

妇女社会地位的内容十分丰富,而能够定量分析和表示的指标却比较少,本书提出就业的性别差异、就业结构性别差异、受教育程度性别差

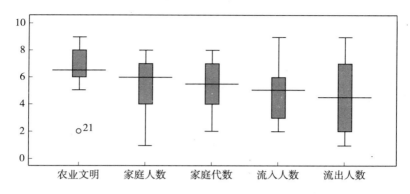

图11—4　构成传统文化因素中相关因子的权重

异、妇女受教育平均年数和妇女婚姻自主程度五个纬度（代表性指标）。妇女社会地位高的地区大致是就业率和就业结构的性别差异小、受教育程度性别差异不明显、妇女受教育平均年数多和妇女婚姻自主程度高；反之则妇女社会地位低。

　　从影响出生性别比角度出发，我们探讨了这五个因素对于妇女社会地位的代表性。从平均指数分析，专家认为妇女平均受教育年数对出生性别比影响最大，就业率和受教育程度的性别差异影响其次，妇女婚姻自主程度和就业结构性别差异难以衡量、影响比较小。54%的专家认为妇女平均受教育年数影响最大，15%的专家认为就业率的性别差异或者妇女婚姻自主程度影响最大，其余认为就业结构和受教育程度的性别差异最能代表妇女社会地位。从中位数高低水平分析而言，妇女平均受教育年数，就业率和受教育程度的性别差异最能代表妇女社会地位。

　　（三）影响出生性别比的经济和发展因素中各因子权重

　　发展是最好的避孕，发展可以吸纳大量的产业工人，发展可以改变人们的生育观，发展可以转变人们的性别歧视。经济和发展的内涵和外延都十分丰富，但是能够定量分析，及普查资料能够确切表示的指标却不多。本项目提出经济收入、子女养育成本、城市化水平、三产人口比重、三产GDP比重、社会养老和医疗保险覆盖面七个纬度（代表性指标）。经济和发展程度高的地区大致是经济收入和子女养育成本高、城市化水平高、三产人口和GDP比重大、社会养老和医疗保险覆盖面广；反之则是经济和发展水平低的地区。

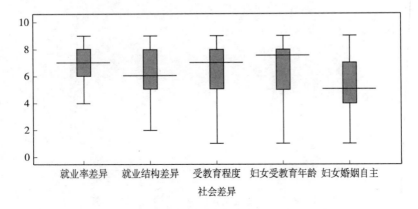

图11—5　构成妇女社会地位相关因子的权重

　　若从影响出生性别比角度出发,探讨了这七个因素对于经济和发展因素的影响程度。从平均指数分析,65%的专家认为,社会养老保险覆盖面对出生性别比影响最大。养老保障实际消除了老年的后顾之忧,若将生育与养老分离开,养儿不是为了防老,人们的生育行为就更多的是为了追求精神生活,对于子女性别的偏好就不会那么强烈。20%和10%的专家分别认为经济收入和城市化水平影响最大。若社会医疗保险覆盖面广、覆盖深度不强,仍难以说明问题。子女养育成本难以衡量;三产人口和GDP比重影响比较小。从中位数高低水平分析也是如此,社会养老保险覆盖面和城市化水平可能对出生性别比影响最大,经济收入和三产人口比重影响次之(图11—6)。

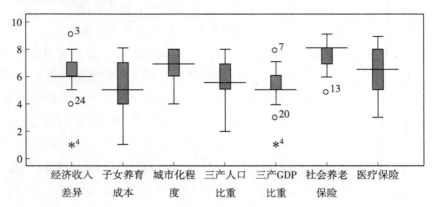

图11—6　构成经济与发展相关因子的权重

（四）影响出生性别比的政策和人口因素中各因子权重

生育政策是否影响出生人口性别比一直是个有争议的话题,持肯定意见的人认为如果没有计划生育政策,人们可以多生达到生育男孩的目的,出生性别比不会失调;持否定意见的人认为韩国、印度和我国台湾没有计划生育政策,但是随着出生率下降出生性别比也出现失调现象。因此,我们咨询了生育政策和平均生育子女数是否会影响出生人口性别比。我国的生育政策在全国600多个城市基本是一致的,除少数特殊情况外,一对夫妻生育一个孩子。但是农村生育政策相差很大,京津沪渝和苏川,农村政策和城市基本一致,仅能生育一个孩子。边远省份、少数民族自治区经中央批准可生育两孩。大部分省区对第一孩是女孩的家庭相隔数年可生育第二孩,也就是一孩半政策。出生性别比失调主要发生在一孩半生育政策的地区。调查认为,生育政策对出生性别比影响很大,平均生育子女数影响相对为小,从中位数高低水平分析也是如此。

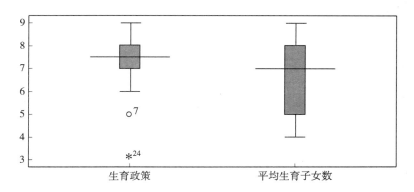

图11—7　影响出生性别比的生育政策

（五）综合分析

通过以上分析,可以得到大部分专家意见是,影响出生性别比的主要因素按其重要性大致可分为三个层次。

第一层次:社会养老保险覆盖面、生育政策和妇女受教育年数。

第二层次:城市化程度、就业率的性别差异、农业人口比重、生育子女数。

第三层次:社会医疗保险覆盖面、受教育程度性别差异、就业结构性别差异。

生育子女性别与生育政策、养老保险和医疗保险覆盖面等密切相关。当然,以上仅是一次性调查专家的意见。

第二节　家庭层次微观实地调查
——以江苏调查为例

实践是检验真理的唯一标准。2008 年 8 月初南京师范大学人口所和江苏省人口发展中心一行 4 人一同到江苏省徐州睢宁县进行座谈调查和问卷调查。

本次调查的目的是了解农村各乡镇 B 超的数量及其分布,B 超的使用及其管理;出生人口登记不及时的原因;当地近几年出生性别比情况;女孩出生后,实际受歧视情况;家庭成员中谁最愿意要男孩;影响出生性别比偏高的具体原因等。

一、座谈调查结论

本次进行了多次座谈,座谈发现如下问题。

1. 农村各乡镇 B 超的数量多分布广、管理难度大。睢宁县李集镇调查表明,镇计划生育委员会就有 B 超机 4 台、镇卫生医疗系统有 B 超机 3 台,有无未登记的"黑 B 超机"就不知了;该县官山镇计划生育委员会有 B 超机 6 台、镇卫生医疗系统有 B 超机 2 台,"黑 B 超机"估计有。农村是个"熟人"社会,亲搭亲,朋连朋。工作人员公开透露 B 超性别检验结果可能是不敢的,但信息表达和传达的方式丰富,比如会心地一笑、皱眉、看似不在意的动作和语言,都能传达相关信息,被检查的育龄妇女自然心知肚明。另外,购买 B 超机不需要任何手续和证明,价格也不贵,所以不排除黑 B 超的存在。B 超使用和管理的监督难度大,监管力度大则难以持久,监管力度小则难以到位。有些地方私下进行非法人工流引产,尤其是一些私人开办的医院,讲经济效益并不要证明就可进行人工流引产。

2. 省市县交界处以及流出妇女往往是工作的薄弱点,人口流动量大,管理不到位,最容易出现出生性别比失调。流出妇女回家孕检成本高、在流入地"孕检"寄回的证明有不少(30%—40%)是假的;流入人口属地化管理以后,流出地难以或不愿出示妇女婚姻、生育、避孕节育相关状态的证明。所以,一般流入地是不过问流入妇女状态的,仅当流入妇女怀孕以后,就追各种证明了。在人性化执法状态下,没有证明或证明不全,不在本地生育,不影响本地区相关指标评估就行了,其他一律不管。于是省市县交界处,流动人口多的经济欠发达地区成为计划生育的避风港,最容易出现计划外生育、出生性别比偏高问题。

3. 对女性的歧视是出生性别比失调的根源。对女性的歧视,目前无论在城市还是在农村仍然十分严重。在农村,女儿无继承权,养老主要靠儿子。在城镇,女大学生就业难未解决,下岗首先轮到的是妇女,就业首先保证男性。缺乏男女平等的社会视角,企业更是从狭隘的短期经济利益出发,逃避社会责任,"头发长见识短"、"女性工作效率低"是对女性不良的社会评价。

4. 生育政策和生育意愿之间的差距仍然很大。由于长期的宣传教育,农民的生育观念确实有了变化,但是这种变化往往是表面上的,子女少的家庭或纯女户所得到实惠少。由于生育养育子女成本高,农民不愿多生子女是现实,但与国家要求仍有距离。并随着农村经济的好转,农民感到自己有经济能力生育第二孩、第三孩的人越来越多,要多孩要男孩的势力有所抬头。尤其在我国农村实行"普惠制"社会养老保险后,农民殷切期望对于计划生育及独女户家庭老人,享受更高的养老保障水平。但是,这些需要地方政府财政支持,而经济落后地区往往难以提供如此的条件。

5. 生育性别偏好不减的原因是无儿的人家受欺负。随着农村机械化程度的加强,男女性承担地里农活没有很大差异。证据是我国日益增长以男性为主的流动人口,对农村经济影响很小,我国农作物连续多年大面积丰收。但是没有男孩的家庭容易受邻里"欺负",农村社会环境差、旧风俗习惯严重,无男孩在村里讲话不响,农村很多事情是无法讲理的,常常以实力说话。当地人有句话"宁愿有儿累死,不愿无儿气死"。派出所对很多"家长里短"的小事是不能管、无法管。当事人纠纷和争论却是大量存在,有理无理如果有几个儿子站旁边威慑,很多问题就能顺利解决。这是农村十分现实的问题,我国农村是宗派社会或强势社会,不是法制社会,很多农民文化程度不高,经济收入不高,图的就是一时的解气。

二、问卷调查结果分析

2008 年 8 月我们组织本校社会学系学生到江苏南部、中部和北部进行了广泛问卷调查(调查问卷见附录 2),本次调查 15—49 岁已婚育龄妇女为 729 人,设置问题 89 题。其中苏南(昆山)、苏中(通州)和苏北(沛县)农村地区,分别调查 181、207 和 341 人,占样本的 25%、28% 和 47%。全部资料输入计算机系统,用 SPSS 进行了分析,主要结果如下。

(一)基本情况

调查对象中,初中文化程度者居多(58%),小学文化程度者次之(20%),高中文化程度者占第三位(11%);初婚有偶者占绝大多数(97%),再婚有偶(2%)、离婚和丧偶所占的比例均很低;从年龄分布上看,被调查妇女的平均年龄为 37.6 岁,35—39 岁与 40—44 岁组妇女所占比例最多,而其他年龄组(如 20—24 岁、50—59 岁组)妇女所占比例少;家庭结构以 3 人户居多占 34%,其次是 4 人户占 28%,5 人及以上户36%;农业户口 87%,非农户口 13%。

本次调查,有 715 个妇女生育了一个以上孩子,其中 28% 的妇女生育了二孩,平均生育孩子数为 1.28 个;第一孩子的性别比为 119、第二孩子的性别比为 182,全部孩子实际性别比为 131,这些基本符合江苏实际情况。

(二)期望子女数和期望子女性别比

被调查妇女的平均期望子女数为 1.60,期望子女性别比为 99.7,如果考虑了不要小孩的妇女,则平均期望子女数为 1.03。大多数家庭认为"一男一女"为最佳,尤其是有计划生育管理干部在调查现场的情况下,期望性别比总是趋向于正常。在这种情况下,我们仅能比较其相对大小。

(三)不同家庭成员的期望子女数和期望子女性别

我们通过询问育龄妇女,进而调查他们家庭成员的生育观念,目的是比较家庭成员对妇女生育孩子数量和性别的态度。我们认为,妇女生育不是孤立的现象,是家庭、家族的大事,尤其是子女比较少的情况下,父母对于子女的恋爱、婚姻、生育等关切程度明显增加,他们的婚姻生育观点对于下一代的影响明显加大。

调查表明(表 11—2),不同家庭成员希望子女数是不同的,大致是公公、婆婆希望子女数最多(1.66—1.67 个),希望一孩的比例最低(39—

40%）、多孩比例最高；其次是女方自己父母，希望生育子女数次多（1.59—1.60个），希望孩子生育二孩的比例最高（58%左右），多孩比例低；而小夫妻希望子女数最少（1.54—1.56），希望生育一个孩子的比例最高（51%—54%）、生育二孩比例低。但是，其间差异不是很明显。这说明传统生育文化影响是很大的，儿孙满堂一直是传统大家庭的追求，男方家长希望子女偏多是十分自然的；老人比较传统、喜欢多子多孙，尤其自身是受政策影响少生的一代人，希望子女适当多生以维持家庭规模。年轻人则比较容易接受新思想、新文化，他们既要工作挣钱养家、又是将来孩子的实际抚养着，他们较多考虑自身实际抚养子女能力和目前工作和事业，他们希望生育较少子女也是容易理解的。

表11—2　不同家庭成员希望子女数及期望子女性别比（N＝729个家庭）

	妻子	丈夫	公公	婆婆	父亲	母亲
平均子女数	1.56	1.54	1.66	1.67	1.60	1.59
一孩率	44.4	47.8	39.8	38.6	41.0	41.6
二孩率	53.9	50.6	56.4	57.7	58.4	57.9
多孩率	1.7	1.6	3.8	3.7	0.6	0.5
子女期望性别比	99.7	114.7	133.9	131.1	115.5	113.2

家庭中不同成员对于子女性别比的期望也是不一样的。婆家对于孙辈性别期望最大，希望生育男孩的心情最迫切（相对期望女儿为100，期望性别比为130—140），其次是娘家人（113—116），对于子女性别比期望最小的是小夫妻，尤其是妻子（99—115）。应该说，这个结果比较合乎情理。年轻人较少保守思想；而婆家传宗接代、香火继承等思想严重一些；娘家的传统思想是"嫁出去的女儿、泼出去的水"，尽管子女数量减少了，对于孙子孙女的选择要求略微少一些。

当然也可能是一种遁词，填表的都是家庭主妇，对于自己联系比较多的夫家和自己原来的成长环境娘家的选择中，中国人往往是"远亲近怨"，她们比较多地维护娘家——自己父母亲的利益，而将不好的声誉推向夫家。

调查同时显示，无论娘家还是婆家，老一代对年轻人的婚姻和生育影响已经越来越小了,而同龄人、同伴、同学、同事等周边人对年轻人的婚姻和生育的影响加大了。一方面,年轻人与老年人有代沟,很多问题无法交流;另一方面,年轻人与上一代缺乏比较基础,现在的社会经济、就业工作情况与20年前父辈情况差异甚大,而与同龄人有比较的基础。同伴和同龄人的影响远大于父辈人的影响。同学都结婚了,自己不结婚就有压力;同事都生育1个孩子,自己生育2孩就有压力;同伴都生男孩,自己生女孩就有压力。发达国家这种现象也十分普遍,年轻人受同伴的影响远大于受老人或家人影响。

(四)不同年龄人群生育偏好的特点

从实际访谈中能够切身感受到,随着孩子养育费用的提高、社会保险的普及及计划生育长期的宣传教育,人们生育观念逐渐改变。老年人喜好多生、生男;中年人希望生2孩,最佳选择是一男一女;年轻人更希望1孩。已生育的妇女认为,"年龄大的想生男孩的愿望更强,若有2个女儿的话,还是想生1个男孩;年轻的想要1—2个孩子。生育决定取决于夫妻双方,但丈夫的影响更大一些"。未婚女性则认为,"父母一代传统观念严重,还是希望生男,年轻人比较开明"。60岁以上希望1女2男,觉得儿子多了,别人不敢欺负;40岁的希望生育1儿1女;20—30岁的人认为,如果第一胎是男婴就不愿继续生育,如是女婴一般会继续生。

(五)影响出生性别偏好的因素探讨

出生性别比和什么因素有关,很多学者进行了有益的探索。但是从微观、小尺度探讨研究的并不多。这里设定因变量为被调查者本人——育龄妇女对男孩的偏爱程度,具体将期望本家庭生育男孩数量减去期望生育女孩的数量,1、0、-1分别表示希望生育男孩多于女孩(男孩偏好)、没有性别偏好、希望女孩多于男孩(女孩偏好),自变量为本次调查的各种社会经济文化微观变量。

本次调查表明,妇女户籍所在地、家庭人口数、丈夫受教育年数与意愿出生人口性别比似乎没有什么关系。而第一孩子的实际性别、年经济收入、家庭所在地区和本人受教育程度与意愿出生人口性别比有关(表11—3)。

1. 有儿子者喜男、有女儿者喜女。这可能是一种长期在一起生活,满足于现状的表现。家庭贫困者喜男,家庭富裕者喜女,这和民间认为

"女要富养、男要穷养"相一致。现在孩子数量减少,男女孩培养、养育费用差异不大。但儿子仍是家庭的主要劳动力和创业者,女儿是家庭幸福的来源。

表 11—3 不同社会经济背景下妇女的期望子女性别比

		希望子女性别				样本量	X^2 值	α(2 尾)
		喜女	无偏好	喜男	合计			
实际一孩性别	儿子	20	332	37	389	715	11.6	0.003
	女儿	35	274	17	326			
2007 年家庭总收入	9999 元以下	4	105	14	123	643	24.2	0.007
	10000—19999 元	13	173	13	199			
	20000—39999 元	17	157	15	189			
	40000 元以上	17	111	4	132			
地区	苏南	22	148	11	181	729	37.1	0.000
	苏中	25	177	5	207			
	苏北	8	295	38	341			
本人受教育程度	小学以下	10	149	16	175	724	24.6	0.002
	初中	24	367	31	422			
	高中	11	63	3	77			
	中专及以上	9	39	2	50			
户口性质	农业	38	537	50	625	717	13.2	0.001
	非农业	15	73	4	92			
家庭饮水来源	室内自来水	36	362	35	433	721	9.7	0.047
	共用自来水	13	140	5	158			
	井水、河水	4	113	13	130			
职业(分组)	管理技术经理人员	5	18	3	26	692	22.9	0.004
	私营个体商业服务业	8	77	5	90			
	企业工人	23	221	9	253			
	农林牧渔劳动者	5	128	17	150			
	下岗失业家务人员	10	144	19	173			

2. 苏南苏中喜女、苏北喜男。这和地区经济状态有关,苏南苏中地区土地稀少、经济发达、信息交流多,生育观念变化比较快;苏北则相反。苏南人常言"儿子是滑雪衫,女儿是棉毛衫",意思是生女儿很贴心,成年以后感情细腻,对家庭的照顾较多;儿子很华丽,外表很好看,人们很羡慕,但是对家庭经济贡献和对父母交流少。在南方,结婚的男方父母要准备住房,而结婚的女方家庭仅需要准备床上用品就行,男女方结婚经济差异达 10—40 倍。苏北地区选择无所谓的人占 66.2%,但是从期望生男(25.8%)和期望生女(8%)的差值来看仍存在明显的生男偏好。苏中地区无明显的性别期望。经济发达的苏南地区有明显的性别期望,但是无明显的生男生女性别偏好。

3. 文化程度高的喜女,文化程度低的喜男。初中毕业是个分界线,妇女具有高中及其以上文化程度的,喜女比例明显增加。随文化素质提高,倾向生女的比例上升而期望生男的比例下降,说明随学习时间的增加,人们生男偏好逐渐减弱。其中,未上过学的妇女生男偏好最为明显,占 34.4%。随着文化素质的提高,生男生女的期望不再出于"养儿防老"等工具性的需求。因而随着文化素质的提升,而生男偏好逐渐下降。

4. 农林牧渔劳动者、下岗失业家务人员、农业妇女喜男,而管理技术经理人员、私营个体商业服务业、企业工人、非农妇女则喜女。

(六)户口申报与出生性别

由于户口申报(主要是城市)地区的福利被剥离了,虽然规定了 30 天内要申报户口,但没有具体处罚措施,很多农民没有及时为新生子女申报户口。有些农民夫妻甚至在小孩出生 5—6 年后,快上学时方报户口。客观原因是人们外出数量多,时间长,我国不允许异地申报户口,所以婴儿户口难以在父母户籍地进行申报;婴儿父母希望能够在流入地——城镇申报户口。实际上,人们不急于申报婴儿户口的主要目的是为了多生孩和生男孩。第一孩如果是女儿报户口比较及时,因为在我国大多数农村可以再生一孩,这就是第一孩男孩漏报率高的缘故。第二孩如果是男孩则意味着已经男女两全、圆满的结局,男婴报户口比较及时,如果是女儿则往往暂时不报户口,意图生育第三孩,即二孩如果是女孩则漏报率高。总的说来,第二孩户口及时申报率明显低于第一孩。本次调查也证明,一孩中男孩户口漏报严重,二孩中女孩户口漏报严重(即本书 258 页第二段）；由于二孩生育数量少于一孩，二孩漏报率明显高于第一孩。综合而言，女孩漏报率并不高于男孩，但是二孩女孩漏报率（10%）之高，说明当事人有意躲避户口申报。这证明了农民要男孩、要多生的"小聪明"无所不在，并竭力用各种方法表现出来。

表 11—4　2008 年江苏某地子女户口申报情况

	户口申报	男孩	女孩	合计
第一孩	是	363	313	676
	否	12	5	17
	合计	375	318	693
	户口未报率	3.2%	1.6%	2.5%
第二孩	是	125	62	187
	否	4	7	11
	合计	129	69	198
	户口未报率	3.1%	10.1%	5.6%
合计	是	488	375	863
	否	16	12	28
	合计	504	387	891
	户口未报率	3.2%	3.1%	3.1%

（七）社会养老保险换节育

如果国家承担妇女和她丈夫的养老保险，妇女是否能改变其生育观念呢？调查表明，有 74% 的被调查者愿意仅生育一个孩子而要保险，有 17% 选择宁要生育两个以上子女，而不要保险（表 11—5）。这说明社会养老保险对于大多数农村妇女实际上是有吸引力的。但是，人们通常是"不患贫而患不均"。2009 年下半年国家将对 60 岁以上老年农民开展"普惠制"基础养老金政策试点工作，最低基础养老金为每月 55 元，江苏实际更高。那么，社会养老保险对于年轻农民的吸引力是否将有所减弱，有待进一步研究。

如果仅生有一个女孩，有 4% 的人或家庭仍表示不愿意让女儿或女婿继承自己家产，有 16% 的人表示视情况而定。在中国传统中，女儿、女婿和外孙都属于外人，不能继承本家姓氏和财产。如果自己仅生有一个男孩,有45%的被调查者认为,结婚后不愿意让儿子入赘媳妇家而受委屈(表11—5)。

表11—5　出生性别与社会养老等关系

	愿意	不愿意	视情况而定	合计
如果国家承担您和您丈夫的养老保险,是否愿意仅生育一个孩子?	521(74%)	116(17%)	64(9%)	701
仅生有一个女孩,是否愿意让女儿、女婿继承所有家产?	576(80%)	31(4%)	112(16%)	719
如果仅生有一个男孩,结婚后是否愿意让他入赘媳妇家?	174(24%)	320(45%)	224(31%)	718

当问及男女青年结婚后,在哪里安家比较好时,50%的受调查者认为与男方父母同住较好,相互之间有个照顾;41%认为独立居住比较合适,日常生活间接触太多,容易产生矛盾,两代人往往有代沟;9%认为和女方父母同住比较好。当问及如果仅有一个女孩,60岁以后老人愿意在哪里养老呢? 有64%的被调查者愿意在自己家养老,17%愿意在女儿家养老,而愿意在养老机构养老的也占11%。这说明老人恋家的观念十分重,随着时间的推移,人们养老观念也在慢慢发生变化。

那么,如果仅生育女孩,可能会在如下哪些地方受到歧视? 712位受调查妇女认为,生育女孩不会受歧视的为80%,在家中、在村中、社会上、在家族中受到歧视的可能性分别为10%、6%、3%和1%。实际上,妇女受歧视的情况都是十分隐秘的,常言"不可言传只能意会"。看不到、说不清,却处处存在。

(八)意愿生育孩子性别与实际生育孩子性别

在调查的729个家庭(妇女)中,我们调查了出生前希望性别和实际出生子女性别,目的是了解性别选择在实际生活中的作用。调查表明,生育一孩前希望生育男孩的133人中有59.4%生育了男孩,希望生育女孩的113个人中,53.1%达到了目的,对生儿生女无所谓的妇女有55.1%生育男孩,皮尔逊 X^2 值为3.84,显著性水平为0.05。二孩生育更是如此,希望生育男孩的78.8%实际生育男孩,希望生育女孩的人员55%达到了目的,无所谓生男生女的有62.8%的生育男孩,皮尔逊 X^2 值为

13.85,显著性水平为0.00。综合考虑,孩子出生前希望生育男孩的213人中,66.6%生育了男孩,希望生育女孩的153人中53.6%生育的女孩,差异十分明显。这表明,不管人们态度如何,实际上民间存在性别选择成功的迹象。

如果不考虑(略去)无所谓的那部分人,一孩期望出生性别比为117.7,实际出生性别比为120.4;如果将孩子出生前对子女性别"无所谓"的人们一分为二,一半实际希望生育男孩、一半希望生育女孩,则希望出生性别比为131;二孩期望出生性别比为200.0,实际出生性别比为191.2。

表11—6　期望出生子女性别与实际子女出生性别

		孩子出生前希望性别			
		男	女	无所谓	合计
一孩实际性别	男	79	53	252	384
	女	54	60	205	319
	合计	133	113	457	703
二孩实际性别	男	63	18	49	130
	女	17	22	29	68
	合计	80	40	78	198
合计	男	142	71	301	514
	女	71	82	234	387
	合计	213	153	535	901

(九)生育原因分析

在原始问卷中,我们询问了"生孩子"目的(表11—7),要求选择其中最重要的两项。被调查者认为,夫妇生孩子的主要缘故分别为传宗接代、自然传承、养老送终;即工具性需求选择比例最高,累计占第一次选择的77.1%。精神需求(寄托希望、社会义务、精神慰藉)选择比例次高,仅占第一次选择的19.2%,这反映江苏农村生育观念依然偏向传统型。综合第一次和第二次选择,可以看出传宗接代、自然传承、养老送终工具性需求是江苏生育子女的首要考虑因素,在这些需求得到满足后才开始考虑精神性需求。

表 11—7　生孩子的十大目的

主要原因	第一次		第二次		综合得分	综合百分比
	人数	%	人数	%		
传宗接代	213	29.3	138	19.3	564	26.00
自然传承	244	33.6	59	8.3	547	25.22
养老送终	103	14.2	217	30.3	423	19.50
寄托希望	69	9.5	118	16.5	256	11.80
社会义务	47	6.5	75	10.5	169	7.79
精神慰藉	23	3.2	32	4.5	78	3.60
人丁兴旺	11	1.5	24	3.4	46	2.12
继承家产	1	0.1	19	2.7	21	0.97
增加劳动力	3	0.4	12	1.7	18	0.83
其他	13	1.8	21	2.9	47	2.17
合计	727	100.0	715	100.0	2169	100.00

注:若以第一选择得 2 分、第二选择得 1 分进行赋值,综合得分即为选择第一位得分与选择第二位得分综合平均的结果。

(十)生育意愿与生育性别

在原始问卷中,我们还询问了"选择孩子性别"的 12 个缘故。由表 11—8 可见,如果以传宗接代、继承家业,发展家庭经济为生育目的的妇女实际生育性别比高、意愿生育性别比高,即喜欢生育男孩;如果以情感需要、减小经济压力为生育目的妇女实际生育性别比低,即喜欢生育女孩。若以养儿防老、孩子容易找工作和不受欺负为生育目的妇女,意愿生育性别比高而实际生育性别比低。若以孩子容易抚养教育和照料为生育目的妇女,意愿生育性别比低而实际生育性别比高。如果以直角坐标系 X、Y 轴分别实际生育性别比、意愿生育性别比,则可以给出不同生育目的时的相应位置。

表 11—8　不同生育意愿下希望生育性别选择与实际生育性别

生育意愿	实际性别			实际性别比	出生前希望性别			意愿性别比
	男	女	合		男	女	合	
传宗接代	47	33	80	142	58	2	60	2900

续表

生育意愿	实际性别			实际	出生前希望性别			意愿
	男	女	合	性别比	男	女	合	性别比
继承家业,发展家庭经济	12	9	21	133	12	2	14	600
养儿防老	30	30	60	100	25	4	29	625
容易找工作、老实和不受欺负	5	8	13	63	9	3	12	300
孩子容易抚养教育和照料	32	25	57	128	4	43	47	9
情感需要、减小经济压力	17	18	35	89	0	34	34	0
合计	164	143	307	115	108	89	197	121

伍小兰曾对生育现代化做了定量的分析研究,把全国各地区划分为生育现代化的高级阶段、中级阶段和低级阶段三个层次,江苏省属于生育现代化的高级阶段。然而,政策和经济因素对生育行为的影响是直接而明显的,但是并不一定促进生育观念的同步转变。生育观念不转变,仅依靠政策手段治标不治本,难以解决人口发展的根本问题。

第三节　湖北黄冈蕲春妇女生育
性别偏好社会因素解析

2009年4月本校社会学系6个研究生分三组,采用随机抽样方法对湖北省蕲春县三个镇的三个村分别进行了问卷和访谈调查。本次调查以访谈为主,主要特点是不求调查的数量而要求保证调查的质量。蕲春县位于湖北、江西和安徽三省交界处,属于国家级贫困县,2000年该县出生性别比很高。在当地政府和计生局等部门的大力支持下,我们共发放120份问卷(附件4),回收116份,回收率97%,入户访谈48人。调查对象是20—45岁农村妇女。绝大部分(93.1%)被调查者是小学和初中文化程度(初中占66%、高中占6%,大学占1%,其余为小学及以下文化程度者);夫妻独立居住占56%,与男方父母合住30%;93%已婚已育;生育子女数量和性别集中在1男1女占45.7%,1男19.8%,2女1男10.8%;初次生育年龄集中(79.4%)在20—24岁之间;家庭收入来源中纯农业收入占31.0%,家庭经营性收入15.5%,工资性收入28.4%,外出务工收入22.4%。家庭年纯收入在5000元以下25.9%,5000—9999元24.1%,1.0—1.5万元占19.8%,1.5—1.9万元占7%,2.0万以上仅占23.3%,年平均经济收入估计为1.22万元。

一、数据来源及准确性——出生人口补报数量和比例估计

从湖北省蕲春县×镇计生办公室提供的资料来看(表11—9),该镇出生后补报对出生人口和计划生育率的影响。2007年度该镇共补报297人,其中计划内生育104人,而2008年度补报45人,计划内生育35人。由此可见,补报人数占当年出生的22.6%,二孩及以上补报孩子占补报人数的70.2%,补报人口中计划外出生的人数占59.4%。2007年、2008年该镇人口出生率为8.25‰、7.92‰,但是考虑补报人数后,则出生率分别为11.44‰、8.40‰,即补报以后的出生率比原来出生率高6.1%—38.6%。补报还不知是否到位?是否还有应该补报而未补报的?

表11—9　湖北省蕲春县×镇出生人数及补报人数　　　(单位:人)

年份	总人口	已婚育数				出生			补报			出生性别比
		无孩	一孩	二孩	多孩	一孩	二孩	多孩	一孩	二孩	多孩	
2007	93210	538	4893	9024	4061	580	182	7	77	193	27	113.61
2008	93681	517	5085	9036	4008	575	163	4	25	20	0	111.40

另外,这些补报孩子中性别比为多少?如果这种事后补报允许存在,工作人员是否可以用这种补报措施合法地应付各种检查,甚至人口普查和人口抽样调查。当检查(或人口普查)来临时,本地区出生性别比都是正确的,在其后若干年通过补报的方式陆续释放。这不是无稽之谈,理论上完全是可能出现的,实际上也常有这种迹象。

二、生育性别偏好的经济学特征分析

根据性别偏好程度不同,可将性别偏好划分为两种类型,单纯性别偏好和执著性别偏好。单纯性别偏好是指不受外部社会经济因素影响,个体基于对男女孩性格等各方面喜好,而作出偏好男孩或者女孩的选择,不同人喜欢不同性别的孩子就像是不同人喜欢不同颜色一样,是一种比较单纯的偏好。比如有人喜欢女孩就是因为女孩比较文静、温顺等。执著性偏好是指个体在综合考虑各因素后作出有利于自己的选择,其特征是这种对性别的强烈而执著地追求,一旦作出决定就很难改变。在单纯性别偏好情况下,如果生育的是女孩,一般也能够接受,不会采取极端的性别选择行为。而执著性别偏好更容易激发起主体原有的强烈性别偏好观念,在不能达到目的情况下,更容易采取极端的性别选择行为,无论是否政策允许,大有不达生育目标不罢休。

(一)生育性别和数量偏好特点

本次调查表明,从需求孩子数量来讲(表11—10),理想子女数量为1孩占15.1%,2孩占51.3%,3孩及以上占33.6%;实际子女数量为1孩占24.8%,2孩占61%,3孩及以上仍占11.5%,即理想子女数(2.18)偏多于实际子女数(1.86)。从性别偏好来讲,实际的偏好男孩(1男、2男和2男1女)和偏好女孩(1女、2女和2女1男)比例为30%:22%,而理想偏好男孩和偏好女孩比例为26%:24%。妇女的初育年龄(80%)集中在20—24岁,该地区妇女生育年龄偏早。而早生和孩子数量偏多,也间接反映出人们想生男孩的强烈欲望。这说明在问卷调查时,被调查者隐藏了自己希望生男孩和多生育的真实想法,然而实际孩子性别是确定的,这种反差恰好反映出人们更喜欢生男孩的心理和愿望。

表11—10　实际子女性别构成与理想子女性别构成

	1男	1女	1男1女	2男	2女	2男1女	2女1男	3孩及以上	无孩
实际子女数及性别构成(%)	19.5	5.3	45.1	9.7	6.2	0.9	10.6	—	2.6
理想子女数及性别构成(%)	11.8	3.3	38.6	6.7	6.0	7.6	15.1	10.9	—

（二）生育男女孩的不同价值判断

生育性别偏好存在是因为农民认为生育不同性别的孩子具有不同的价值，而这些价值能够满足他们不同层次的需求。问卷调查显示，妇女认为"生男孩"的主要缘故按重要性排序依次是，养老有依靠（44.8%），增加劳动力（19%），孝顺（14.7%），传宗接代（12.9%），继承家业（3.4%），为家里挣钱（0.9%）；而生女孩的主要原因中，孝顺占的比重最大（60.3%），其次是养老有依靠（19.8%），传宗接代（6.0%），增加劳动力（5.2%），为家里挣钱（1.7%），继承家业（1.7%），结婚花费少（1.7%）。

（三）生男偏好的经济原因分析

客观地讲，生育的性别偏好不能完全归结于个体的心理或生理差异，也不能简单的用封建观念来解释，即便是一种"传统"，也必然有其现实的土壤。性别偏好观念的形成、传承与相关现实因素的存在和保持有关。①

1. 经济及环境原因。蕲春县土壤贫瘠、梯田连绵、地势起伏，黄牛耕作仍然是主要的生产方式，这一系列的自然环境特点决定了该地区的农业生产需要大量的劳动力，尤其是力量大的青年壮丁。因此，农业生产的刚性需求决定了人们生育男孩的必要性；其次，对传统社会而言，人们理所当然地认为，养老的责任应该由儿子来承担，必须生育男孩在村民看来是理性的选择。而生育女孩主要是觉得女孩"孝顺"、"细心"、"温顺"。在未出嫁时可以承担一些家务劳动，打理好家中事务；其次等父母年龄大了后，女孩子会承担主要的照顾责任。"家产主要是男孩继承，女孩嫁出去了。养老费用上，女孩只是在过年过节的时候给父母少许零花钱，其他基本没有什么养老负担。女孩只起到一种辅助性的作用，并且这种观点是父母、社会和子女自身都认同的。"所以，村民们理想的生育状态是既有男孩又有女孩，而男孩则是必须要有的。

当然，抚养孩子的成本大小并不是决定人们生育性别偏好主要因素。农民在生育之前很难理智地考虑到养男孩或女孩要花多少钱，生男孩还

---

① 雷洪、史铮：《农村青年生育性别偏好研究——基于湖北省 8 市 16 镇 31 村的调查》，《中国青年研究》2004 年第 11 期。

是女孩更合算。有些人在综合考虑周围人观点并结合自身经历,才会产生希望生男还是生女的意愿。因此,这些都不能单独用经济因素来解释。此外,意愿生育孩子的性别和实际生育孩子的性别有差异。

2. 封闭"环境"中生男氛围是生男选择的外在压力。未能生育男孩的女性承担着相当大的舆论压力和心理压力,她们不得不在"生儿子"与"丧失自身家庭地位"之间作出痛苦的抉择。如果有儿子,就能够得到邻居乡亲平等的眼光和对待,婆婆对自己也比较疼爱。但是,如果在计划生育政策允许的范围内还没有生出男孩,周围人就会评价"生不出儿子"、"上辈子作孽"、"死了连上坟的人都没有"等类似这种的评价,这对妇女本人的伤害是很深的,会影响到与丈夫和婆婆的关系,甚至自己在家庭中的地位都会受到影响。因此,一方面是在有儿子和没有儿子待遇上的巨大差距;另一方面是在乡村封闭的舆论环境下,有一种观念是被大多数人一致认同的,就是不管有几个孩子,一定要有男孩。这一压力环境迫使生育妇女不得不作出选择,必须要生出儿子。根据问卷调查,"没有儿子的家庭,在村中会被人看不起",非常同意和同意的占 30.2% ,这与"如果没有儿子,有压力吗?"这一题目的回答 32.8% 认为有压力正好吻合。28.4% 的人认为压力来自于社会舆论,19.8% 主要是自己内心不安,17.2% 认为压力源于父母,还有 8.6% 认为压力源于配偶。当问及"如果会受到歧视,一般会受哪些人的歧视",选择公婆 36.2% ,邻里 32.8% ,爱人 7.8% 。这些客观数据说明,妇女生育性别选择确实较大程度上承受周围人和家庭的压力。

深入思考作出这决定的过程可发现,面对舆论环境和待遇的压力,妇女本人有可能作出两种选择:一是突破旧有的观念,树立起自身认可的观念,但必须承受别人的眼光;二是接受环境认为"正确"的观念,千方百计生男,保持自己应有的地位。作出抉择的过程是痛苦的也是无奈的。妇女自身的能力难以维持独立生活,须依靠丈夫以获得经济上的支持,同时需要获得婆婆的喜爱以维持在家庭中的地位,博得周围乡亲的赞同保护自己"面子"和"自尊"。

问卷调查的统计数据同时显示,周围人对"第一胎是女儿,第二胎进行性别鉴定"的行为有较高的理解度;对"为生儿子宁愿接受超生罚款",有较多(15.5%)的人能够接受("非常支持"和"支持",如第一胎是儿子则仅占4.1%）。为何这种常人看来不可理解的事情,周围人却有如此高的容忍度呢? 这解释了很大一部分人对为生儿子而愿意接受经济处罚,甚至不惜牺牲一条小生命进行性别鉴定的行为表示较大程度的理解,而理解的内在原因就是,这些人能够体会他们没有儿子所承受的各种社会压力和忍受的各种痛苦。

　　3. 生育性别偏好影响模型。影响生育性别偏好的因素众多、错综复杂,为了更清晰,通过下图来表示出妇女自身原因、内在需求和外在压力多种因素的相互作用关系。(图11—8)

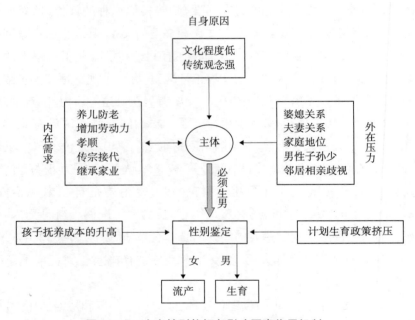

图11—8　生育性别偏好各影响因素作用机制

　　在内在需求和外在压力的共同作用下,生育主体(妇女)仍然有自由在"必须生男"和"顺其自然"之间作出选择。最终作出怎样的选择,取决于生育主体面对压力的判断。这种判断的结果与妇女本人的受教育程度有很密切的关系。受教育程度较高的女性(高中以上),她们接受了家庭和乡村熏陶之外的学校教育,有文化、会思考、有独立想法,社会经济地位相对比较高,较少受原有的传统观念所束缚,有勇气承受外在的压力。而文化素质较低的妇女,这种抗压能力较低。

2005 年 6 月国家人口计生委对北京、河北、吉林、江苏、山东、河南、湖北、广东、四川、云南和甘肃等 11 个省市 109 个县市区 117 个乡镇 100761 个育龄妇女(第四章第三节)调查也证实,文化程度越低,意愿生育性别比越高。文盲半文盲最高为 111.3,高中及其以上意愿生育性别比低。农民希望子女最多、意愿生育性别比高;从事家务劳动的妇女希望子女次多、意愿生育性别比最高;机关企事业干部、技术人员最低。从事重体力劳动、家务劳动的妇女意愿生育性别比高(喜欢男孩),而从事脑力劳动的妇女意愿生育性别比低(喜欢女孩),仅为 102。这说明,希望子女数和意愿生育性别比与社会发展及人们晚年的社会保障程度密切相关。

北京大学人口研究所乔晓春认为,在控制了其他变量以后,农村妇女喜好男孩的比例是城市妇女的 3.1 倍。农村妇女喜好儿女双全和喜好子女越多越好的,分别是城市妇女的 3.3 倍和 7.2 倍。受教育程度越高,男孩偏好程度就越低。[1] 黄镇云则认为,有女无儿的家庭中,生育主体家庭地位偏低、家庭成员主要从事农业生产以及基于农业生产的传统消费模式等均可能促使二孩及以上孩次的出生性别比上升。[2]

(四)几点思考

有学者认为“成本—效用”理论能够解释人们喜欢生男的根本动因,而有些学者认为,更大部分的因素是文化的制约力,与经济因素的关系不大。我们认为不能不分情况的将经济因素完全排除在外。在经济欠发达地区和经济发达地区,经济因素对人们生男偏好的影响具有不同的作用力。虽然,在经济欠发达地区和经济发达地区都有强烈生男偏好的情况存在,但作出这种决定的关键影响因素却截然不同。在经济欠发达地区,父母普遍认同的是儿子养老,家产继承上也是认为应该留给儿子;人们理所当然地认为,如果是男孩,就要承担起养老的责任,否则就会受周围人的非议。若是女儿,养老责任就轻得多,“如果有钱就出一部分,没钱的话,比如父母生病时照顾一下就行,再就是过年送点礼物”。

在经济较发达和发达的地区,情况就有很大不同。在经济较发达的

---

①　乔晓春:《性别偏好、性别选择与出生性别比》,《中国人口科学》2004 年第 1 期。

②　黄镇云:《家庭因素对出生性别比失衡的影响——微观人口经济学视角的分析》,《南京人口管理干部学院学报》2006 年第 3 期。

苏南浙北一带,农村居民自己缴纳社会养老保险和参加商业性养老保险,他们需要从孩子身上得到的,仅是精神慰藉和照顾需求,不是养老的经济支持。然而在经济非常发达的广东一带,出生性别比也非常高 130. 30(根据 2000 年人口普查数据)。这一代民营企业非常发达,想生男孩也主要是基于家庭产业的继承需求,这种对生男孩的需求也是一种刚性需求,是女孩不能代替的。对比以上三个经济发展程度不同的区域:首先,经济欠发达地区生育儿子的主要效用依然是传统的养儿防老、传宗接代;其次,经济较发达地区生育孩子的主要目的是精神需求,儿子效用具有可替代性;最后,民营经济非常发达的广东一带,生育儿子的主要目的是继承家业,儿子是刚性需求,其效用同样具有不可替代性。相对而言,第二种状况中,人们对生男生女趋向于平和心态,而第三种情况是刚性需求,人们对生育男孩有强烈的愿望。

三、生育性别偏好的文化因素分析

中国传统文化中强烈的男孩偏好是导致高出生性别比的根本原因,急剧的社会经济变革和有效的计划生育政策所导致的低生育率也起到了加剧的作用。国家生育调控政策导致夫妇在生育孩子数量和性别选择上的冲突,本质上是制度文化与传统生育文化的冲突。传统生育文化的力量是顽强和巨大的,并带有一定的继承性和历史滞后性。

(一)宏观层面

第一,从就业角度看,传统的"男主外女主内"的社会分工模式未变,农村社会生产力水平低下,家庭是基本的生产和生活单位,发展生产主要依靠增加劳动力投入。由于生理性别差异而自发或自然形成的社会分工,使生产劳动主要落在男性身上,男性承担着生产的职能;女性承担生育和家务劳动,被限制在家庭生活的圈子里。家庭只有依靠男性劳动力的投入,才能增加经济收入和生活保障系数,男性劳动力越多,越能扩大生产增加经济收入,而女性只能充当男性的依附品。社会经济的发展,传统的社会分工模式被打破,女性的经济、政治和文化参与状况明显改善,女性在社会和家庭中的地位从根本上得到了提高,但目前女性在就业上仍存在很多问题。妇女的就业结构不合理,下岗失业妇女再就业难,招聘中的就业性别歧视,女大学生就业难的现象非常突出。此外,损害女职工劳动权益的现象时有发生。形成以上问题的主要原因在于,受传统社会性别意识的影响,一些单位片面夸大女性的负面效应,认为招女性就业"成本"高"收益"少,因而对女性就业设置各种障碍,政府的性别平等仅停留在口号层面上,实际监管不力,最终使妇女失去平等竞争的机会。女性职业发展中所受限制较多,使人们不得不为孩子的未来和自己将来养老问题考虑。如果生个男孩,不仅将来孩子就业容易一些,父母的生活也会指望高一些。

第二,从家庭婚姻制度看,社会实行家族式婚姻制度,婚姻目的是为了传宗接代。家庭以父系为世系,以男性为中心,以男性祖先为宗,延续男性姓氏。女儿出嫁则成为夫家的人,随夫居。"嫁出去的女儿,泼出去的水",没有男孩,女孩再多,也是"孤老"。这种父系家族制决定了只有儿子才能传宗接代,承继祖业,女性被排除在外。从亲属体系讲,父系亲属是"近亲",母系亲属则是"远亲"。在家庭生活中,社会认为妻子就应该操持家务、照料孩子,大多数女性也认为只有这样才能成为一个好主妇,才能拥有美满的家庭。社会上还流行这样一种观点,把婚姻视为女性成功的主要途径,认为"干得好不如嫁得好",不是鼓励女性自我发展,而是从婚姻中寻找出路,获得成功。因此,生儿子,传宗接代和家族的人丁兴旺便是妇女生育的终极目的。

第三,从家庭养老模式看,传统社会的家庭世系只按男性计算,儿子有赡养老人的责任和义务;女儿不算家里人,出嫁后就成为婆家人,不需要承担赡养老人的义务。养老的唯男性化,要求人们把多生儿子作为重要目标。因为多生儿子一方面可以增加养老的保险系数,假如有一两个儿子不孝或早逝,还有其他儿子可以依靠,总不至于"绝户"或无人赡养;另一方面,儿子越多提供的养老资源就越多,老年人的生活保障越大,而且每个儿子的负担相对较轻。

第四,从教育角度来看,受传统社会性别意识的影响,形成了一种畸形的"女子无才便是德"的观念。由于只有男孩才能传宗接代、继承祖业,家庭和家族以男孩为荣。因此,人们注重男孩的教育,而女孩被剥夺了受教育的机会,导致传统女性的文化素质较低,女性文化的落后更加强了她们在传统社会中的弱势地位。在家庭教育中,人们对女性的期待依然停留在"贤妻良母"的水平,她们从小接受的是传统女性价值观的教育,习得的是传统的道德规范,这些教育内容逐渐内化成她们的思维模式和行为方式。这些家庭道德规范在男女两性的地位上片面要求女性对男性的"从"、"贞",制约和束缚了女性的发展。在现实生活中,女性并没有享受到充分的受教育权,女性的受教育水平普遍低于男性。农村女童的入学率低、失学率高。在家庭资源有限的条件下,多数人会作出"保男弃女"的选择,从而出现了受教育机会上男女明显的不平等,最终导致了男女在发展机会上的不平等。

(二)微观层面

从本次蕲春调查所得的资料分析,村里大部分人都觉得没有生男孩的妇女会受到婆婆、妯娌及邻居的欺辱和嘲笑。其中受公婆、邻里歧视的比例最大,其次是丈夫。没有男孩也会受到来自家人的压力,农村女性出嫁后基本都是从夫居,在中国目前这样一个男性占主导地位的社会中,虽然社会经济发展较快,妇女的社会地位和受教育程度有所提高,人们对其子女的期望数量也相对减少,但对男孩的偏好却依然如故,未有大的改观。这些环境和家庭带给她们的心理压力,迫使妇女不惜一切代价,大有不生男孩绝不罢休之势。

(三)弱化性别偏好的几点建议

具有几千年悠久历史的中国,传统文化的影响使人们在思维意识的深处已经刻上了强烈的性别偏好烙印,并慢慢地发展成为一种具有强大生命力和文化特征的心理习惯和社会习俗,这种文化习俗滞后于社会变迁和经济发展。要改变它,仅靠新生育文化的短期努力是难以奏效,应该采取"综合治理"的办法,从社会、经济及政策等多方面共同制定长期措施,并坚持不懈地加以实施,才有可能逐渐弱化农民的性别偏好。具体地说,应从以下几方面同时入手。

1. 深入持久地宣传新型生育文化。传统生育文化根深蒂固,不会自动"退出"历史舞台。以新生育文化去逐步替代那些经济手段和政策措施,是一场长期的任务。国家人口计生委在全国范围内开展的"婚育新风进万家"和"关爱女孩"活动,是传播新型生育文化的良好载体,要借此机会大力宣扬科学、文明、进步的婚育观念,宣传男女平等、生男生女一样好、女儿也是传后人、计划生育丈夫有责等新型生育文化,使青年人的新型生育文化观念得到强化。

2. 落实农村计划生育户养老保障和奖励。如果社会的发展不能改变农民的现实生活,则更新其生育观念的愿望就只能是一厢情愿。因此,在开展宣传教育工作的同时,应该切实解决农民的困难和疾苦。要落实农村计划生育户的养老保障和奖励措施。摸清这些农户因实行计划生育而产生的生产和生活需求,探索出实行农村计划生育户养老保障的最佳方式。政府应该投入必要资金,加大对于农村计划生育户的养老保障程度,使广大的农村计划生育群众不因实行计划生育而陷入生活困境,而因实行计划生育的家庭和个人老有所养、老有福享。

3. 大力提倡和推广招赘婚姻模式。招赘婚嫁模式能提高女孩的养老价值,淡化农村的宗族观念。因此,在农村实行婚嫁模式变革、推行招赘婚姻可降低农民的性别偏好。婚嫁模式的变革属于思想文化领域的革命,应根据不同地区的具体情况,探索出适用于本地区的特色之路。制定和执行便于上门女婿生产和生活的各项政策措施、多部门团结协作全力支持、利用各种媒体加大宣传倡导力度,以及举行男到女家集体婚礼等。

4. 提高妇女地位。加强执法力度,认真贯彻执行《人口与计划生育法》、《婚姻法》、《妇女权益保障法》等法律法规,严肃查处、打击溺弃女婴的犯罪行为,使妇女在生存权利、政治权利、受教育权利、劳动就业权利、人身权利、婚姻家庭财产权利等方面真正享有与男子平等的权利,还要不断地解决妇女在政治、经济、文化、社会、婚姻家庭等方面遇到的新老问题。

第四节　关爱女孩行动分析
——山西省及江苏东海县调查

为了保护妇女儿童合法权益,消除性别歧视,倡导男女平等,促进出生人口性别比趋向正常,2003年国家人口计生委在11个省(区)的11个县(市)启动"关爱女孩行动"试点工作,2004年8月在福建安溪县召开的全国"关爱女孩行动"试点工作经验交流会,全国24个出生人口性别比高于110的省(区、市)都以不同形式成立了"关爱女孩行动"领导小组,全国约有1/3的县(市)都不同程度地开展了试点工作。2005年国务院办公厅下发了《关于转发人口计生委等部门关于广泛开展关爱女孩行动综合治理出生人口性别比偏高问题行动计划的通知》,2006 年以后全国"关爱女孩行动"进入了一个全面推广的新阶段。"关爱女孩行动"近期的工作目标是,经过 3—5 年的努力,在全国形成"关爱女孩行动"的浓厚氛围,通过综合治理,遏制出生人口性别比升高的势头。远期工作目标是,经过 5—10 年的努力,在全国普遍建立起有利于女孩及计划生育女儿户的利益导向机制,群众生育观念得到较大转变,出生人口性别比趋于自然平衡。① 试点工作开展后,得到了全国各省市的高度响应。

　　"关爱女孩行动"在全国各地已经迅速展开,虽然各实验地均称取得较大的成效,但是就全国范围来看,治理的效果似乎并不理想。2000 年全国的出生人口性别比为 119.9,2004 年、2006 年、2010 年国家统计局调查结果显示,我国出生人口性别比分别为 121.2、119.58 和 118.1。为了解"关爱女孩行动"进展的情况,2006 年 7 月我们对江苏省东海县,2009 年 8 月对山西省进行了调查。调查的目的在于通过对试点单位情况的了解,发现目前工作中存在的问题,希望能够借助于"关爱女孩行动"的活动效果,了解出生性别比偏高的真相。

　　江苏东海县出生人口性别比从 20 世纪 80 年代开始出现逐年上升的势头,到 2000 年"五普"时高达 138。2003 年东海是全国首批"关爱女孩行动"试点县,开展"关爱女孩行动"试点工作以来,出生人口性别比逐年上升的势头得到遏制,并出现逐年下降的趋势。2003 年下降到 127,2004 年为 124,2005 年为 119,到 2006 年出生人口性别比已经降至 116。② 这说明"关爱女孩行动"在治理出生人口性别比方面已经初见成效,但出生人口性别比依然偏高。

一、"关爱女孩行动"活动基本内容

　　"关爱女孩行动"的活动内容如下:(1)开展基线调查,制定行动方案;(2)坚持宣传先行,强化群众的男女平等意识;(3)建立利益导向机

---

① 赵炳礼:《加强领导明确任务求真务实扎实推进"关爱女孩行动"试点工作》,《人口与计划生育》2004 年第 10 期。

② 姜铭凤、冯涛:《浅析当前"关爱女孩行动"工作——以江苏省东海县为例》,《南京人口管理干部学院学报》2008 年第 1 期。

制,落实有利于计划生育、有利于女孩及其家庭的社会经济政策和社会保障制度;(4)提供计划生育优质服务;(5)禁止非医学需要的 B 超、染色体胎儿性别鉴定及选择性引产;(6)做好性别监测工作。

"关爱女孩行动"措施包括:宣传教育、利益导向、计划生育技术服务、打击两非等违法行为、统计监测工作研究等几个方面。而 2005 年山西省确定 15 个"关爱女孩行动"试点县,主要措施是通过调查,加大宣传教育力度,建立和完善利益导向机制,实施(致富、成材、保障、安居、亲情)五大工程,加强妇女孕产期跟踪服务,开展优质服务,查处非医学需要的胎儿性别鉴定和选择性别的人工流引产,做好出生婴儿性别监测工作。

二、存在问题分析

这些试点工作取得了一定的成绩,但在调查中发现了一些问题。

(一)缺乏个性化的治理模式

不管是在管理理念上,还是在具体模式的运行上及治理方法等方面,各地区都存在着高度一致性,按照上级机关指示,而很少能按照本地实际情况和本地风俗习惯进行适当地调整。

(二)缺乏长远的治理理念

将控制出生性别比与政绩挂钩的情况下,一些干部只重视任期内效果,对转变现存制度上的男女不平等,以及重男轻女风俗习惯等工作兴趣不大。一些干部沿用计划生育传统宣传教育方法,注重宣传效果形式而不注意其效果,对"关爱女孩行动"各项措施的评估和考量缺失,不注意实际出生性别比具体情况。在试点地区经济投入过多,对出生性别比指标针对性过强,似乎只要出生性别比指标正常了就万事大吉。实际上,出生性别比的治理与出生人口数量控制是两回事,后者是外在的、其重要性也人人皆知;前者是内在的,不显山不露水,但涉及人的深层次思想和观念。领导未能充分认识到男女性别平等是个长期的阶段,性别平等制度建设不是空洞的口号,性别平等制度构建之难是难在人们的思想和观念上①。

(三)机构设置难以综合治理出生性别比

现有的各级人口计生委机构设置和人员配备十分有限,而"出生性

---

① 高莉娟:《多角度拓宽"关爱女孩行"》,《中华女子学院学报》2005 年第 1 期。

别比治理"工作不仅是计划生育宣传教育,而且涉及脱贫、教学、妇女权益、社会保障、医药管理等。计划生育工作者担负着先进生育文化观念的宣传、育龄群众的服务管理、利益导向的实施、打击"两非"等多项工作职能,还要应对各种各样的检查和评比。治理出生性别比偏高及促进社会性别平等是一项专业性较强的工作,需要具有敏锐的社会性别意识工作视角。人口计生委机构设置难以完成治理出生性别比偏高及促进社会性别平等的综合任务,治理性别比偏高及促进社会性别平等的工作面广量大,必须在政府所有部门共同努力、共同推进下才能做好。

(四)社会支持力度不足

一些试点地区的相关政府部门对治理出生性别比偏高的重要性认识不足,片面地认为治理性别比偏高工作是计划生育部门的事情,因而实际支持力度不够、资金短缺。对独女户、双女户及计划生育户利益导向资金缺乏支持,而利益导向资金不到位,势必影响"行动"的效果,从而使治理工作的实际效果大打折扣。

第五节　小　结

本章首先回顾了经济学"成本—效用"模式、人类学"文化—实践"模式、社会学"结构—行为"模式、心理学"压力—从众"模式和政治学"博弈—妥协"模式对于出生性别比的解释,这些模式都能部分解释我国出生性别比偏高原因,又不能完全解释其本质。为此,我们进行了系列调查。

人口学专家德尔菲调查表明:(1)我国出生人口漏报大致为3%—40%,平均为16%—18%。(2)如果采用"社保换生育",有一定作用,但影响有限。出生性别比可能由目前的120基础上,下降3—12个点,平均下降8个点,即回到110—115性别比偏高的范围。(3)如果将影响出生性别比的因素分为三类:可以研究的社会经济文化、难以研究的政策因素和无法研究的思想意识因素,其重要性分别为38%、36%和26%。(4)在影响出生性别比的社会经济文化因素中,传统文化对出生性别比影响最大,生育政策影响次之,经济发展状态和妇女社会状态影响也不小。(5)具体而言,影响出生性别比最大的是社会养老保险覆盖面、生育政策和妇女受教育年数;其次为城市化程度、就业率的性别差异和农业人口比重。

2008年8月江苏省睢宁县及江苏南、苏中和苏北问卷和访谈调查表明:(1)江苏农村各乡镇B超数量多分布广,B超管理难度大。(2)对女性的歧视以及生育政策和生育意愿之间的差距是出生性别比偏高的根源。(3)在家庭内部,公公、婆婆希望子女数最多、希望生育男孩的心情最迫切;其次是女方父母、期望性别比高;而小夫妻希望子女数、期望性别比较低。但是现在生育压力,更多地来之于同龄人——同伴、同学、同事等。(4)调查表明,有儿子者喜男、有女儿者喜女;苏南苏中喜女、苏北喜男;文化程度高的喜女,文化程度低的喜男;从事家务、农林牧渔和下岗失业的妇女喜男,而从事从事管理技术、私营个体商业、企业工作的妇女则喜女。(5)户口漏报情况分析,一孩男孩漏报严重,二孩女孩漏报严重;但二孩漏报率明显高于第一孩。总体而言,没有证据认为女孩漏报率一定高于男孩。(6)生育一孩前希望生育男孩人中,有59.4%生育了男孩,希望生育女孩的人中,53.1%达到了目的;二孩生育更是如此,希望生育男孩、女孩中,78.8%、55%分别生育了男孩、女孩。这间接透视出民间B超、非传统技术和人工流引产技术的普及率高。

2009年4月湖北蕲春县三个镇的调查表明:(1)基层出生补报十分频繁,出生补报人数大致占当年出生的23%,二孩及以上补报孩子占补报人数的70%,补报人口中计划外出生的人数占59%。补报以后的出生率比补报前高6%—39%。(2)生育性别偏好存在是因为农民认为生育不同性别的孩子具有不同的价值,而这些价值能够满足他们不同层次的需求。愿意"生男孩"的主要原因是养老有依靠、增加劳动力和传宗接代,愿意生女孩的主要原因是孝顺、老有依靠等。

江苏省东海县和山西省"关爱女孩行动"调查分析表明:(1)开展"关爱女孩行动"试点工作以来,试点县市出生人口性别比逐年上升的势头得到有限遏制,并出现下降的趋势。但"按下葫芦浮起瓢",非试点地区出生人口性别比依然很高。(2)缺乏个性化地区性的出生性别比治理模式,社会支持力度不足,计划生育机构设置难以综合治理出生性别比问题,以及缺乏治理出生性别比的长远理念。

第十一章　影响出生性别比的社会经济因素综合分析

　　前文第六、七、八和九章分别讨论了传统文化、妇女社会地位、生育水平生育政策和经济发展因素对出生人口性别比的影响。但是,出生性别比是个复杂的问题,各影响因素本身是相互联系的,你中有我、我中有你;各变量也难以说清楚到底属于文化因素还是经济发展因素,或者属于妇女社会地位因素还是属于经济发展因素。社会经济文化现象是个整体,对出生性别比影响是综合的。因此,本章将讨论社会经济文化整体环境对出生性别比的影响,具体将探讨社会经济文化环境综合变量对全国及各行政大区出生性别比的影响路径和影响强度。

第一节　对全国县级0—4岁性别比影响因素的综合分析

　　为进行深入的分析和探讨,本节选择因变量是,2000年11月我国2869个县市区0—4岁人口性别比。目的是从不同角度深入分析、探索影响我国各县市区0—4岁人口性别比偏高的原因。

一、影响0—4岁人口性别比自变量的选择

　　第六章传统文化影响因素中曾讨论的自变量有4个[①],分别为:

---

　　① 由于我们研究2000年出生性别比,所以采用的变量是2000年前后的自变量——社会经济文化变量,而非最新的2009年社会经济文化变量,下文同。

（1）家庭户平均规模。（2）大家庭（三代以上户）的人口比例。（3）非农业户口人口比重。（4）一代家庭户比例等。在第七章妇女社会地位影响因素中，选择的自变量有6个，分别为：（1）2000年各地区非义务教育阶段男女性别差。（2）女性具有高中及其以上文化程度的人口比率。（3）平均受教育年限。（4）高中文化程度人口性别比。（5）妇女离婚率。（6）妇女再婚率等。在第九章经济发展因素中，选择的自变量有6个，分别为：（1）2000年各地区非农户口的人口比例。（2）人均GDP。（3）人均城乡居民储蓄存款余额。（4）人均第三产业产值。（5）第一、三产业GDP占总GDP的比例。（6）第一、二、三产业从业人员比例等。如何选择合适变量进入方程，从统计学上，我们考虑到资料的稳定性、可获得程度、计算的便捷程度和各因子的相互独立性等；从社会学角度来讲，要求社会学原理上能够讲得通，对出生性别比确实有影响的变量。经过反复权衡和筛选，在传统文化、妇女社会地位、经济发展3个维度（因素）中，各选择2个变量作为二级代表性指标。在传统文化因素中，选择各县市区的家庭户平均规模（人口多）和大家庭（三代以上户）人口比例；在妇女社会地位因素中，选择具有高中文化（非义务教育阶段）程度的性别比和妇女离婚率；在经济发展因素中，选择各地区三产从业人员比例和非农户口的人口比例。这些变量对于因变量的贡献是不一致的。

相关分析表明（表12—1），在所选择的6个因素中，2868个县市区0—4岁人口性别比相关系数的显著性水平都在0.001以下。与因变量相关最密切的自变量依次是，女性离婚率（-0.393）和具有高中文化程度的人口性别比（0.379），其次是非农业人口比例（-0.243）和各地区三产从业人员比例（-0.217），再次是家庭户平均规模（0.157）和三代及其以上户的人口比例（0.107）。这说明2000年我国0—4岁人口性别比偏高，大多发生在家庭户规模大、三代户比例高、第三产业人口比重低、非农人口（城市化程度）比例低、具有高中文化程度的女性比例低（性别比高）、妇女离婚率低的地区；反之，则将出现0—4岁人口性别比正常或偏低的情况。然而，对于各自变量能起多大作用，除了观察其对因变量的贡献，还应该注意自变量在回归方程中的相互作用情况。

表 12—1　全国 2868 个县市区 0—4 岁人口性别比与
相关社会经济文化变量的相关系数

	三产人口比重	非农人口比重	三代+人口比例	家庭户规模	妇女离婚率	高中性别比
0—4 岁性别比	−0.217	−0.243	0.107	0.157	−0.393	0.379
三产人口比重	1.000	0.890	−0.477	−0.550	0.349	−0.528
非农人口比重	0.890	1.000	−0.489	−0.577	0.366	−0.558
三代+人口比例	−0.477	−0.489	1.000	0.665	−0.066	0.387
家庭户规模	−0.550	−0.577	0.665	1.000	0.113	0.484
女性离婚率	0.349	0.366	−0.066	0.113	1.000	−0.237
高中性别比	−0.528	−0.558	0.387	0.484	−0.237	1.000

在前文第七章总结中曾提及妇女离婚率,但没料到该因素竟是影响出生性别比的最重要因素之一。为此,这里进行了如下深入分析。

妇女离婚率具体是指女性离婚人数占本地区 15 岁以上女性总人口的比例。离婚数据比较真实,因为离婚涉及再婚和财产分配等,当事人没有隐瞒的必要。当然,离婚率也有欠准确的方面,某些特殊政策如以户为单位的住房分配政策、土地补偿政策、税收政策等也会引起离婚率的波动,但其对于长时间大范围地区而言影响很小,离婚率同时受妇女年龄和婚姻构成的影响。

其实,妇女离婚率不仅代表妇女婚姻自主,而且代表着妇女经济独立程度和妇女社会地位的综合度量。妇女离婚率高则高中人口性别比低,高中学生中女性比例高(表 12—1)。而且,离婚率与经济发展水平有关。三产人口比重大、非农人口比重大的地区妇女离婚率高;从微观而言,经济发展水平越高、妇女经济自理能力越强,女性离婚率越高。离婚率还与传统文化有关。传统社会要求妇女"从一而终",敢于离婚本身就是妇女和传统社会的决裂。数据分析表明,传统家庭中(三代及以上)大家庭人口比例高则离婚率低。综上所述,容易发现,离婚率越高则出生性别比越低。

二、回归分析结果

我们采用复回归对自变量进行分析,分析的原则是与因变量关系好、同时自变量相互独立性好的变量为优选。通过计算机软件 SPSS 计算，对我国 2868 个县市区 0—4 岁人口性别比影响较大的 6 个变量按其重要性分别为：妇女离婚率、具有高中文化人口性别比（社会妇女地位），家庭户规模、大家庭（三代及以上）人口比例（文化变量），第三产业人口比重、非农户人口比例（经济变量）。即妇女社会地位是影响人口性别比的直接变量，其次是传统文化变量，经济变量是潜在的。这 6 个变量的综合复相关系数为 0.512。

表 12—2　全国 2868 个县市区 0—4 岁人口性别比与自变量的回归系数

		回归系数	标准误	标准回归系数	t	Sig.
	常数	91.01	2.241		40.62	0
社会	妇女离婚率	−5.205	0.248	−0.410	−20.982	0
	高中性别比	0.068	0.005	0.305	15.076	0
文化	家庭户规模	5.489	0.675	0.215	8.128	0
	三代+户人口比例	−0.195	0.042	−0.102	−4.659	0
经济	第三产业人口比重	0.087	0.03	0.102	2.856	0.004
	非农户人口比重	0.033	0.021	0.061	1.625	0.104

于是可以建立如下回归方程：

$$Y_{全国0—4岁性别比} = 91.01 - 5.205 \times X_{妇女离婚率} + 0.068 \times X_{高中性别比} + 5.489 \times X_{家庭户规模} - 0.195 \times X_{三代户比例} + 0.087 \times X_{第三产业人口比重} + 0.033 \times X_{非农户人口比重}（复相关系数 R 为 0.512）$$

如果将以上回归公式，对全国 2868 个县市区的相应数据进行回代模拟拟合，并且将计算结果（0—4 岁人口性别比）分为正常（106.9 以下）、偏高（107—119.9）和特高（≥120）三组。计算表明，模拟预测正常的有 217 个县市区，准确率为 59%；偏高的 1788 个样本，准确性为 54%；而模拟预测 0—4 岁人口性别比特高的有 863 个县市区，准确率为 63%。全国有 1659 个县市区在三级预测完全准确，准确率为 57.8%（表 12—3）。模拟预测效果明显。

表12—3　2000年全国2868个县市区实际与预测0—4岁人口性别比情况

		模拟预测			
		106.9以下	107.0—119.9	120以上	合计
实测	106.9以下	127（58.5%）	510（28.5%）	58（6.7%）	695
	107.0—119.9	88（40.6%）	969（54.2%）	266（30.8%）	1323
	120以上	2（0.9%）	309（17.3%）	539（62.5%）	850
	合计	217	1788	863	2868

第二节　各地区0—4岁人口性别比影响因素的综合分析

我国地大物博,地区大、民族多、社会经济情况相差很大,为了有针对性地深入研究,寻找影响人口性别比的相关因素,必须进行分类研究,分类则必须要有坚实的分类指标,我们考虑按地区分类,本身就考虑了不同的地理、环境、经济、政策等不同地域情况下的出生人口性别比。比较常用的分类方法有按照六大行政区分类和按照八大经济区分类,哪一种分区方法最为有效? 这里以0—4岁人口性别比为例,用方差分析的方法,计算总方差、组内、组间方差,然后计算平均组内方差、平均组间方差和F计算值。分析表明(表12—4),虽然八大经济区分区比较细,与经济、社会、文化结合更紧密一些,似乎六大行政区分类更科学、更可取一些。因此,在本章讨论中,以分析六大行政区域为主。研究表明[1],行政区一旦形成,它的边界对社会和经济生活有重大影响,是文化区划的重要依据。尤其我国长期中央集权体制,政府驻地是行政权力中心、文化信息中心、客货流通中心,各级行政区都是强大的经济实体。行政区经济联系的内向性加强了文化上的统一性。在语言、建筑、民俗方面,都有行政区的烙印。例如,江西省婺源县从唐朝中叶以来归属徽州,1949年才划入江西。一千多年的北向联系,促成婺源与徽州文化的统一性,民风民俗、语言戏

---

[1]　胡兆量、阿尔斯朗、琼达:《中国文化地理概述》,北京大学出版社2006年版,第20页。

曲,建筑格局都酷似徽州。再如,陕西汉中在元代以前归属四川,文化上至今与四川有不少共性。胡兆量等人在研究中国文化分区时,也是按照行政上,考虑华北文化区、东北文化区、华东文化区、华中文化区、华南文化区、西北文化区和西南文化区。于是,本章分地区对2000年0—4岁人口性别比分组情况进行深入研究。表12—5给出了全国6大行政区的多个社会经济人口指标。由表可见,各地区的社会经济差异较大,包括长江三角洲在内的华东地区,包括环渤海湾在内的华北地区,包括珠江三角洲在内的中南地区,以及东北三省是我国的社会经济较发达地区。

表12—4　0—4岁人口性别比按经济、行政区域分组之比较

	8 大经济区	6 大行政区
总方差	543999.41	543999.4
组间方差,SSA	93264.13	100957.4
组内方差,SSE	450735.28	443042
平均组间离差,MSA	13323.45	20191.5
平均组内离差,MSE	157.54	154.75
F 值	84.57	130.48
分组数	8	6
F 临界值	2.64	3.02

表12—5　21世纪初我国六大行政区域的社会经济人口指标之一

	华北	东北	华东	中南	西南	西北	全国
省区直辖市	京津冀晋蒙	辽吉黑	沪苏浙皖闽赣鲁	豫鄂湘粤桂海	渝川贵云藏	陕甘青宁新	31 省区直辖市
人均 GDP,2000	11825	8878	12951	7062	4360	5157	8592.5
农民人均纯收入	2910	2176	3343	2359	1596	1541	2397
自然增长率,‰	4.22	4.03	4.59	7.20	9.20	10.06	6.61
出生人口性别比	112.2	111.4	116.7	125.1	111.2	113.9	116.9

省区直辖市	华北 京津 冀晋蒙	东北 辽吉黑	华东 沪苏浙 皖闽赣鲁	中南 豫鄂湘 粤桂海	西南 渝川 贵云藏	西北 陕甘 青宁新	全国 31省区 直辖市
人口密度,人	426	170	715	337	173	71	351
成人文盲率,%	5.8	4.8	7.1	5.4	14.5	11.7	8.3
民族人口,%	6.5	10.1	0.8	12.2	35.3	29.9	15.1
耕地面积,2003	17486	18110	20422	20079	12067	12629	100794
土地面积,2003	155.57	78.94	79.51	101.66	228.36	310.86	954.90
万人数,2003	14930	10729	37074	35954	20346	9341	128374
GDP,亿元,2003	17816	12955	52578	34121	11713	6356	135539
耕地面积,%	17.3	18.0	20.3	19.9	12.0	12.5	100.0
土地面积,%	16.3	8.3	8.3	10.6	23.9	32.6	100.0
人口数,%	11.6	8.4	28.9	28.0	15.8	7.3	100.0
GDP,%	13.1	9.6	38.8	25.2	8.6	4.7	100.0

注:2003年耕地面积单位为千公顷,土地面积单位为万平方公里,人口数单位为万元,GDP单位为亿元。

　　2000年全国及6大行政区0—4岁人口性别比异常(>107)的县市区相对数和绝对数分析表明(表12—6),全国出生性别比正常的县市区仅占1/4左右,出生性别比正常的区、县、市分别占全部区县市的21.3%、26.7%和23.5%。这说明,2000年从全国而言,城镇和城市的出生人口性别比失调同样地严重。特别在中南地区,出生性别比偏高的区、县、市分别占全部区县市的95%、92%和94%,在华东地区出生性别比偏高的区、县、市分别占83%、91%和76%。分析表明,在华东、东北和华北0—4岁性别比偏高的主要在农村的县;在中南、西南、西北地区0—4岁性别比偏高不是出现在农村的县,而是在城市的区;这就是我国出生性别比的地区性分布差异。

表 12—6 全国及六大行政区 0—4 岁人口性别比异常
（>107）的县市区相对数量和绝对数量

	全国合计	绝对数量（个）				相对数量（%）			
		区	县	市	Total	区	县	市	Total
合计	2868	624	1231	303	2158	78.7	73.3	76.5	75.2
华北	429	57	199	34	290	57.0	71.3	68.0	67.6
东北	294	109	71	37	217	74.7	75.5	68.5	73.8
华东	645	185	278	88	551	83.3	90.6	75.9	85.4
中南	636	190	303	101	594	95.0	92.1	94.4	93.4
西南	506	43	216	21	280	59.7	54.3	58.3	55.3
西北	358	40	164	22	226	75.5	60.3	66.7	63.1

　　而从 2000 年全国各大区 0—4 岁人口性别比分布角度而言，中南地区是我国重灾区，0—4 岁人口性别比最高、性别比在 120 以上的县市比例最高（57%），而正常性别比的县市比例最低（7%）；其次是华东地区，性别比在 120 以上的县市比例高（35%）；再次是西北地区，性别比在 120 以上的县市比例为 27%，0—4 岁人口性别比差异大。而在我国东北、华北、西南地区 0—4 岁人口性别比失调程度比较轻（表 12—7）。考虑到各大区性别比失调原因不一，下面我们逐个分析各大区人口性别比失调的原因。

表 12—7 我国六大行政区域的 0—4 岁人口性别比指标（县市数，比例%）

	107 以下	107—119	120 以上	Total	算术平均	标准差
全国	695,24%	1323,46%	851,30%	2869	116.6	13.77
华北	136,32%	232,54%	391,14%	429	111.9	8.44
东北	75,26%	204,69%	15,5%	294	109.8	5.23
华东	90,14%	329,51%	226,35%	645	119.2	14.15
中南	42,7%	234,37%	360,57%	636	126.0	15.88
西南	226,45%	190,38%	91,18%	507	111.0	10.17
西北	126,35%	134,37%	98,27%	358	114.6	13.26

一、华北地区

华北地区含京津冀晋蒙 2 省 1 区 2 直辖市,下辖包括 44 个县级市、111 个市辖区在内的 429 个县级单位,该地区不仅含有我国的政治文化中心,而且是我国环渤海经济发展区域的中心(京津唐)。该地区有全国最大的煤炭开采和深加工基地、天然气和水能开发基地、钢铁和有色金属工业基地、奶业基地。2000 年人口密度每平方公里 426 人,仅次于华东地区;而同年人均 GDP、农民人均纯收入 11825 元、2910 元,总体经济发达程度也仅次于华东地区。2003 年华北地区耕地面积 17487 千公顷,占全国的 17.3%;土地面积 155.6 万平方公里,占全国的 16.3%;人口 14930 万人,占全国的 11.6%,流入人口多;地区国内生产总值(GDP)为 17816 亿元,占全国的 13.1%。

华北地区 429 个县市区中有 290 个 0—4 岁人口性别比高于 107,人口性别比与该地社会经济变量回归分析表明(表 12—8),华北地区影响出生性别比偏高的主要因素是:具有高中文化程度人口性别比,家庭户规模,非农户口的人口比重和大家庭比例等。而本地区妇女离婚率和三产人口比重似乎对出生性别比影响不大,复相关系数为 0.566。

表 12—8　华北地区 429 个县市区 0—4 岁人口性别比与自变量的回归分析

		回归系数	标准误	标准回归系数	t	Sig.
社会	常数	70.631	5.417		13.040	.000
	高中性别比	.102	.015	.392	6.594	.000
	妇女离婚率	-.396	1.526	-.022	-.260	.795
文化	家庭户规模	5.932	1.617	.287	3.669	.000
	三代+户人口比例	.227	.083	.173	2.747	.006
经济	非农人口比重	.048	.035	.151	1.402	.162
	第三产业人口比重	.035	.048	.070	.721	.472

$$Y_{华北0—4岁性别比} = 70.631 - 0.396 \times X_{妇女离婚率} + 0.102 \times X_{高中性别比} + 5.932 \times X_{家庭户规模} + 0.227 \times X_{三代户比例} + 0.035 \times X_{第三产业人口比重} + 0.048 \times X_{非农户人口比重}$$（复相关系数 R 为 0.566）

　　该方程模拟预测结果分析表明(表12—9),该地区428个县市区模拟结果为正常(107以下)、偏高(107—119)和特高(120以上)三种情况,模拟完全准确的分别占61%、60%和72%。综合而言,有259个样本3级模拟预测完全准确,占地区样本量的61%,模拟预测效果好。因此,对于华北地区而言,应该提高妇女受教育程度,提高城市化水平,发展第三产业,适当调整生育政策以适当增加生育率,缩小家庭规模,同时注重流入人口的新生育观念的教育。

表12—9　华北地区各县市区实际与预测的0—4岁人口性别比

		预测			
		106.9以下	107.0—119.9	120以上	合计
实测	106.9以下	42(60.9%)	92(27.5%)	1(4.0%)	135
	107.0—119.9	27(39.1%)	199(59.6%)	6(24.0%)	232
	120以上	0(0.0%)	43(12.9%)	18(72.0%)	61
	合计	69	334	25	428

二、东北地区

　　东北地区含辽吉黑三省,下辖包括56个县级市、139个市辖区在内的294个县市区。东北地区是我国传统的钢铁、煤炭重工业产业基地。人口少耕地多,自然资源和矿产资源丰富。全区耕地面积为18110千公顷,占全国耕地面积的18%;国土面积为78.9万平方公里,占全国的8.3%,仅次于黄河中游区域,为全国次大。而2003年年末人口总数为10729万人,占全国8.4%,数量仅多于西北。2003年地区GDP为12955亿元,占全国9.6%。2000年东北地区人均GDP为8878元、农民人均纯收入2176元。东北地区人口自然增长率为全国最低,4.03‰;流出人口多,人口密度每平方公里170人,仅高于西北地区。成人文盲率为全国最低,4.8%。

　　东北地区0—4岁人口性别比与社会经济变量回归分析表明(表12—10),影响东北地区出生人口性别比的主要因素是:本地区具有三代以上户的人口比例、高中文化程度人口性别比、三产人口比重,而本地区妇女离婚率,非农户口的人口比重、家庭户平均规模似乎对出生性别比影响不大。方程复相关系数为 R=0.413。

表 12—10　东北地区 429 个县市区 0—4 岁人口性别比与自变量的回归分析

		回归系数	标准误	标准回归系数	t	Sig.
	常数	88.475	9.436		9.376	0.000
文化	三代+户人口比例	.345	.137	.251	2.514	.012
	家庭户规模	2.283	3.045	.100	.750	.454
社会	高中性别比	.059	.027	.222	2.213	.028
	妇女离婚率	-.150	.675	-.023	-.222	.825
经济	第三产业人口比重	.062	.033	.195	1.872	.062
	非农户人口比重	-.003	.026	-.019	-.134	.893

$$Y_{东北0—4岁性别比} = 88.475 - 0.150 \times X_{妇女离婚率} + 0.059 \times X_{高中性别比} + 2.283 \times X_{家庭户规模} + 0.345 \times X_{三代户比例} + 0.062 \times X_{第三产业人口比重} - 0.003 \times X_{非农户人口比重}$$（复相关系数为 0.413）

该方程模拟预测结果分析表明,该地区 294 个县市区中,有 75 个属于正常(107 以下),204 个为偏高(107—119),特高的有 15 个。将自变量代入以上方程后,正常和偏高的县市区分别为 8 个、189 个,正常和偏高模拟准确率分别为 35%、70%,3 级指标总体模拟准确的县市区为 197 个,占本地区 67%。因此,对于东北地区而言,应该调整产业结构,发展第三产业、提高妇女受教育水平和妇女社会经济地位,促进妇女生育观念的转变,促进人口合理流动和迁移。

三、华东地区

华东地区含沪苏浙皖闽赣鲁 6 省 1 市,下辖包括 109 个县级市、240 个市辖区在内的 645 个县市区。华东地区包括了长江三角洲、闽江三角洲,是我国经济最发达、人口密度最大的地区,每平方公里为 715 人,2000 年人均 GDP 为 12951 元,农民人均纯收入为 3343 元,均为全国 6 大区之首,人口自然增长率最低为 1.61‰,少数民族人口最少,不足当地人口的 1%。该地区生活富裕,2003 年 29%(3.7 亿)的华东人民利用 8.3%(不足 80 万平方公里)的土地、20.3%(20422 千公顷)的耕地,创造了全国

38.8%（52577 亿元）的 GDP。

华东地区 645 个县市区的 0—4 岁人口性别比与社会经济变量回归分析（表 12—11）表明，影响该地区 0—4 岁人口性别比的主要因素是：家庭户平均规模、三代以上户的人口比例、本地区具有高中文化程度人口的性别比、三产人口比重，而本地区妇女离婚率、非农户口的人口比重对 0—4 岁人口性别比影响不大。方程复相关系数为 R＝0.662。

表 12—11　华东地区各县市区 0—4 岁人口性别比与自变量的回归分析

		回归系数	标准误	标准回归系数	t	Sig.
	常数	34.062	4.907		6.942	.000
文化	家庭户规模	27.331	1.807	.790	15.126	.000
	三代+户人口比例	−.748	.087	−.352	−8.641	.000
社会	高中性别比	.030	.010	.131	2.881	.004
	妇女离婚率	−1.922	1.879	−.070	−1.023	.307
经济	第三产业人口比重	.109	.061	.122	1.805	.072
	非农户人口比重	.023	.042	.039	.546	.585

$$Y_{华东0—4岁性别比} = 34.062 + 27.331 \times X_{家庭户规模} - 0.748 \times X_{三代户比例} + 0.030 \times X_{高中性别比} - 1.922 \times X_{妇女离婚率} + 0.023 \times X_{非农户人口比重} + 0.109 \times X_{第三产业人口比重}（复相关系数为 0.662）$$

将自变量代入方程后，华东地区 0—4 岁人口性别比正常的（低于 107）、偏高（107—119）和特高（120 以上）共有 90、328 和 226 个县市区。预测模拟结果分析表明（表 12—12），预测正常、偏高和特高的样本分别为 20、204 和 191 个，准确率为 41%、68% 和 65%。华东地区有 415 个县市 3 级模拟预测完全准确，占华东地区总数的 64.4%，模拟预测效果好。因此，对于华东地区而言，虽然经济发展水平相对较高、资金和资源利用率高的地区，人口密度大。但是，应该适当调整生育政策以适当增加生育率，同时抓法制建设，抓流入妇女的生育管理与教育工作。

表 12—12　华东地区各县市区实际与预测的 0—4 岁人口性别比

		预测			
		106.9 以下	107.0—119.9	120 以上	合计
实测	106.9 以下	20(40.8%)	63(20.9%)	7(2.4%)	90
	107.0—119.9	29(59.2%)	204(67.5%)	95(32.4%)	328
	120 以上	0(0.0%)	35(11.6%)	191(65.2%)	226
	合计	49	302	293	644

四、中南地区

中南地区包含豫鄂湘粤桂海 5 省 1 自治区,下辖包括 97 个县级市、211 个市辖区在内的 636 个县市区。中南地区位处长江、黄河中游区域,包括珠江三角洲地区,是我国改革开放的前沿,南部对外交流的重要窗口,民营经济和私人企业最为发达。该地区是以水稻和棉花为主的农业专业化生产基地,及相关深加工工业,以钢铁和有色冶金为主的原材料基地。2003 年地区总体经济发达程度仅次于华东和华北地区,为全国第三;出生性别比全国最高,为 125;本地区人口数为 3.6 亿人,占全国的 28%,人口数量和比例仅低于华东。成人文盲率为 5.4%,仅高于东北地区,少数民族人口比例仅次于西南西北地区,为 12%;地区耕地面积占全国 20%,仅次于华东;土地面积占 11%;2003 年 GDP 总量仅次于华东地区,为 34121 亿元,占全国 25.2%。

回归分析表明(表 12—13),影响中南地区 0—4 岁人口性别比的主要因素分别是:三代以上户的人口比例、本地区妇女离婚率、本地区具有高中文化程度人口的性别比、家庭户平均规模和三产人口比重,而非农户口的人口比重似乎对 0—4 岁人口性别比影响不大,方程复相关系数为 $R = 0.557$。

表 12—13　中南地区 636 个县市区 0—4 岁人口性别比与自变量的回归分析

		回归系数	标准误	标准回归系数	t	Sig.
文化	常数	106.666	6.240		17.095	.000
	三代+户人口比例	-1.203	.129	-.428	-9.311	.000
	家庭户规模	9.241	2.020	.251	4.576	.000

		回归系数	标准误	标准回归系数	t	Sig.
社会	女性离婚率	−8.763	1.782	−.320	−4.918	.000
	高中性别比	.074	.015	.247	4.934	.000
经济	第三产业人口比重	.191	.085	.201	2.241	.025
	非农户人口比重	−.103	.068	−.153	−1.509	.132

$$Y_{中南0-4岁性别比} = 106.666 - 8.763 \times X_{妇女离婚率} + 0.074 \times X_{高中性别比} - 1.203 \times X_{三代户比例} + 9.241 \times X_{家庭户规模} + 0.191 \times X_{第三产业人口比重} - 0.103 \times X_{非农户人口比重}（复$$

相关系数为 0.557）

若将预测结果分为正常、偏高和特高三种情况,分别有 10、141、485个县市区,将自变量代入上述方程后。结果分析表明(表 12—14),中南地区 636 个县市区中,准确预测偏高(107—119)有 141 个样本,准确性为67%;而准确预测出生性别比特高(120 以上)的有 333 个县市区,准确率为 69%。本地区有 427 个模拟预测完全准确,占中南地区的 67.1%,3 级模拟预测效果相当满意。中南地区虽属于改革开放的前沿地区,但是也是传统生育观念影响较大地区。若要控制出生性别比偏高的态势,尽快更改"一孩半"生育政策,促进城市化进程,落实"关爱女孩"和社会养老保障等相关政策,发展经济,逐渐改变人们的传统生育文化和生育观念,特别是民营和私人企业主的生育观念。

表 12—14　中南地区各县市区实际与预测的 0—4 岁人口性别比

		预测			
		106.9 以下	107.0—119.9	120 以上	合计
实测	106.9 以下	0(0%)	21(14.9%)	21(4.3%)	42
	107.0—119.9	9(90.0%)	94(66.7%)	131(27.0%)	234
	120 以上	1(10.0%)	26(18.4%)	333(68.7%)	360
	合计	10	141	485	636

五、西南地区

西南地区含渝川贵云藏 4 省 1 区,交通不便,耕地面积略多于 12000

千公顷(占全国1/8),为全国6大区最低;国土面积228万平方公里,接近全国24%,仅次于西北地区。人口为2.0亿为全国15.8%,经济欠发达,2003年地区GDP为11713亿元,为全国次低(占全国8.6%);人均GDP为全国最低,仅为4360元,农民人均纯收入为1596元,在全国仅高于西北地区;人口自然增长率仅低于西北地区,出生人口性别比最低111.2,人口密度低,成人文盲率最高;少数民族人口比重也为全国最高,高达35%以上。

西南地区下辖包括37个县级市、81个市辖区的507个县市区。该地区各县市区0—4岁人口性别比与当地社会经济变量相关系数分析表明,影响本地区出生性别比的主要因素有,15—50岁妇女平均存活子女数、非义务教育性别差异、家庭户规模,少数民族人口比重等。2000年西南地区人口性别比正常、偏高、特高的分别为225、190、91个县市区。回归分析表明(表12—15),影响中南地区0—4岁人口性别比的主要因素分别是:本地区妇女离婚率、具有高中文化程度人口的性别比和三产人口比重,而非农户口的人口比重、三代以上户的人口比例、家庭户平均规模对0—4岁人口性别比影响不大,方程复相关系数为R=0.491。

表12—15　西南地区各县市区0—4岁人口性别比与自变量的回归分析

		回归系数	标准误	标准回归系数	t	Sig.
	常数	119.716	3.776		31.702	.000
社会	妇女离婚率	-2.354	.360	-.371	-6.529	.000
	高中性别比	.018	.005	.141	3.235	.001
文化	家庭户规模	-1.178	1.037	-.082	-1.135	.257
	三代+户人口比例	-.121	.069	-.086	-1.756	.080
经济	第三产业人口比重	-.144	.089	-.155	-1.614	.107
	非农户人口比重	.037	.069	.055	.543	.588

$$Y_{西南0—4岁性别比} = 119.72 - 2.354 \times X_{妇女离婚率} + 0.018 \times X_{高中性别比} - 1.178 \times X_{家庭户规模} - 0.121 \times X_{三代户比例} - 0.144 \times X_{第三产业人口比重} + 0.037 \times X_{非农户人口比重}$$(复相关系数为0.491)

将自变量代入方程后,得西南地区0—4岁人口性别比正常、偏高和特高三种情况。结果分析表明（表12—16），中南地区506个县市区中，预测偏高（107—119）的419个样本，准确性为41%；而预测人口性别比正常（107以下）的有86个县市区，准确率为80%。西南地区有241个县市区模拟预测完全准确，占西南地区样本总数的48%，模拟预测效果基本满意。

因此，对于西南地区而言，经济处于欠发达状态，人口密度低。若要稳定出生性别比态势，应该稳定民族地区的2孩生育政策，严格控制三孩生育，加强农民社会养老保险建设，发展经济，提高妇女社会经济地位，发展地区经济同时加强B超和人工流引产的管理。同时，提高城市化水平，促进人口合理流动以提高生活质量和改变生育观念。

表12—16　西南地区各县市区实际与预测的0—4岁人口性别比

		预测			
		106.9以下	107.0—119.9	120以上	合计
实测	106.9以下	69(80.2%)	156(37.2%)	0(0%)	225
	107.0—119.9	17(19.8%)	172(41.1%)	1(100%)	190
	120以上	0(0%)	91(21.7%)	0(0%)	91
	合计	86	419	1	506

六、西北地区

西北地区含陕甘宁青新3省2区，下辖包括31个县级市、63个市辖区的358个县市区。西北地区地域辽阔，人口数为全国六大区中最少，2003年年末为9341万人；国土面积全国最大，达311万平方公里，接近全国1/3；人口密度最低，为每平方公里71人，耕地面积12630千公顷（占全国1/8），人口自然增长率最高，为10.1‰；而经济处于欠发达阶段——2003年地区GDP为6356亿元，农民人均纯收入（1541元）为全国六大行政区最低，人均GDP为全国次低；少数民族人口比重为30%，仅次于西南地区35%。

该地区358个县市区0—4岁人口性别比与当地社会经济变量回归分析表明（表12—17），影响西北地区0—4岁人口性别比的主要因素分别是：本地区妇女离婚率、非农户口的人口比重、家庭户平均规模、本地区具有高中文化程度人口的性别比,而三代以上户的人口比例和三产人口比重似乎对 0—4 岁人口性别比影响不大。方程复相关系数为 R=0.562。

表12—17　西北地区各县市区 0—4 岁人口性别比与自变量的回归分析

		回归系数	标准误	标准回归系数	t	Sig.
	常数	131.629	6.473		20.336	.000
社会	妇女离婚率	−3.095	.422	−.372	−7.340	.000
	高中性别比	.045	.013	.215	3.606	.000
文化	家庭户规模	−5.167	1.615	−.226	−3.200	.001
	三代+户人口比例	.094	.098	.065	.959	.338
经济	第三产业人口比重	.053	.085	.058	.616	.538
	非农户人口比重	−.149	.063	−.239	−2.382	.018

$$Y_{西北0—4岁性别比} = 131.629 - 3.095 \times X_{妇女离婚率} + 0.045 \times X_{高中性别比} - 5.167 \times X_{家庭户规模} + 0.094 \times X_{三代户比例} + 0.053 \times X_{第三产业人口比重} - 0.149 \times X_{非农户人口比重}$$（复相关系数为 0.562）

将自变量代入方程后,预测结果分析表明(表 12—18),中南地区 358 个县市区中,预测正常、偏高和特高的分别有 66、192 和 100 个样本,实际正常、偏高和特高的样本为 126、134、98 个县市区,模拟预测准确性分别为 77%、44% 和 55%;即西南地区 358 个县市区有 191 个县市区模拟预测完全准确,占西南地区样本总数的 53.4%,模拟预测效果较好。

对于西北地区而言,自然资源丰富、生态环境恶劣,经济处于落后状态,人口密度低。因此,若要稳定出生性别比,应该稳定民族地区的 2 孩生育政策,适当控制三孩生育,加强农民社会养老保险建设,提高妇女社会经济地位,发展地区经济同时加强 B 超和人工流引产的管理。同时,提高城市化水平,促进人口合理流动以提高生活质量和改变生育观念。

表 12—18　西北地区各县市区实际与模拟预测的 0—4 岁人口性别比

		模拟预测			
		106.9 以下	107.0—119.9	120 以上	合计
实测	106.9 以下	51(77.3%)	64(33.3%)	11(11.0%)	126
	107.0—119.9	15(22.7%)	85(44.3%)	34(34.0%)	134
	120 以上	0(0%)	43(22.4%)	55(55.0%)	98
	合计	66	192	100	358

第三节　影响 0—4 岁人口性别比的自变量分析

影响全国及各地 0—4 岁人口性别比最重要因素是什么？以上给出了不同解释，这里进行汇总统计。

一、影响各大区 0—4 岁人口性别比的变量分析

如果按照前文计算出的标准化回归系数，将全国及 6 个大区 2868 个县（市、区）的各影响因素按照其重要性排列到表 12—19，其中 1 为最重要，6 为最不重要。就全国而言，方程的复相关系数为 0.512，总体正常、偏高和特高三级拟合率为 57.8%。即影响最大的因素分别依次为妇女离婚率、高中性别比、家庭户规模、大家庭人口比例、第三产业人口比重和非农人口比例。大致是妇女社会地位，其次是传统文化因素，而后是经济发展因素。但对各大区而言，影响是不一样的。对于华东地区而言，影响最大的是传统文化因素，其次是妇女社会地位，最后是经济因素。中南、东北地区也类似。由于每个因素由 2 个变量构成，而各因素的 2 个因子对因变量影响的重要性解释不一，有些难以比较其重要性。

另外，各变量重要程度也是不一样的，如各县市区大家庭（三代以上户的人口比例）的人口比例，对于中南、东北地区是影响最大的，对于西北地区是没有很大影响的；相反，各县市区妇女离婚率高低对于西北、西南地区影响最大，而对于华北地区几乎没有任何影响。

表12—19　我国及各地区、各变量重要程度分析

		全国	华北	东北	华东	中南	西南	西北	
	复相关系数，R	0.512	0.566	0.413	0.662	0.557	0.491	0.562	
经济发展因素	第三产业人口比重	5	5	3	4	5	2	6	5
	非农人口比例	6	4	6	6	6	6	2	6
妇女社会地位	高中性别比	2	1	2	3	4	3	4	3
	妇女离婚率	1	6	5	5	2	1	1	1
传统文化因素	家庭户规模	3	2	4	1	3	5	3	4
	三代以上人口比例	4	3	1	2	1	4	5	2
	总体3级拟合率	58%	61%	67%	64%	67%	48%	53%	

二、标准化以后的影响因素分析

为了衡量各因素的重要性，我们将各变量分别进行了标准化处理。首先对我国2868个县市区的因变量（0—4岁人口性别比）和6个自变量，求出其各自的平均数和标准差等。将其标准化处理——对各变量的2868个原始值分别减去其平均数，再除以相应标准差。这样标准化以后就无量纲单位了，并且平均数都为零、标准差为1。考虑经济发展、传统文化、妇女社会地位因素之内两变量为均权，二二合并，就构成三个因素指数。将这三个标准化以后的因素指数分别与0—4岁人口性别比指数进行相关分析。分析表明，全国和大多数大区0—4岁人口性别比主要是受妇女社会地位因素影响，其次受地区经济发展因素的影响，再次受文化因素的影响。仅有东北除外，受传统文化影响较大。

相关系数仅能说明单个自变量与因变量之间的关系，不能比较说明组合情况下的各因素的重要程度，于是我们进行全国及6大行政区各因素与因变量之间的回归分析。分析表明（表12—20），妇女社会地位仍是影响出生性别比的最重要因素，传统文化因素的重要性将略强于经济发展因素位列第二，经济发展水平因素则位于第三。

表12—20　标准化后的各因素与因变量之间回归系数

	样本量	Z 社会	Z 经济	Z 文化	重要程度
全国	2868	0.691 *	0.121 *	0.064	社会、经济、文化

续表

	样本量	Z 社会	Z 经济	Z 文化	重要程度
华北	429	0.714 *	0.195 *	0.321 *	社会、文化、经济
东北	294	0.124 *	0.063	0.340 *	文化、社会、经济
华东	645	0.741 *	0.192 *	0.282 *	社会、文化、经济
中南	636	1.219 *	0.108	−0.365 *	社会、文化、经济
西南	507	0.257 *	−0.163 *	−0.178 *	社会、经济、文化
西北	358	0.536 *	−0.128 *	−0.124 *	社会、经济、文化

注：* 表示通过了 0.05 的显著性检验，其余未能通过检验。其中 Z 表示标准化后的因素。

　　若进行量化处理，以全国 2868 个县市区为样本进行统计学路径分析，可得如右图形，该图形说明了影响出生性别比的主要因素是妇女社会地位，其次是经济发展，最后是传统文化的影响；该图同时说明妇女社会地位，经济发展和传统文化这几个因素是相互影响的。同样使用 2000 年全国第五次人口普查资料，全国 344 个地市分析也有着十分类似的结果。

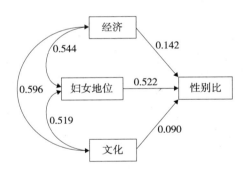

图 12—1　基于全国 2868 个县、市、区出生性别比的影响路径

三、各省区直辖市影响因素分析

　　中国六大地区社会经济情况仍比较复杂，区内面积人口不一、经济发展程度不一。于是，我们考虑各省区直辖市 0—4 岁人口性别比的主要影响因素，具体将各地标准化后的因变量和自变量进行回归分析。分析结果表明，我国 31 个省区直辖市的 0—4 岁人口性别比的主要影响因素是妇女社会地位（19/31）、次要影响因素是经济发展（15/25）、传统文化因素(10/25)。如果进一步将影响因素分为六类(表12—23)。第一类依次主要受妇女地位、经济发展、传统文化因素影响,2000年全国有12个省区市;第二类……显然,第六类主要出现在我国东部三个直辖市,第三、四、五类除了海南外都出现在我国北部,第一、二类出现在我国大陆的腹地,其中第二类除了陕西外都出现在我国南部地区。

2000年出生人口性别比失调最严重(0岁组人口性别比大于120)是在我国海南、广东、安徽、湖北、广西、湖南和陕西7地(表12—21),这些省份出现在第二类的比率为4/7,出现在第三、一类的比率为1/3和2/12,而在第四、五、六类中,没有一个省区直辖市出现出生人口性别比失调。

表12—21　根据与0—4岁人口性别比的回归系数大小来划分地区类型

	影响因素	系数	省区直辖市
Ⅰ	妇女地位、经济发展、传统文化	12	湖北、安徽、河南、河北、贵州、重庆、江苏、浙江、山东、四川、云南、宁夏
Ⅱ	妇女地位、传统文化、经济发展	7	湖南、广东、广西、陕西、江西、福建、西藏
Ⅲ	传统文化、经济发展、妇女地位	3	海南、内蒙古、新疆
Ⅳ	传统文化、妇女地位、经济发展	3	山西、辽宁、吉林
Ⅴ	经济发展、传统文化、妇女地位	3	黑龙江、青海、甘肃
Ⅵ	经济发展、妇女地位、传统文化	3	北京、上海、天津

应该说明的是,这样分析是模式化的,实际情况是非常复杂的。无论经济发展、妇女地位,还是传统文化都不是一二个指标可以代表的,各地区情况同样十分复杂,不是一二个因素能够说明的,应该具体情况适宜具体分析。

四、影响0—4岁人口性别比的因素解释

针对全国大多数地区来说,我国0—4岁人口性别比或者出生人口性别比主要受妇女社会地位的影响,其次,受经济发展因素和中国传统文化影响的影响是间接的。实际上,妇女社会地位影响是直接而重要的,妇女社会地位包括妇女的生命权、生存权、就业权和发展权,具体有妇女婚姻自主性、社会地位、接受教育程度、妇女就业及经济收入等指标,这些指标直接影响本人及家庭对于子女性别的期望。经济发展因素对于0—4岁人口性别比的影响是间接的。经济因素一直就是双刃剑,在经济落后的自然经济区,比如21世纪初我国的西南、西北地区,未能引进很多先进的医学仪器(B超),经济因素对于出生性别比影响极小;而在市场经济高度发展的都市或地区——我国东部经济发达地区,人们忙于发展、经营和赚钱,结婚生育成本高、思想观念受外来文化冲击较多,对出生子女的性别要求被掩盖;在中等经济发展地区——我国中部地区,结婚生育成本低,B超机器的引进快,私营和民营企业发展快,对于男性继承人要求高,这样出生性别比偏高就不难理解的了。传统文化因素是潜的。社会变革十分迅速,大家族逐渐消失,现在是"菜鸟教老鸟"的时代。计划生育后一家一户大多仅有一二个子女,一旦儿女成人以后,无论在家庭经济、生活、年轻人婚姻和生育方面等,家庭中不是儿女听老人的,而是老人听儿女的。在这种情况下,传统文化对家庭生育的影响已经越来越弱。

我国连续多年开展"关爱女孩行动",2010年我国出生人口性别比仍为118.1,全国出生性别比一直处于极高位置。显然,如果没有妇女社会地位的提高、缺少对男女平等和社会公正的政策和制度保障,没有改变人们传统的生育思想,出生性别比问题很难从根本上得到解决。

第四节　非线性相关和回归分析

前三节是以全国2868个县市区的0—4岁人口性别比为研究对象,研究方法是常规线性相关分析和线性回归方法。然而考虑到大部分社会经济变量对于出生性别比可能呈现非线性影响,于是本节将以全国345个地市的0岁人口性别比为研究对象,使用Logit变换,并进行非线性回归分析。

假如P是当年出生男婴的比例或概率:P=出生男婴/出生婴儿总数;那么:

LogitP=ln(P/(1-P))=ln(出生男婴/出生婴儿总数/(出生女婴/出

生婴儿总数))

$=\ln($出生男婴/出生女婴$)=\ln($出生性别比$)$

其中 ln 是自然对数,而 LogitP$=\ln(P/(1-P))=\beta_0+\beta_1 x_1+\beta_2 x_2+\beta_3 x_3+\beta_4 x_4+\beta_5 x_5+\ldots+\beta_m x_m$

于是有:

$$P=\frac{e\beta_0+\beta_1 x_1+\beta_2 x_2+\beta_3 x_3+\beta_4 x_4+\ldots\beta_m x_m}{1+e\beta_0+\beta_1 x_1+\beta_2 x_2+\beta_3 x_3+\beta_4 x_4+\ldots\beta_m x_m}$$

其中,事件发生概率与不发生概率之比($P/(1-P)$)被称为事件的发生比,简称为 Odds(也是出生性别比)。这样,就不仅可以计算 Logit P 与 $x_1,x_2,x_3,x_4,x_5\ldots x_m$ 的相关关系和回归关系,而且可以计算各个因素对于 P(出生男婴的概率)变动贡献大小,并进而进行选择。一般男婴比例 P 在 0.50—0.56 之间,出生性别比在 100—127.3,而 logit(p)在 0.0000—0.2411 之间(表 12—22)。

表 12—22　　出生男婴的概率 p 与出生性别比的 Logit 变量值

男婴比例 p	0.45	0.5	0.52	0.54	0.56	0.58
出生性别比	81.81	100.00	108.33	117.39	127.27	138.10
Logit(p)	-0.201	0.000	0.0800	0.1603	0.2411	0.3228

一、相关分析

相关关系可以说明各社会经济文化变量与取 Logit 变化后出生性别比的线性关系。其中因变量为第五次人口普查中全国 31 个省区直辖市各地市 0 岁组人口性别比的自然对数,即 ln(出生男婴/出生女婴),自变量为各地市相应普查变量。就各地区可解释因素(带 * 或 * * 的变量值)而言,华东地区社会经济文化因素对出生性别比失调可解释因素较多(表 12—23),18 个因素中有 14 个关系显著,而对出生性别比失调严重的中南地区,可解释的社会经济因素最少仅 4 个因素;而对华北、东北、西南的可解释社会经济因素分别为 6—9 个。这说明中南地区影响出生性别比的因素十分复杂。

表 12—23　各地市 0 岁性别比 Logit 变量与社会经济因素的相关关系

	华北	东北	华东	中南	西南	西北	全国	n
地市数	38	36	80	83	56	52	345	
总人口性别比	-0.327*	0.164	0.415**	0.191	0.213	0.083	0.219**	3
少数民族人口比重	-0.281	0.095	0.104	-0.208	-.461**	-.546**	-0.331**	3
非农户口人口比重	-0.487**	-.523**	-0.276*	-0.017	-0.06	-0.173	-0.211**	4
平均家庭户规模	0.562**	0.531**	0.585**	0.149	-.398**	-0.100	0.128*	5
三代+户比例(%)	0.486**	0.482**	0.115	-0.211	0.030	0.257	0.117*	3
外县市省迁入率(%)	-0.411*	-0.378*	-0.282*	0.043	-0.224	-0.304*	0.004	4
出生率(‰)	0.259	0.536**	0.394**	0.114	-.382**	-.430**	-0.090	4
妇女离婚率(%)	-0.557**	-0.287	-0.298*	-.297**	-.558**	-.536**	-0.456**	6
平均受教育年限,总	-0.217	-.426**	-0.369**	-0.145	0.438**	0.059	0.120*	4
高中文化程度性别比	0.495**	0.404*	0.414**	0.387**	0.142	0.394**	0.436**	6
女性文盲率(%)	-0.154	0.033	0.270*	0.271*	-.516**	-0.053	-0.206**	4
第三产业人口比例	-0.458**	-.354*	-0.343**	0.044	-0.273*	-.280*	-0.190**	6
平均存活子女数	0.351*	0.324	0.589**	0.317**	0.042	0.061	0.308**	4
显著性因子数量,n	9	8	11	4	7	6	11	56

注:**. Correlation is significant at the 0.01 level (2-tailed)。

　　　*. Correlation is significant at the 0.05 level (2-tailed)。

　　其次,中国区域大,社会经济情况十分复杂,各变量影响大小甚至影响方向都是不一样的。对各地区影响比较大的社会经济文化变量大致有,第三产业人口比例,妇女离婚率、高中文化程度人口性别比、平均家庭户规模,家庭平均存活子女数等。就全国而言,2000 年各地市妇女离婚率低(-0.456)、高中学历人口性别比高(0.436)、少数民族人口比重低(R=-0.331)、育龄妇女平均存活子女数多(R=0.308),则出生性别比偏高;反之亦然。然而,各地社会经济文化变量对于出生性别比影响大小是不一样的。

　　最后,社会经济文化变量对于各地区影响强度和影响方向是不一样的。第二节是为了进行全国各地区之间各社会经济文化因素比较,而选择统一的模型和相同的变量。若为寻找各地出生性别比偏高特点,一般不能选择相同的变量。实际上,影响各地出生性别比的因素差异还是比较大的(表12—23)。一般而言,影响我国西部出生性别比的主要因素为少数民族人口比例和妇女离婚率,而影响我国中东部的主要因素为平均家庭户规模和高中学历人群性别比。这些和第二节线性分析结果基本类似。除了前一、二节探讨过的几个因素外,尚有妇女社会权益影响因素,如女性文盲率;以及生育政策和人口发展影响因素,如少数民族人口比重、出生率和平均存活子女数等。

各影响因素地区之间差异大。如在西南、西北地区,少数民族人口比例对出生性别比影响很大,其他地区影响不显著。在华北、东北、华东地区非农户人口比重对于出生性别比影响较大,在西南、西北影响则不显著。华北、东北、华东平均家庭规模与出生性别比呈现正相关,说明大家庭有利于出生性别比偏高;西南则相反,大家庭有利于出生性别比偏低。

影响因素地区之内差异也比较大。以西部地区为例,各民族出生性别比差异仍然很大。利用卫生部—联合国儿童基金会资助的"1999—2005年10省46县农村初级卫生保健"项目调查资料分析发现①,在我国西部,包括新疆、重庆等10省(市、区)的46个贫困县农村,不同民族的0—3岁婴幼儿性别比不同。2.69万汉族的婴幼儿性别比144.12(95%可信程度估计为140.7—147.7)明显高于其他少数民族1.65万的婴幼儿性别比119.3(95%为115.7—123.0),是比较宽松的区域内民族生育政策还是不同民族的生育意愿缘故?前者的可能性略微大一些。这些充分说明,影响我国出生性别比的因素十分复杂。

二、非线性回归分析

若将各地市出生人口性别比的Logit变量值为因变量,同时采用如下8个因子为自变量,分别是少数民族人口比重、非农户口人口比例、成年人口比重,文盲率、三产人口比例,平均受教育年限性别差异、育龄妇女平均存活子女数、家庭户规模等。这样就可以进行回归选择和回归分析了。

(一)连续变量的Logit回归分析

首先,对因变量进行Logit转换,在自变量(不变)和因变量都取连续

---

① 刘彦芳、颜虹、王全丽:《1996—2005年我国46县农村婴幼儿性别比分析》,《南方医科大学学报》2008年第10期。

变量情况下,进行逐步回归分析,其中 8 个自变量中有 5 个进入方程。该模式表示,模型复相关系数 R 为 0.581,决定系数 R^2 为 0.338,估计标准误差(Std. Error of the Estimate)为 0.07871。方差分析显示,全国 345 个样本 F 计算值为 34.57,通过了显著性水平为 0.000 的检验。

表 12—24　Logit 回归方程系数

	非标化系数		标化系数 Beta	t	Sig.
	B	Std. Error			
常数	0.163	0.040		4.112	0.000
总人口文盲率(%)	0.004	0.001	0.426	5.633	0.000
少数民族人口比重	0.001	0.000	0.299	4.967	0.000
家庭户规模(人/户)	−0.058	0.017	−0.279	−3.455	0.001
男女平均受教育年限差异	−0.061	0.014	−0.260	−4.243	0.000
15—50 岁妇女平均存活子女数	−0.077	0.028	−0.201	−2.790	0.006

$$\text{Logit } P = 0.163 + 0.0011 \times x_{少数民族比例} + 0.0044 \times x_{人口文盲率} - 0.058 \times x_{家庭规模} - 0.061 \times x_{男女受教育差异} - 0.077 \times x_{存活子女数}$$

由表 12—24 可见,影响出生性别比最大的(Beta 大小)因素是总人口文盲率和少数民族人口比重,其次是地区家庭户平均规模,影响较小的是地区平均受教育年限的性别差异和妇女平均存活子女数。如果人口文盲率高、少数民族人口比重高、存活子女数比较多,说明出生政策较宽松、出生性别比低;而家庭户规模大或平均受教育年限性别差异大,反映传统文化比较强、妇女社会地位比较低,出生人口性别比高。其中 Exp(B)反应了其他情况不变的条件下,自变量变动 1 个单位时而引起的发生比 Odds 的变化率。比如,家庭户平均减少 1 人时,出生性别比发生比 Odds 的变化率为原来的 94.36%,即 0 岁性别比降低 5.64 个基本点;男女平均受教育年限差异减少 1 年(男女性趋向于平等),其他情况不变的条件下,性别比降低 5.92 个基本点;少数民族人口比重每增加 1 个百分点,则出生性别比降低 0.10 个基本点。

如果将 2000 年所有数据代入方程进行模拟,分析发现,预测正常的 14 个地市中有 10 个预测准确,准确率为 71%;预测偏高的 238 个单位中,有142个预测准确,准确率为60%;预测特高的93个单位中,有62个预测准确,准确率为67%。所有345个地市中,正常、偏和特高三级预测中完全准确的有214地市,准确率为62%,这数据略高于上一节线性数据拟合比例58%。

表12—25　Logit回归方程模拟预测和实际情况

		模拟预测			
		106.9以下	107.0—119.9	120以上	合计
实测	106.9以下	10(71%)	48(20%)	1(1%)	59
	107.0—119.9	4(29%)	142(60%)	30(32%)	176
	120以上	0(0%)	48(20%)	62(67%)	110
	合计	14	238	93	345(62%)

(二)自变量离散化处理后的哑变量回归分析

上一段对因变量进行Logit转换,但未对自变量作任何转换,实际自变量值本身有时也是不连续的,也会影响数据拟合、同时难以反映自变量与因变量之间真实的联系。于是,这里对因变量取正常和偏高两值(0岁性别比大于等于107.0为新码1,否则为新码0),接着沿用前文选择的五个自变量再加上高中人口性别比和三产人口比重共7个自变量,对自变量进行非线性处理,处理的方法是将自变量进行分类离散化处理成两值虚拟变量(哑变量),其中少数民族人口比重、总人口文盲率和高中人口性别比分为四段,其余变量分三段,分段的原则是两端样本数量少中间样本多,最初段为对照点(表12—26)。

表12—26　相关自变量离散化处理及取值

	1(对照点)	2	3	4
0岁性别比(因变量)	106.99以下	107.0以上		
少数民族人口比重	1%以下	1%—3%	4%—25%	25%+
三产人口比重	14.9%以下	15%—24.9%	25%+	
男女受教育年限差异	0.69年以下	0.70—1.19	1.2+	
平均存活子女数	1.2人以下	1.2—1.5	1.5+	

	1（对照点）	2	3	4
家庭户规模	3.1 人以下	3.2—3.6	3.6+	
总人口文盲率	6.9% 以下	7.0—9.9	10—14.99	15% +
高中性别比	130 以下	130—159.9	160—189.9	190+

如此处理以后，自变量由原来的 7 个连续变量改变为 17 个两值虚拟变量。经过反复试算和调整，最后仅总人口文盲率、家庭户规模和高中性别比 3 个自变量的 8 个组进入方程。这一事实表明，某地区高中就学的男学生比例高（性别比高），平均家庭人口多（大家庭），地区人口文盲率低则出生性别比高。高中教育属于非义务教育阶段，在经济欠发达地区，对女儿的教育投入明显少于对儿子的投入，所以该因素不仅反映了经济发展因素、男女平等因素，而且反映了出生性别比失调影响的持续性。而平均家庭人口反映了该地区文化观念，是传统家庭还是现代家庭？现代家庭大多是小家庭，容易接受生男生女都一样的观念；反之，传统家庭就不一定接受男女平等的观念了。而唯一难以解释的是人口文盲率，一般认为农村文盲率高，传统生育观念强、男女性别歧视严重，出生性别比高，但是实际并非如此，人口文盲率低的地区，反而出生性别比高。这问题的解释应该有两个，其一，与生育政策、生育子女数有关，文盲率高的地区，一般是经济落后地区，生育政策比较宽松，生育子女的性别已经通过生育子女的数量得以解决，而文盲率低的地区实际生育性别失调比较严重。表 12—27 同时反映出，在中南、西南、西北大区的城市市区出生性别比高于农村（县）和城镇（县级市）；在华东、东北大区城市市区出生性别比与农村（县）相差不大。其二，人口文盲率对出生性别比确实有影响（Sig<0.05），但是影响数量极少（Exp（B）接近于零）。

表 12—27 对数回归系数

	取值范围	B	S. E.	Wald	Sig.	Exp（B）
人口文盲率=1	6.9% 以下	对照点				
人口文盲率=2	7.0%—9.9%	-2.754	0.611	20.341	0.000	0.064
人口文盲率=3	10%—14.99%	-2.363	0.687	11.839	0.001	0.094

	取值范围	B	S. E.	Wald	Sig.	Exp（B）
人口文盲率=4	15% 以上	−4.619	0.733	39.663	0.000	0.010
家庭户规模=1	3.1 人以下	对照点				
家庭户规模=2	3.2—3.59 人	0.994	0.467	4.533	0.033	2.702
家庭户规模=3	3.6 人以上	0.415	0.516	0.646	0.421	1.515
高中性别比=1	130 以下	对照点				
高中性别比=2	130—159.9	1.673	0.467	12.826	0.000	5.327
高中性别比=3	160—189.9	1.928	0.545	12.526	0.000	6.875
高中性别比=4	190 以上	3.364	0.686	24.024	0.000	28.900
常数项		2.164	0.544	15.795	0.000	8.705

　　方程的复相关系数由 0.581 提高到 0.615，相应的测定系数由原来的 0.338 提高到 0.378，估计标准误则降低到 0.077。而方差分析结果表明，F 值为 18.28，显著性水平为 0.000。

第五节　出生性别比随时间变化规律研究

　　前四节讨论了我国各地出生性别比随社会经济状态的影响，这是一种 2000 年普查时点截面资料的横向分析。实际上，还可以进行出生性别比时间序列的纵向分析。但是，这种分析面临几个问题。首先，趋势问题难以处理。近年来出生性别比稳定上升，而我国经济、人口也在不断增长，这样很容易产生虚假的相关。其次，随时间变化的相关社会经济资料数据少，有些资料需要做适当订正。如经济产值、GDP、和经济收入等基础数据都随时间不断升值或贬值的，那么这些相关数据是用当年值还是用不变值（去处通货膨胀以后）也是有争议的。再次，有些资料随时间变化不连续的，如出生性别比。1980 年中共中央公开信以后，全国实行计划生育政策，而且政策和管理越来越严格，其前仅是局部的计划生育政策，因此具体问题研究的起点何时为合适，需要作进一步探索。最后，自回归分析的相关变量需要具有各态经历性。但出生性别比仅有几十年资料且以单调上升为主,几乎没有出现过大幅度下降的情况,其难以辨别和预示今后可能出现的大幅度下降现象,因此其预测能力也值得怀疑。为避免这些问题,我们尽量选用社会学意义比较明显的1981年以后的变量进行分析。

一、出生性别比自身变化规律分析

出生性别比变化本身是否具有一定的规律? 1981—2009年全国出生性别比的变化分析表明(图12—2),其大致呈现抛物线趋势,这和第三章基本一致,只是由于时间长度不一,导致方程系数不一。可决系数或决定系数(R^2)高达85.65%,即模型拟合程度较高。如果选择1980年为基点($X=0$),……以此类推,2010年为30,容易建立如下回归模型:

$$Y = 104.98 + 1.0526 \times x - 0.0177 \times x^2 \quad (2000\ 年\ x = 20,\cdots)$$
$$= 120.63 - 0.0177(x - 29.735)^2$$

其中x为时间,该模型表明近年是出生性别比的最高值,而后开始缓慢下降,远期下降速度将加速。可预测在2010年、2011年、2012年我国出生性别比分别为120.6、120.6、120.5,变化很小。到2020年、2030年分别下降到118.7、113.3。而实际上,考虑到2010年是全国第六次人口普查,根据历次人口普查的经验,各地领导不愿因本地工作落后而受批评,往往会低报出生性别比,预计2010年出生性别比很可能低于120(实际普查结果为118.1)。

二、出生性别比自回归分析

出生性别比不仅是时间的函数,而且和其前期本身周期变化有关。自回归是研究因变量自身与前期因变量的相关和回归分析。分析发现,1987—2009年出生性别比与其前一年的出生性别比(样本量 n = 23)相关系数为0.745,与其前2—6年的相关系数分别为0.857、0.789、0.743、0.832和0.708,都通过相关系数的显著性检验($r_{0.05} = 0.431$; $r_{0.01} = 0.526$),这说明出生性别比是自身2年和5年周期变化的叠加(图12—3)。于是,可建立1987—2009年我国出生性别比的自回归模型:

$$y = 22.844 + 0.491 \times y_{-2} + 0.324 \times y_{-5}$$

其中y_{-2}、y_{-5}分别表示前2、5年的出生性别比。分析指出,该模型的复相关系数为0.892,模型可决系数为79.6%,估计标准误为1.82个基

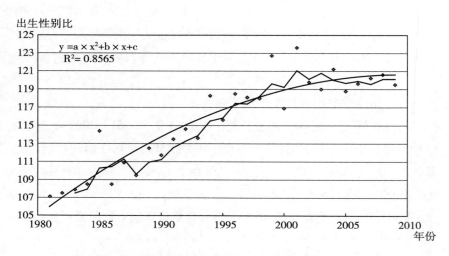

图 12—2   1981—2010 年中国出生性别比随时间变化

本点。经过 23 年资料回代,年平均绝对误差为 1.38 个基本点,出生性别比实测值与模拟值分别见下图中实线和虚线,2010 年、2011 年预测表明,分别比上一年度下降 0.6、0.2 个基本点,即 2010 年、2011 年全国出生性别比可能为 118.9、118.7。

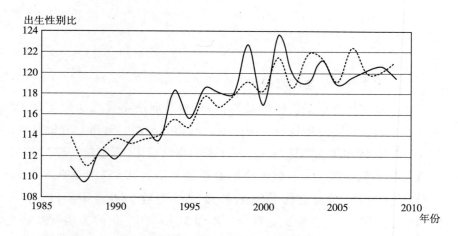

图 12—3   1987—2009 年我国出生性别比的实况实践及自回归拟合虚线状态

三、多变量分析

考虑到出生性别比不仅受自身变动影响和周期变化影响,同时受到其他社会经济变量的影响。为此,收集了 1952—2009 年历年经济资料和社会人口资料,着重分析 1981—2009 年计划生育政策实行以后,各种社会经济因素对同期出生性别比的影响因素。分析表明,1981—2009 年我国平均出生率、自然增长率分别为 16.9‰和 10.4‰,出生性别比与我国粗出生率、自然增长率相关十分密切,其间相关系数分别为 −0.8325和 −0.8694。我国粗出生率、自然增长率每上升一个千分点,则我国出生性别比分别下降 1.10 个和 1.14 个基本单位。据保守估计,若我国粗出生率上升到 15‰、18‰,则出生性别比将稳定在 117、114 附近。类似,出生性别比与每年出生人口数有关,1981—2009 年我国平均出生人口为1960 万人,每增加 100 万出生人数,全国出生性别比将减少 1.14 个基本点。这就进一步证明了,少生可能导致人们的生育性别选择,造成出生性别比偏高。

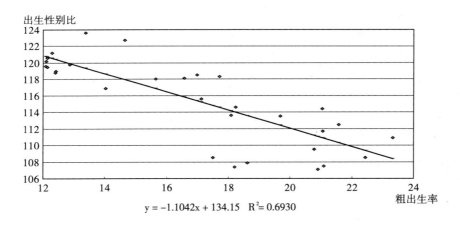

$$y = -1.1042x + 134.15 \quad R^2 = 0.6930$$

图 12—4　1981—2009 年我国出生性别比随粗出生率的变化

第六节　小　结

本章综合讨论了社会经济文化因素对于各地出生性别比的影响。首先，探讨了 16 个自变量对全国 2869 个县市区 0—4 岁人口性别比的影响，经过反复权衡和筛选，在传统文化、妇女社会地位、经济发展 3 个因素中，分别选择 2 个变量作为代表性指标。接着讨论了家庭户平均规模、大家庭（三代以上户）人口比例、高中文化程度性别比、妇女离婚率、各地区三产从业人员比例和非农户口的人口比例六个因素，对于全国六大行政区 2868 个县市区的影响状态。复回归分析表明，对我国 0—4 岁人口性别比影响较大的六个变量按其重要性分别为：妇女离婚率、具有高中文化人口性别比，家庭户规模、大家庭人口比例，第三产业人口比重、非农户人口比例。即妇女社会地位可能是影响出生性别比的直接变量，传统文化变量为次，经济变量影响是潜在的。文章进行了较深入的原因分析。对全国 2868 个县市区的相应数据进行三级回代模拟表明，0—4 岁人口性别比分为正常（106.9 以下），偏高（107—119.9）和特高（≥120）的模拟准确率分别为 59%、54% 和 63%。

经过 Logist 变化后的因变量，与 18 个社会经济文化变量的相关分析表明，华东地区出生性别比失调的可解释因素相对较多，而中南地区情况复杂，可解释因素最少。就全国而言，2000 年各地市少数民族人口比重低、文盲率低、三产人口比例低、成人男女性平均受教育年限差异大、育龄妇女平均存活子女数多、家庭户规模大，则出生性别比偏高。然而，各地社会经济文化变量对于出生性别比影响大小是不一样的。若对自变量离散化处理后成为虚拟变量，回归分析表明，影响出生性别比的主要因素是人口文盲率、家庭户规模和具有高中文化程度的人口性别比等。

第十二章　主要结论和建议

前十二章我们进行了大量的定性、定量分析和模型分析,然而出生性别比是定比变量,而生育性别偏好、生育观念本质是定类或定序变量。因此,难以用定量指标进行完全解释。在人口大流通的情况下,调查数据十分有限,就是政府组织的统计调查,数据准确性也是有争议的。即使进行调查,指标的效度和信度是个很大的问题,统计指标的代表性值得进一步探讨。比如,人均 GDP 能在多大程度代表地区经济发展,妇女离婚率对于妇女婚姻自主性、妇女地位的代表性有多大? 很多时候是不得已而为之,能够提供全国 345 个地(市)2868 个县(市、区)普查和登记的指标很少,能够说明妇女地位、经济发展水平和传统文化,包括政策水平的统计指标更是少而又少。于是,在前文仅能使用效度不很高的统计指标取而代之。作为本书的总结,本章将离开统计资料,从事实和影响机理上定性分析出生性别比偏高的原因,提出治理出生性别比偏高的建议和方法。

第一节　出生性别比偏高原因定性分析

出生性别比偏高的原因可以分为外在原因和内在原因,外在原因是直接影响、表面原因,显而易见的原因;内在原因是间接、潜在,不易察觉的原因。就如交通事故,表面原因可能是驾驶员的粗心、路面状态或交通标志的设置欠佳、行人的违规,实际上内在(潜在)原因十分复杂,涉及人们的交通意识、传统的酒文化和休闲文化、地区经济发展和法制建设等。出生性别比偏高的直接原因较简单,但是其背景——间接影响机制十分复杂。

　　本项目研究认为,出生性别比偏高的直接原因有三:失实的统计数据、失控的 B 超人流、受歧视被弃的女婴;间接(潜在)原因大致有四:经济发展不平衡、管理制度不合理、性别发展不平衡、生育率下降过快。下面分别讨论如下。

一、直接影响原因

　　出生性别比偏高的直接原因可以分为实际偏高(女性胎儿死亡)和虚假偏高(女婴虚假死亡),后者是指由于统计方法(包括调查出生人口数量太少)、统计技术、人们有意瞒报虚报所造成的数据失实。由于性别比研究往往是某一时点的出生性别比或是 0 岁组人口性别比,而非出生瞬间的性别比,因此也与出生后到统计时婴儿生存状态(女婴真实死亡)有关,所以出生性别比偏高的直接原因为失实的统计数据、失控的 B 超人流、女婴的受歧视被弃(图 13—1),下面进行具体的分析。

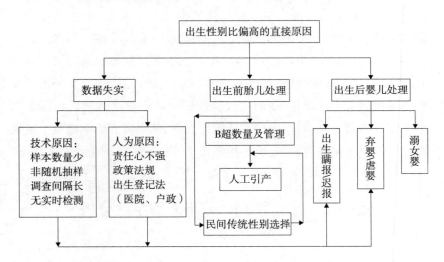

图 13—1　我国出生性别比偏高的直接原因分析框

(一)数据失实

　　数据不准的重要原因是我国卫生、人口计生委都负责新生儿接生和妇幼保健工作,我国统计、公安、卫生、人口计生委多部门都参与出生登记管理,这些部门在具体登记过程中的地位、作用不同,参与程度不同,相互关系十分复杂。由于各自利益不同，缺乏有效沟通和协调，面对问题时，各部门为维护部门利益相互推诿、责任关系不明、组织效率低下。

　　1. 统计局数据。出生性别比数据失实主要是由于技术原因和人为原因所引起。从统计技术原因而言，国家统计局每年（非尾数逢 0 或 5 的年份）仅抽取 1‰ 的样本，全国抽取 130 万人口，如果年人口粗出生率为 15‰ 左右，每年实际抽样调查全国出生人口不足 2 万，十分容易出现抽样偶然性误差和统计误差。更重要的是，该数据由于样本量不足，仅能估计全国及人口大省的出生性别比情况，难以分析每个省、区、直辖市出生性别比的情况。即使是尾数逢 5 的年份，抽取 1% 的样本，很多地方都没有完成任务，比如 2005 年江苏仅抽取 0.77%。即使是抽了 1% 的样本，也没有完全按照随机的原则组织调查。往往是抽取问题严重的地区或者抽取社会经济条件比较好的地区比较多。于是，我们只能参照每 10 年一次的人口普查，结果产生两个方面的问题。首先，时间间隔太长，很多结论都要等 10 年。出生性别比是假性的——女孩少报，还是真性的——女孩未生，我们等了整整 10 年！下面还需要弄清出生性别比失调（偏高）的地区、失调的真正原因、失调的程度、失调治理的方针政策、治理的有效性等，所有这些都需要统计监测，目前统计男孩已经比女孩多了 3000 万，如果没有实时监测，没有那么多 10 年可以等待。其次，人口普查资料质量本身仍然有争议。由于我国儿童入学率很高，假定教育统计中的分年龄人口数据是准确的，2007 年有人估计和修正人口普查的出生性别比，其结论是"我国实际的出生性别比至少要比 2000 年普查的出生性别比低 7 个百分点"，"2000 年普查的出生性别比偏高部分中更有 70% 左右是女婴漏报所致的"。[①] 根据这样的结论，推出 2000 年普查中国实际出生性别比应该是在 110 以下。2009 年中国人民大学翟振武等研究发现，2000 年 0 岁组出生性别比资料明显偏低，地方普查人员少报出生男孩；同时 1—4 岁组出生性别比资料明显偏高，居民少报出生女孩。尽管很多专家对学生年龄登记质量及相关结论有不同的看法，但由于随着人口流动数量的增加，统计调查暴露的问题越来越多，数据失实问题严重。

---

　　① 　陈卫、翟振武：《1990 年代中国出生性别比：究竟有多高？》，《人口研究》2007 年第 1 期。

　　我们实地调查发现(第11章第2、3节),一孩中男婴户口迟报漏报率高、二孩中女婴户口迟报漏报率高,尤其是后者十分明显。主要是由第一孩是女孩则可以再生育一个的政策所导致。调查同时表明,补报人口占当年出生人口的20%以上,其中二孩以上补报孩子占补报人数的70%,补报人口中计划外生育占60%左右。应该说,人口数据及出生数据不实,既有技术上的原因——部门之间不协调、人口流动户口申报不及时,更多的是政策上的原因——生育指标和人均经济发展指标考核,从而导致诚信缺失,社会成本加大。迟报和漏报不仅是基层百姓的需求,同时也是各级党政部门的需求。计划生育是国策,经常是一票否定制,而干部要政绩要升迁,一旦出现问题怎么办,只能弄虚作假——糊弄;其次,各地因为人均指标政绩和历年公布人口数连续性的原因,也不愿意将真实的人口数量如实申报,基层弄虚作假是十分自然的事,而且越来越严重。

　　在第五次人口普查之前,由国家计生委组织实施的1990—2000年间漏报清理工作即发现全国1000万左右的漏报人口,平均每年大约漏报100万人。[①] 人口普查,有人利用2000年普查资料和具体人口数推算出1990—1999年历年出生人口和各省市区每年上报的出生数,可以发现,国家统计局通过每年的人口抽样调查对于出生登记数据予以订正,认为平均漏报的幅度为10%。但是,2000年普查时发现各年出生数和各省市区的汇总数据较为一致。笔者认为,我国出生登记有漏报,但漏报程度不如想象中的那么严重。

表13—1　1990—2000年国家统计局与各省、市、区公布的历年出生人口数

(单位:万人)

年份	国家统计局公布数	各省、市、区公布数	缺口	缺口百分比,%
1999	1918	1662	256	13.35
1998	2001	1726	275	13.74
1997	2048	1763	285	13.92
1996	2078	1815	263	12.66

----

　　① 于学军:《对第五次全国人口普查数据中总量和结构的估计》,《人口研究》2006年第3期。

续表

年份	国家统计局公布数	各省、市、区公布数	缺口	缺口百分比,%
1995	2074	1833	241	11.62
1994	2121	1906	215	10.14
1993	2144	1932	212	9.89
1992	2139	1916	223	10.43
1991	2279	2121	158	6.93
1990	2407	2309	98	4.07
合计	21209	18983	2226	10.50

资料来源:于学军:《对第五次全国人口普查数据中总量和结构的估计》,《人口研究》2006年第3期。

　　如果进一步研究出生性别比资料(表3—2),调查规模增加以后,出生性别比明显下降,即普查年份的出生性别比往往偏低。1990年全国第四次人口普查,出生性别比较其前后一年分别低0.8、1.8个基本点。2000年出生性别比较其前后一年分别低5.8、6.7个基本点。1995年全国1%人口抽样调查,该年出生性别比较其前后一年分别低2.7、2.9个基本点,同为全国1%人口抽样调查年的2005年出生性别比较其前后一年分别低2.4、0.8个基本点,没有一次出现例外。一般认为,调查数据越多数据可靠性程度越高。可以认为,平时出生性别比数据有"高报"现象;或者认为普查和抽样调查年份很多地方做了修改,造成出生性别比的人为偏低。笔者认为,两者兼而有之,后者可能性偏大。为了使某些问题引起人们关注,调查时突出和夸大了某些问题或样本。为了强调老龄化问题的严重性,引起政府和有关部门的注意,有关部门偏高估计老龄化程度,1999年全国65岁以上老年人口比重为7.63%,2000年应该达到8%以上,但普查发现,2000年实际为7%还不到(表11—1)。实际上,高估数据和低报数据都是错误的。抽样估计本身仅能给出有限指标的内部构成,而无法直接调查总量指标,总量指标是由抽样调查的结构指标推断而得,其间误差比较大。

　　国家相关部门规定,当统计数据不一致时,以统计局数据为准。那么统计局数据是否就一定准确?我们认为,统计抽样的组织和方案是否应该得到社会有效的监督?而且,考虑到统计抽样比例过低,包括出生性别比在内的生命统计资料是重要的国情国力基础资料,除了10年一次的普查,不宜采用统计局的1%人口抽样调查资料,而需要用卫生部门或公安户政数据登记资料。美国、日本,包括我国台湾地区,都考虑该资料的特殊性,都有独立的、附属于卫生管理部门的生命统计系统,能给出出生人口的非常微观、细节性资料。

2. 医疗卫生部门数据。第五章曾讨论认为,我国最完整、最原始的出生性别比的资料应该来源于医院。出生医学证明不仅可以检验抽样调查资料的质量,准确说明我国出生人口性别比,若其与普查资料结合起来,可进一步说明婴儿喂养、发育状态和死亡比例的性别差异。此外,作为户籍登记的基础材料,还可以检查出生登记比例等。

相对而言,《出生医学证明》登记行为是医疗技术行为而非行政行为,不涉及任何证明材料(准生证、户口本)的索取、不涉及收费和罚款,随着妇女住院分娩率的提高(目前为95%左右),我国《出生医学证明》登记率必将随之提高。这些资料可以满足各地区、各时间出生数量和出生性别比统计的需要。因此,出生人口数据应该由医疗卫生管理部门收集,由人口普查资料进行检验或证实。

3. 公安户政数据。公安户政出生及时登记率低的原因是多方面的,大致可分如下七种:(1)妇女生产后一个月内处于修养期,不便外出登记;丈夫为孩子出生后要宴请亲朋好友未及时登记。(2)婴儿父母法制观念不强,缺乏出生登记的意识,认为登记没有用。(3)出生登记程序复杂、需要较多文件(户口本、结婚证、准生证、出生医学证明,若未在医院生育则需村委会或社区证明等)。(4)没有具体措施,惩治迟缓登记。(5)流动人口生育、非婚生育、婚外生育和计划外生育子女增多,政策不允许异地登记户口。(6)人口计生部门将户口登记作为控制计划外生育的重要手段,计划外生育需缴纳较高的社会抚养费。(7)个别家庭将申报户口的机会留给男孩而女婴出生后不申报。其中主要原因还是不重视户籍登记。改革开放以后,各种原来由计划提供的各种生活资料,如粮油供应等,在市场经济状态下已经取消了,户口的经济功能和社会功能越来越弱了,如果迟报,政府惩治措施少而弱。

我国规定出生户口申报或登记的时间限制为30天,但是超过30天的处罚措施模糊不清,相关规定过于笼统。而在国外,延迟登记是要支付相关费用的,如英国、加拿大、马来西亚和我国香港等(表 13—2)。出生登记时限规定得虽然烦琐,但更具体、更具有可操作性,并且规定了如果超过规定期限,则要上缴罚款,这维护了法律的尊严,更加完整。我国应该补充相关处罚措施,限制出生婴儿申报的时间。出生申报时间管理过宽或放任不管,容易使得少数管理人员"做手脚",将当年出生的男孩挪到次年补报,检查当年的性别比指标都正常,领导工作有"成效"了,但次年情况更严重。2000 年全国较多省市都出现如此情况。公安户政部门有责任收集足够多的出生孩子信息,为出生性别比研究提供资料支持。

表 13—2　部分国家和地区的出生登记期限规定

国家/地区	登记期限(天)		国家/地区	登记期限(天)
沙特阿拉伯	3		东帝汶	28
阿尔及利亚	5		韩国	30
新加坡	14		加拿大	30
马来西亚	14		蒙古	30
纳米比亚	14		中国大陆	30
喀麦隆	15		中国香港	14—42
叙利亚	本地出生	15	英国多数县	42
	外地出生	30	毛里求斯	45
泰国	家乡出生	15	澳大利亚	60
	外地出生	30	爱尔兰	90
越南	城镇出生	30	斯里兰卡	365
	偏远地区	60	美国加州	365

资料来源:李树茁、刘晓兵:《中国儿童出生登记探索与实践》,社会科学文献出版社 2008 年版,第 50—51 页。

(二)出生前胎儿性别选择——女性生命权被剥夺

出生前胎儿性别选择是我国出生性别比偏高的直接原因之二。我国重男轻女的传统文化已有几千年的历史,但一直难以转变为具体行为,然而医疗技术事业的发展,B 超诊断仪和人工引产技术的成熟,使得人们十分容易发现自己胎儿的性别,从而达到选择婴儿性别的目的。人们在确切知道自己胎儿的性别以后,才有可能决定是引产还是保胎。我国出生人口性别比升高与 B 超诊断仪在我国的普及时间几乎是同步的。随着 B

超诊断仪及其使用技术的普及,在社会上很容易进行婴儿性别鉴定;另外,有性别偏好人群利用鉴定结果,谎称计划外怀孕或未婚先孕轻易地在医院里进行安全又便宜的人工引产。

　　如第三章开端所指出,医学上认为受孕时胚胎性别比应该为120—130之间,男性胚胎流产概率较高,最后导致出生性别比为105左右。由此可以推算,正常自然流产和早产胎儿的性别比至少应该在120以上,即男性胚胎流产比女性胚胎流产高20%。可是根据蔡菲的研究,我国2000—2006年历年引产的性别比都在70左右,女性胚胎死亡率比男性高35%—50%左右。可见有大量的女孩是由于性别选择的原因被引产的,女性的生命权被大量剥夺。2000—2006年引产胎儿性别资料计算表明(表13—3),全国平均引产胎儿性别比为70.8,属于严重偏低(正常为120)。由此可认定,选择性引产是我国出生性别比升高的直接原因,导致我国出生性别比升高的主要原因是非法的产前胎儿性别鉴定和选择性流产。虽然这里统计的每年引产1万多仅占实际引产或每年出生人数(200万左右)的极小一部分,但是2001—2006年统计的人工引产人数正在以逐年11.2%速度递增。

表13—3　　各手术年份人工引产人数和引产胎儿性别比

年份	2000	2001	2002	2003	2004	2005	2006	合计
引产的胚胎(个)	12677	10922	12301	13742	14937	15541	18549	98669
引产的男胎(个)	5392	4515	5209	5776	6242	6469	7300	40903
引产的女胎(个)	7285	6407	7092	7966	8695	9072	11249	57766
引产胎儿死亡性别比	74.02	70.47	73.45	72.51	71.79	71.31	64.89	70.81

资料来源:蔡菲:《我国出生性别比升高态势及对策研究》,中国人民大学博士学位论文,2008年。

(三)女婴出生后受歧视被弃——女性生存权被剥夺

　　出生后婴儿性别选择是我国出生性别比偏高的直接原因之三。女孩出生后,家长立刻进行溺婴,在目前的法制社会中可能性不大。更多的有性别歧视的家长采用漠视的态度,生女儿不声张、不庆贺的"冷处理方法"在民间十分普遍。家长不愿接受生育女孩的事实,对新生女婴采用冷暴力——对女婴的哭闹及需求不闻不问、对女婴的照料时间不如对男婴那么多,女婴的营养不如男婴那么充分,女婴生病后医疗不如男婴那么及时。也有些人表现为,不为女婴申报户口,对女孩受教育投资少于男孩,甚至遗弃不管女婴生死,而准备再生育。社会福利院收养的弃婴中,女婴比例很大。而在没申报户口的婴幼儿中,女婴比例远大于男婴比例。城市不如农村那么明显,女孩常被叫做"赔钱货"、"讨债鬼",婆婆不愿意上门帮助照顾,媳妇被视为无能、像犯了错误似的。于是,对婴儿母亲的不高兴很快转移到女婴身上。生了男婴就大不相同,家长又是请客又是庆祝,祖辈即使请假也要前来照顾母婴,媳妇像中了彩、立了功似的。世界所有近 200 个国家和地区中,女婴死亡率高于男婴死亡率的国家很少,但中国大陆就是其中之一。这说明中国女婴的生存状态甚忧,这种情况仅在女孩成年懂事以后略好一些。

二、间接影响原因

出生性别比偏高的间接影响是十分大的,原因也很复杂。大致可以认为主因是,经济发展不平衡、管理制度不合理、性别发展不平衡、生育率下降过快。本书具体讨论经济发展、管理制度及政策、传统文化三部分的影响(图 13—2)。

(一)经济发展不平衡

经济发展对于出生性别比失调是个"双刃剑"。快速的经济发展,有利于人们性别观念的转变。

首先,经济发展增加了地方财政,也增加了对于地方计划生育经费的投入。所谓计划生育奖励扶助制度实际上就是,用政府的钱购买老百姓的生育意愿。按照国家规定,农村计划生育家庭,夫妻年满 60 周岁以后,由财政安排专项资金按每年人均不低于 720 元的标准发放奖励扶助金,直至亡故为止。然而,这些对于经济发达地区,显然数量太少、时间太迟,吸引力不够。于是有钱的地方就利用地方财政,增加计划生育扶助力度。以福建泉州晋江市为例[①],该地经济比较富裕,近年就增加了四种计划生育奖励措施:(1)"法定奖励费"即对领取独生子女父母光荣证的夫妻一次性发给 500 元的奖励费;对农村生育一个女孩,符合再生育条件自愿不

---

①　汤兆云:《我国出生性别比问题研究》,中国言实出版社 2008 年版,第 122—123 页。

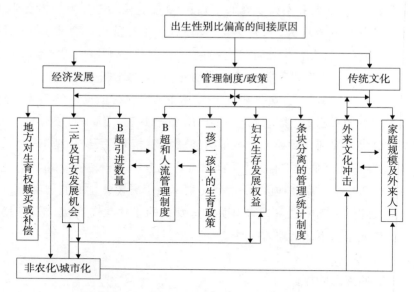

图13—2　我国出生性别比偏高的间接原因分析框

生育并领取独生子女父母光荣证的发给1500元奖励费;对农村生育两个女孩并已落实结扎措施的夫妻发给1000元奖励费。(2)"奖励扶助制度",即对农村只有一个子女或两个女孩的计生家庭夫妇年满60周岁,按每人每月100元的标准发给奖励扶助金。(3)"节育奖励制度",即对只生育一个孩子或两个女孩,一方已落实绝育措施的农村居民夫妻,从落实节育措施的当月起,按夫妇每人每月30元的标准发给节育奖励金。(4)"贡献奖励制度",即对只生育一个女孩,符合再生育条件自愿放弃生育并领取独生子女父母光荣证的农村居民夫妻,从领取独生子女光荣证的当月起,按夫妇每人每月30元的标准发给贡献奖励金。不难看出,在经济发达地区政府扶助力度大、计划生育工作的难度就小一些,人口出生率低、出生性别比相对偏低;相反,经济不发达地区、地方资金短缺、计划生育工作投入少,工作难度就很大,人口出生率高、出生性别比相对偏高。钱不是万能的,但是离开钱万万不行。对地区计划生育管理工作也是一样。

其次,地方财政同时促进地方社会保险经费的大量投入,从而使人们认识到养老不靠子女,而是靠社会。所以,没有必要追求子女的数量及其子女的性别,甚至从精神关爱角度出发,女孩更能关照家庭和老人。因此,经济发达地区,包括很多城市户籍居民男孩偏好并不严重;而是经济落后的地区,地方财政收入低,社会保险经费投入少,必须依靠子女养老的地区,对子女数量要求多,男孩偏好严重。社会保险的有无及数量多寡实际是性别偏好的经济基础。

再次,经济发展创造了大量工作机会,尤其是第三产业工作机会,而三产工作机会增加将有利于提高妇女就业比例,提高妇女社会地位,从而促进了男女平等,丧失了男孩偏好的社会基础。最后,经济的快速发展同时引进了大量的外来观念,外来文化的冲击,使传统的生育观念、男孩偏好丧失了市场。经济的高度发展,促使我国东部的有钱人到国外、境外去生育、孕检和引产。改革开放给他们带来了机遇,事业有了、钱包鼓了,没儿子怎么行? 他们和国外有着千丝万缕的关系,美国、加拿大、中国香港、泰国、越南、印度、澳大利亚等国家和地区都有“一条龙”服务,从 B 超检验到引产服务,或者从生育到落户口。新贵们有的是钱和关系,有什么搞不定的? 中国政府管理再严格,也只能管国内的事。广东、广西、上海、江苏、福建和浙江的出生性别比及出生率与其居民的海(国)外生育可能是密切相关的。

快速的经济发展,又有不利于出生性别比全面下降的一面。我国近几年经济发展很快,但是全国出生性别比却没有明显下降。首先,经济发展伴随着医疗技术和医疗器械的发展,而 B 超的大量引进和人工流产技术的大量推广,显然使得胎儿性别的鉴别和性别选择性引产十分容易。其次,私营、民营企业大量发展,这些企业发展到一定规模后,就必须考虑接班人问题,企业主对于儿子远高于对女儿的期望,他们认为儿子接班更符合传统,更能为人们所接受。再次,快速发展的经济还吸引了大量流动人口和外地劳动力。由于我国的流动人口主要来源于经济欠发达、传统文化观念重的地区,他们的生育子女性别将高于当地居民,并影响当地出生性别比。如 2005 年苏州市户籍居民的出生性别比仅为 102.82,但是外来流动人口为 120.66,常住人口出生性别比为 107.16。① 当然也有少数例外,广东本地居民出生性别比高于外来人口出生性别比。

---

① 苏州市人口计生委、苏州市统计局:《苏州市人口发展数据手册》(2005 年),第5—6 页。

（二）管理制度不合理

"政治和策略是党的生命"，我国是十分重视管理和政策的国家，随着国家计划生育工作的进展，推行了一系列的管理政策和管理措施。这些政策包括国家人口计划生育政策、妇女权益保护条例、流动人口管理法规、B超和人流管理制度等。我国相关政策法规的制定、发布是十分慎重的，但是相关政策法规的终止有一定的滞后期。

1. 我国计划生育政策间接影响较大。1980年9月10日第五届全国人大代表会议第三次会议通过了《中华人民共和国婚姻法》（即"新婚姻法"）。新婚姻法规定，中华人民共和国公民有实行计划生育的义务。同年9月25日，发表了中共中央关于控制我国人口增长致全体共产党员、共青团员的公开信，当时计划生育仅是国家领导人的号召。而后，各省、区、直辖市人民政府和计划生育委员会设置了一系列的计划生育条例和规章制度。以国务院行政法规、地方性法规和部门规章为主体，与相关法律法规相衔接的人口和计划生育法律法规体系，为计划生育工作提供了法律保障。

计划生育工作实行30年，我国少生育4亿多人口，节省了大量的抚养费用，改变了我国人口年龄构成，协调了我国人口与社会、经济的关系，为我国国民经济的发展提供了人口保障。但是，旧矛盾解决了，新矛盾又出现了。人口的迅速老龄化、出生性别比偏高都是出生人口迅速减少后出现的社会现象。严格的计划生育政策，促使人们对于生育时间、生育数量的选择区间狭窄，为了维护自己的"权益"与政府"软抗争"，有些人就打起"擦边球"，即在法律不明文禁止的范围内维护自己的权益——人为选择出生子女的性别。1989年5月9日、9月13日国家卫生部、国家计划生育委员会办公厅分别颁布了《关于严禁用医疗技术鉴定胎儿性别和滥用人工授精技术的紧急通知》，在此通知以前，卫生和计划生育部门并无明文禁止。于是为了获得"儿子"而不违法，B超、人流、羊水检验、传统土方法、国外先进孕检、流产技术一起全用上了，目的就是一个"生育儿子"。由于"政策滞后效应"，从1989年以后相当一段时间内，基层计生委迫于出生控制压力，在很长一段时间内睁一眼闭一眼，人工流引产为社会所默认，一般当事人同意即行。此外，即使非医学需要的胎儿性别鉴定和选择性别引产为非法，但此法仅在我国大陆适用，在周边国家和地区并不一定是非法。政策是死的，人是活的，改革开放以后到境外旅游和探亲机会增加，只要有个亲戚，顺便做性别诊断或人工流引产（有些人干脆在那里生育），在哪里都很方便，花时少需钱不多。这可部分解释广东、福建、江苏等沿海经济发达地区出生性别比持续居高不下的原因。

我国计划生育实行了30年，原来认定为一代人的独生子女，现在我国妇女总和生育率处于更替水平以下，计划生育政策是否到了应该调整的时间了。人们追求"一男一女"或"儿女双全"本身就是家庭和谐、社会和谐的象征。如果在全国范围内完全禁止三孩生育，同时废止"一孩半"生育政策，适当增加生育二孩的比例，给年轻夫妻较大的生育选择空间，那将有益于我国出生人口性别比全面下降。我国台湾和韩国的经验反映，没有计划生育政策，只要生育率下降得足够快、足够低，人们同样可能对生育子女的性别进行选择，由此可以造成出生性别比偏高。反之，适当提高生育水平，有助于出生性别比降低，这点已经获得学者一致认同。

2. B超和人工引产管理控制不严。我国在B超和人工引产管理方面存在问题还不少。2004年5月10、11日《京华时报》连续报道①②，通过群众举报线索，记者暗访到一辆经常在北京玉泉营、草桥一带载有B超的"流动施工"汽车和一家私人地下黑诊所，随后丰台区卫生和公安部门闻讯火速出击，查找到车主地址，并找到被曝光的黑诊所，没收了5箱未及转移的堕胎药。据《法制晚报》报道③，安徽无为县出生性别比严重失衡，第二胎出生性别比为170，官方估计有人在做非法胎儿性别鉴定，这引起了无为县乃至安徽省的重视。140万多人的无为县，在全国各地务工有40万人，而在北京的就有10万多人。接到这些外来妇女在北京做了B超后引产的反映后，无为县人口计生委管理干部在6月下旬和7月下旬，两次来京卧底追查"黑B超"诊所，最终发现北京海淀、丰台、朝阳有近10家黑诊所涉案。所有这些都是发生在"皇城"首都内，至于其他地方发生则更普遍。

---

① 赵晓路：《流动B超非法查胎儿性别》，《京华时报》2004年5月10日。
② 杨凤立：《黑B超查胎儿性别续：卫生公安联合查抄非法诊所》，《京华时报》2004年5月11日。
③ 杨章怀：《安徽计生干部卧底京城查"黑B超"》，《法制晚报》2006年8月14日。

　　2004 年国家人口计生委对部分省份查处"两非"（指非医学需要的胎儿性别鉴定和非医学需要的选择性别人工终止妊娠）127 件案例中①，施术者（或医生）在医疗机构或医院（含卫生院）的占 74%，在个体诊所的占 20%，在计划生育技术服务机构的占 4%，在村卫生室的占 2%。其中，只有 4 例为非执业医师资格的人所为，而 4 例当中有 3 例系非法行医者在家中进行 B 超鉴定，1 例在个体诊所中。

　　黑 B 超执业者主要是游医和退休医生，也有少数正规医生利用 B 超进行胎儿性别鉴定。暗查发现②，"在北京某医院，你不挂号，直接给大夫 30 元，就给你做 B 超，告诉你是男孩还是女孩"。"如果只有大夫一个人在可能行，有两个人他就不敢做。不挂号，没记录，挂号就有记录了。""必须熟人介绍，自己去够呛，大夫不敢。"在调查中发现，各个不同的私人诊所，B 超价格也有所不同，基本上在 30—50 元之间波动。如"男孩女孩都是 50 元，少数地方 100 元"。"40—50 元做（B 超）一次，熟人可以告诉你具体地方。"也有些地方依据鉴定结果来定价，男女婴会有所差异。"他自己（B 超大夫）提前就说了，检查出是男孩 50 元，女孩 40 元。"这样低廉的价格使得 B 超鉴定胎儿性别在流动人口中非常普遍。

　　江西电视台报道，仅 2009—2010 年 10 月就处理"非法鉴定胎儿和非法选择性别终止妊娠"1720 例，吊销医学执照 583 份。没有发现和没有处理的则更多，"两非"是直接原因。这是我国法律明令禁止的违法行为。根据我国法律规定，如果有医疗机构和医生违规给孕妇查腹中的胎儿是男还是女，将受到严惩，违规者或单位将面临吊销行医执照、降级、撤职、开除直至追究刑事责任的处罚。面对出生性别比偏高的形势，国家人口计生委原主任李斌表示，必须标本兼治，在做好宣传教育、全程服务、统计监测工作的同时，集中力量整治"两非"行为。为此，国家人口计生委、公安部、卫生部、国家食品药品监管局、总后勤部卫生部、全国妇联六部门于 2011 年 8 月至 2012 年 3 月联合启动为期 8 个月的专项行动，依法严

---

　　①　国家人口计生委，国人口函［2004］122 号。
　　②　孙红:《我国"地下 B 超市场"初探——以北京市为例》，兰州大学硕士毕业论文，第 19 页。

肃查处"两非"案件。① 就在"严打"过程中不足一月,就在皇城根下发生一件事:北京沈先生带着怀孕的妻子到位于朝阳区崔各庄乡费家村的一家黑诊所查 B 超,检查结果是腹中胎儿为女性。因希望二胎要个儿子,沈先生带妻子到医院做引产,没想到产下的竟为男婴。② 为此,2011 年 9 月 19 日北京朝阳卫生监督部门的工作人员将黑诊所查封,并将 B 超仪器和大量药品查扣。那么,如果引产产下的是女婴,此事还将继续到何时?

福建泉州市为打击"两非"(非法鉴定胎儿和非法选择性别终止妊娠),2005 年 6 月对全市 14 家医疗机构和 3 家医药公司进行了调查。检查发现,由于受高额利润的驱动和管理、监督机制缺位等的影响,个别医疗卫生机构的"两非"现象比较严重。主要问题有二:首先,超出经营范围开展违规(违法)业务。泉州市及下辖的县区没有获准开展计划生育技术服务项目的民营医疗机构,实际却拥有与计划生育手术有关的器械、药品、医疗文书等;同时,被检的医务人员都没有计划生育技术服务上岗证,有的连医务人员资质证书都没有。在检查的 14 家医院中就发现有 9 家医疗机构不同程度存在违规(违法)开展人(药)流、引产、剖宫、结扎、取环、输卵管吻合术、人工授精术及销售堕胎药品等现象。其次,违规使用堕胎药品严重。检查发现有 7 家民营医院、卫生所违规购进的"药流"药品达 1630 套,同时购进大量的催产素达 458 盒。有一家医院所持的《医疗机构职业许可证》无产科、计划生育手术等项目,但购进记录却发现有大量使用催产素的迹象,仅 2004 年 11 月至 2005 年 6 月购进催产素205 盒(10 支装),检查时仅剩留 4 支。③

主要原因之一是法律缺位。治理出生人口性别比失衡问题的法律法规存在着一定程度上的缺位现象。如刑事责任规定存在缺位、犯罪主体规定存在缺位以及定罪量刑规定存在缺位等方面。法律法规的缺位,使得威慑力不强。相关规定过于宽泛,其中刑事责任因为刑法无相应条款而变得空洞,缺乏可操作性。因此,非法性别鉴定行为总体上属于行政处罚范围内的行为。

---

① 田雅婷:《"两非"是罪魁》,《光明日报》2011 年 8 月 18 日第 10 版。

② 肖岳:《黑诊所看走眼,孕妇打掉男胎》,《京华时报》2011 年 9 月 22 日。

③ 汤兆云:《我国出生性别比问题研究》,中国言实出版社 2008 年版,第 164—167 页。

　　主要原因之二是有法难依。随着对非法鉴定胎儿和选择性别终止妊娠违法行为打击力度的加大，这种非法行为变得更加隐蔽，取证和查处工作困难。首先，发现困难，非法鉴定胎儿性别和终止妊娠都是暗箱操作，私下运作，隐蔽性强。利用Ｂ超进行胎儿性别鉴定与正常医疗检查没有严格的区分界限，医生是否进行"确切的胎儿性别信息的传递"很难被发现，多数采用暗示性语言如"好好保养"、"还可以"等，因此难以对胎儿性别鉴定行为作出有效的事实认定。其次，取证困难，非法鉴定胎儿性别和非法人工终止妊娠的对象与医生大多不相识。从查获的医疗资料看，籍贯这一栏大多登记为"市外流动人口"，且采用假名字、假地址、假电话，没有真实完整的相关记录可查。发现是女性胎儿，有的私自服用堕胎药，且堕胎药又比较容易购买。有些医疗机构内部管理混乱，没有建立相应的规章制度。医生施行的计划生育手术、剖宫产、Ｂ超等都没有按规定登记；而与计生相关的敏感性医疗操作（如剖宫产），院方则登记虚假信息。最后，深查困难，一些民营医院的经营者是外地人，由于地缘原因，他们随时互相通风报信，并准备好应对措施。若今天检查这家医疗机构发现的违规物证，明天检查其他医疗机构时这些相类似的物证就会销声匿迹，有的医院甚至连药房和收费使用的电脑都迅速隐藏起来或者把有问题的相关资料从电脑中删除。

　　实际上，Ｂ超和人工流引产管理是治标不治本的事。如果人们思想认识问题不解决，对于出生性别比失调认识不足，不深入解决妇女发展权益问题，Ｂ超和人工流引产管理仅仅就会成为上级单位布置的任务，所以敷衍了事、应付领导就十分自然的了。

　　3. 条块分离的管理制度和统计制度，信息不公开的社会制度。我国是按条块进行管理的，在条块系统内部是"同志加兄弟"，在系统外部就"六亲不认"。2002年11月中共中央宣传部联合国家人口计生委、教育部、公安部、民政部、劳动和社会保障部、农业部、卫生部、国家统计局、国家医品监督管理局和中华全国妇女联合会颁布了《关于综合治理出生人口性别比升高问题的意见》，并且明确了各部委的职责。那是形式上的，在2006年以前卫生部及其下属从不对出生婴儿性别进行统计，2006年以后各省、区、直辖市出生性别统计资料仅在内部使用，从不对社会公布、从不接受社会监督。公安户政处资料大致也是如此。即使对他们而言是举手之劳,但似乎他们遇到的采访者,都是别有用心者。

其次,我国的统计制度不协调。我国统计资料来源很多,仅出生人口性别统计就有人口计生委、公安户政处、统计部门、卫生部门等单位,大量的低层次的重复统计,由于统计对象、统计口径不一,很难进行数据相互之间的验证和校验。研究认为,除了10年一次的人口普查资料外,出生性别比资料不宜采用国家统计局的资料,因为其抽样比例太低,样本偏差严重,难以符合完全的随机要求。监测出生性别比最适宜的资料应该是卫生系统统计的出生性别比;但若能增加对流入人口生育子女性别的统计,公安户政处的资料也是良好的统计资料。

(三)性别发展不平衡、生育率下降过快

我国妇女既有发展权益问题,又有生存权益问题。历史上,在灾荒发生时父母首先牺牲的是女儿的利益以确保儿子的利益;在家庭经济及资源有限的情况下,父母优先考虑儿子的学习和医疗。在仅能生育一个孩子的情况下,少数父母为了获得再次生育儿子的机会,有意对出生不久的女婴在营养和疾病等方面采取麻木漠视的态度,致使我国0—2岁幼女死亡率高于同龄幼男死亡率。妇女生存权益实际上是由妇女发展权益决定的。随着经济和城市发展,我国男女劳动能力的实际差距已逐渐缩小了,近2亿农村劳动力流出,其中外出的主要是男性劳动者,农村留下的是老人、妇女和小孩,但是我国主要农作物产量却连年大丰收。农村生产和生活主要还是靠体力劳动,很多重体力劳动需要男性承担,这一状态实际已经发生改变。包括近年由于出生人数减小,男女性受教育的差异开始大幅度减小,然而,我国妇女发展很多权益一直受到社会各方面的压抑。

两千多年来深受封建思想的影响,男尊女卑的社会性别歧视根深蒂固地影响着每个家庭、每个人。在现实社会生活中,我国社会性别不平等现象主要表现在女性受教育机会、就业机会、劳动分配、政治生活参与程度等方面,促使人们的生育意愿倾向男孩。从夏朝妹喜、商朝妲己,到汉朝吕后、唐朝武则天、清末慈禧太后,国人一直认为"妇女祸国"、"头发长见识短"、"妇人之见",对于女性成见很深。在现代社会,女性生理和心理上的优点没有被重新挖掘出来,比如感情细腻、口齿伶俐,适合于人与人之间的沟通和交际。欧美国家女性领导人屡见不鲜,而我国对于古今中外的优秀女性正面宣传不够,由此导致我国高级领导干部和高级专业技术人员中女性比例较低。百姓看领导，下级看上级，民间对于女性的偏见就十分自然的了。

（四）传统文化影响是潜在的

很多著作和论文都十分强调传统文化对于出生性别比的影响，但是本书认为传统文化的影响是潜在的，而且影响力已经越来越小。

首先，是社会变迁快，人员流动量大。新中国成立60多年经过一次次的政治运动，传统族规民约、族长制度在我国已经基本完全消失，传统戏剧因为节奏慢难有年轻人感兴趣；其次，由于经济的快速发展，家庭财产控制权实际上由老人迅速转变到年轻人手中，年轻人财富随着改革开放进程迅速增长远超过老一代人，大多数年轻人对老一代的财产不感兴趣；再次，随着现代科学技术的进步，知识更新速度越来越快，老年人终身积累的知识和经验很难为年轻人所接受和继承，老人很多思想习惯反而为年轻人所不齿，老人难以控制年轻人的思想和行为；最后，由于互联网和通讯的便利造成大量外来文化的冲击，交通的便捷，大量外来人口的影响，传统文化在年轻人心目的地位越来越低。如果不是中秋、端午、清明放几天假期，恐怕连传统节日的时间和来历都不知道了。

生儿生女是为了传宗接代，生育子女是奉父母之命，在某些地方逐渐成为一种托词，对城市若干年轻人而言，真正选择子女性别的是将来不同性别子女的发展差异。子女一直寄托父母的希望，也是父母的骄傲，子女的成功代表自己的成功。就是在农村，父母亲对子女结婚的时间和对象、生育的时间和数量影响也越来越小，更不用说生育孙辈性别的选择和控制，仅能表示和反映的是一种喜好和态度。

另外，传统文化影响又是潜在的。生育率下降的过程中伴随着出生性别比失调现象，欧洲没有、大洋洲没有、美洲没有、非洲没有，主要出现在亚洲。在亚洲，日本没有，新加坡几乎没有，印度、韩国和我国台湾比较明显（出生性别比大致在110及其以下），我国大陆就非常明显，这种分布的区域性特征明显说明中国传统文化仍然起着一定的作用。也就是说，如果我国不实行计划生育政策，由于传统文化的影响，随着出生率下降出生性别比也将上升到110附近。

第二节　主要建议和对策

由上面讨论可知,我国出生性别比失调原因十分复杂,有社会原因、经济原因、文化原因、生育水平和管理政策原因等,而且各种原因相互重叠、相互作用。根据韩国及我国香港和台湾的经验,在生育率迅速下降到较低程度时,少数人对出生性别进行选择,出生性别比就容易上升偏离正常状态。这里将讨论针对上一节的原因提出合适的建议和对策。主要思路是:在目前和谐环境下,从长远的民族利益出发,首先,要弄清出生性别比基本数据;其次,应该对人们出生偏好思想进行适当的引导,重奖励轻惩罚,重宣传教育、重制度调整、重政策研究。

一、以《出生医学证明》为基础,强化数据汇总统计

我国出生登记率不高。主要原因是出生管理部门很多,各部门管理没有很好协调,都有各自的管理盲区,各自的统计口径,也有其各自的利益所在,很难协调。人口计生委主管准生证明发放、孕妇健康检查,但没有出生人口的直接统计资料;卫生部门主管新生儿的接生和母婴保健,却没有汇总和统计出生婴儿信息;公安户政部门主管理出生婴儿的登记,由于登记需要很多证明(父母亲户籍证、准生证明、怀孕时检查证明等),实际登记率很低;统计部门主管人口调查和统计,每年抽样比例极低——抽取1‰的人口样本,样本中出生人数少。所以出生人口数量和性别很难做到完全随机抽样。

1. 比较而言,卫生系统登记的出生人数及性别资料最为准确。美国基本出生情况登记就是由卫生部门负责的。出生性别比资料的收集和管理,应该抓医院"新生儿出生医学证明"资料的收集和整理。2008年我国孕妇的住院分娩率已经达到95%,这就说明我国新生儿出生医学证明发放率已经高于95%,或者我国95%以上的出生人口的数量和性别构成已经掌握了。出生性别比失调不仅是人口计生委的责任,其危害的是整个民族的利益,因此,相关部门应该行动起来,以免"城外失火殃及池鱼"。

2. 我国有生育保险,同时有新农村合作医疗,基层计生委有各种计

划生育孕妇免费体检的措施和政策,建议全国(包括欠发达地区)推出医院免费生育的制度以提高孕妇住院分娩率,以减少婴儿死亡率,增加出生婴儿登记率。同时,适当少收或不收社会抚养费,人们不愿报户口,不愿进行出生登记,主要是不愿上缴社会抚养费。他们想出各种方法(比如流入到经济水平低的地方进行生育)少缴,或逃避社会抚养费,苏南浙北等发达地区根本收不到社会抚养费。社会抚养费既不能起到"警示作用",又很难真正弥补社会抚养费用,负面作用多于正面作用。

3. 我国"出生婴儿"状态申报和"出生婴儿"户口申报应该分离。前者应该着眼于婴儿自然及基本家庭信息的收集、应着眼于服务和改善妇幼人群的健康状况,作为申报出生婴儿户口的基础材料;后者作为法律文件,应着眼于行政管理,起到保障公民行使权力和履行义务的作用。在以人为本的今天,不管婴儿是计划内还是计划外出生,出生后都是合法的中华人民共和国公民,享有一样的国民待遇,都应该及时进行合法的出生登记,尽早建立婴儿档案。

4. 建议在提高稳定各地区孕妇住院分娩率的同时,完善和充实《出生医学证明》登记内容。各级卫生部门通过收集、整理和汇总各地区《出生医学证明》相关信息,达到统计分析各地区、各时段出生人口数量和性别的目的,进而弄清我国出生人口性别比的真实情况。《出生医学证明》登记的内容应包括可选项和必选项,逐步完善和增加。其最终应该包括全国唯一、终身不变的社会保险号码、父母的户籍、现住地,婴儿性别、出生地、血型、DNA、手印、脚印等。由于目前孩子的死亡率极低,有了《出生医学证明》基础材料不仅可以进行户口登记和统计,而且可以进行孩子各种疫苗的接种情况登记、孩子入学情况登记、身份证的领取、交纳各项社会保障费用情况等,甚至还可以对失踪儿童进行追踪、对死亡儿童状态进行身份鉴定等,还可以准确评估我国人口普查的数据质量。《出生医学证明》登记在婴儿出生地进行,而这与婴儿父母户口所在地、父母户口性质、与有无准生证无关。这样不会对我国生育政策、户口管理政策产生直接影响,但是对出生人口统计、提高数据质量和人口管理水平十分有利。

5. 现在网络十分方便,凡是有手机信号的地区都可通无线网络。2009 年 12 月 9 日原邮电部、信息产业部部长吴基传就我国通信业发展答记者问时表示,截至 2009 年 10 月,我国电话用户总数已经达到 10. 5

亿,其中固定电话用户达 3.2 亿户,手机用户达到 7.3 亿户。我国互联网网民已达 3.38 亿户,其中宽带接入用户达到 3.2 亿户。全国通电话的行政村比重达到 99.21%,具备互联网接入能力的乡镇达到 97%。建成了覆盖全国、连接全球的信息通信网络,初步形成了国家信息高速公路的基本架构。① 而且,现在大多手机已经具有照相和摄影功能,并且可以方便地传递图象,这些都有利于进行出生人口数量及性别的准确统计,为我国出生登记的信息化提供了重要的物质基础。

6. 应该允许婴儿户籍的异地申报。在信息化高度发展的今天,应该引入计算机软件,实现婴儿户籍的管理信息化,出生婴儿可以进行网上登记和传递。大部分《出生医学证明》签发单位大都已安装此类软件,这样容易建立网络管理模式下的工作平台。今后在任何一个网络服务端口,都可以查询到《出生医学证明》相关信息,并转移到公安户政部门进行户籍申报。网络可由人口计生委或公安户政部门进行管理。作为"便民"措施,可进行婴儿户口异地申报和登记,这样在方便群众的同时,提高婴儿户籍登记率。

二、一手软一手硬,两手都要抓,抓社保体系和法制建设

软的是抓计划生育政策的修改——适当放松生育政策,在法律的框架下,增加人们对于生育时间、生育间隔、两个子女之内的数量选择权;抓妇女社会地位的提高——建立社会性别平等的环境;抓社会保障体系的建设——免除人们的后顾之忧。可喜的是,我国政策也已经正在向这方面发展。继农民基础养老金后,2011 年开始城市居民的基础养老金制度。虽然数量低一些、时间迟一些,但是,这是一个良好的开端。

硬的是抓源头——B 超仪器的生产、销售和管理;抓法制建设——严禁非医学目的的人工引产;严厉惩处非法弃婴和溺婴行为。

B 超使用和管理中应该抓 B 超仪器的销售和管理。B 超的滥用源于 B 超的销售混乱和管理混乱,B 超的管理不善应该归因于管理制度、B 超的过度生产和无控制的销售。B 超不能作为普通医疗仪器,B 超的生产

---

① 《辉煌·经验·挑战·机遇——吴基传就我国通信业发展答记者问》,《人民邮电报》2009 年 12 月 9 日。

和销售应该适当管制。这样就从源头上抓住了问题的本质。

（一）依法严厉打击弃婴和溺婴犯罪活动

我国法律规定，子女出生后，父母即应承担对他的抚养义务。无论男婴还是女婴，父母都有义务把他们抚养成人，依法维护其合法权益。对于无视法律规定，溺婴、弃婴以及残害婴儿的人，应依法追究法律责任。我国《未成年人保护法》第8条规定，父母不得虐待、遗弃未成年子女，不得歧视女性未成年人或者有残疾的未成年子女；禁止溺婴和弃婴。我国《刑法》中也规定，溺婴属于情节较轻的杀人行为的，应被判处3年以上10年以下的有期徒刑。弃婴情节恶劣的，构成遗弃罪的，按照《刑法》的相关规定，处5年以下有期徒刑、拘役或者管制。其他残害婴儿的行为，如属于虐待构成犯罪的，按照《刑法》第260条的规定，处2年以下有期徒刑、拘役或者管制，致使婴儿重伤、死亡的，处2年以上7年以下有期徒刑。因此，应加大这些法律文件的宣传力度和执行力度，教育群众，杜绝这些行为发生。

（二）依法打击非医学目的的人工引产行为

《刑法》第336条第二款规定："未取得医生执业资格的人擅自为他人进行节育复通手术、假节育手术、终止妊娠手术或者摘取宫内节育器，情节严重的，处3年以下有期徒刑、拘役或者管制，并处或者单处罚金；严重损害就诊人身体健康的，处3年以上10年以下有期徒刑，并处罚金；造成就诊人死亡的，处10年以上有期徒刑，并处罚金。"两高将其罪名确定为"非法进行节育手术罪"。

该罪是关于非法进行节育手术罪及其处罚的规定，但是对未取得医生执业资格的人实施本罪和应当受到的刑法处罚没有异议，而认为刑法没有将具有医生执业资格的人规定为本罪的犯罪主体。

（三）"重导轻堵"、"重奖轻罚"增加人们对于生育空间的选择

生育是人们基本权利之一，政府应该采用引导的方法，使人们的利益和国家利益相一致。21世纪以来我国采用"重引导重奖励轻处罚"的方法，在严格控制三胎情况下，适度地放开生育政策，增加人们对于生育空间的选择权利。

我国大多数农村地区采用的"一孩半"政策，本意是为了照顾农村一个女孩的家庭，但实际上政策本身就带有性别歧视色彩，也是形成我国性别比失调的根源。一些地区采用"社会保险换取生育权"的做法，即如果

第一孩是女孩,而自愿放弃生育第二个孩子的夫妻,到 60 岁后夫妻双方可以享受较高的、接近于城市水平的社会养老保险。但是,这里仍有若干问题需要讨论和研究。首先,夫妻双方首次生育年龄大致为 23—25 岁,到 60 岁的 35 年左右时间内存在着很多变数,尤其当前离婚率高的时期,夫妻间的离婚或再婚如何处理。其次,生育女孩的夫妻社会保险比周围居民高多少为宜也是值得研究,高得太多,政府负担重、给后几任政府留下沉重的经济负担;若高得不多,差异不明显,老百姓少生、晚生、生女孩的积极性受影响。再次,除了生育女孩应该给予适当的社会保险,还有其他计划生育家庭(比如一孩户,独女户)如何进行扶助和平衡,给予适当、配套的社会保险也是应该探索的问题。

"重导轻堵"、"重奖轻罚",并不是不讲政策或不严格管理,而是科学、有效地进行管理,对于计划外生育管理、"两非"严打绝不动摇。只有这样才能保持政策的严肃性、一致性和稳定性,才能保护积极参与计划生育群众的积极性,取信于民。

(四)尊重妇女发展权益、真正实现男女平等

出生性别比失调与妇女的生存权和发展权有着密切的关系。国家人口计生委先后开展了"婚育新风进万家"、"关爱女孩"等活动。这些活动从形式上提高了女婴的生存权,但是中国妇女的发展权益仍有待于提高。和谐社会建设和发展,依赖于妇女社会地位的提高。

妇女发展权益包括女性的受教育、接受医疗的权益、就业、婚姻、生育选择权益,女性政治、经济文化参与权益。1995 年我国省地县三级干部中,女性比例分别仅为 7.08%、8.12%和 12.63%。20 世纪末我国女性就业主要集中在农业,大量人口流入城市发展,而女性仅占流入人口的 1/4。女性职业平均流动次数少、每 3 个下岗人员中女性占 2 个,而每 3 个再就业人员中,女性仅为 1 人。城市女性职工人均收入仅为男性的 85%、农村女性经济收入为男性的 60%左右。受教育程度低、女性人力投资明显不足,国家对于初等、中等、高等教育的投资,分别仅有 40%、35%和 27%用于女性。[①] 21 世纪初,很多单位招工明文规定不收女性,

---

① 孙常敏:《世纪转变中全球人口与发展》,上海社会科学院出版社 1999 年版,第 408—415 页。

女大学生就业难、女博士婚姻难问题更是十分突出。

　　针对这些情况,国家应该立法严禁歧视妇女,单位招工(经过特殊批准行业除外)必须招收一定比例的女性,各级领导机关、事业单位要逐渐提高女性任职比例,提高女性的参与和参政比例。只有重视妇女的生存和发展权益,切实提高妇女社会经济地位,才能实现真正男女性平等、才能改变人们的性别偏好,促进出生性别比的下降。

三、调整生育政策、增加对生育的选择空间

　　计划生育政策和管理很重要,但不是万能的。出生性别比偏高既然是由于出生率下降过快、人们传统文化影响过强、B超和人流使用过于随意,那么,可以从根源上想方法——适当调整生育率。第十二章第五节提到,1981—2009年我国粗出生率、自然增长率平均每上升一个千分点,则出生性别比分别下降1.10个和1.14个基本单位。全国出生人口每增加100万,出生性别比将减少1.14个基本点。我国台湾地区也十分类似。

　　首先,计划生育政策应该适当调整,尤其是我国东部地区。出生性别比偏高关键问题是出生数量太少,韩国、新加坡、日本和我国台湾等地都已经由提倡少生改变为提倡适当多生。在我国杜绝三胎生育的同时,应该有条件适当放开二胎生育。我国"独生子女"政策将造成人口萎缩,作为权宜之计——控制人口快速增长的势头是可行的,但长久则影响人口与经济的可持续性发展,同时不利于出生性别比的下降。而高额社会抚养费用的收取是造成我国出生数量欠准、新生婴儿户口申报率低、出生性别比不实的内在原因。我国四个"二孩生育特区"经验和少数民族人口比重影响出生性别比的背后就显示了出生政策宽松的地区,妇女生育时间和数量选择机会多,出生性别比就有下降的可能。

　　考虑到我国人口数量、传统生育文化和未来社会经济发展状态,在今后20年内(2010—2030年)仍将以奖励少生为主(多生也难以解决人口老龄化问题),提倡生育一孩,可以生育二孩,坚决杜绝三孩。但生育政策应该平稳过渡,应逐步将二孩内生育权利(生育数量、生育时间间隔等)交还给群众,尤其是我国东部地区,计划生育实行时间长且控制紧,对自愿选择生育一孩的父母应以较高社会养老保障作为鼓励。

　　其次,要尽快调整"一孩半"生育政策。农村能否生育第二孩应该与

"第一孩"子女性别脱钩,而与其父母将来的社会养老保障挂钩,与父母生育或已有子女挂钩。政府本身要弱化性别概念。比如退休时间的性别差异,好像是为了照顾女工而设置了不同退休年龄,然而却引起女性的不满(过早退休、工龄偏短、影响退休后的收入)。笔者认为,最好的政策不是为他人安排好一切,而是加强"透明度"且说明真相和利弊,将选择权交还给当事人,让其根据自己具体实际情况作出选择,以对自己负责,这就是加强透明度和弹性灵活的制度安排。

最后,在东部发达地区逐渐建立城乡一体化的生育政策。我国城市人口已接近50%,人口流动速度越来越快,城市居民福利被摊薄、城市户口的作用越来越弱。尽管居住同一小区或楼栋,由于城乡户口不一,政策生育数量、计划生育奖励扶助、社会抚养收取费用等差异很大,导致社会矛盾大、管理难度大。

四、建立人口委员会以协调解决人口社会问题

重视出生性别比偏高的危害性,建立政府一把手负责制。20世纪末中国计划生育工作有一条经验:"计划生育老大难,'老大'一抓就不难。"各级领导者重视程度和态度是治理出生性别比的关键,出生性别管理涉及的部门多,没有第一把手挂帅很难进行各部门的协调。当前对出生性别比治理不力反映了领导思想认识上的差距——社会性别平等问题、人们思想观念转变问题。因此,当前应该加强领导和部门间协调,使领导和各部门认识到出生性别比偏高的危害性,认真地检查、调整和制定相关政策和措施,推动出生性别比的治理。

随着我国出生率的逐渐下降,中国人口数量控制的任务逐渐减弱,取而代之的是人口综合发展和全面发展问题,包括人口老龄化问题和出生性别比升高问题等。出生性别比升高影响的是整个国家和民族,出生性别比升高的治理不是人口计生委一个部门的事情,而是政府和民族的大事。所以,各行各业有责任配合人口计生委开展出生性别比研究和治理活动。应该适当扩大人口计生委的工作责职范围,建立人口委员会,以形成综合治理出生性别比偏高的"一盘棋"局面,由地方主管担任主任,常设机构放在计生委。主要是协调人口社会、人口经济等关系,包括治理出生性别比等。比如,对"两非"行为实行定期督查和考核,对于"两非"药品

窝点的查处,对实施"两非"行为的单位和个人的处理、处罚等,对待外来人口生育管理和户口登记制度的调整,对于境外进行 B 超和人流的处理问题等,对于不同来源出生性别比数据的分析、甄别和调整等,都需要卫生、行政、药监、统计、公安户政部门等多部门的配合。目前,以现住地为主的管理体制未能得到真正的落实,出现了"现住地管不好,户籍地无法管"的情况。各地对流入人口的孕情跟踪、检测、信息通报不规范、不到位;流动人员作假现象严重,外出寄回虚假证明,流出地计生部门难以掌握其真实情况,造成育龄群众婚育状态不明、出生女婴漏报,特别是持证育龄妇女隐瞒孕情等现象;同时,非法鉴定胎儿性别人工终止妊娠行为更加隐蔽,难以发现查处。很多新情况、新问题不是人口计生委能够处理的。

第三节　小　结

前途是光明的,路途是曲折的,方法总比困难多。应该清醒地看到,我国封建社会时间长,根据韩国等地出生性别比的变化,我国出生性别比治理的难度大,不是三五年能够彻底解决的,可能要 10 年甚至更长时间。出生性别比涉及人们的思想观念、政策法令及社会经济状态,其中思想观念是不能用行政命令解决的,政策法令在很多地方的影响十分有限,生育性别偏好一时难以彻底解决。很高兴地看到,到目前出生性别比出现了微弱的下降迹象。2010 年 1 月 12 日《现代快报》报道,2005 年南京医科大学第二附属医院活产婴儿 739 人,出生性别比为 119.3;2009 年活产婴儿 1889 人,出生性别比为 112.5。2009 年南京妇幼保健院活产婴儿 8636 人,出生性别比为 108.1。这说明,各级领导重视以后,出生性别比下降是有可能的,尤其是城市户籍居民和经济发达地区居民。实际上,2009 年我国出生性别比在连续上升多年以后,出现了回落 1.1 个基本点,为 119.5。2010 年又在 2009 年的基础上下降了 1.4 个百分点。2010 年是人口普查年,面临大量资料的公布,不是评比胜似评比,各地领导压力十分大,客观地做工作和主观地压低指标。按照历次普查经验,2010 年全国出生性别比一般要低于 2009 年数值。但若全国范围内,近 5—10 年内(2020 年以前)下降到正常范围(107 以下)内恐怕难度还比较大。

（一）本书的创新

本书有如下四项新发现：（1）卫生部门的《出生医学证明》登记资料采集面比较广、制度严格科学，足以取代目前每年的抽样调查结果。（2）本书从医学及人类学角度进行探讨，分析表明基层百姓可能不通过现代"B超＋人工引产"方法，使用很原始的方法——"性生活前洗一洗"之类的方法，同样可以达到性别选择的目的。因此，应该重视意愿生育性别比，本书进而提出人们的性别平等意识对于解决出生性别比偏高意义重大。（3）我国出生性别比影响因素之多之复杂，3—5年内难以根治。即使放松生育政策，比如城市由双独（父母都是独生子女）生二孩改为单独（父或母是独生子女）生二孩，也仅能使出生性别比有所下降而已，短期难以下降到正常范围之内。（4）与2000年我国各地区出生性别比高低密切相关的社会经济因素主要有妇女离婚率、高中学历人群性别比、家庭户规模，对西部地区而言是少数民族人口比例。我国出生性别比可能存在自身2年和5年的周期变化规律。

本书创新分析大致也有三：（1）本书提出应该重视卫生部门"出生医学证明"等医学登记资料的研究和开发，传统抽样调查资料不足以揭示我国出生性别比真实情况。美国、日本、我国台湾和香港等地都充分利用出生登记资料来揭示出生性别比变化的规律。对我国出生登记资料收集的可行性、必要性进行充分论证。（2）本书从国家、省、市和县四个不同层面，从妇女社会地位、经济发展水平、传统生育文化（人们生育观念）、生育政策、生育水平和医学等多维角度，将全国划分为6大行政区2689个县，深入进行定性和定量地多方位分析，以探索出生性别比偏高的原因及相关影响因素。（3）通过多种统计资料的比较，本书客观评估了公安户政户籍登记、人口抽样调查和出生医学证明等多种出生登记资料的准确性程度。

改革开放以来，我国采用的是以必要的周期性普查为基础，经常性抽样调查为主体，同时辅之以重点调查、科学推算和部分全面报表综合运用的统计调查方法体系。[①] 为此，我国大幅度减少了基层统计报表，认为其效率低下，数据欠准。我国出生人口数据及出生性别比的资料完全依赖于每年一次的抽样调查和10年一次的人口普查。但是，出生人口数据是

---

① 曾五一、肖红叶：《统计学导论》，科学出版社2006年版，第21页。

国家最重要、最基础的国情国力数据。如果获得准确的出生数据,则可以校验人口普查中婴幼儿构成及历年出生率等数据。然而,为了逃避交付社会抚养费用,也为了能多生子女或生男孩,农民采用瞒报、不报和迟报出生等手段,造成出生数据严重失准。而普查(可减免社会抚养费用,方便出生户口申报)间隔时间太长,每年抽样调查抽样比例太少,抽样精度无法满足出生统计及出生性别比分析的需要。另外,随着生活水平的提高、医疗卫生事业的发展,我国新生婴儿医院出生比例越来越高、出生医学证明登记率越来越高。据中国卫生统计年鉴统计(表5—1),我国孕女住院分娩率由1990年的50.6%提高到2000年的72.9%,再到2008年的94.5%(城乡分别为97.5%、92.3%)。很多地方结合信息化平台对婴儿出生数据进行汇总和上传。因此,针对生命统计基础资料应该考虑使用《出生医学证明》基础资料,这样结合人口普查资料或其他统计资料,可以知道每年确切出生男女婴儿,可以建立儿童初始档案,确切知晓每年男女婴幼儿的死亡比率,婴幼儿的预防接种情况、跟踪婴幼儿的去向,查找被拐卖儿童,包括儿童成长后社会保险参加情况。当然,如果将《出生医学证明》及住院分娩情况,作为收取社会抚养费用(计划生育的罚款)的依据,短期内将有可能导致孕妇在家分娩比例增加,从而影响该指标的准确性,这也是卫生部门所担心的。

(二)本书的不足

　　本书是2005年国家人口和计划生育委员会研究项目《中国县(市)出生人口性别比研究》(项目编号:H0510617)的深化和继续,于2011年我们又承接了江苏省人口计生委研究课题《江苏出生人口性别比变动趋势及对策研究》。虽然经过我们持续六年的深化研究,但由于水平有限,本书研究还有很多不足之处。首先,出生性别比问题十分复杂,涉及各区域的社会经济文化、政策管理、医学等很多方面影响因素,由于资料精度及研究时间等限制,本书仅能针对部分因素进行有限的研究。其次,研究大都依据2000年第五次人口普查的情况,而实际情况变化很快,我们缺乏长时间的资料进行纵向考察和深入定性研究。最后,本书研究虽然采用定量和定性相结合的分析技术,但是由于采用定制式调查资料,基本上是定量研究为主,挂一漏万,不足之处肯定存在。恳望领导和学者多加指正,我们仍将继续关注这一社会问题。

附　录

附录1:1900—2009年日本出生性别比

尾数年 年度	0	1	2	3	4	5	6	7	8	9
1900—1909	105.1	105.1	104.8	105.2	105.1	102.7	108.7	102.7	104.6	104.1
1910—1919	103.9	104.0	104.1	104.4	104.9	104.2	104.3	104.2	104.3	104.9
1920—1929	104.5	104.5	104.0	104.4	104.2	103.5	105.8	103.7	104.4	104.0
1930—1939	105.3	104.3	105.0	105.2	104.2	105.2	104.9	104.8	105.7	104.9
1940—1949	105.1	104.8	105.2	105.3	—	—	—	105.8	105.8	104.8
1950—1959	106.1	104.9	105.2	105.2	106.2	105.8	105.8	105.7	105.5	105.8
1960—1969	105.6	105.9	106.1	105.7	105.9	105.3	107.6	105.3	107.1	107.2
1970—1979	107.1	106.7	106.5	106.2	106.4	106.2	106.2	106.1	106.0	106.2
1980—1989	106.0	105.9	105.5	105.7	105.4	105.6	105.9	105.8	105.6	—
1990—1999	105.5	—	—	—	—	105.2	—	—	—	—
2000—2009	105.8	105.5	105.7	105.5	105.3	105.3	105.3	—	—	—

资料来源:Ministry of Health and Welfare, Vital Statistics, Vol.1,1982—1988。

附录2:1900—2009年中国台湾省出生人口性别比

尾数年 年度	0	1	2	3	4	5	6	7	8	9
1900—1909							109.2	108.3	107.2	106.7
1910—1919	106.3	105.4	105.2	105.1	106.0	106.0	104.9	106.5	106.0	106.2
1920—1929	106.2	105.6	104.8	105.3	105.8	105.1	105.0	106.1	106.0	106.4
1930—1939	105.4	105.4	105.3	106.1	105.6	105.8	106.2	105.9	106.5	105.5
1940—1949	105.9	106.7	107.0	108.1						105.8
1950—1959	105.4	104.9	105.4	105.1	105.8	106.0	105.5	105.5	105.9	105.8
1960—1969	106.5	106.5	106.4	106.2	106.6	105.8	105.7	107.3	106.8	106.6
1970—1979	106.5	106.2	105.9	105.9	106.9	106.4	106.1	106.4	106.4	107.4
1980—1989	107.2	106.5	107.1	106.9	107.4	106.7	107.5	108.2	108.1	108.6
1990—1999	110.3	110.3	110.0	108.6	109.0	108.0	108.6	109.0	108.8	109.2
2000—2009	109.7	108.7	109.8	110.1	110.6	109.0	109.7	109.6	109.6	

资料来源:Statistical Office, Statistical Abstract of Taiwan,1984－1946;Ministry of Interior, Taiwan Demographic Fact Book, Republic of China, 1972;Taiwan_Fukien Demographic Fact Book, Republic of China, 1982－2008。

附录 3：1940—2002 年美国历年活产婴儿
性别比随母亲生育年龄的变化

年龄 年份	平均	10—14	15—19	20—24	25—29	30—34	35—39	40—44	45+
1940	105.5	102.5	105.7	105.7	105.8	105.6	104.9	104.1	105.4
1941	105.4	106.6	105.2	105.6	105.5	104.9	105.6	105.3	104.1
1942	105.8	105.4	106.5	106.1	106.0	105.2	104.9	105.0	104.8
1943	105.7	98.1	105.8	105.6	106.3	105.1	104.1	103.5	102.8
1944	105.6	104.5	105.3	105.8	105.6	105.2	105.8	104.1	102.2
1945	105.5	102.6	105.3	105.9	105.9	105.0	105.1	104.7	100.3
1946	105.9	104.0	105.8	106.3	106.1	105.5	104.7	104.4	104.0
1947	105.5	105.9	105.2	105.9	105.5	105.4	105.1	104.6	107.0
1948	105.4	104.2	106.1	105.4	105.6	105.0	104.5	104.4	102.4
1949	105.4	101.6	105.6	105.8	105.2	105.5	105.0	104.6	102.7
1950	105.4	103.9	105.7	105.5	105.7	105.2	104.0	104.2	101.4
1951	105.2	100.7	104.2	105.4	105.7	104.9	105.2	105.4	103.1
1952	105.1	105.6	105.4	105.3	105.1	105.1	104.4	102.2	106.3
1953	105.3	109.6	106.0	105.2	105.5	106.1	104.8	104.8	101.4
1954	105.1	104.7	106.0	105.6	105.6	103.7	103.5	103.3	102.0
1955	105.1	107.7	105.6	105.2	104.9	105.3	104.3	103.9	101.9
1956	105.1	107.3	105.0	105.8	104.9	105.4	103.4	104.6	100.9
1957	105.1	104.2	105.3	105.3	105.0	105.4	104.4	101.7	109.4
1958	104.9	103.4	105.2	105.3	104.6	105.0	104.6	102.7	111.4
1959	104.9	109.5	105.3	105.5	105.0	104.3	104.0	102.1	104.4
1960	104.9	103.5	105.6	105.2	104.8	104.7	103.7	103.9	102.3
1961	105.0	108.1	106.0	105.5	104.8	104.4	103.8	103.8	104.7
1962	104.8	99.9	105.3	105.1	104.5	104.7	104.2	103.6	103.7
1963	105.3	107.0	106.4	105.2	105.7	104.2	104.6	104.3	101.1
1964	104.7	102.7	105.6	105.0	104.7	103.9	103.9	102.9	105.7
1965	105.1	103.2	106.0	105.4	105.3	104.4	103.4	102.9	106.9
1966	104.9	98.6	104.8	104.8	105.4	105.0	103.9	102.8	99.3
1967	105.0	107.2	105.3	105.3	105.0	104.8	104.3	100.7	99.1
1968	105.3	99.4	105.2	105.4	105.8	105.1	104.5	103.2	106.9

年龄 年份	平均	10—14	15—19	20—24	25—29	30—34	35—39	40—44	45+
1969	105.3	103.7	105.9	105.3	105.3	105.1	104.7	102.7	102.7
1970	105.5	111.4	105.7	105.7	105.3	105.7	103.2	103.9	97.6
1971	105.2	105.6	105.2	105.3	105.2	105.4	104.8	100.9	98.4
1972	105.1	103.4	104.9	105.5	105.2	104.7	104.3	101.8	103.2
1973	105.2	99.4	105.2	105.5	105.5	104.6	104.1	102.1	115.5
1974	105.5	102.1	105.6	105.7	105.3	105.4	105.0	105.4	94.2
1975	105.4	104.2	105.7	105.6	105.5	104.5	104.6	102.1	104.5
1976	105.3	104.5	105.3	105.2	105.5	104.4	106.2	104.8	108.8
1977	105.3	109.8	105.5	105.1	105.6	104.7	105.2	100.4	96.4
1978	105.3	105.3	105.4	105.1	105.5	104.9	105.6	103.8	101.6
1979	105.2	108.1	105.8	105.0	104.8	105.5	105.5	104.7	104.6
1980	105.3	107.5	105.3	105.2	105.5	105.2	104.6	102.7	115.8
1981	105.2	106.4	105.7	105.4	105.0	104.7	104.2	103.7	102.4
1982	105.1	105.1	104.8	104.9	105.4	105.0	105.1	104.3	101.6
1983	105.2	106.3	105.5	104.9	105.3	105.7	104.2	104.4	102.8
1984	105.0	103.0	104.8	105.3	105.1	104.6	104.8	104.5	106.7
1985	105.2	107.5	105.2	105.1	105.2	105.5	105.0	102.8	104.2
1986	105.1	104.8	105.6	104.9	105.1	105.3	104.8	102.6	97.0
1987	105.0	105.3	105.3	105.0	105.0	104.9	104.8	104.3	108.6
1988	105.0	103.3	105.2	104.8	104.9	105.3	105.0	105.8	109.9
1989	105.0	103.9	105.2	104.9	105.1	104.9	105.0	104.6	97.7
1990	105.0	108.5	105.2	105.1	104.6	105.2	105.1	105.3	103.0
1991	104.6	106.6	104.6	104.6	104.4	105.6	104.3	104.0	106.2
1992	105.0	103.5	105.1	104.9	104.9	105.1	105.4	102.9	107.4
1993	105.0	103.8	105.6	105.0	105.1	104.9	104.9	104.6	104.7
1994	104.8	105.0	104.7	104.8	104.9	104.9	104.1	105.2	100.4
1995	104.9	106.3	105.3	105.0	104.7	105.0	104.4	104.9	101.0
1996	104.7	104.5	105.6	104.7	104.6	104.7	105.0	103.7	103.7
1997	104.8	104.4	105.1	104.5	104.8	105.1	104.1	104.9	103.9
1998	104.7	107.9	104.9	104.5	104.7	104.9	104.6	104.0	107.3
1999	104.9	107.8	105.2	104.7	105.1	104.8	104.5	104.6	106.7

续表

年龄 年份	平均	10—14	15—19	20—24	25—29	30—34	35—39	40—44	45+
2000	104.8	108.9	105.1	104.5	105.0	104.8	104.5	104.6	107.3
2001	104.6	106.3	104.7	104.3	104.9	104.5	104.3	105.0	103.2
2002	104.8	105.1	105.2	104.7	105.0	104.9	104.2	103.7	109.7
平均	105.1	104.9	105.4	105.2	105.2	105.0	104.6	103.8	103.9
1940— 2002	105.0— 105.2	104.2— 105.6	105.3— 105.5	105.1— 105.3	105.1— 105.3	104.9— 105.1	104.5— 104.7	103.5— 104.1	102.9— 104.9

资料来源：T. J. Mathews，M. S. ，and Brady E. Hamilton，Trend Analysis of the Sex Ratio at Birth in the United States，*National Vital Statistics Reports* Vol. 53，No. 20，June 14，2005（附录4—6 同。

附录4：1943—2002年美国历年活产婴儿性别比随孩次数的变化

孩次 年份	平均	第1孩	第2孩	第3孩	第4孩	第5孩	第6孩	第7孩	第8孩+
1943	105.7	106.3	105.9	105.1	105.2	103.2	104.4	104.4	102.7
1944	105.6	106.3	105.6	105.8	104.8	103.5	104.4	104.5	104.1
1945	105.5	106.1	106.1	104.9	105.2	105.6	102.1	104.5	103.0
1946	105.9	106.9	106.0	105.2	105.2	103.5	104.5	104.8	103.5
1947	105.5	106.2	105.4	105.0	104.7	105.2	104.4	104.4	103.1
1948	105.4	106.1	105.8	104.4	105.1	103.7	104.9	103.2	102.8
1949	105.4	106.0	105.8	104.9	105.0	104.3	103.9	104.2	103.0
1950	105.4	106.3	105.7	104.8	103.9	104.4	103.2	102.4	103.7
1951	105.2	105.9	105.3	105.2	104.0	105.2	104.0	101.2	104.1
1952	105.1	105.6	105.6	104.9	104.8	103.3	103.0	102.4	102.5
1953	105.3	106.6	105.1	105.1	104.1	104.1	103.8	104.2	104.3
1954	105.1	105.9	105.9	104.8	103.9	103.7	103.4	102.7	103.2
1955	105.1	106.1	104.9	105.2	105.0	104.0	102.9	102.3	102.4
1956	105.1	106.3	105.5	104.4	104.7	104.5	103.6	101.6	103.1
1957	105.1	105.8	105.4	105.3	104.0	104.6	102.7	102.2	104.2
1958	104.9	105.8	104.8	104.8	105.6	103.3	103.5	102.4	104.1
1959	104.9	106.4	105.1	104.8	104.2	104.0	104.0	101.2	103.0
1960	104.9	105.8	104.9	104.8	104.7	103.9	104.0	102.4	103.0

续表

孩次 年份	平均	第1孩	第2孩	第3孩	第4孩	第5孩	第6孩	第7孩	第8孩+
1961	105.0	106.6	105.4	104.4	103.6	103.7	103.6	105.1	100.9
1962	104.8	105.4	105.2	104.9	104.4	103.6	104.0	100.5	102.0
1963	105.3	106.4	105.2	105.8	104.8	103.4	103.5	102.1	104.1
1964	104.7	105.8	104.8	105.0	104.2	103.7	103.3	102.7	101.7
1965	105.1	106.0	105.8	104.7	105.0	103.5	103.3	100.6	101.9
1966	104.9	105.4	104.8	104.8	104.9	104.9	102.6	103.7	102.7
1967	105.0	106.0	104.9	104.8	104.7	103.8	102.5	102.1	103.1
1968	105.3	106.1	105.1	105.4	105.8	103.5	104.1	102.6	102.9
1969	105.3	105.8	105.3	105.0	104.9	104.8	103.7	103.7	103.2
1970	105.5	106.1	105.6	105.9	103.8	103.5	102.6	103.6	103.0
1971	105.2	106.0	105.0	104.8	104.2	104.9	102.5	102.7	104.4
1972	105.1	105.5	105.3	104.9	104.5	104.7	102.2	100.2	103.8
1973	105.2	105.5	105.9	104.9	103.6	102.6	103.2	104.7	101.7
1974	105.5	106.0	105.4	104.8	104.5	104.8	103.0	105.6	103.3
1975	105.4	105.9	105.5	105.1	104.8	101.5	102.8	104.3	100.1
1976	105.3	105.8	105.4	104.2	104.9	104.1	102.8	102.6	103.3
1977	105.3	105.8	105.3	104.3	105.2	104.0	102.0	103.3	103.5
1978	105.3	105.8	105.2	104.6	103.6	105.5	104.3	103.2	101.8
1979	105.2	105.6	104.7	105.3	104.9	104.4	103.7	105.0	102.0
1980	105.3	105.8	105.5	104.6	103.8	104.0	100.5	102.6	104.5
1981	105.2	105.7	104.9	104.7	105.2	103.5	103.6	103.7	104.3
1982	105.1	105.6	104.9	104.7	104.4	104.2	103.9	101.0	104.1
1983	105.2	105.6	105.1	104.7	105.5	104.0	101.6	105.6	100.3
1984	105.0	105.4	105.0	104.8	104.6	103.8	100.6	101.2	100.9
1985	105.2	105.7	105.0	105.0	104.3	103.5	103.2	105.1	103.1
1986	105.1	105.4	105.1	104.5	104.3	105.0	103.7	106.7	103.7
1987	105.0	105.4	105.1	104.2	104.5	104.0	103.8	102.9	104.3
1988	105.0	105.5	105.1	104.3	104.0	102.9	105.0	99.8	105.5
1989	105.0	105.4	105.0	104.6	103.5	104.5	103.7	103.3	104.4
1990	105.0	105.6	104.9	104.3	104.1	103.1	103.4	103.6	102.8
1991	104.6	105.3	104.3	104.1	103.3	103.5	101.9	104.0	105.6

续表

孩次 年份	平均	第1孩	第2孩	第3孩	第4孩	第5孩	第6孩	第7孩	第8孩+
1992	105.0	105.4	105.1	104.7	104.0	104.0	102.6	103.5	102.4
1993	105.0	105.4	104.9	104.8	103.7	103.4	105.4	104.3	103.0
1994	104.8	105.2	104.7	104.5	103.9	103.9	103.8	105.0	102.1
1995	104.9	105.6	104.7	104.4	104.0	103.5	102.4	103.3	101.0
1996	104.7	105.0	104.7	104.3	104.2	103.8	105.5	101.0	105.3
1997	104.8	105.2	104.9	104.1	103.8	104.0	103.0	102.0	104.6
1998	104.7	105.0	104.8	104.4	103.7	104.1	103.1	105.1	104.5
1999	104.9	105.3	104.9	104.3	104.1	103.5	102.8	105.8	102.3
2000	104.8	105.4	104.7	104.5	103.8	103.0	100.6	104.4	102.9
2001	104.6	105.1	104.5	103.8	104.0	104.4	101.5	103.8	104.0
2002	104.8	105.5	104.8	104.0	104.0	103.1	100.8	103.6	103.0
平均	105.8	105.7	105.1	104.7	104.4	103.9	103.4	103.1	103.1
1943— 2002	105.7— 105.9	105.6— 105.8	105.0— 105.2	104.6— 104.8	104.3— 104.5	103.7— 104.1	103.1— 103.7	102.7— 103.5	102.8— 103.4

附录5:2000—2002年美国各地区出生人口性别比

	所有人	白种人	非裔人	印第安人	亚太岛屿人	墨西哥人
全美国	104.7	105.2	103.2	102.7	106.7	104.1
亚拉巴马	104.1	104.9	103.1	100.0	101.6	100.8
阿拉斯加	105.3	106.1	100.7	105.3	99.7	100.3
亚利桑那	104.6	105.9	102.6	101.5	101.1	103.8
阿肯色	105.0	105.7	104.8	104.4	110.4	98.2
加利福尼亚	104.6	105.3	102.5	103.1	107.2	103.7
科罗拉多	105.3	105.9	105.4	106.1	104.8	103.9
康涅狄格	105.5	106.0	103.4	97.3	105.1	105.1
特拉华	105.7	106.7	102.7	—	107.2	107.7
华盛顿特区	103.7	107.2	102.8	—	120.4	100.6
佛罗里达	104.7	105.7	103.0	101.3	104.5	104.3
佐治亚	103.8	104.9	102.2	116.5	102.0	103.2

	所有人	白种人	非裔人	印第安人	亚太岛屿人	墨西哥人
夏威夷	107.5	110.3	102.3	123.2	106.7	110.2
爱达华	103.5	104.2	94.0	100.4	106.9	100.3
伊利诺伊	104.5	105.1	102.3	100.0	106.8	104.6
印第安纳	105.0	105.4	103.3	103.2	106.0	102.9
艾奥瓦	104.9	105.0	105.7	103.7	104.2	102.6
堪萨斯	104.9	105.3	104.3	102.1	103.8	103.1
肯塔基	105.6	105.6	104.7	102.7	112.6	107.5
路易斯安那	104.7	105.4	103.7	98.9	101.2	112.1
缅因	105.7	105.6	118.5	96.1	110.0	102.9
马里兰	104.5	105.3	103.0	104.2	104.7	104.4
马萨诸塞	104.2	104.4	102.2	106.1	106.5	103.3
密歇根	105.2	105.7	103.0	99.8	112.5	103.5
明尼苏达	104.9	104.8	105.5	102.9	109.2	103.9
密西西比	104.6	106.4	102.2	105.9	108.2	109.0
密苏里	104.8	105.4	102.1	106.3	106.4	102.0
蒙大拿	103.7	103.7	—	101.7	96.7	114.2
内布拉斯加	104.0	103.9	105.6	95.7	105.1	104.9
内华达	105.7	106.5	104.5	103.1	107.7	104.6
新罕布什尔	106.3	106.2	98.2	—	115.0	107.9
新泽西	105.3	105.3	104.3	98.1	105.7	105.9
新墨西哥	103.0	104.4	106.9	101.9	104.4	102.5
纽约	105.0	105.0	104.1	105.6	108.0	104.8
北卡罗来纳	104.2	104.7	102.4	104.6	107.8	104.6
北达科他	105.8	105.3	100.7	111.9	90.0	116.4
俄亥俄	105.0	105.6	102.8	91.9	102.6	104.0
俄克拉荷马	105.5	105.7	104.9	103.4	110.2	106.5
俄勒冈	104.9	104.9	103.5	101.9	107.3	104.6
宾夕法尼亚	104.6	104.9	103.8	94.6	105.8	102.8
罗得岛	106.4	106.7	99.1	108.1	108.4	108.4
南卡罗来纳	104.7	105.4	102.9	105.8	113.7	106.8
南达科他	104.2	103.6	105.9	107.1	103.9	108.2

续表

	所有人	白种人	非裔人	印第安人	亚太岛屿人	墨西哥人
田纳西	104.8	105.4	102.3	103.5	110.7	105.6
得克萨斯	104.5	105.0	104.3	102.7	107.1	104.0
犹他	105.5	105.5	103.7	100.4	109.4	105.7
佛蒙特	105.0	105.1	—	—	117.6	—
弗吉尼亚	104.3	104.3	104.5	118.7	104.3	103.7
华盛顿	104.9	105.2	103.9	101.5	104.9	104.7
西弗吉尼亚	106.0	105.6	113.4	—	122.7	—
威斯康星	104.1	104.7	100.3	102.5	107.0	101.6
怀俄明	105.4	105.5	123.8	93.2	111.2	110.3
平均	104.9	105.4	104.0	103.2	107.0	105.0
最大	107.5	110.3	123.8	123.2	122.7	116.4
最小	103.0	103.6	94.0	91.9	90.0	98.2
标准差	0.8	1.0	4.4	5.8	5.3	3.5

资料来源：Paul D. Sutton, T. J. Mathews, Trends in Characteristics of Births by State: United States, 1990, 1995, and 2000 – 2002, National Vital Statistics Reports, Vol. 52 No. 19, May 2004。

附录6：美国各民族出生性别比随时间的变化

	平均	2002	2001	2000	1999	1998	1997	1996
合计	—	1.048	1.046	1.048	1.049	1.047	1.048	1.047
美籍欧裔人	1.054	1.050	1.047	1.050	1.052	1.049	1.050	1.050
美籍非裔人	1.030	1.032	1.032	1.031	1.031	1.034	1.031	1.028
印第安人	1.031	1.023	1.024	1.035	1.029	1.038	1.036	1.031
美籍日本人	1.055	1.089	1.041	1.084	1.003	1.030	1.068	1.053
夏威夷人	1.054	1.075	1.000	1.059	1.047	1.044	1.066	1.062
美籍华人	1.074	1.070	1.092	1.077	1.075	1.067	1.100	1.090
美籍菲律宾人	1.072	1.070	1.077	1.080	1.089	1.057	1.069	1.061
波多黎各人	1.045	1.061	1.052	1.051	1.031	1.044	1.049	0.001
美籍古巴人	1.054	1.056	1.032	1.050	1.038	1.105	1.043	1.044
中美、南美人	1.044	1.046	1.037	1.046	1.054	1.042	1.042	1.046
美籍墨西哥人	1.041	1.038	1.037	1.042	1.040	1.037	1.038	1.039

续表

	平均	2002	2001	2000	1999	1998	1997	1996
非拉美裔白人	1.054	1.054	1.051	1.053	1.055	1.052	1.052	1.053
非拉美裔黑人	1.031	1.032	1.032	1.031	1.032	1.034	1.031	1.027
	1995	1994	1993	1992	1991	1990	1989	1988
合计	1.049	1.048	1.050	1.050	1.046	1.050	1.050	1.050
美籍欧裔人	1.052	1.051	1.054	1.053	1.049	1.054	1.053	1.053
美籍非裔人	1.031	1.028	1.028	1.036	1.031	1.029	1.031	1.033
印第安人	1.040	1.031	1.036	1.034	1.016	1.023	1.028	1.021
美籍日本人	1.054	1.048	1.063	1.049	1.042	1.063	1.061	1.048
夏威夷人	1.009	1.034	1.060	1.064	1.143	1.043	1.073	1.051
美籍华人	1.068	1.093	1.080	1.065	1.080	1.077	1.074	1.073
美籍菲律宾人	1.079	1.051	1.081	1.083	1.061	1.092	1.073	1.077
波多黎各人	1.056	1.042	1.055	1.057	1.019	1.044	1.050	1.052
美籍古巴人	1.051	1.021	1.063	1.079	1.073	1.077	1.030	1.049
中、南美人	1.043	1.045	1.046	1.040	1.043	1.049	1.044	1.047
美籍墨西哥人	1.040	1.040	1.042	1.040	1.040	1.041	1.040	1.042
非拉美白人	1.054	1.054	1.057	1.056	1.051	1.056	1.056	—
非拉美黑人	1.031	1.029	1.028	1.036	1.030	1.029	1.030	—

附录7:2000年全国地级市(区、盟)的0岁婴儿、
0—4岁婴幼儿性别比

地区	0岁性别比	0—4岁性别比	地区	0岁性别比	0—4岁性别比
北京市辖区	111.8	111.5	北京辖县	105.5	108.2
天津市辖区	109.1	107.8	天津辖县	121.3	124.0
石家庄市	108.8	113.1	张家口市	106.8	106.3
唐山市	107.9	107.1	承德市	116.1	115.0
秦皇岛市	108.4	111.0	沧州市	119.1	122.5
邯郸市	120.4	123.0	廊坊市	115.6	121.0
邢台市	120.8	121.6	衡水市	110.1	113.5
保定市	114.8	114.1	太原市	106.2	105.3
大同市	108.6	106.6	晋中市	116.1	114.8

续表

地区	0 岁性别比	0—4 岁性别比	地区	0 岁性别比	0—4 岁性别比
阳泉市	115.0	115.0	运城市	119.5	118.5
长治市	110.2	108.9	忻州市	110.4	107.5
晋城市	102.1	100.0	临汾市	114.3	111.4
朔州市	118.3	114.9	吕梁地区	117.0	115.2
呼和浩特	109.8	111.4	兴安盟	103.8	104.7
包头市	103.4	105.5	锡林郭勒	102.9	103.9
乌海市	110.3	104.3	乌兰察布	105.4	105.2
赤峰市	120.5	119.8	伊克昭盟	109.0	111.2
通辽市	109.2	109.6	巴彦淖尔	107.2	106.1
呼伦贝尔	102.6	105.3	阿拉善盟	101.0	104.0
沈阳市	109.8	110.9	营口市	121.1	121.4
大连市	108.2	107.6	阜新市	107.3	108.2
鞍山市	115.9	119.4	辽阳市	112.5	113.7
抚顺市	109.5	107.4	盘锦市	112.1	111.7
本溪市	110.0	110.8	铁岭市	113.5	111.1
丹东市	109.5	107.5	朝阳市	118.3	120.0
锦州市	110.4	108.6	葫芦岛市	122.5	125.3
长春市	112.0	112.3	白山市	109.3	110.7
吉林市	107.7	108.5	松原市	115.0	114.6
四平市	114.5	113.2	白城市	107.4	107.7
辽源市	109.8	108.6	延边朝鲜	107.6	107.3
通化市	115.2	110.0	哈尔滨市	110.0	109.6
齐齐哈尔	107.5	107.7	佳木斯市	113.4	110.0
鸡西市	109.4	108.6	七台河市	105.4	106.8
鹤岗市	105.1	105.5	牡丹江市	107.7	108.1
双鸭山市	106.6	106.2	黑河市	107.1	105.1
大庆市	108.6	108.9	绥化市	114.0	111.6
伊春市	107.9	107.6	大兴安岭	111.9	110.0
上海市辖	110.5	110.8	上海辖县	111.5	107.3
南京市	111.1	111.6	淮阴市	113.4	129.5
无锡市	111.6	111.9	盐城市	116.2	125.6

地区	0 岁性别比	0—4 岁性别比	地区	0 岁性别比	0—4 岁性别比
徐州市	127.2	138.9	扬州市	111.5	113.0
常州市	108.5	111.2	镇江市	106.7	108.4
苏州市	107.1	106.7	泰州市	119.4	126.3
南通市	105.9	105.0	宿迁市	124.1	135.6
连云港市	143.7	163.5	杭州市	107.4	108.4
宁波市	112.6	109.8	金华市	117.5	120.4
温州市	128.2	133.2	衢州市	110.1	110.0
嘉兴市	103.9	103.1	舟山市	103.4	102.7
湖州市	105.2	104.4	台州市	116.3	115.8
绍兴市	107.4	107.5	丽水市	113.5	110.6
合肥市	131.0	132.4	滁州市	130.1	126.9
芜湖市	110.2	113.1	阜阳市	141.4	144.9
蚌埠市	122.3	128.8	宿州市	130.0	133.1
淮南市	126.6	131.0	巢湖市	125.6	129.6
马鞍山市	115.8	119.1	六安市	130.4	128.5
淮北市	128.9	137.2	亳州市	155.9	151.0
铜陵市	111.0	109.8	贵池市	109.7	107.3
安庆市	124.7	122.0	宣城市	107.4	107.8
黄山市	106.4	106.3	福州市	127.4	128.5
厦门市	111.8	116.4	漳州市	113.7	117.9
莆田市	123.3	134.6	南平市	111.2	115.7
三明市	121.9	123.5	龙岩市	115.0	120.1
泉州市	118.5	126.4	宁德市	120.3	125.7
南昌市	122.8	143.4	赣州市	119.5	130.5
景德镇市	121.1	127.7	吉安市	120.1	132.5
萍乡市	109.8	111.4	宜春市	122.4	137.2
九江市	116.4	123.8	抚州市	123.2	143.6
新余市	124.8	125.5	上饶市	111.9	131.4
鹰潭市	121.0	138.8	济南市	111.7	109.7
青岛市	106.2	107.0	威海市	105.6	106.5
淄博市	106.8	107.8	日照市	108.2	108.5

地区	0 岁性别比	0—4 岁性别比	地区	0 岁性别比	0—4 岁性别比
枣庄市	116.0	141.8	莱芜市	107.0	107.7
东营市	109.2	108.3	临沂市	112.4	117.1
烟台市	109.3	107.6	德州市	109.2	108.9
潍坊市	109.2	111.0	聊城市	114.6	118.1
济宁市	113.8	122.1	滨州市	108.8	109.0
泰安市	107.0	108.1	菏泽市	135.6	133.0
郑州市	115.0	119.6	许昌市	125.3	142.9
开封市	125.7	137.3	漯河市	128.9	143.7
洛阳市	117.7	121.8	三门峡市	115.1	112.7
平顶山市	119.3	125.2	南阳市	113.3	123.0
安阳市	124.2	125.1	商丘市	116.9	140.8
鹤壁市	126.7	135.0	信阳市	123.7	135.5
新乡市	115.4	127.4	周口市	120.4	152.2
焦作市	119.7	128.6	驻马店市	120.0	134.5
濮阳市	121.8	133.9	武汉市	127.9	130.3
黄石市	149.7	149.8	荆州市	129.5	126.8
十堰市	119.0	120.0	黄冈市	161.9	155.5
宜昌市	106.2	106.2	咸宁市	139.0	137.7
襄樊市	113.7	112.6	随州市	113.8	113.3
鄂州市	170.6	167.9	恩施土家	110.1	110.1
荆门市	109.7	109.3	湖北省直	144.7	151.0
孝感市	136.2	142.7	长沙市	110.5	110.5
株洲市	110.7	109.4	益阳市	114.5	112.0
湘潭市	122.6	122.2	郴州市	139.6	135.0
衡阳市	149.5	141.8	永州市	140.8	136.7
邵阳市	139.4	138.8	怀化市	119.8	117.2
岳阳市	120.8	123.9	娄底市	144.3	133.5
常德市	109.2	108.6	湘西土家	123.1	117.0
张家界市	109.5	109.0	广州市	122.5	121.1
韶关市	123.1	120.6	梅州市	130.2	128.0
深圳市	129.8	136.8	汕尾市	136.7	123.6

地区	0 岁性别比	0—4 岁性别比	地区	0 岁性别比	0—4 岁性别比
珠海市	126.1	123.8	河源市	129.3	121.0
汕头市	115.2	115.0	阳江市	150.6	153.8
佛山市	126.3	126.4	清远市	137.8	129.8
江门市	121.6	118.5	东莞市	137.4	135.5
湛江市	142.9	143.4	中山市	122.5	121.4
茂名市	158.6	158.5	潮州市	115.7	115.5
肇庆市	143.6	132.9	揭阳市	112.7	121.8
惠州市	132.6	127.4	云浮市	145.4	141.9
南宁市	127.2	132.2	贵港市	132.4	129.0
柳州市	109.2	112.6	玉林市	143.3	142.2
桂林市	114.2	116.9	南宁地区	134.7	132.1
梧州市	123.4	128.1	柳州地区	115.8	116.6
北海市	129.6	130.2	贺州地区	124.3	123.8
防城港市	143.9	153.6	百色地区	114.8	116.5
钦州市	135.2	137.1	河池地区	121.3	120.5
海口市	135.2	137.4	海南省直	139.0	137.0
三亚市	122.0	122.8	重庆市辖区	110.0	109.0
重庆市辖县	118.1	121.1	重庆辖县级	112.0	112.1
成都市	107.2	106.9	眉山市	111.4	107.1
自贡市	113.6	114.4	宜宾市	129.7	126.4
攀枝花市	111.8	107.7	广安市	127.8	123.9
泸州市	119.4	117.5	达州市	120.1	122.4
德阳市	112.0	109.3	雅安市	106.9	105.8
绵阳市	108.7	107.8	巴中市	123.7	121.8
广元市	110.5	108.2	资阳市	114.8	116.4
遂宁市	121.1	119.2	阿坝藏族	103.6	103.9
内江市	113.0	112.4	甘孜藏族	102.1	104.0
乐山市	107.8	107.4	凉山彝族	117.4	115.3
南充市	123.8	125.2	贵阳市	104.6	108.7
六盘水市	110.8	117.0	黔西南布	103.1	110.6
遵义市	109.6	116.1	毕节地区	93.7	104.1

续表

地区	0 岁性别比	0—4 岁性别比	地区	0 岁性别比	0—4 岁性别比
安顺市	109.2	116.6	黔东南苗	129.1	127.2
铜仁地区	119.3	118.7	黔南布依	119.7	116.5
昆明市	105.0	107.4	西双版纳	105.1	105.2
曲靖市	122.4	129.2	大理白族	103.7	103.3
玉溪市	104.1	105.5	保山地区	111.3	110.8
昭通地区	107.3	114.3	德宏傣族	110.2	111.0
楚雄彝族	104.1	104.0	丽江地区	106.8	105.6
红河哈尼	114.3	117.9	怒江傈僳	102.3	102.9
文山壮族	121.0	120.2	迪庆藏族	103.5	101.5
思茅地区	107.7	111.2	临沧地区	108.4	107.3
拉萨市	107.6	103.7	宝鸡市	126.0	130.2
昌都地区	102.4	100.7	咸阳市	128.6	139.8
山南地区	105.5	101.2	渭南市	118.3	119.8
日喀则地	101.8	102.5	延安市	120.4	123.1
那曲地区	98.5	99.0	汉中市	114.0	113.7
阿里地区	94.7	101.2	榆林市	134.6	142.0
林芝地区	104.9	102.5	安康市	125.8	124.5
西安市	125.3	124.3	商洛地区	122.3	124.1
铜川市	113.0	112.5	兰州市	112.0	113.8
嘉峪关市	111.0	108.9	定西地区	108.4	113.7
金昌市	143.4	132.4	陇南地区	106.1	110.0
白银市	112.0	117.9	平凉地区	119.3	126.2
天水市	109.8	114.4	庆阳地区	122.6	130.0
酒泉地区	108.9	110.2	临夏回族	120.5	123.1
张掖地区	142.3	120.9	甘南藏族	110.8	108.0
武威地区	142.5	145.4	西宁市	112.9	111.8
海东地区	116.1	112.7	果洛藏族	108.7	104.8
海北藏族	101.7	102.0	玉树藏族	103.1	102.4
黄南藏族	106.2	101.9	海西蒙古	104.5	106.6
海南藏族	106.6	102.3	银川市	106.7	106.8
石嘴山市	105.8	106.7	固原地区	107.9	107.6

续表

地区	0 岁性别比	0—4 岁性别比	地区	0 岁性别比	0—4 岁性别比
吴忠市	111.4	112.3	乌鲁木齐	107.7	110.1
克拉玛依	107.3	106.7	喀什地区	103.3	102.9
吐鲁番地	101.1	105.0	和田地区	104.2	104.3
哈密地区	111.1	107.2	伊犁哈萨	102.1	105.4
昌吉回族	106.8	106.3	伊犁地区	108.4	107.1
博尔塔拉	107.7	109.6	塔城地区	108.1	106.3
巴音郭楞	107.1	107.3	阿勒泰地	106.8	105.4
阿克苏地	105.7	105.4	石河子市	106.7	104.4
克孜勒苏	107.1	105.9			

资料来源:国务院人口普查办、国家统计局人口和社会科技统计司编辑:《2000 年人口普查分县资料》,中国统计出版社 2003 年版。

附录 8:人口学专家匿名调查问卷

南师大人口所请您作为人口学专家,参加德尔菲社会调查,本次调查的目的是弄清各社会经济文化因素对于出生人口性别比的影响机制、方向和影响权重。

我国每少出生女孩 1000 个中,您估计有＿＿＿＿个是由于女孩统计上漏报的原因,而其余为溺婴和引产的原因。

如果我国用"社会养老保障"来换取生育 1.5 个孩子(即第一孩生育是女孩时可生育第二孩)的生育政策,您认为,我国出生性别比将由目前的 120 以上,下降到＿＿＿＿范围。

您估计我国出生性别比偏高的影响因素中,有＿＿＿＿%属无法调查的思想意识形态因素,有＿＿＿＿%属于难于调查的政策因素,而有＿＿＿＿%属可以调查的社会经济文化因素。

在如下影响出生人口性别比的非意识形态因素中,按照您的经验,判断各因素的重要性,请在合适地方打勾。

	非常不重要					非常重要			
	1	2	3	4	5	6	7	8	9
妇女社会因素									
经济及发展因素									
传统文化因素									
政策、人口因素									

在如下众多影响出生人口性别比的可实证因子中,按照您的经验,判断各因子的重要性,在合适地方打勾。

	非常不重要					非常重要			
	1	2	3	4	5	6	7	8	9
传统文化中(本行已经填写过,可不填)	—								
农业文明(农业人口比重)									
家庭规模(家庭人数)									
(家庭代数)									
流入人口比例									
流出人口比例									
妇女社会地位中(本行已经填写过,可不填)	—								
就业率的性别差异									
就业结构的社会差异									
受教育程度的社会差异									
妇女受教育程度(平均受教育年数)									
妇女婚姻自主程度(离婚、再婚率)									
经济及发展因素中(本行已经填写过,可不填)	—								
经济收入的性别差异									
子女养育成本的性别差异									
城市化程度									
三产人口比重									

续表

	非常不重要				非常重要		
三产 GDP 比重							
社会养老保险覆盖面							
医疗状态							
生育政策和人口状态因素中（本行已填写过,可不填）	—						
各地区生育政策							
各地区实际平均生育子女数							

此外,您认为还应考虑哪些因素:＿＿＿＿＿＿,＿＿＿＿＿＿。

谢谢您对我们工作的支持!

（再次承诺:我们对您的选择和姓名严格保密）

南京师范大学人口研究所

国家社科基金课题"出生人口性别比偏高原因研究"

2008 年 8 月 21 日

本问卷主要了解妇女性别偏好的家庭原因,根据《统计法》规定,调查原始资料不向任何单位和个人提供,仅供汇总使用。公民应履行如实申报调查项目的义务。

制表、调查组织单位:
江苏省人口学会
南京师范大学人口研究所

附录9:江苏省生育观念调查问卷

（本次调查对象是18—49岁已婚妇女）

本户地址:江苏省＿＿＿＿市＿＿＿＿县＿＿＿＿乡（镇、街道）＿＿＿＿村（居）委会

一、家庭基本情况

1. 您目前的户籍所在地:＿＿＿＿,您婚前的户籍所在地:＿＿＿＿。

①本乡（镇、街道）　②本县（市、区）　③本市　④本省　⑤外省
⑥户口待定

2. 您家一共有几口人? _____人(包括自己在内)。

3. 您家一共承包了多少亩耕地? _____亩。

4. 您家庭的饮水来源是:①室内自来水;②共用自来水;③井水;④池塘、河水;⑤其他

5. 您家有无抽水式马桶? ①有;②无

6. 您家庭主要炊事燃料:①燃气;　②电;　③煤炭;　④柴草、秸秆;　⑤沼气　⑥其他(请注明)_____

7. 2007 年您家庭总收入(折合人民币)_____元,扣除农药、化肥等年净收入_____元。

①1999 元以下　②2000—3999　③4000—7999　④8000—9999

⑤10000—14999　⑥15000—19999　⑦20000—39999

⑧40000 以上　⑨不知道

8. 本户收入主要来源于_____。(依次选择,写出其中最主要的三项)

①外出打工　②家庭自我经营　③本地企业收入　④搞运输　⑤农田　⑥经商　⑦其他

二、个人基本情况

9. 您的户口性质是:

①农业　②非农业

10. 您的职业是:

①党政机关公务员;②企事业单位管理技术人员(科教文卫工作者、工程师等);③经理人员(如厂长、经理等);④私营企业主;⑤个体工商户;⑥商业服务业人员;⑦企业工人;⑧农林牧渔劳动者;⑨下岗失业人员;⑩操持家务;⑪其他(请注明)_____

11. 您是哪年出生的? _____年。

12. 您丈夫是哪年出生的? _____年。

13. 您初婚的时间是:_____年。

14. 您的婚姻状态是:

①初婚有偶　②再婚有偶　③离婚　④丧偶

15. 您生育每一个孩子前后希望的孩子性别与实际孩子性别及其户

口申报情况。

孩次	实际性别	出生前希望性别		产前是否知道胎儿性别	你是通过什么方法知道的？	户口申报情况		
		性别	理由			已申报	申报时间	未申报
一孩								
二孩								

性别：①男　②女　③无所谓

理由（请选择其中的两项）：①传宗接代　②继承家业　③养儿防老④容易找工作　⑤赚钱　⑥不受欺负或歧视　⑦容易抚养　⑧容易教育　⑨情感需求　⑩经济压力小　⑪容易照料　⑫其他（请注明）_____

产前是否知道胎儿性别：①是　②否

你是通过什么方法知道的？①B超检查　②体形　③中医诊断④其他（请注明）_____

16. 您及您丈夫的受教育程度是：

	未上过学	小学	初中	高中	中专	大专	本科及以上
自己							
丈夫							

三、婚育观念

17. 您认为男女青年结婚后，在哪里安家比较好？_____，您目前在哪里安家？_____

①与男方父母同住；②与女方父母同住；③与其他亲属同住；④独立居住；⑤其他（请注明）_____

18. 您认为夫妻为什么要生孩子？请选择其中最重要的两项。第一位：_____；第二位：_____

①自然传承　②社会义务　③人丁兴旺　④精神慰藉　⑤传宗接代⑥寄托希望　⑦养老送终　⑧继承家产　⑨增加劳动力　⑩其他（请注明）_____

19. 如果没有生育孩子的数量限制，您和您的家人希望您能生育几个孩子？其中几个男孩？几个女孩？您和您的家人主要收入来源与健康状况如何？

	希望生育数量					主要收入来源	健康状况
	总数	其中					
		男孩	女孩	无所谓	不知道或没有想过		
自己							
丈夫							
公公							
婆婆							
父亲							
母亲							

主要收入来源：①打工　②农田　③经商　④搞运输　⑤家庭副业⑥其他

健康状况：①健康　②有病,但能自理　③有病,生活半自理　④有病,生活不能自理

20. 如果仅生有一个男孩,结婚后您是否愿意让他入赘媳妇家?

①愿意　②不愿意　③视情况而定

21. 如果仅生有一个女孩,您是否愿意让女儿、女婿继承所有家产?

①愿意　②不愿意　③视情况而定

22. 如果仅有一个女孩,您60岁以后愿意在哪里养老?

①女儿家　②自己家　③养老机构　④亲戚家　⑤其他(请注明)_____

23. 如果仅有一个孩子,家庭经济又比较困难,您愿意借钱让孩子上大学吗?

性别	愿意	不愿意	视情况而定
男孩			
女孩			

24. 如果您仅生育女孩,您最可能会在如下哪些地方受到歧视?

①在家中　②在家族中　③在村中　④社会　⑤不会受歧视

25. 如果国家承担您和您丈夫的养老保险,您是否愿意仅生育一个孩子?

①愿意　②不愿意　③视情况而定

26. 您共怀孕过_____次,活产_____子_____女。

非常感谢您的帮助!

调查员:　　　　调查时间:　　　　人员配合情况:①配合　②较配合③不配合

附录10:徐州睢宁县访谈调查提纲

1. 本地 B 超的数量分布,县城和乡村,私人和个体,医院和计生委,使用一次 B 超的价格,B 超的管理制度。

2. 流入妇女的孕期管理、登记、服务和其子女户口申报日期。

3. 本地流出妇女的孕期管理、登记、服务和其子女户口申报日期。

4. 本地近几年出生性别比情况(历年登记情况和1% 抽样调查情况)。

5. 哪些人群最容易出现出生性别比偏高现象?

流入人口　流出人口　户籍人口

6. 本地流入妇女、流出妇女和户籍人口生育比例分别为多少?

7. 本地女孩出生后的歧视情况?

①入学　②就医　③找工作　④责任田　⑤继承家业　⑥养老费用⑦继承姓氏

8. 谁最愿意要男孩?

①妇女本人　②丈夫　③公公　④婆婆　⑤娘家人　⑥其他人

9. 人们用什么技术或方法达到生育男孩的目的?

10. 您认为影响本地出生性别比偏高的主要原因是

①经济原因(如继承人、劳动力缺乏、养老保障……)

②社会原因(生育政策、文化程度低、宗族观念严重……)

③文化原因(几代单传、老人说了算、妇女地位……)

④管理原因(B 超管理、生育管理、孕期管理……)

⑤生理原因(　　　)

11. 出嫁女儿何时迁出户口、交付责任田(或相应的利益分红)。

12. 嫁入媳妇何时取得户口和责任田(或相应的利益分红)。

13. 女婿入赘后,地方政府在哪些地方有优惠政策?

附录11:湖北黄冈蕲春县生育意愿调查问卷

编号:_____　　　　　　　　　　调查地点:_____

亲爱的朋友:您好!

我们是南京师范大学调查员,正在做一项关于生育意愿的社会调查,希望得到您的支持与帮助。本次调查所得到的数据仅用于统计分析,不用填写姓名,不会对您个人及其家庭造成任何不利影响。您只需勾出最符合自己实际情况的选项或在横线上填写您的答案。最后衷心感谢您的支持,祝您全家幸福!(本次调查对象是20—45岁本地农村妇女)

南京师范大学人口研究所

2009年3月20日

1. 您生育子女:

A. 1男孩　B. 1女孩　C. 1男1女　D. 2男孩　E. 2女孩　F. 2男1女　G. 2女1男　H. 3男孩　I. 3女孩　J. 4孩以上　K. 无孩

2. 您出生于_____年_____月。

3. 您的婚姻状况_____。

A. 未婚　B. 已婚未育　C. 已婚已育　D. 离婚　E. 丧偶　F. 其他

4. 如果已婚,您第一次生育时的年龄为_____周岁。(若未生育,填写99)

5. 您的受教育程度_____。

A. 小学及以下　B. 初中　C. 高中(含中专)　D. 大学及以上

6. 您的职业_____。

A. 农民　B. 工人　C. 个体户　D. 村干部

E. 人民教师　F. 其他(请注明)_____

7. 您丈夫的职业_____。

A. 农民　B. 工人　C. 个体户　D. 村干部　E. 政府公务员

F. 人民教师　G. 其他(请注明)＿＿＿＿＿＿＿＿

　　8. 您现在的居住方式＿＿＿＿＿＿＿＿。

　　A. 与男方的父母合住　B. 与自己父母合住　C. 夫妻独立居住
D. 一个人住

　　9. 您家庭的年纯收入约为＿＿＿＿＿＿＿＿。

　　A. 5000 元以下　B. 5000—9999 元　C. 10000—14999 元
D. 15000—19999 元　E. 20000—39999 元　F. 40000 元以上

　　10. 家庭收入的来源为＿＿＿＿＿＿＿＿。(可选二项,依重要性,分别标注
1、2)

　　A. 纯农业收入　B. 家庭经营性收入　C. 工资性收入　D. 外出务
工收入　E. 其他(请注明)＿＿＿＿＿＿＿＿

　　11. 你认为生育子女的主要原因是什么?(可选二项,依重要性,分
别标注 1、2)

　　A. 传宗接代　B. 养老送终　C. 精神慰藉　D. 增加家庭劳动力
E. 社会义务　F. 自然传承　G. 家庭的稳定　H. 其他

　　12. 假设由于种种原因,您只能生育一个孩子,您希望生＿＿＿＿＿＿＿＿。

　　A. 男孩　B. 女孩　C. 无所谓

　　13. 如果可以,您愿意选择＿＿＿＿＿＿＿＿。

　　A. 宁愿少生一个,也要生男孩　B. 只要给多生 1 个,女孩也愿意

　　14. 如果选择男孩,请问您选择生男孩的主要原因?(可选二项,分
别标注 1、2)

　　A. 增加劳动力　B. 养老有依靠　C. 传宗接代　D. 为家里挣钱
E. 有面子　F. 孝顺　G. 继承家业　H. 其他(请注明)＿＿＿＿＿＿＿＿

　　15. 如果选择女孩,请问您选择生女孩的主要原因?(可选二项,分
别标注 1、2)

　　A. 增加劳动力　B. 养老有依靠　C. 传宗接代　D. 为家里挣钱
E. 有面子　F. 孝顺　G. 继承家业　H. 结婚花费少　I. 其他(请注
明)＿＿＿＿＿＿＿＿

　　16. 如果政策允许,生育子女数量和性别可以选择,您选择的将是生
育＿＿＿＿＿＿＿＿。

　　A. 1 男孩　B. 1 女孩　C. 2 个男孩　D. 2 个女孩　E. 2 男 1 女　F. 2

女 1 男　G. 3 孩,男女无所谓　H. 4 孩以上

17. 请问您如果没有儿子,有压力吗?_____。

A. 有　B. 没有　C. 说不清

18. 请问您的压力最主要来自_____。

A. 父母　B. 配偶　C. 其他亲人　D. 自己内心不安　E. 社会舆论
F. 其他

19. 你是否同意"没有儿子的家庭,在村子中会被人看不起"?_____。

A. 非常同意　B. 同意　C. 说不清　D. 不同意　E. 非常不同意

20. 如果会受歧视,一般会受哪些人歧视?_____。(可选二项,分别标注 1、2)

A. 爱人　B. 公婆　C. 邻里　D. 同事　E. 其他(请注明)_____

21. 如果您周围人为生儿子接受超生罚款,他们能接受吗?

A. 能　B. 不能　C. 根据罚款数额决定

22. 在技术可以获得的情况下,您是否会通过医疗手段(如性别鉴定技术)来选择自己子女的性别?

A. 会　B. 不会　C. 说不清

23. 如果你周围存在第一胎是女孩,第二胎做性别鉴定的行为,您的态度是_____。

A. 非常支持　B. 支持　C. 无所谓　D. 不支持　E. 非常不支持

24. 如果你周围存在第一胎是男孩,第二胎做性别鉴定的行为,您的态度是_____。

A. 非常支持　B. 支持　C. 无所谓　D. 不支持　E. 非常不支持

25. 如果有一种能决定孩子性别且不影响身体健康的偏方,您是否会采用_____。

A. 会　B. 不会　C. 说不清

26. 您觉得老年人的经济保障,主要应该由谁来承担?

A. 老年人自己　B. 儿子　C. 女儿　D. 儿女共同承担　E. 政府
F. 其他(请注明)_____

27. 您是否赞成下列说法?

	很赞成	赞成	一般	不太赞成	不赞成	无所谓
选择性引流产是一种杀害生命的行为						
遗弃或溺杀女婴是非常残忍的						
男女比例失调会危害自己孩子的利益						
别人选择生男生女和我关系不大						
对擅自做性别鉴定的要给予重罚						
因为计划生育,才导致选择性引流产						
丈夫的学历应该高于妻子						
丈夫的收入应该高于妻子						

问卷到此结束,谢谢您的配合!

非常感谢您的参与,祝您全家幸福!

调查员:　　　　调查时间:2009 年 4 月　　日　　点

人员配合情况:①配合　②较配合　③不配合

附录12:湖北黄冈蕲春县实地调查方案

2009 年 3 月 31 日 6 个女硕博士研究生到黄冈市蕲春县,分 3 组到 3 个村民小组。调查时间为 1 周,村(或村民小组)访谈调查 4 天,每组每天调查 4 人次;村面上调查 1 天,了解社会经济文化情况,同时进行问卷调查,每组调查 30 人次;城市面上调查 1 天,分 3 组分别调查医院或卫生局、学校或教育局、公安户政登记部门,目的是了解最近几年出生人口性别比失调的变化情况。弄清农民想生育男孩的真实原因,如生活、生产、发展;社会、经济原因;弄清农民具体使用什么方法和技术,进行避女生男的;弄清农民生育性别偏好的程度(比如,是愿选择生育 2 女还是选择 1 男)。

访谈需要获取的信息(访谈提纲)2 人一组分三组(村)进行。

(访谈对象严格限制于 20—45 岁妇女,时间控制在 1—2 小时,围绕目的)

1. 个人基本资料：

性别、年龄、文化程度、职业、婚姻状态、居住方式（和谁住一起，包括几代人）、家庭经济状况、已有男、女孩数量

2. 理想中生育子女的数目和性别，原因是什么？

3. 如果可以选择，您愿意多生育 1 个女孩，还是宁愿少生育 1 个但要生男孩？主要原因是什么？

4. 女孩出生后在如下哪些方面会受到歧视？

①入学　②就医　③找工作　④分责任田　⑤继承家业　⑥养老费用　⑧继承姓氏等方面

5. 家庭中谁最愿意要男孩？

①妇女本人　②丈夫　③公公　④婆婆　⑤娘家人　⑥其他人

6. 怀孕前后，您或您家人是否采用什么技术或方法达到生育男孩的目的？

7. 您或家人想要男孩的主要原因是：

①经济原因（如继承人、劳动力缺乏、养老保障……）

②社会原因（生育政策、文化程度低、宗族观念严重……）

③文化原因（几代单传、老人说了算、妇女地位低……）

④管理原因（B 超管理松、生育管理、孕期管理……）

⑤生理原因（姐妹几个或兄弟几个都生育男孩或女孩）

8. 您觉得自己期望的生育目的与事实情况有差距吗？（可以根据周围人的情况回答）

9. 怎么看待为了生男孩而宁愿接受超生罚款？在您村子中，这种现象普遍吗？

10. 您怎么看待通过医疗手段选择子女性别的行为？在您的村子中，有这种现象吗？条件允许，您会这样做吗？

11. 您觉得在村子中，不同年龄的人对待生育孩子的态度有差别吗？（孩子数目、孩子性别、生育目的等）与年龄大于和小于您的人比较呢？

12. 您认为计划生育政策及农村养老保险政策等对您生育孩子的性别有什么影响？

附录13：我国少数民族生育政策

全国各省、自治区、直辖市制定的生育政策中对少数民族生育的政策规定大致可分为三类：

（1）五个自治区和少数民族人口较多的云南、贵州、青海等省的计划生育政策。

内蒙古自治区规定：蒙古族公民，一对夫妻可以生育两个子女。非城镇户籍的蒙古族公民，经批准可以生育第三胎。达斡尔族、鄂温克族、鄂伦春族公民，提倡优生，适当少生；要求节育的，给予技术服务。蒙古族、达斡尔族、鄂温克族、鄂伦春族以外的其他少数民族公民，一对夫妻只可生育两个子女，不准生育第三胎。

新疆维吾尔自治区规定：城镇少数民族居民一对夫妻只准生育两个子女，少数民族农牧民一对夫妻可生育三个子女。符合特定条件的可再生育一个子女。

广西壮族自治区规定：夫妻双方为瑶、苗、侗、仫佬、毛南、回、京、彝、水、仫佬等一千万以下人口少数民族的，经批准可以有计划地安排生育第二个孩子，但生育间隔时间不得少于4年。

宁夏回族自治区规定：职工、城镇居民和农民，夫妻双方或一方是少数民族的，可生育两个孩子；一些山区县的少数民族农民可以生育三个孩子。

西藏自治区规定：藏族和其他少数民族干部、职工和城镇居民，提倡一对夫妇生育两个孩子。对农牧区的少数民族农牧民只提倡优生优育、晚婚晚育，不限定生育胎数；如有自愿实行计划生育的，给予技术指导。

云南、贵州、青海省的大致规定是：少数民族可生育两个孩子；有特殊情况的少数民族农牧民，经过批准可多生育一个孩子。对总人口很少的民族不限定生育指标。

（2）吉林、辽宁、黑龙江、河北、浙江、湖北、湖南、广东、海南、四川、甘肃等省的计划生育政策。

这些地方都有少数民族聚居区，建有自治州或自治县，一般都规定少数民族夫妻可生育两个孩子。例如吉林省规定：夫妇双方均为少数民族的，允许生育两胎，生育间隔为4年；夫妇一方为少数民族的，允许生育两胎,生育间隔为8年。浙江省规定:夫妻双方均是少数民族的,经批准,可以按计划生育第二个子女;夫妻双方均是农业户口的农民、渔民,一方是少数民族并具有两代以上户籍的,经批准,可以按计划生育第二个子女。

（3）北京、天津、山西、上海、江苏、安徽、福建、江西、山东、河南、陕西等省(市)的计划生育政策。

这些省(市)属少数民族杂散居地区,在制定的计划生育政策中均考虑到了少数民族的特殊情况。北京、天津、上海三个直辖市规定符合一定条件的少数民族可生育两胎;其他省规定夫妻双方是少数民族的均可生育两胎。

参 考 文 献

［法］列维-布留尔:《原始思维》,商务印书馆1981年版。

［美］怀特:《文化科学——人和文明的研究》,浙江人民出版社1998年版。

［美］米歇尔·沃尔德等:《复杂》,生活·读书·新知三联书店1997年版。

［英］布鲁尼斯诺·K·马林诺夫斯基:《文化论》,商务印书馆1940年版。

《韩非子·六反》,据陈奇猷:《韩非子集释》,上海人民出版社1974年版。

《马克思恩格斯选集》第2卷,人民出版社1972年版。

鲍晓兰:《西方女性主义研究评介》,生活·读书·新知三联书店1995年版。

闭健辉:《对贫困地区农村性别偏好的经济学分析》,《人口与计划生育》2004年第4期。

蔡菲、黄润龙:《影响出生性别比升高的社会经济文化背景研究——2000年全国人口普查县级资料多因素分析报告》,《市场与发展》2008年第2期。

陈俐:《中国出生婴儿性别比的现状分析和对策》,《人口学刊》2004年第2期。

陈美英:《福建省可持续发展与全面小康社会建设的初步思考》,《中共福建省委党校学报》2004年第11期。

陈卫:《"发展—计划生育—生育率"的动态关系:中国省级数据再考

察》,《人口研究》2005 年第 1 期。

陈卫、翟振武:《1990 年代中国出生性别比:究竟有多高?》,《人口研究》2007 年第 1 期。

陈兆钧:《安徽省出生性别比问题分析》,《人口研究》2004 年第 5 期。

楚军红:《中国农村产前性别选择的决定因素分析》,《中国人口科学》2001 年第 1 期。

崔凤垣、张琪:《妇女社会地位评价指标体系研究》,中国妇女出版社 2003 年版。

冯占联:《出生性别比异常的非统计含义:一个社会学解释》,《人口研究》1995 年增刊。

傅茂笋、王伯军:《对我国出生婴儿性别比偏高的思考》,《山东医科大学学报(社会科学版)》1995 年第 3 期。

高莉娟、魏星河、李立娥:《生育性别偏好国内研究十年回顾及社会性别视角的探讨》,《中华女子学院学报》2005 年第 6 期。

高莉娟:《多角度拓宽"关爱女孩行"》,《中华女子学院学报》2005 年第 1 期。

高凌:《我国人口出生性别比的特征及其影响因素》,《中国社会科学》1995 年第 1 期。

高凌:《我国人口出生性别比的影响因素》,《人口研究》1995 年增刊。

高凌:《中国人口出生性别比的分析》,《人口研究》1993 年第 1 期。

高凌、夏萍、刘小兰:《北京市人口出生性别比分析》,《人口研究》1997 年第 5 期。

高石钢:《民国时期中国农村早婚问题透视》,《宁夏大学学报》(哲学社会科学版)1999 年第 1 期。

葛剑雄:《中国人口史》第 1 卷、第 6 卷,复旦大学出版社 2002 年版。

辜胜祖、陈来:《城镇化效应与生育性别偏好》,《中国人口科学》2005 年第 3 期。

顾宝昌、罗伊(krishna roy):《中国大陆、中国台湾省和韩国出生婴儿性别比失调的比较分析》,《人口研究》1996 年第 5 期。

关秀芳:《"丁崇拜"对广东妇女生育观的影响》,《人口研究》1997 年第 5 期。

《观潮语·恐怖! 美国出现性别选择器》,《科技潮》2001 年第 8 期。

国家人口计生委,国人口函[2004]122 号。

国家人口计生委关爱女孩行动办公室专家组:《2005 年分省(区、市)出生性别比升高态势研究报告》,《人口与计划生育》2007 年第 11 期。

国家统计局综合司编:《中国区域经济统计年鉴,2000 年》,海洋出版社 2000 年版。

国务院妇女儿童工作委员会:《中国妇女发展纲要(1995—2000)》终期监测评估报告。

胡伟略:《人口社会学》,中国社会科学出版社 2002 年版。

胡兆量、阿尔斯朗、琼达编:《中国文化地理概述》,北京大学出版社 2006 年版。

黄河、李鑫:《LAMP 法鉴定胚胎性别比生产中的应用》,《养殖与饲料》2004 年第 8 期。

黄娅、张敏、彭华:《从经济学的角度浅析贵州出生人口性别比失调的问题》,《法制与社会》2008 年第 10 期(上)。

[英]吉尔伯·特威尔士、亨利·诺曼:《龙旗下的臣民——近代中国礼俗与社会》,光明日报出版社 2000 年版。

黄润龙、刘敏:《影响出生性别比的多因素解析》,《南京人口管理干部学院学报》2009 年第 4 期。

黄润龙:《出生性别比异常分布的多视角实证分析》,《人口信息》2009 年第 5 期。

姜铭凤、冯涛:《浅析当前"关爱女孩行动"工作——以江苏省东海县为例》,《南京人口管理干部学院学报》2008 年第 1 期。

解振明:《引起中国出生性别比偏高的三要素》,《人口研究》2002 年第 5 期。

《近代华北地区的溺女习俗》,《北京理工大学学报(社科版)》2003 年第 4 期。

雷洪、史铮:《农村青年生育性别偏好研究——基于湖北省 8 市 16 镇 31 村的调查》,《中国青年研究》2004 年第 11 期。

［奥地利］雷立柏:《古希腊罗马与基督宗教》,社会科学文献出版社2002年版。

冷毅、凌寒:《改革开放中的第三产业》,经济科学出版社1993年版。

李兵、孙永健:《出生婴儿性别选择的经济学分析》,《西北人口》2001年第1期。

李伯华、段纪宪:《对中国出生婴儿性别比的估计》,《人口与经济》1986年第4期。

李欧:《生男,生女?》,《中国统计》2005年第1期。

李全棉:《出生婴儿性别比偏高原因的系统分析》,《南京人口管理干部学院学报》2005年第1期。

李若建:《性别偏好与政策博弈:广东省出生人口性别比时空变迁分析》,《中山大学学报》(社会科学版)2005年第3期。

李树茁、刘晓兵:《中国儿童出生登记探索与实践》,社会科学文献出版社2008年版。

李树茁、朱楚珠:《中国儿童生存性别的研究和实践》,中国人口出版社2001年版。

李艳梅:《关于妇女就业问题的思考》,《前沿》2004年第9期。

李艳霞、丁世界:《非法实施胎儿性别选择的犯罪化研究》,《中国卫生事业管理》2009年第8期。

李银河:《生育与村落文化》,中国社会科学出版社1994年版。

李涌平:《婴儿性别比及其和社会经济变量的关系——普查的结果和所反映的现实》,《人口与经济》1993年第4期。

李中清、郭松义:《清代皇族人口行为和社会环境》,北京大学出版社1994年版。

李中清、王丰:《人类的四分之一:马尔萨斯的神话与中国的现实》,生活·读书·新知三联书店2000年版。

廉松心:《朝鲜族生育文化述略》,《黑龙江民族丛刊》2004年第2期。

廖海艳:《哺乳动物性别控制的研究进展》,《湖南农业科学》2007年第1期。

刘爽:《对中国人口出生性别比的分析》,《人口研究》1988年第

3 期。

刘爽:《生育率转变过程中家庭子女性别结构的变化——对人口出生性别比偏高的另一种思考》,《市场与人口分析》2002 年第 5 期。

刘爽:《世界各国的人口出生性别比及其启示》,《人口学刊》2005 年第 6 期。

刘彦芳、颜虹、王全丽:《1996—2005 年我国 46 县农村婴幼儿性别比分析》,《南方医科大学学报》2008 年第 10 期。

刘中一、潘绥铭:《从男孩偏好到出生性别选择》,《市场与人口分析》2005 年第 4 期。

陆淑珍:《育龄妇女生育率的下降和出生人口性别比的上升——以广东省为例》,《南方人口》2004 年第 4 期。

吕红平、董项楠、何颖玉:《我国出生性别比偏高的经济学研究》,《经济论坛》2009 年第 8 期。

马焱:《从性别平等的视角看出生婴儿性别比》,《人口研究》2004 年第 5 期。

马瀛通:《出生人口性别比失调与从严控制人口中的误导与失误》,《中国人口科学》2005 年第 2 期。

马瀛通:《人口性别比与出生人口性别比新论》,《人口与经济》1994 年第 1 期。

马瀛通等:《出生性别比新理论与应用》,首都经济贸易大学出版社 1998 年版。

明艳:《我国性别偏好研究的回顾与展望》,《人口学刊》2002 年第 1 期。

莫丽霞:《当前我国农村居民的生育意愿与性别偏好研究》,《人口研究》2005 年第 2 期。

穆光宗:《近年来中国出生性别比升高偏高现象的理论解释》,《人口与经济》1995 年第 1 期。

穆光宗、余利明、杨越忠:《出生人口性别比问题治理研究》,《中国人口科学》2007 年第 3 期。

帕丽达·克力木:《中国城镇妇女就业问题初探》,《实事求是》2003 年第 2 期。

潘贵玉主编:《中华生育文化导论》,中国人口出版社 2002 年版。

潘嘉:《韩国、印度、中国台湾治理出生性别比失衡的经验与启示》,《中国党政干部论坛》2007 年第 9 期。

潘兆文:《出生婴儿性别比偏高的原因分析及其解决办法的探讨》,《南京人口管理干部学院学报》1997 年第 1 期。

彭希哲、陶佩君、黄娟等:《中医脉诊与产前性别选择》,《人口与经济》1996 年第 6 期。

齐晓安:《西方生育文化发展研究》,《人口学刊》2006 年第 2 期。

乔晓春:《对中国人口普查出生婴儿性别比的分析与思考》,《人口与经济》1992 年第 2 期。

乔晓春:《关于出生性别比的统计推断问题》,《中国人口科学》2006 年第 6 期。

屈思敏、梁树春:《广西出生人口性别比失调的经济因素分析》,《广西财经学院学报》2006 年第 3 期。

邵振东:《荆州市出生婴儿性别比偏高的原因分析与对策研究》,《人口与经济》2002 年第 1 期。

申玉玺、梁鸿:《当前我国出生性别比异常的经济学思考》,《西北人口》2007 年第 4 期。

施春景:《对韩国出生人口性别比变化的原因分析及其思考》,《人口与计划生育》2004 年第 5 期。

苏州吴中区人口计划生育局:《普惠制背景下的吴中区计划生育优先优惠政策研究,统筹解决人口问题:新阶段、新趋势、新机制》,《江苏人口高层论坛优秀论文汇编》2009 年 11 月(内部刊物)。

孙常敏:《世纪转变中全球人口与发展》,上海社会科学院出版社 1999 年版。

孙红:《我国"地下 B 超市场"初探——以北京市为例》,兰州大学硕士毕业论文。

孙一先:《关于中国人口出生性别比异常问题的综述》,《南昌航空工业学院学报》(社会科学版)2003 年第 4 期。

汤兆云:《我国出生性别比问题研究》,中国言实出版社 2008 年版。

涂平:《我国出生婴儿性别比问题探讨》,《人口研究》1993 年第

1 期。

　　王翠绒、易想和:《出生性别比持续升高的人口伦理学分析》,《人口研究》2004 年第 4 期。

　　王翠绒、易想和:《农村出生性别比失衡问题研究》,《甘肃社会科学》2004 年第 1 期。

　　王洪林:《出生性别比研究》,《人类学学报》2000 年第 1 期。

　　王文卿、潘绥铭:《男孩偏好的再考察》,《社会学研究》2005 年第 6 期。

　　王燕、黄玫:《中国出生性别比异常的特征分析》,《人口研究》2004 年第 6 期。

　　温永高、杨应敏、彭军:《出生婴儿性别比偏高的现状、原因及对策——重庆市个案研究》,《人口与计划生育》2002 年第 8 期。

　　肖君和:《论人口文化与人口文艺》,黑龙江教育出版社 2004 年版。

　　谢明礼:《闽台民间信仰文化旅游资源的空间差异及开发》,《亚太经济》2003 年第 4 期。

　　熊秉真:《幼儿:传统中国襁褓制度》,台北联经出版事业公司 1995 年版。

　　徐丽红、颜华、徐雁敏:《就业水平——妇女地位提高的重要标志》,《中国职工教育》2003 年第 7 期。

　　徐毅:《出生性别比的研究现状》,《人口动态》1992 年第 4 期。

　　杨凤立:《黑 B 超查胎儿性别续:卫生公安联合查抄非法诊所》,《京华时报》2004 年 5 月 11 日。

　　杨剑利:《近代华北地区的溺女习俗》,《北京理工大学学报(社科版)》2003 年第 4 期。

　　杨士泉:《也谈我国人口性别比例》,《人口研究》1985 年第 5 期。

　　杨云彦:《中国出生人口性别比:从存疑到求解》,《人口研究》2006 年第 1 期。

　　杨章怀:《安徽计生干部卧底京城查"黑 B 超"》,《法制晚报》2006 年 8 月 14 日。

　　宇汝松:《道家文化生育文化论》,《宗教学研究》2003 年第 4 期。

　　原新、石海龙:《中国出生性别比偏高与计划生育政策》,《人口研究》

2005 年第 3 期。

袁政:《我国农村家庭生育的博弈行为分析》,《南方人口》2002 年第4 期。

曾毅、顾宝昌、涂平等:《我国近年来出生性别比升高原因及其后果分析》,《人口与经济》1993 年第 1 期。

翟振武、陈卫:《1990 年代中国生育水平研究》,《人口研究》2007 年第 1 期。

翟振武、杨凡:《中国出生性别比水平与数据质量研究》,《人口学刊》2009 年第 4 期。

翟振武等:《常用人口统计公式手册》,中国人口出版社 1993 年版。

张二力:《从"五普"地市数据看生育政策对出生性别比和婴幼儿死亡率性别比的影响》,《人口研究》2005 年第 1 期。

张为民:《对我国人口统计数据质量的几点认识》,《人口研究》2008 年第 5 期。

张翼:《中国人口出生性别比的失衡、原因与对策》,《社会学研究》1997 年第 6 期。

赵炳礼:《加强领导明确任务求真务实扎实推进"关爱女孩行动"试点工作》,《人口与计划生育》2004 年第 10 期。

赵晓路:《流动 B 超非法查胎儿性别》,《京华时报》2004 年 5 月10 日。

祝平燕、郑美琴:《从生育行为中的男孩偏好看女性的生存发展状况——对出生性别比偏高现象的社会性别解析》,《中华女子学院学报》2005 年第 4 期。

庄亚尔、张丽萍:《1990 年以来中国常用人口数据集》,中国人口出版社 2003 年版。

Bray, Francesca. Technology and Gender. Fabrics of Power in late Imperial China. Berkelay: University of California Press. 1997.

C. Coomb, L. C. Coombs and G. McClelland, "Preference Scales for Number and Sex of Children" Population Studies,29:273,1975.

Chahnazarian. Determinants of the Sex Ratio at Birth, Review of Recent Literature. Social Ecology ll- Winter;1988.

Clutton ~ Brock T. H. 1986. , Sex ratio variation in Birds. Ibis 128 : 317 － 329.

Clutton-Brock T. H. , and G. R. Iason. 1986. Sex ratio variation in mammals, Quart. Rev. Biol. 61 : 339 － 374.

Cooms, L. C. Preference for Sex of Children Among U. S. Couples. Family Planning Perspectives. 1977, (6).

Cruz-Coke R. Demographical Evidences of the Relaxation of Natural Selection in Man. Revista Medica de Chile, 1997 July, 107(7).

De Bartolo G. The Sex Ratio at Birth: the Italian Case. Contribution of Italian Scholars to the IUSSP Conference, 1985, Rome, Italy.

Dickinson H, Parker L. , Sex ratio in relation to fathers' occupation. Occup Environ Med 1997; 52 : 868 － 872.

Emily Oster, Hepatitis B and the Case of the Missing Women, journal of political economy, 2005. No. 6, 1164 － 1216.

Fred Amold and Eddie C. Y. Kuo. The Value of Daughters and Sons: a Comparative Study of the Gender Preferences of Parents. U. S. A: East -West Population Institute, 1984.

Fukuda M. , Fukuda K. , Shimizu T. Parental Periconceptional smoking and male: female ratio of newborn infants. Lancet 2002, 359: 1407 － 1408.

George S, Rajaratnam A, Miller BD. Female infanticide in rural south India. Search Bull 1998, 12 : 18 － 26.

Grant V. J. , Yang S. Achieving women and declining sex ratios. Hum Biol 2003, 75 : 917 － 927.

Hoffmann F. . The Seasonal Fluctuations in The Sex Ratio of Newborns and the Influence of the Declining Birth Rate on the Sex Ratio. Gebirtshilfe and Frauenheilkunde, 1979, Mar.

J. Cleland, J. Verrall, and M. Vaessen. Preferences for the Sex of Children and their Influence on Reproductive Behaviour. Voorburg: WFS Comparative Studies, 1983, (27).

James, W. H. Evidence that mammalian sex ratios at birth are partially controlled by parental hormone levels at the time of conception. J Theor Biol

1996,180:271 - 286.

James, W. H. , and J. Rostron,1985. Parental age, Parity, and Sex Ratio in Births in England and Wales 1968 - 1977, J. Biosoc. Sci. 17:47 - 56.

James, W. H. ,1984. Seasonality in the sex ratio of U. S. blak births. Ann. Hum. Biol. 11:67 - 69.

James, W. H. ,1987. The human sex ratio. Part 2; A hypothesis and a program of research. Hum. Biol. 59:873 - 900.

Jean S. Drew,W. Thomas London, etc. Hepatitis B Virus and Sex Ratio of Offspring, Science, 1978, Oct. 687 - 692.

Johansson, S. and Nygren, O. The Missing girls of China: a New Demographic Account. Population and Development Review,Vol. 17,No. 1.

Kenneth C. W. Kammeyer,《人口入门》,1971 年。

Lee,James, Cameron Campbell and Tan Guofu,"Infanticide and Family Planning in late Imperial China: The Price and Population History of Rural Liaoning, 1774—1893 " in " Chinese Economy in Historical Perspective" Berkeley: University of California Press. 1992.

Lee,James, Wang Feng, and Cameron Campbell. 1994 "Infant and Child Mortality among the late Imperical Chinese Nobility: Implications for Two Kinds of Positive Check. "Population Studies 48:395 - 411.

Lee,James,Cameron Campbell. Fate and Fortune in Rural China: Social Organization and Population Behavior in Liaoning,1774 - 1873. Cambridge: Cambridge University Press. 1997. p. 64.

Little, B. B. , C. H. Rigsby, and L. R. Little. 1987. Pilot and Astronaut offspring: possible G-Force effects on human sex ratio. Aviation, Space, Environ. Med. 58:707 - 709.

MacMahon, B. , and T. F. Pugh. 1954. Sex ratio of white births during the Second World War Amer. J. Hun. Genet. 6:284 - 292.

McDowall Me. Occupational Reproductive epidemiology, studies of medical and Population subjects, London: Her Majesty's Stationary Office, Office of Population Censuses and Survey, 1985:50.

Mead T. Cain, Patriarchal Structure and Demographic Change,

Women's Position and Demographic Change. Clearendon Pres-Oxford. 1993.

Mridula Bandyopadhyay, Missing Girls and Son Preference in Rural India:Looking Beyond Popular MYTH, Health care for Women International 2003, 24:910 – 926.

Murate M. and Imaizumi Y. An Analysis of the Sex Ratio and Occupational Class in Japan. Journal of Biocoial Science, 1983, July.

N. Federici, K. O. Mason and S. Songner. Women's Position and Demographic Change. Oxford: Clarendon Press, 1993.

Pearl S. Buck. My Several Worlds. N. Y. :JohnDay,1954. p. 146.

Prabhat Jha, Rajesh Kumar, etc. Low male to female sex ratio of children born in India: national survey of 1. 1 million households, Lancet 2006,367:211 – 218.

Pravin M. Visaria. Sex Ratio at Birth in Territories with a Relatively Complete Registration. Eugenics Quarterly, 1967, 14 （2）: 132—142 American Eugenics Society ,Inc.

Rainwater, I. Family Design: Marital Sexuality, Family Size ,and Contraception. Chicago. Illinois: Aldine.

Rogers J. L, Doughty L. Does having boys or girls run in the family? Chance 2001,14:8 – 13.

Ruder A. Paternal-age and Birth-order effect on the Human Secondary Sex Ratio. American Journal of Human Genetics,1985 Mar.

Shami S. A. and Tahir A. M. A study of relationship between Parental age. birth order and the secondary sex ratio in Human population of Punjab （Pakistan）. Biologia 1978,24(2).

Smits L. J. , de Bie R. A. , Time to pregnancy and sex of offspring: cohort study. BMJ 2005;331:1437 – 1438.

U. S. Department. of Commerce, Bureau of the Census, Statistics Abstract of the U. S. 1975 ,1996.

Unger J. B. , Molina G. B. , Desired Family Size and Son Preference Among Hispanic Women of Low Socioeconomic Status, Family Planning Perspectives,1997(6) 284 – 287.

Williams R. J. , Gloster S. P. Human Sex ratio as it relates to caloric availability. Soc Biol 1992,39：285 - 291.

Winston ,S. Birth Control and Sex Ratio at Birth[J]. American Journal of Sociology, 1932,(7), 1933,(5).

跋

　　《出生性别比偏高影响因素研究》是 2008 年国家社会科学基金项目（项目编号：08BRK007），同时也是国家人口和计划生育委员会宣教司2005 年 10 月研究项目《中国县（市）出生人口性别比研究》（项目编号：H0510617）的继续。经过连续六年多 2200 个日日夜夜紧张的分析、研究和编撰工作，几番更新、几番推翻，书稿终于杀青了。六年磨一剑，六年的酸甜苦辣，历历在目，我不知是成功了还是失败了。六年了，我国出生性别比始终在高位盘旋并无下降的迹象。

　　本书的每一章节都凝聚着大家的心血，而非笔者一人之力所成。国家人口计生委宣教司罗迈、蔡菲同志给予本项目大力支持；南京师范大学社会发展学院吴业苗教授参加了安徽、湖北等地的社会调查，参与本书第六章第二节初稿撰写；美国霍普金斯（Johns Hopkins）大学医学院黄海亮博士，为本书研究提供了大量美国、日本和中国台湾出生性别比资料。南京人口管理干部学院杨来胜、周长洪教授参与本书的设计工作。2005 级研究生唐荣宁、姜铭凤参与了湖北、安徽的调查，南京人口管理干部学院讲师刘敏博士和南师大社发院 2007 级硕士研究生赵芳、徐林玲和 2008级研究生袁萍萍、顾立、何媛玲参与了湖北蕲春及江苏连云港的调查工作，赵芳参与本书第九章第二、三节初稿撰写；南京人口管理干部学院学报编辑部的李宁生等参与本书的文字编辑。南京大学社会学系陈友华、中国人民大学人口与发展研究中心顾宝昌教授在百忙中审阅了本书初稿，并提出了具体修改意见；北京大学人口研究所穆光宗教授拨冗为本书作序。没有他们的帮助，完成如此庞大的工作几乎是不可能的。

　　本书的特点之一是实证性，我们收集了中国大陆、中国台湾、美国、日本、印度、韩国大量的出生性别比，也研究了我国历史出生人口性别比。

特点之二是多层次研究,分别从国家、省、地市、县(区)四个不同的层次进行考察和分析。特点之三是从经济、文化、社会多角度进行分析,由分到合,由合到分。特点之四是不仅有定性分析,而且有定量分析,从定性到定量,再回到定性分析。特点之五,除了大量政策分析、公开发表统计资料的分析,我们组织了大量的实地调查,获得了大量的"第一手"资料。

20世纪80年代以前,我国出生性别比基本在正常范围内,其后就呈现稳定升高的态势,而在21世纪初出生性别比基本在高位盘旋。各级政府和部门联合开展了大量的活动进行整治,但几乎没有见效。出生性别比影响因素成为学界、政府关心的重点。研究表明,我国出生性别比影响因素十分多,而且很多因素难以考察,为此我们承接了上述课题,进行了系列研究。由于笔者水平有限,书中错误敬请读者批评指正。

黄润龙

于南京师范大学随园

2011年9月30日